mit Formentera

W0069899

Von Pityoussa nach Ibiza

Ibiza wechselte im Laufe seiner Geschichte des öfteren den Namen.

Die alten Griechen nannten die Insel *Pityoussa* oder *Ophioussa*.

Etwa 700 v. Chr. tauften die Phönizier sie *Ibosim*. Diese Bezeichnung wurde anschließend von den Griechen in *Ebyso*s und etwa 200 v. Chr. von den Römern in *Ebusus* abgewandelt.

Unter den Arabern hieß die Insel *Yasbiah*. Sie erhielt nach der christlichen Rückeroberung durch die Katalanen schon Anfang des 13. Jahrhunderts den heute für die Insel und deren Hauptstadt wieder offiziellen Namen **Eivissa**.

Erst die Kastilier leiteten daraus das auch im Deutschen übliche **Ibiza** ab.

REISE KNOW-HOW im Internet

Mehr zu unseren Büchern zu
den **Balearen, Teneriffa, Noramerika u.a**,
Newsletterabonnierung, aktuelle und Sonderthemen,
Buchshop und viele Links zu nützlichen Internetseiten u.v.a.m.
finden Sie auf unserer Verlagshomepage:

www.reisebuch.de

Aktuelle Reisetipps und Neuigkeiten
zu fast allen Reisezielen der Erde,
Ergänzungen nach Redaktionsschluss
Büchershop und Sonderangebote:

www.reise-know-how.de

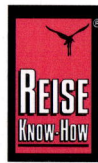

Verlag Dr. Hans-R. Grundmann GmbH
in der Verlagsgruppe REISE KNOW-HOW

Daniel Krasa
Hans-R. Grundmann

Ibiza

mit Formentera

Daniel Krasa
Hans-R. Grundmann

Ibiza
mit Formentera

3. überarbeitete und
erweiterte Auflage 2012

ist erschienen im

Reise Know-How Verlag

© Dr. Hans-R. Grundmann GmbH
  Am Hamjebusch 29
  26655 Westerstede

ISBN 978-3-89662-264-8

Gestaltung

Umschlag: Carsten Blind, Asperg, Hans-R. Grundmann
Satz und Layout: Carsten Blind, Hans-R. Grundmann,
Karten: map solutions, Karlsruhe

Fotos ➤ Fotonachweis auf Seite 320

Druck

Appel und Klinger, 96277 Schneckenlohe

Dieses Buch ist in jeder Buchhandlung
in Deutschland, Österreich und der Schweiz erhältlich.
Die Bezugsadressen für den Buchhandel sind

– Prolit Gmbh, 35463 Fernwald
– Buch 2000, CH-8910 Affoltern
– Mohr & Morawa GmbH, A-1230 Wien
– Barsortimenter

Wer im lokalen Buchhandel Reise Know-How-Bücher nicht findet,
kann diesen und andere Titel der Reihe auch im Buchshop des
Verlages im Internet bestellen: **www.reisebuch.de**

Zur Konzeption dieses Reiseführers

Von Januar bis Oktober 2011 verbrachten über 2,5 Mio. Urlauber mehrere Ferientage oder -wochen auf Ibiza und Formentera, davon über 1,5 Mio. Ausländer. Rund 1 Mio. Besucher kamen aus Spanien, über 600.000 aus Großbritannien. An dritter Stelle stehen die Italiener mit ca. 300.000 Besuchern in diesen 10 Monaten, fast gleichauf die Deutschen. Ibiza und Formentera weisen damit im Verhältnis zu Einwohnerzahl und Fläche eine stärkere touristische Belegung als Mallorca auf. Besonders gilt das in den Sommermonaten, dann übersteigt dort die Zahl der Besucher bei weitem die Zahl der Einwohner (Ibiza ca. 130.000, Formentera ca. 10.000 inkl. ausländischer Residenten). Einige Orte und Strände beider Inseln sind zu dieser Zeit proppenvoll, aber es gibt selbst im Sommer noch Ecken, **Buchten und Strände mit glasklarem türkisfarbenen Wasse**r,wohin sich nur wenige Besucher »verirren«. In der Vor- und Nachsaison, vom Winter nicht zu reden, findet noch jeder sein **ganz privates schönes Plätzche**n. Wer es weniger auf solche als vielmehr auf das *Highlife* abgesehen hat, ist auf Ibiza speziell in der Hochsaison richtig, ebenso, wer **Strandleben und »Party«** gerne miteinander verbinden möchte. Auf keiner anderen Insel gehören diese beiden Begriffe so eng zusammen wie auf Ibiza und – teilweise – auch auf Formentera.

Dieses Buch liefert für die verschiedensten Urlaubswünsche geeignete Tipps und Hinweise, außerdem alle **Informationen**, die man für Vorbereitung und bestmögliche Realisierung seiner Reise nach Ibiza benötigt.

Zunächst wichtig ist dabei die individuell **richtige Orts- und Unterkunftswahl**. Der Leser findet dafür klare – ggf. auch kritische – Kennzeichnungen aller bekannten Ferienorte mitsamt Hotel- und Apartmentempfehlungen sowohl für PauschalBuchungbei Reiseveranstaltern als auch für die individuelle Buchung. Auch nicht fehlen Hinweise auf alternative Quartiere im Sinne preiswerter ordentlicher *Hostales* an Strandbuchten und in Orten abseits davon genau wie auf höherpreisige Unterkünfte in renovierten alten Landgütern. Gerade in diesen beiden Kategorien gibt es eine ganze Reihe von Angeboten, die nicht in den Katalogen der Reiseveranstalter stehen. **Apropos**: wo immer möglich sind andererseits die oder einige Reiseveranstalter mit angegeben, über die ein Haus ggf. gebucht werden kann.

Das **Hauptgewicht dieses Buches** liegt im Aufzeigen von Möglichkeiten, die Ibiza – und nebenbei Formentera – für eine optimale Urlaubsgestaltung bietet. Ob es sich um Ausflüge in die quirlige Hauptstadt Eivissa oder in andere Regionen der Insel, um Entscheidungshilfe für die Wahl der abendlichen Kneipen oder Discos, um Wanderungen zu Aussichtspunkten und einsamen Stränden oder um Besichtigungs- und Einkaufstouren handelt, der Leser findet in diesem Buch sicher, was ihn interessiert.

Kulinarisch empfehlenswerte und/oder besonders schön gelegene **Restaurants** sind außer in den Ortskapiteln noch einmal separat mit Lageplan herausgehoben. Und wer selbst kochen möchte, kann sich im großen Kapitel über die ibizenkische Küche an den dort vorgestellten **Rezepten** bedienen.

Eine gute Zeit auf Ibiza und Formentera wünschen Ihnen

Daniel Krasa & Hans-R. Grundmann

1
Ferienziele
Ibiza und
Formentera

Rauchen auf den Balearen

Seit Januar 2011 gilt in ganz Spanien das schärfste Antirauchergesetz Europas. Zuvor erlaubte Raucherzonen in der Gastronomie wurden abgeschafft und das Rauchen in der Öffentlichkeit weiter eingeschränkt. So darf in unmittelbarer Nähe (was immer das im Einzelfall heißen mag) von Kindergärten und Spielplätzen, Schulen, Krankenhäusern etc. nicht mehr zum Glimmstengel gegriffen werden. Raucherecken oder -kabinen in Bahnhöfen und Flughäfen sind nicht mehr gestattet; nur Hotels dürfen noch Raucherzimmer ausweisen. Auch öffentliche Verkehrsmittel einschließlich Taxen sind Rauchverbotszonen, selbst offene Oberdecks von Doppeldeckerbussen.

In Gaststätten darf zwar noch auf der Terrasse draußen geraucht werden, aber es gelten detaillierte Auflagen für die Ausstattung des Außenbereichs.

Schreibweise der geographischen Bezeichnungen

Nach dem Ende der *Franco*-Diktatur erhielten die Balearen im Rahmen des seither wieder demokratischen Spaniens den Status einer autonomen Region, der vergleichbar mit dem unserer Bundesländer ist. Die unter Franco verbotene Regionalsprache **Catalán** wurde in der Folge zur Amtssprache erhoben, deren regionale Ausprägung man auf Ibiza als **Eivissenc** (deutsch: »Ibizenk«) bezeichnet. Das Hochspanische (*Castellano*) wird zwar durchaus auch gesprochen und verstanden, aber untereinander kommunizieren Ibizenker meist auf *Eivissenc*. Auch der Schulunterricht erfolgt heute überwiegend auf Katalanisch. Das dem *Catalán* durchaus ähnliche *Castellano* wird dort wie eine Fremdsprache erlernt.

Im Zuge dieser Umstellung wurden auf den Balearen fast alle Orts- und Straßennamen verändert. Die »neuen« katalanischen und die zuvor gebräuchlichen hochspanischen Bezeichnungen weichen in den meisten Fällen nicht sehr stark voneinander ab. So wurde etwa aus San Antonio Sant Antoni, und San Juan heißt jetzt Sant Joan. Aber auch stärkere Veränderungen kamen vor wie im Fall Santa Inès, das nun Santa Agnès heißt, oder Ibiza-Stadt, jetzt Eivissa genannt. Aus dem spanischen *Calle* für Straße machte man das katalanische *Carrer*, aus *Avenida* für die Allee *Avinguda* und aus *Paseo* für Passage/Weg *Passeig*. Dazu wurden Namen und Bezeichnungen getilgt, die an das Franco-Regime erinnern oder damit in Zusammenhang stehen. Für viele geographische Begriffe (Orte, Buchten, Strände etc.) gibt es keine allgemein verbindliche katalanische Schreibweise. So heißt es beispielsweise sowohl *Platja d'es Cavallet* als auch *Platja Es Cavallet*. Selbst auf offiziellen Schildern findet man unterschiedliche Schreibweisen von Orten und Stränden wie *s'Aigua Blanca* oder *s'Aigo Blanca*.

Abschließend sei darauf hingewiesen, dass in diesem Buch **Ibiza** stets die Insel meint und sich **Eivissa** ausschließlich auf die Hauptstadt bezieht.

Da die Reiseveranstalter in ihren Katalogen und Internetportalen großenteils immer noch an kastilischen Orts- und Straßennamen festhalten, wird auch in diesem Buch noch gelegentlich darauf Bezug genommen.

1. FERIENZIELE IBIZA UND FORMENTERA

1.1 Partyinsel Ibiza?

Image und Realität

Ibiza besitzt, wie keine andere Insel des Mittelmeers, seit Jahrzehnten den Ruf der perfekten **Partyinsel**. Das **Nachtleben** in den zahlreichen Discos und Clubs war und ist ein wichtiges Werbeargument der Reiseveranstalter für den absoluten Spaßurlaub zwischen Juni und September. Jedes Jahr kommen tatsächlich die bekanntesten Diskjockeys nach Ibiza und heizen in den riesigen Tanzpalästen die Stimmung an. Natürlich spricht das in erster Linie eine bestimmte Urlauberklientel zwischen 18 und 30 Jahren an und macht im Sommer Ibiza zum Ferienziel überproportional vieler junger Leute. Das *High Life* indessen beschränkt sich im wesentlichen auf die Hochburgen Sant Antoni und Es Canar. In Santa Eulària, Portinatx und anderen Orten geht es seit eh und je viel ruhiger zu. Und selbst Eivissa, vor wenigen Jahren noch im Ruf, Zentrum einer ausgeflippten Party- und Transvestitenszene zu sein, ist heute eher gekennzeichnet durch lebhafte »Normalität« und dank seiner attraktiven Altstadt voller Restaurants, Cafés und Boutiquen ein beliebter touristischer Anlaufpunkt.

Alternative Szenen

Dank *Hippie Revival* ist Ibiza, einst das europäische Zentrum der *Flower Power* Bewegung, in jüngerer Zeit wieder zum Ziel vieler Alt- und Neu-Hippies geworden, die man vor allem im Umfeld der »alternativen« Märkte von *Punta Arabi* oder *Las Dalias* trifft.

Speziell abseits der Küsten in der ruhigen Hügellandschaft des Inselinneren hat sich dank alter *Fincas*, die zu kleinen Hotels und Komplexen mit Ferienwohnungen umgebaut wurden, eine weitere Variante von »alternativem« Tourismus entwickelt.

»Flower Power« auf dem Wochenmarkt

1.2   Was bietet Ibiza?

1.2.1 _____ Bevölkerung und Geographie

Lage und Größe

La Isla Blanca, die weiße Insel Ibiza, ist nur einen Katzensprung von Mitteleuropa entfernt. Von Frankfurt aus fliegt man gerade mal zwei Stunden dorthin. Das 572 km² große Eiland liegt gute 100 km südwestlich der großen Schwester Mallorca, 90 km vor dem spanischen Festland. Die algerische Küste im Süden ist etwa 260 km entfernt.

Einwohner/ Touristen

In Eivissa, der »**Metropole**« Ibizas, leben rund 49.000 Menschen. Als **Städte** zu bezeichnen sind außerdem nur noch Santa Eulària und Sant Antoni mit 28.000 bzw. 20.000 Einwohnern. Insgesamt zählt Ibiza Anfang 2011 ca. 130.000 Einwohner (zum Vergleich: Mallorca ca. 862.000, Menorca ca. 94.000, Formentera ca. 10.000). Dem gegenüber steht die beachtliche Zahl von fast 2,5 Millionen Touristen (2010; plus Formentera ca. 150.000).

Wer **Erholung** und **Ruhe** sucht, wird dennoch nicht enttäuscht. Das **Landesinnere** mit seinen bewaldeten Hügeln, wo Pinien und Mandelbäume, Zitronen und Orangen, Bougainvilleen, Rosen, Thymian, Rosmarin, Aloe Vera und Lavendel die Insel das ganze Jahr über in einen frühlingshaften Duft hüllen, strahlt selbst zur Hauptsaison noch erstaunliche Ruhe und Gelassenheit aus.

Die Griechen nannten Ibiza und Formentera **Pityusen**, was in etwa »Inseln der Nadelbäume« heißt. Bis heute sind die Hügel Ibizas dicht mit Kiefern und Pinien bewaldet, auf Formentera jedoch ist der Baumbestand weitgehend verschwunden. Das Archipel der Pityusen besteht aus insgesamt 48 Inseln und Insel-

Eivissa: Blick von der Altstadt über die Hafenbucht hinüber nach Botafoch und zur Cala Talamanca

Am Strand von Port Sant Miquel, im Hintergrund die Fels(halb-)insel Punta Ferradura

chen, von denen die größte Ibiza und die zweitgrößte Formentera ist. Nur diese beiden sind bewohnt und werden landwirtschaftlich genutzt. Daneben gibt es einige kleinere wie *Tagomago* (Naturschutzgebiet), *Es Vedrà, Sa Conillera* oder *S'Espalmador*. Die restlichen 42 sind nichts weiter als winzige Felseilande.

Trotz der kleinen Fläche unterscheiden sich die verschiedenen Regionen der Insel erheblich voneinander. So sind der **Norden** und **Nordwesten** zwischen Portinatx und Sant Antoni hügelig und grün. Die Straßen winden sich dort in Serpentinen über die Anhöhen.

Die **höchste Erhebung** (476 m) der Insel befindet sich bei Sant Josep und nennt sich *Sa Talaia*.

Ebenen

Der **Süden** mit seinen Salinen unweit Eivissa ist dagegen überwiegend flach, karg und im Sommer ausgedörrt. Windmühlen und Zersiedelung kennzeichnen das Gebiet. Im ebenfalls weitgehend ebenen **Osten** zwischen Santa Eulària und Eivissa konzentriert sich ein Teil der Landwirtschaft der Insel.

Küsten

Auch die **Küsten** weisen erhebliche Unterschiede auf. So sind die **Strände** im Süden und Osten zwischen *Es Vedrà* und der *Punta Arabi* meist lang und sandig, das Meer ist ruhig und sanft. Im Westen, Norden und Osten findet man viele **felsige Buchten** mit und ohne Sandstrand und schroffe Steilklippen über einem oft unruhigen Meer mit starkem Wellengang.

Wasserqualität

Das **Wasser** ist rund um die Insel fast überall sehr sauber und glasklar. Während es an den meisten Stränden dunkelblau erscheint, gibt es Bereiche, wie etwa die *Cala Comte*, mit strahlend türkiser Reflektion.

Hinweis:

Zum Thema **»Was bietet Formentera?«** ➪ Seite 169.

1.2.2   Klima und Reisezeit

Bei über 300 Sonnentagen im Jahr und meist aus Nordafrika herüberwehender warmer Süd- und Südwestwinde lässt es sich auf den Pityusen ganzjährig gut aushalten.

Winter

Sommerliches Wetter mit **sonnigen Tagen** hält oft bis weit in den **November** hinein an. Danach wird es kühler, jedoch fällt das Thermometer tagsüber selten unter 12-15°C. Besonders im **Dezember** und im **Januar** gibt es **regenreiche Tage** mit viel Wind, Schnee dagegen so gut wie nie. Grundsätzlich sind die Winter aber überwiegend mild und sonnig. Wer genug von Kälte und Schnee in Mitteleuropa hat, ist daher auch im Winter auf Ibiza richtig. Für aktive Ferien, speziell zum **Wandern** und **Radfahren**, eignen sich durchaus auch die Wintermonate. Die Vegetation ist im Winter üppig so wie bei uns erst im späten Frühjahr.

Frühjahr Zwischen Ende Februar und Anfang Mai ist das Wetter **wechselhaft** und oft **feucht**. Die Temperaturen steigen zwar stetig, und mitunter ist der **Februar** tagsüber bereits recht warm, dafür muss man häufiger mit Regenperioden und kühlen Nächten rechnen. Der **April** ist aber im allgemeinen bereits regenarm; ein altes ibizenkisches Sprichwort sagt nicht ohne Grund: »*Una gota en Abril vale mil*« (»Ein Tropfen im April ist tausend wert«). Die **Wassertemperaturen** steigen ab April langsam, erreichen aber meist erst Mitte Mai badefreundliche 20°C.

Mohnfeld im Mai

Sommer Ab Mitte **Mai** erwärmen sich die Luft und das Wasser rasant, ab **Juni** werden Regentage zur Seltenheit. Das Thermometer steht dann tagsüber bei 25°-30°C, im **Juli** und **August** oft genug bei weit über 30°C. Auch nachts kühlt es dann nur wenig ab. Im Freien empfindet man das als angenehm, in Unterkünften ohne Klimaanlage hält sich indessen schweißtreibend die Hitze des Tages. Da an der Küste eine stetige Brise weht, sind dort die Temperaturen aber auch im Hochsommer im Allgemeinen gut zu ertragen. Im Inselinneren dagegen wird es dann oft unerträglich heiß und stickig.

Alle Aktivitäten – natürlich außer dem Schwimmen – sind vor allem im Juli und August schweißtreibend und werden leicht als Strapaze empfunden. Lau und angenehm dagegen sind die Abende. In nicht klimatisierten Hotelzimmern bleibt es jedoch auch nachts oft schlafstörend warm.

Herbst Ab **September** sinken die Lufttemperaturen, während das Wasser zunächst angenehm warm bleibt. Erst ab **Oktober** erreicht der Regen wieder die Inseln, und immer öfter verhängen Wolken die Sonne. Dennoch fällt die Lufttemperatur selten unter 23°C; im flachen Wasser misst man oft noch Ende Oktober 20°C.

Klimatabelle Die folgende Tabelle liefert eine Übersicht über die durchschnittlichen Wasser- und Lufttemperaturen, Sonnenstunden sowie Regentage (die durchaus nicht gänzlich verregnet sein müssen). Die **Schwankungsbreite** von Jahr zu Jahr ist indessen erheblich. Beachten muss man auch, dass vor allem im Frühjahr und Herbst oft große Unterschiede zwischen Monatsanfang und Monatsende bestehen, die tatsächlichen Temperaturen etc. daher stark vom Mittelwert abweichen können.

Monat	Ø Temperatur tagsüber in °C	Ø Temperatur nachts in °C	Wassertemp. in °C	Sonnenstd. pro Tag	Anz. der Tage mit Niederschlag
Januar	15	7	14	5	6
Februar	15	7	14	6	6
März	16	9	14	7	6
April	19	11	15	8	5
Mai	22	14	17	10	3
Juni	26	18	21	11	3
Juli	28	21	24	11	1
August	29	22	25	10	1
September	27	20	24	8	4
Oktober	23	15	21	7	8
November	19	12	18	6	10
Dezember	16	9	15	5	9

Quelle: Conselleria de Turisme/Consell Insular d'Eivissa i Formentera

Wind und Wetter Da die Pityusen über keine wesentlichen Erhebungen verfügen, ziehen Wolkenfelder rasch in Richtung Festland. Daher überwiegt ganzjährig sonniges Wetter. Gleichwohl unterliegen die Inseln dem Einfluss wechselnder Winde. Der winterliche **Tramuntana** beispielsweise kommt aus dem Norden und sorgt für unangenehme, feuchtkühle Tage. Im Frühjahr dreht sich der Wind, und der südwestliche **Llebeig** bringt Regen mit sich, der aber ab April nachlässt. Ab Ende Mai erreicht der trocken-heiße afrikanische Wüstenwind **Migjorn** – manchmal sogar mit Sand durchsetzt – aus dem Süden die Pityusen.

Saisonkalender der Natur Das Erscheinungsbild der Pityusen wechselt beträchtlich im Laufe des Jahres. Im Frühjahr, von Januar bis Mai verzaubert oft vielfältige Blütenpracht die Täler und Ebenen der Inseln. Am eindrucksvollsten ist die **Mandelblüte**, die bereits ab Januar vor allem den Nordwesten Ibizas in ein **weißes Blütenmeer** taucht. Ab März wird sie in einigen Teilen der Insel durch die Pfirsichblüte abgelöst. In diese Zeit fällt auch die **Orangen-** und **Zitronenernte**, die sich bis in den Mai ziehen kann. Zwischen Januar und Ende Mai blühen allerorten Blumen, und die Wiesen leuchten in einem satten Grün. Erst ab dem trockenen Juni nimmt die Farbenvielfalt ab, so dass nun rot-braune Erde das Bild der Landschaften des Inselinneren prägt.

Trockenzeit   Mit der Trockenheit wird die Luft im Sommer staubiger, und nach der **Getreideernte** erscheint die Erde manchmal sogar grau. Erst ab Ende September gewinnt das Grün nach Niederschlägen wieder die Oberhand.

Saisonzeiten

Die absolute **Hochsaison** erleben Ibiza und Formentera im Juli und August, wenn sich die meisten europäischen Länder in den Sommerferien befinden. Manche Reiseveranstalter definieren auch den Zeitraum vom 15. Juni bis zum 15. September als Hauptsaison.

Mitte Mai bis Mitte Juni und Mitte September bis Ende Oktober bilden jeweils eine Art **Zwischensaison**.

Zwischen Ende Oktober und März herrscht einschließlich Weihnachten und Silvester die große **Flaute**. Viele Hotels und Restaurants bleiben dann geschlossen, und auch das Nachtleben fällt – abgesehen von Silvester – in einen **Winterschlaf**. Dafür kann man zu kaum einer anderen Zeit die Inseln so sehr von ihrer »natürlichen« Seite kennenlernen.

Die preislich attraktive und ruhige **Vorsaison** (März und April) wird nur in den Tagen um Ostern (in der *semana santa*, der »heiligen Woche«) durch den traditionellen Ansturm spanischer Besucher vom Festland vorübergehend unterbrochen.

Orangenbäume sind vor allem im Nordwesten zahlreich. Ab März ist Erntezeit

1.2.3   Urlaubsaktivitäten

Badeurlaub und Wassersport

Saison   Die Strände, das klare Wasser und eine dichte touristische Infrastruktur machen sowohl Ibiza als auch Formentera zu einem idealen Ziel für **Badeurlauber** und **Wassersportler**. Die **Badesaison** beginnt auf den Pityusen – wie gesagt – etwa Mitte Mai und endet zwischen Mitte und Ende Oktober. Abgehärtete können aber auch schon im April oder noch im November das Meer genießen. Die Saison für die Wassersportarten Segeln, Surfen und Tauchen beginnt bereits um die Osterzeit und endet Ende Oktober.

Wind- und Kitesurfen

Vor vielen Stränden Ibizas wird gesurft und gekitet. In vielen Buchten (z. B. *Platja d'en Bossa*, Ses Salines, Sant Antoni oder *Cala Pada*) kann man **Surfboards** mieten und Surfkurse buchen. **Der bekannteste Windsurfstrand** ist die *Platja d'Es Codolar* im Süden der Insel. Allerdings sind die windigsten Monate Oktober, November und Dezember

Wer eine **Surfschule** besuchen möchte, kann Kurse bereits von zu Hause aus reservieren. Die Instruktoren sind durchweg erfahrene Surfer. In vielen Schulen kann man den Kurs mit einem »Schein« abschließen. Zu den besten Surfschulen zählen:

- *Club Cala Pada*: *Cala Pada* – ✆ 971 330886
- *Anfibios*: *Platja d'en Bossa* – ✆ 908 269977
- *Club Surf Ibiza*: *Platja d'en Bossa* – ✆ 971 192418
- *CC Cats*: *Ses Salines* – ✆ 908 630632
- *Club Delfín*: *Cala Codolar* – ✆ 971 806210
- *Club Náutico*: *Eivissa* – ✆ 971 313363
- *Club Náutico*: *Santa Eulària* – ✆ 971 331173
- *Club Náutico*: *Sant Antoni* – ✆ 971 340645

Kitesurfer sind gut bei **Radical Wave Ibiza** aufgehoben und auf deren Homepage (www.radicalwaveibiza.com) finden sich ein Haufen Insidertipps.

Segeln und Segelurlaub

Segeln

Auch **Segeln** ist auf Ibiza sehr beliebt. In den meisten Fällen gehören Surf-und Segelschulen zusammen. Indessen gibt es kaum die Möglichkeit, einen Segelschein zu machen. Wer auf Ibiza segeln lernen möchte, findet an den Orten der Südwestküste die dafür am besten geeigneten Reviere. Aber auch in Sant Antoni, Santa Eulària, an den *Platjas d'en Bossa* und *Ses Salines* gibt es Kurse (überwiegend auf Katamaranen). Segelschulen wie oben unter Surfschulen, außerdem noch:

- *Ibiza Sailing*: Sant Antoni – ✆ 971 346974
- *Wet4Fun*: Cala Martina – ✆ 609 766083

An der Cala Pada

Segelurlaub

Mehrere Firmen vermieten **Segel**- und **Motoryachten** mit und ohne Skipper. Die kleinsten Boote kosten ab ca. €1.000/Woche; für eine 10 m-Yacht mit 6 Schlafplätzen zahlt man €1.500-€2.000. Dazu kommen noch Liegegebühren und sonstige Nebenkosten. Hier einige Adressen von Vermietern:

- *Motonáutica Ibiza*: Eivissa/Sant Jordi – ℂ 666 558998; www.motonauticaibiza.com
- *Marine Cruiser Ibiza*: Eivissa – ℂ 971 313926; www.cruiseribiza.com
- *Coral Yachting*: Marina Botafoch – ℂ 971 313926; www.coralyachting.com
- *Ibiza Yachting S.L.*: Marina Botafoch – ℂ 971 191622; www.ibizayachting.com
- *MT Exclusive Yachting*: Marina Botafoch – ℂ 971 191623; www.mt-exclusive-yachting.com
- *Solana Yachting*: Marina Botafoch – ℂ 971 318555; www.solanayachting.com
- *Charter Torres Caron*: Santa Eulària – ℂ 629 665688; www.torrescaron.com
- *Estación Náutica de Santa Eulália* – ℂ 971 330555

Törns

Informationen zu **geführten Törns** in den Gewässern der Balearen und Pityusen findet man auch in Fachzeitschriften wie »Die Yacht« oder »Boote«

Tauchen und Schnorcheln

Reviere

An allen felsigen Küsten Ibizas (vor allem Buchten und Strände des Südwestens) und Formenteras wird geschnorchelt.

Sporttaucher erkunden die Unterwasserwelten um Ibiza an der

- **Südwestküste** vor der *Cala Carbó*, der *Cala Vadella*, der *Cala Molí*, der *Cala Tarida*, der *Cala Codolar*, der *Cala Comte* und in *Port d'es Torrent*; im
- **Norden** vor *Port Sant Miquel* und *Portinatx*, im
- **Osten** an der *Platja d'es Figueral*, den *Calas Pada* und *Llonga*.

Yachthafen von Santa Eulària

Tauch-
kurse und
-ausflüge

Unweit der **Cala Llenya** vor der kleinen Bucht von *Es Caló de sa Barca Rampuda* liegt ein gesunkenes Schiff. Zudem gibt es Höhlen und Tauchreviere bei den vorgelagerten Inseln der Ostküste. Diese Touren sollte man aber nur mit einem einheimischen Profi wagen. Für die Miete von Gerät und den Erwerb von Tauchscheinen gibt es folgende Adressen:

- **Rumbo Azul**: *Platja d'en Bossa* – ✆ 971 394486
- **Rumbo Azul**: *Cala Llonga* – ✆ 971 196625,
- **Rumbo Azul**: *Port d'es Torrent* – ✆ 971 348242
  Internet für alle drei Standorte: www.rumboazul.com
- **H₂O**: *Puerto Deportivo Ibiza Nueva* – ✆ 971 316817
- **H₂O Diving Center**: *Talamanca* – ✆ 971 313524;
  h20divingibiza.free.fr
- **Free Delfin Diving**: *Cala Codolar* – ✆ 971 806374
- **Vellmarí Ibiza:** *Eivissa* – ✆ 971 192884; www.vellmari.com
- **Anfibios:** *Platja d'en Bossa* – ✆ 971 303915
- **Centro de Busceo Arenal: Sant Antoni** – ✆ 971 342819
- **Mundo Azul:** *Cala Sant Vicent* – ✆ 971 320166;
  www.diving-center-ibiza.com
- **Punta Dive**: *Cala Martina* – ✆ 971 336726,
  www.puntadive.com
- **Sea Horse Sub-Aqua Centre:** *Port d'es Torrent* – ✆ 971 346483; www.seahorsedivingibiza.com
- **Nautilus Dive Resort**: *Cala Vadella* – ✆ 971 808207
- **Orca Sub**: *Cala Tarida* – ✆ 971 806307, ✆ 657 557143; www.orcasub.net

Formentera

Auch Formentera gilt dank des rund um die Insel besonders klaren Wassers und der großen Fischbestände als gutes Tauchrevier. Adressen in La Savina sind:

- **Diving Centre** – ✆ 971 323232, www.formenteradiving.com
- **Vellmarí Diving Centre** – ✆ 971 322105

Kosten
Tauchschein

Für den **PADI-Tauchschein** zahlt man auf Ibiza etwa €350-€500. Ein Tauchgang mit Ausrüstung kostet €30-€50. Ein günstiges Preis-/Leistungsverhältnis bieten die H₂O-Center, ➪ oben.

Weitere Wassersportarten

Wasserski

Populär sind auch **Fun-Sportarten** wie Wasserski, *Parasailing, Jet Ski, Wakeboarding* oder der Ritt auf dem *Banana Fun Boat*. Vor allem in den Hochburgen des Tourismus wie an der *Platja d'en Bossa*, in Talamanca oder an der Cala Llonga findet man von einfachen Tretbooten bis zum Jet Ski alles. Geeignete Adressen sind:

- **Cesar & Cesar Water Sports Center** an der Platja
  S'Argamassa – ✆ 971 330919
- **Centro Deportivo Náutico Boca Rio**:
  Santa Eulària – ✆ 971 331984

**Wake-
boarding**

Fürs Erlernen des *Wakeboarding* eignen sich folgenden Schulen:

- *Anfibios*: *Platja d'en Bossa* – ✆ 908 269977
- *CC Cats*: *Ses Salines* – ✆ 908 630632
- *Club Delfin*: *Cala Codolar* – ✆ 971 806210

Schwimmbäder und Wasserparks

Die meisten großen Hotels haben natürlich ihre eigenen *Pools*, von denen manche auch von Nicht-Hotelgästen besucht werden dürfen. Zum Beispiel in **Can Misses** unweit von Eivissa, in der Schule *Blanca Dona*, sowie bei **Sant Antoni** und in **Santa Eulària** findet man darüber hinaus **öffentliche Schwimmbäder** (*piscina municipales*), die auch im Winter geöffnet bleiben.

- *Piscina Pública*: Santa Eulària, ✆ 971 336004
- *Piscina El Raspallar* (*Blanca Dona*) Eivissa, ✆ 971 310254
- *Piscina* Can Misses, ✆ 971 313564
- *Can Coix*: Sant Antoni,
  ✆ 971 342390, Straße nach Santa Agnès
- *Sirenis Vital Spa*: Eivissa, ✆ 971 391176
  Pool, Sauna, Jacuzzi etc.; www.sirenishotels.com

In Talamanca und an der *Platja d'en Bossa* gibt es große Wasserparks (*Aqualandia* und *Aguamar*) mit Riesenrutschen aller Art und Wasserspaß für die ganze Familie.

Hochseefischen und Angeln

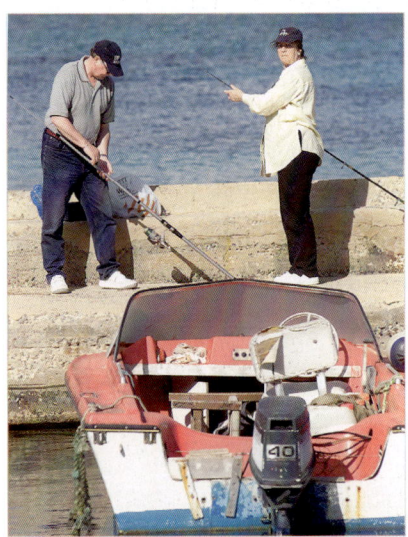

Wer einmal das **Hochseefischen** ausprobieren will, sollte sich an *Pesca Ibiza* in Sant Antoni wenden, ✆ 971 314491 oder ✆ 608 097152. Weniger spektakulär, dafür aber nicht so kostspielig wie Hochsee-Angeltrips ist das simple **Angeln** vom Ufer aus. Leider geben die meisten Küstenabschnitte der Pityusen für Angler nicht viel her, dennoch ist es bei vielen Touristen beliebt. Die folgenden Fachgeschäfte kennen die Bedingungen und Vorschriften fürs **Angeln**:

- *Mari Guasch*,
  Via Vuit d'Agost,
  Eivissa, ✆ 971 314491
- *Herranz Mari*,
  Vicenç Marí Maians 1,
  Santa Eulària, ✆ 971 316321

Sportlich orientierter Urlaub zu Lande

Joggen/ Walken

Ibiza und Formentera bieten auch reichlich Möglichkeit zu **sportlicher Aktivität** zu Lande. Tischtennisplatten finden sich praktisch in jeder Unterkunft. Es kann auch nicht schaden, Volley- oder Fußball und Frisbeescheibe mitzunehmen. **Joggen** und **Walken** kann man auch auf den Pityusen; dafür bieten sich u.a. die Strandpromenaden an (z. B. in Santa Eulària).

Radsport/Biking

Mountain Bikes

Immer beliebter wird der **Radsport** auch auf **Ibiza**. In den hügeligen Regionen des Nordens und Südwestens kann das Radfahren indessen ziemlich anstrengend sein. **Mountain Biker** finden ausgewiesene *Rutas en Mountain Bike*, *Tourenfahrer*; die Tourismusbüros haben die Streckenbeschreibungen.

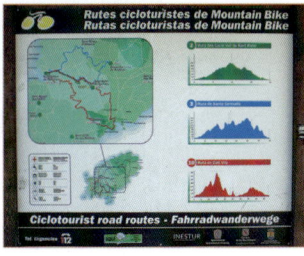

Karten inkl. Höhenprofilen für Touren- wie Mountainbikerouten finden sich überall auf der Insel

Fahrradrouten

Sowohl für gemütliche Radtouren durch schöne Landschaft als auch für sportliches Mountainbiken auf staubigen Pisten existieren ausgewiesene Wege. An markanten Punkten der Routen stehen Übersichten, ⇨ Foto. In jeder Touristeninformation gibt's außerdem gratis Karten (Mapas) für die Rutas Cicloturistas.

Fahrradmiete

Auf **Formentera** sind Fahrräder ohnehin Verkehrsmittel Nr. 1, da die Insel weitgehend eben ist und die Entfernungen gering sind.

Fahrradvermieter gibt es allerorten, auch viele Hotels vermieten Fahrräder. Speziell im Hafen von **La Savina** auf Formentera sind die Anbieter nicht zu übersehen.

Auf **Ibiza** sind vor allem zwei Adressen zu empfehlen:

• *Ibiza Sport*: Sant Antoni, ✆ 971 348949, <u>www.ibizasport.com</u>

• *Kandani*: Es Canar, ✆ 971 339264, <u>www.kandani.es</u>

Sant Antoni

In Sant Antoni kann man sich bei der Tourist Information Fahrräder gratis ausleihen, ⇨ Seite 125.

Ideale Bedingungen für Biker bieten die Monate Januar bis März, wenn in Mitteleuropa winterliches Klima vorherrscht

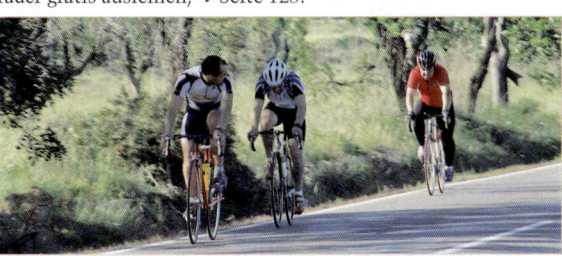

Tennis

In besseren Hotels sowie in vielen Apartmentanlagen sind **Tennisplätze** vorhanden. Außerdem verfügen alle Ferienorte über **Tenniszentren**. Die Platzmiete kostet €10-€20 pro Stunde.

Tennisclubs **Tenniskurse** werden in den Clubanlagen angeboten und sollten besser schon vor der Reise gebucht werden. In Veranstalterkatalogen bzw. auf deren Internetportalen findet man alle nötigen Informationen. Wer außerhalb der Clubs Tenniskurse sucht, kann sich u.a. an folgende Adressen wenden:

- *Club Terra Nova*: Strasse nach Cala Llonga
  bei Kilometer 10, ✆ 971 338135
- *Club de Campo*: an der Straße nach Sant Josep
  bei Kilometer 4,2, ✆ 971 391458
- *Tennis Club Ibiza*: Carrer Canarias Eivissa, ✆ 971 300019
- *Centro de Deporte*: Santa Eulària, ✆ 971 336004
- *El Comodín*: Urb. Can Furnet- Jesús, ✆ 971 316172
- *Club de Tennis Sun Active*: an der Straße Es Regueró –
  Sant Antoni, ✆ 971 803131
- *Centro de Deporte*: Can Misses

Reiten

Reitställe Auf beiden Inseln kann man **Reitkurse** und **Reitpferde** stunden- und tageweise buchen und an geführten Reitausflügen teilnehmen. Reitställe auf Ibiza sind:

- *Las Cuadras Ibiza*: Landstraße Eivissa-Jesús, ✆ 971 197011
- *Can Mayans*: zwischen Santa Gertrudis und Sant Llorenç,
  ✆ 971 187388
- *Michèlle*: zwischen Santa Gertrudis und Sant Miquel,
  ✆ 649 457718
- *Finca Can Puig*: zwischen Santa Gertrudis
  und Sant Miquel, ✆ 607 144029
- *Can Sires*: bei Sant Antoni – ✆ 971 343105
- *Western Riding*: bei Sant Joan – ✆ 971 332850
- *Can Dog*, ✆ 608 358107, bei Kilometer 14,2 der C-731
- *Easy Rider*: in Cala Llonga – ✆ 971 196511

Fincas und Reiten **Organisierte Ausritte** zu Pferd werden auch über die **Fincahotels** *Can Talaias* (✆ 971 335742) zwischen Sant Carles und der Cala Boix sowie *Can Curreu* (✆ 971 335280) in Sant Carles vermittelt.

Reitferien Für Kinder In Santa Gertrudis befindet sich der *Club Campo de Caballos*. Dort gibt es einwöchige **Reitkurse für Kinder**. Die Kids schlafen in Zelten, sitzen abends am Lagerfeuer und kümmern sich um ihr eigenes Pferd. Informationen unter ✆ 649 457718.

Golf/Minigolf

Golf

Auf Ibiza hat der **Golfsport – im Gegensatz zu Mallorca – wenig zu melden. Ein Millionenprojekt an der *Cala d'Hort* wurde von aufgebrachten Anwohnern und Naturschützern vereitelt. Es gibt zur Zeit als einzigen (nur mäßig attraktiven) Platz *Roca Llisa* an der Ostküste zwischen Talamanca und Cala Llonga.

Golfclub

Golfclub Roca Llisa, © 971 196052, Fax 971 196051; ganzjährig geöffnet; www.golfibiza.com

Der Platz hat 18 und 9 Löcher und liegt oberhalb der Urbanisation Roca Llisa. In der *Green Fee* (€90) eingeschlossen ist ein Essensgutschein für das Restaurant des Golfclubs.

Im *Club Terra Nova* an der Straße nach *Cala Llonga* bei Kilometer 10 befinden sich ein **Pitch-** und **Puttübungsplatz** und eine **Driving Range**.

Minigolf & Go-Karts

Einen **Minigolfplatz** gibt's an der Bahía de Sant Antoni, Carrer d'es Born 23-25, **Go-Kart Parcours** in Sant Antoni, Ctra. Sant Antoni, km 14, und in Sant Eulària an der Straße PM-810 km 6. Alle drei Anlagen sind täglich 10-20 Uhr geöffnet.

Wanderurlaub

Wanderrouten

Immer populärer wird auch auf den Pityusen das **Wandern**. Auf **Ibiza** gibt es **schöne Routen** vor allem im wilden Norden, **Formentera** bietet Wanderern u.a. einen historischen Römerweg.

Die meisten Wanderwege liegen abseits der großen Ferienzentren, was immer eine Anfahrt zum Startpunkt per Bus (oft schwierig), Taxi oder Mietfahrzeug bedingt. In den Touristeninformationsbüros gibt es **Karten-** und **Infomaterial** zu den vom Inselrat empfohlenen *Rutas des Falcó*. Sie sind nach Schwierigkeitsgraden eingeteilt, die meisten Wanderwege aber ohne größere Probleme von jedermann zu bewältigen.

Man kann über Reiseveranstalter auch **Wanderwochen** auf Ibiza buchen. Informationen gibt es z. B. bei der **Alpin Schule Innsbruck** (www.asi.at). Der Vorteil einer organisierten Wanderung ist, dass alle Transportfragen geklärt sind. Geführte Touren sind auch tageweise vor Ort buchbar.

Wegweisung in Santa Agnes zur Sa Penya Esbarrada, ➪ Wanderung Seite 232

Wander-saison	Wandern ist vor allem eine Aktivität der Vor- und Nachsaison. Ideale Jahreszeiten sind Frühling und Herbst. Im Kapitel 4.2 (↻ ab Seite 225) finden sich einige etwas längere landschaftlich besonders reizvolle Wanderrouten abseits der Urlaubszentren. Kurzwanderungen im Umfeld von Orten und Hotelurbanisationen werden in den entsprechenden Kapiteln beschrieben.

1.2.4   Sonstige Urlaubsformen

Cluburlaub

Club Méditerranée	Mit dem **Cluburlaub** fing auf Ibiza der *Club Méditerranée* an der *Platja d'en Bossa* an. Bis heute ist er Inbegriff der Clubferien mit viel Sport und Animation. An anderen Stellen der Insel gibt es ähnliche Clubanlagen, z. B. an der *Platja d'en Bossa*, in Cala Llonga, in Es Canar und in Portinatx.
Club Punta Arabi	Ein Club speziell für junge Leute ist der Komplex **Punta Arabi** (www.clubpuntaarabi.com, ℂ 971 330650) bei Es Canar. Dort geht es in punkto Animation und Spaß richtig zur Sache.

Wellness

Wellness	Wer Geist und Körper pflegen und es sich rundum gut gehen lassen möchte, kann auch auf Ibiza **Wellness-Urlaub** buchen. In den Internetportalen und Katalogen der Reiseveranstalter findet man jedes Jahr mehr Angebote in dieser Richtung.

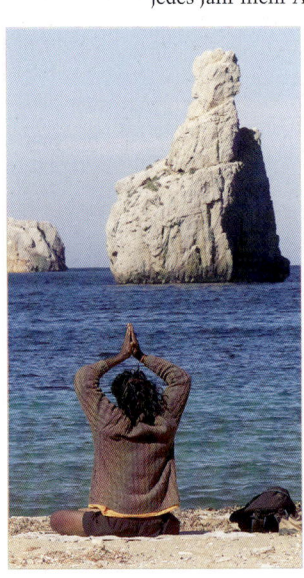

Auch zur individuellen Buchung eignet sich der **Club Cala Pada** (ℂ 971 330886, www.clubcalapada.com) in der gleichnamigen Bucht bei Santa Eulària. Dort gibt es das ganze Wohlfühlprogramm von asiatischen Massagen über Entspannungsbäder bis hin zur Kosmetik. Einen Verwöhnservice bietet seinen Gästen ebenfalls das schön gelegene **Spa de Roca Llisa** (ℂ 971 196905, www.spaderocallisa.com). Für den ultimativen **Wellnesstrip** empfiehlt sich das *****Insotel Fenicia Prestige** in Santa Eularia, Ortsteil Siesta (www.insotelfeniciaprestige.com).

Massagen kann man u.a. buchen bei:
- *Ibizamassage.com*: Eivissa – ℂ 971 194447
- *Eivissalut*: Eivissa – ℂ 971 393185
- *Masaje Centro*: Eivissa – ℂ 971 306615
- *Corpore*: Santa Eulària –ℂ 971 336861
- *Centro de Ayurveda*: Es Corralets – ℂ 626 811738

Meditation an der Cala Benirras

Wer an **Meditationskursen** und Ähnlichem interessiert ist, sollte in Sant Joan beim *Eco* (© 971 333029) nachfragen.

Yogakurse gibt es u.a. über das *Ibiza Yoga* an der Cala Benirràs (© 971 333557; www.ibizayoga.com), das *Zentrum für Yoga und Naturheilkunde* von Hella Bötcher in Sant Joan (© 971 333254; www.yogaferienibiza.de) oder über *Ibiza Moving Arts* (www.ibizamovingarts.com).

Ayurvedische Massagen offeriert u.a. das *Centro Ayurveda* in Sant Carles (© 971 326663), **chinesische Wohlfühl-Pakete** das *Estar* in Santa Eulària (© 971 331679).

Als Geheimtipp gilt die esoterisch angehauchte »**Wohlfühlwoche für Frauen**« (mehrmals pro Jahr). Info unter www.beziehungsreich.de und www.spirit-of-love.de, ↷ auch Seite 164.

Spanischkurse

Sprachschulen

Man kann Ibiza durchaus auch besuchen, um **Spanisch zu lernen**. U.a. gibt es folgende Sprachschulen:

• *Instituto de Idiomas Ibiza*: Eivissa, Pasaje Balafi 2 – © 971 303815; www.ii-ibiza.es
• *Interlingua*: Eivissa Via Romana 36 – © 971 399153
• *FRAN*: Santa Eulària, Sant Vicent 49 – © 971 332447

Partyurlaub auf Ibiza

Partyinsel

Ibiza gilt als Partyinsel par excellence. Jedes Jahr »pilgern« Abertausende junge Leute für den ultimativen Kick in einer der vielen **Discos** auf die Insel. Tatsächlich hat Ibiza ein **erstaunliches Nachtleben**. Indessen geht es nicht ganz so wild zu, wie das in manchen Medien gerne berichtet wird.

Standort

Wer das in dieser Hinsicht **absolute Ibiza-Erlebnis** sucht, sollte ein Quartier an der *Platja d'en Bossa* buchen. Dort sind Fun und Action rund um die Uhr sicher. Gggf. kommt auch noch Sant Antoni in Frage. Dort und erst recht andernorts ist die Atmosphäre aber nicht mit der im Großraum Eivissa zu vergleichen.

Eivissa

Grundsätzlich beginnt das Nachtleben auf Ibiza nicht vor 22 Uhr. Und vor ein Uhr morgens eine Disco zu betreten, macht überhaupt keinen Sinn. Gut zur **Einstimmung** auf die Nacht eignet sich die **untere Altstadt** mit ihren zahlreichen Lokalen und Kneipen. **Treffpunkte** sind die Cafés um den Passeig de Vara de Rey und der dahinter liegenden Plaça des Parque.

Sehenswert ist die im Sommer allabendlich stattfindende **Transvestitenparade** in der unteren Altstadt zwischen 23 und 1 Uhr.

In den Gassen der Altstadt werden oft **verbilligte Discotickets** angeboten; vor allem im Hafenbereich stehen immer Werber.

Sant Antoni

In Sant Antoni treffen sich zum Sonnenuntergang Scharen an der **Promenade** vor dem *Café del Mar*, dem *Café Savannah Beach Club* und den angrenzenden Lokalen. Dort kann man schon mal »neugeborene *Sounds*« hören und bei ein paar Drinks richtig »chillen«. Beliebt ist auch der Ethnotreff **Kumharas** zwischen Sant Antoni und Port des Torrent an der **Cala Bou**. Vom Strand geht es weiter in die Stadtmitte Sant Antonis in eine der Pubs im sog. »Westend« oder auf die Avinguda Dr. Fleming.

Abseits der Orte

Wem das zu urban ist, zieht sich auf ein kühles Bier an einen der ruhigeren Strände zurück – etwa an die *Cala Benirràs* oder die *Cala des Jondal.*

Chill-out Lokale

Wie auch immer: nach der Einstimmung geht es in eine der Discos zum **Clubbing**. Auf dem Weg ist es keine schlechte Idee, in einem der **Chill-Out Lokale**, wie dem **Gastro Pub Aura** an der Straße C-733 bei Sant Llorenc, dem **Keeper** in Botafoch, oder dem **KM5** zwischen Eivissa und Sant Josep, noch einen Drink zu nehmen.

Bekannteste Discos, ⇨ mehr im Detail Seiten 204 ff

Discos gibt es auf Ibiza mehr als genug, und so ziemlich jeder musikalische Geschmack wird hier bedient. Die Clubs der Insel zählen zu den besten und bekanntesten der Welt. In einigen werden die *Sounds* für die folgende Saison geboren und DJ's aus allen Herren Ländern drehen dort die Plattenteller:

• **Pacha** in Eivissa, die »Mutter aller Discos«, die als Club der Reichen und Schönen gilt.

• Am Hafen in Eivissa befindet sich das **El Divino**. Sehenswert ist die Terrasse am Meer mit tollem Blick auf die Altstadt.

• Das **Amnesia** an der C-731 zwischen Eivissa und Sant Antoni ist der internationale Drehpunkt der DJ's aus Großbritannien. Dort legt oft sogar der Techno-Papst **Sven Väth** auf. Das *Amnesia* ist auch bei Einheimischen populär.

• Ebenfalls an der Straße C-731 steht unweit des *Amnesia* die größte und eindrucksvollste Discothek der Insel, das **Privilege**. Dank einer Fläche von 7000 m² für 10.000 Besucher wirbt diese Disco damit, **the World's Biggest Club** zu sein.

Sant Antoni

In Sant Antoni gibt es zwei gute Adressen:

• An der Avinguda Dr. Fleming liegt der Glaspalast **Es Paradis Terrenal**, der wegen seiner Wasserparties berühmt wurde.

• Das **Edén** hat 12 Bars und zieht vor allem Briten an.

Kleine Discos

Darüber hinaus existiert eine ganze Reihe kleinerer *Warm-Up-Locations* wie das **Sansara**, **Blue Marlin**, **Bambuddha Grove**, **DC 10**, **Blue**, **Tropicana**, **Guaraná** oder **La Nit**, um nur einige zu nennen.

Disco Privilege: nicht nur von außen bombastisch

Disco Space, früher Spezialist für mittlerweile untersagte After Hour-Morgendiscos

Eintritt	Gemeinsam ist allen Discos, dass sie nicht billig sind. Durchschnittlich bewegen sich die Eintrittspreise je nach Club und Programm zwischen €20 und €50 pro Person und Abend.
Schluss der Party	Laut Gesetz müssen die Discos gegen 6 Uhr schließen, hielten sich aber kaum daran, und nicht selten gingen die letzten Besucher erst um 11 Uhr morgens.
Morgendisco	An der *Platja d'en Bossa* gab es sogar noch die Disco für die »After-Hour« im *Space*. Der Club öffnete meist erst um 7 Uhr morgens und war damit der perfekte Treffpunkt für alle Nachteulen und Schlafwandler. Doch 2008 war Schluss mit »*After Hour*«; **Disco zwischen 6 und 12 Uhr wurde verboten**, dafür dröhnen ab vormittags an den *Beach Clubs* wie dem *Bora Bora* an der Platja d'en Bossa oder dem *Sa Trinxa* an der Platja de Ses Salines gewaltig die Bässe ...
Discosaison	Weiterhin jeden Abend etwas los ist dann nur noch im *KM 5* und im *Guaraná*. Ein »Kontrollanruf«, bevor man sich auf den Weg macht, ist auf jeden Fall sinnvoll, ➪ Seite 206. Nur freitags und samstags sind von Herbst bis Frühjahr das *Pacha* und das *El Divino* geöffnet.
Jazz u.a.	Nicht jeder ist im übrigen ein Discogänger. **Alternativen** bieten das *Teatro Pereyra* in Eivissa mit Live Konzerten (Jazz, Soul und Blues) und der **Jazzclub** *Dakota*, ein echter Geheimtipp.

Drogen

Das **Drogengesetz** Spaniens ist in Bezug auf leichte Drogen zwar etwas lockerer als das der meisten anderen EU-Mitgliedsländer, dennoch reagiert die Polizei bei Ausländern oft allergisch, wenn sie bei ihnen Rauschmittel findet, vor allem bei **Extasy**, **LSD** und **Kokain**. Speziell an sog. »Hippiestränden« wie an der *Cala Benirràs*, wo schon mal ein paar Joints rumgereicht werden, muß man mit Kontrollen rechnen. Dort, aber auch in den großen Clubs, kam es in vergangenen Jahren häufig zu regelrechten Razzien. Wer Probleme vermeiden möchte, sollte deshalb ganz auf Drogen verzichten.

2 Unterwegs auf Ibiza und Formentera

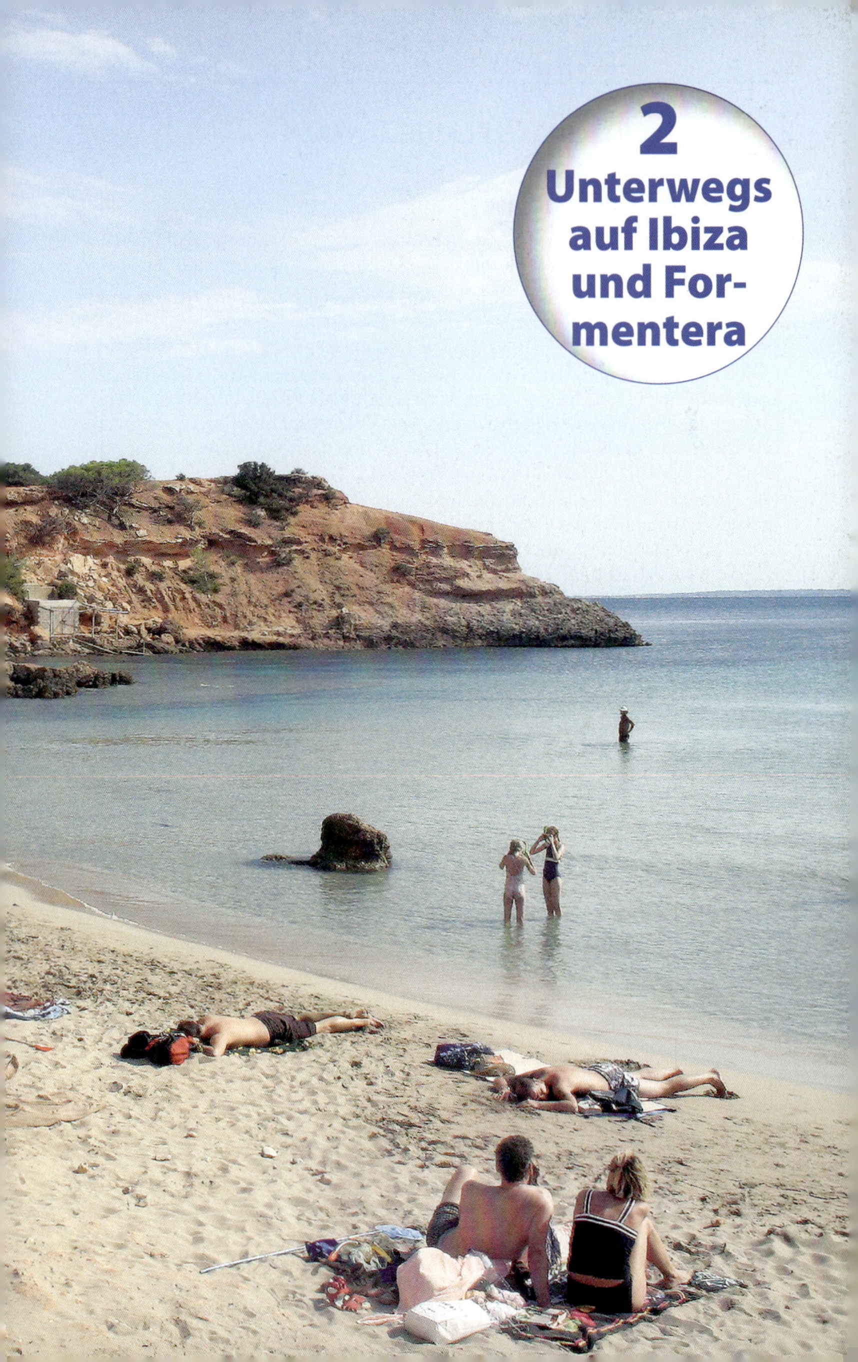

2 _____ ORTE UND URLAUBSZENTREN

Die Urlaubsregionen Ibizas

Die Insel Ibiza ist trotz ihrer geringen Größe (572 km²) erstaunlich abwechslungsreich. Sie gliedert sich in 5 Bereiche mit jeweils eigenem Charakter.

Da ist zuerst einmal **Eivissa**, die lebendige Hauptstadt und Verwaltungszentrum Ibizas mit einer über 2600 Jahre alten Geschichte.

Im Zentrum der oberen und unteren Altstadt, die sich über den Hafen erhebt, findet man die originellsten Boutiquen, schicke Restaurants, ausgeflippte Bars und Discos. Der Hafenbereich verwandelt sich abends zur Flanierzone für Jung und Alt. Eivissa eignet sich daher als Urlaubsort für alle, die auf Ibiza mehr als Strand und Meer suchen, zumal Eivissa auch optimaler Ausgangspunkt für Ausflüge in alle Ecken der Insel ist.

Die **Ostküste** Ibizas ist touristisch dicht erschlossen. Dort findet man lange, **breite Sandstrände** in der **Cala Llonga**, an der **Cala Nova**, in **Es Canár** und vor allem im Nordosten (**S'Aigua Blanca**, **Figueral**). Eine ganze Reihe kleinerer felsig eingefasster Strände liegt dazwischen. Hinter allen erstreckt sich eine mehr oder weniger ausgedehnte Urlaubsinfrastruktur. Das attraktive **Santa Eulària**, zweitgrößte Stadt Ibizas, besticht mit der schönsten Promenade der Insel entlang vieler Strandabschnitte und dem Yachthafen. Die dichte Restaurantszene sorgt für mehr kulinarische Vielfalt als anderswo.

Der **Inselnorden** zeigt sich vergleichsweise ruhig und touristisch nur punktuell erschlossen. Die Zentralorte dort, **Sant Miquel** und **Sant Joan**, tragen Dorfcharakter. An der Küste liegen an breiten Stränden zwischen Steilhängen die Hotelurbanisationen **Port de Sant Miquel** und **Cala de Sant Vicent**.

Übersicht über die Regionen

Allein **Cala Portinatx** weist Ortsmerkmale auf und verfügt über mehrere idyllisch von Felsen und Steilküste eingerahmte Strände. Zwischen den Buchten des Nordens findet man viele verbindende Wander- und Bikepfade sowohl entlang der Küste wie auch durch Wald und Einsamkeit.

Der **Nordwesten** mit der Hafenstadt und touristischen Hochburg **Sant Antoni** ist überwiegend eben und stark von Landwirtschaft mit Weinanbau geprägt. In Minidörfern wie **Santa Agnès** oder **Sant Mateu** scheint die Zeit stehen geblieben zu sein. Während der Mandelblüte im Januar/Februar ist diese Region besonders reizvoll. Entlang der nördlich von Sant Antoni (ab der Cala Salada) ununterbrochenen **Steilküste**, die bis zu 200 m hoch aufragt, erstreckt sich ein breiter bewaldeter Gebirgsstreifen. Dort verlaufen die schönsten Wanderwege und Bikerouten Ibizas. Stichpfade führen hier und dort von den Höhen hinunter zu einsamen unberührten Buchten mit glasklarem Wasser.

Im **Südwesten** der Insel (westlich und südlich von Eivissa) steht über die Hälfte aller Gästebetten Ibizas. Quartiere aller Kategorien ballen sich an der **Platja de ses Figueretes** und der anschließenden **Platja d'en Bossa**, *High-Life*-Bereiche, die sich übergangslos über Kilometer von Eivissa bis zu den Salinen der Südspitze ziehen. Unterhalb des Airports befinden sich dort die populären von Dünen eingerahmten Sandstrände *Es Cavallet* und *Ses Salines*.

Die Südwestküste mit – im Wechsel – kleinen und größeren Strandbuchten und steilen Klippen bietet am meisten Abwechslung, hat aber mit **Cala Vadella** und **Cala Tarida** nur zwei touristisch nennenswerte Orte. Dafür stehen am **Südufer der Bucht von Sant Antoni** entlang einer kilometerlangen Promenade und ein paar Blocks dahinter überwiegend einfachere Hotel- und Apartmentanlagen samt ergänzender Infrastruktur dicht an dicht.

Weitab der Küste liegt **Sant Josep**, Hauptort der Region, unterhalb des weithin sichtbaren **Sa Talaia**, der mit 476 m höchsten Erhebung in der stark zersiedelten Wald- und Hügellandschaft des Südwestens.

Einsame Schwimmbucht mit flachen Uferfelsen zum Sonnenbaden an der Punta Galera nur wenig nördlich von Sant Antoni. Touristen gibt's dort kaum. Anfahrt über Straße Richtung Cala Salada, aber gleich links abbiegen und durch die Villenurbanisation fahren.

2.1.   Eivissa (Ibiza-Stadt)

2.1.1   Kennzeichnung und Orientierung

Ibosim

Mit rund 45.000 Einwohnern ist Eivissa die größte Stadt Ibizas und Kapitale der Insel. Zugleich ist sie die älteste Stadt der Balearen. Bereits 654 v. Chr. hatten die Phönizier im Bereich der heutigen (oberen) Altstadt (*Dalt Vila*) eine Siedlung errichtet, die sie zu Ehren ihres Gottes Bes **Ibosim** nannten.

Dalt Vila

Wer mit offenen Augen durch **Dalt Vila** streift (heute UNESCO-Weltkulturerbe), findet Spuren aus vielen Epochen. Die gewaltige, nach Restaurierung heute großenteils begehbare Stadtmauer war zum Schutz gegen die ständigen Piratenüberfälle in der zweiten Hälfte des 16. Jahrhunderts erbaut worden. Dahin konnte sich dann auch das einfache Volk zurückziehen, das außerhalb der Mauern, damals vor allem am Hafen siedelte.

Nur in den unteren Gassen der Altstadt, die man von unten durch ein eindrucksvolles Stadttor betritt, ist im Sommer (nicht vor 21 Uhr) einiges los. Dort warten vor allem Restaurants und Bars auf Besucher, die meisten an der und rund um die Plaça de Vila herum. Weiter oben wird *Dalt Vila* zu einer Art open-air Museum voller historischer Bauten mit der alles überragenden Kathedrale. Viele davon warten noch auf Restaurierung.

Hafen

In erster Linie in der **unteren Altstadt** zwischen Hafen und historischem Kern pulsiert in den Sommermonaten das pralle Leben, für das Eivissa bekannt ist. Dieser Bereich ist dann Ziel zahlloser sowohl einheimischer wie ausländischer Nachtschwärmer. In der **Carrer de Barcelona** ganz unten trifft man sich vorm Discobesuch und wartet auf den **Umzug der Transvestiten** (im Sommer täglich zwischen 23 und 1 Uhr nachts). Dort werden auch *Discount Coupons* für den Eintritt in bestimmte Clubs und Gutscheine für Freigetränke unter die Leute gebracht.

Die Größe der Festung Dalt Vila Eivissa sieht man so richtig vom Wasser aus. Am Fuße der Mauer links erkennt man den oberen Eingang in die Stadt.

Gleich dahinter in der **Carrer d'Enmig** und Seitenstraßen offerieren Boutiquen extravagantes Ibiza-Outfit. Dort gibt es neben Textilien von Schuhen über Schmuck bis zu Tattoos und Piercings alles, womit man sich »stylen« kann. Parallel dazu »eins höher« verläuft der **Carrer de la Verge** mit einigen der bekanntesten Schwulenbars der Insel.

Neustadt Westlich des Hafens liegt die **Neustadt**, ein typisches Geschäfts-viertel. Die Hauptstraßen der Neustadt sind die Avingudas Isi-doro Macabich (Verlängerung der Av. Bartomeu Rosello) und die Avinguda D'Espanya mit Banken, Bürohäusern und Läden. Zwi-schen Altstadt und Neustadt liegt der immer belebte **Passeig de Vara de Rey**, dessen Fahrspuren durch einen parkartigen Strei-fen voeinander getrennt sind. An ihm finden sich viele populäre Lokale mit immer – trotz des dicht vorbeirauschenden Verkehrs – gut besetzten Open-air-Terrassen.

Puig des Molins Südlich der Neustadt erhebt sich der *Puig des Molins*, der Müh-lenberg. Er diente schon den Karthagern als Nekropole, heute steht dort ein **Museum** mit der bedeutendsten Sammlung puni-scher Artefakte der Welt, ↪ Seite 42.

Botafoch/Talamanca Während das innere Hafenbecken in erster Linie für Fährschiffe und Fischer reserviert ist, hat man am Nordostufer des *Port d'Eivissa* enorme Yachtmarinas angelegt, hinter denen Hoch-hauszeilen voller Luxusapartments des Stadtteils **Botafoch** auf-ragen. Gleich dahinter (aber nur von der oberen Altstadt auch im Blickfeld) liegt die Strandbucht **Talamanca** mit der gleich-namigen Hotelurbanisation. Hinter Botafoch schützt eine die Illa Grossa mit dem Land verbindende breite Mole (Anleger für Kreuzfahrtschiffe) samt Leuchtturm den Hafen. Wegen der bril-lanten Aussicht auf das Panorama von Eivissa sind die teuren Restaurantterrassen bei den Yachthäfen in Botafoch beliebt.

Information Aktuelle Informationen für Eivissa und die ganze Insel hat das *Oficina de Información Turística*
Passeig Vara de Rey 1;
✆ 971 301900, www.tourspain.es
Öffnungszeiten: Mo-Fr 9.30-13.30 Uhr, 17-19 Uhr
(im Winter 8.30-14.30 Uhr), Sa 10.30-13 Uhr.

Parken Da Eivissa überschaubar ist, lassen sich alle wichtigen Punkte ganz gut **zu Fuß** erreichen. Wer mit dem **Auto** anfährt, sollte nicht riskieren, die Parkverbote zu missachten. Falschparker werden gnadenlos abgeschleppt.

In der Avinguda Ignasi Wallis gibt es ein **Parkhaus**. Kostenfreie Parkplätze findet man mit Glück in der Neustadt, ansonsten nur mit Parkticket in den blauen Zonen (*Zonas Blavas*).

Taxi Der **Hauptstandplatz für Taxis** befindet sich am **Passeig Vara de Rey** (✆ 971 301794 und ✆ 971 307000).

Bus Die **Haltestellen für Regionalbusse** findet man an der Avinguda Isidor Macabich. Von dort existieren Verbindungen zu allen Orten und den meisten Stränden der Insel (aktueller **Fahrplan** im **Internet** unter www.ibizabus.com).

Fähren Die Mole für die **Fähren nach Formentera** ist im inneren Hafen-becken nicht zu übersehen (Anfang Avinguda de Santa Eulària); Fahrplan auf Seite 170. Die meisten **Boote zu Zielen auf Ibiza** inkl. **Pendelfähre nach Botafoch** legen vom Passeig des Moll ab.

2.1.2   Sehenswürdigkeiten in Eivissa

Die Reihenfolge der Beschreibung ist so gewählt, dass man die Sehenswürdigkeiten auf einem Spaziergang nacheinander besichtigen kann.

Dalt Vila (Obere Altstadt)

Stadtmauer

Die gewaltige **Stadtmauer** rund um die Altstadt aus dem 16. Jahrhundert gilt als eine der besterhaltenen Europas. Bereits 1555 hatte der italienische Baumeister *Giovanni Batista Calvi* den Auftrag erhalten, Eivissa mit dieser Ringmauer zu schützen. Der Bau dauerte knapp 30 Jahre.

Auf der Karte gut zu erkennen sind die **4 Plattformen** auf der Mauer (hinter dem *Castell*, dem *Convent de Sant Cristòfol* und westlich davon), von denen man weit über Stadt und Meer blicken kann.

1 El Olivo, La Oliva, La Torreta, El Portalón, Can d'en Parra, mapamundi, Leah's Ibiza, Galeria Tanit, Sa Carrossa u.a.

2 Can Luis, El Faro, Negu
3 Can Pou Bar, Bar Mar y Sol, Keeper, La Solera
4 La Brasa, Teatro Pereyra
5 Comidas Bar San Juan
6 Croissant Show, El Brasero

Eingang in die Altstadt durch das Portal de ses Taules

Besichtigung von unten
Üblicher Ausgangspunkt für einen **Rundgang durch die Obere Altstadt** ist das Haupttor *Portal de ses Taules* . Man erreicht es über die Plaça de Constitució bzw. die Carrer Antoni Palau. Wer bis zum höchsten Punkt (Kathedrale/Castell) vordringen will, hat einen steilen Aufmarsch durch enge Gassen vor sich.

von oben
Weniger anstrengend ist eine Besichtigung, die man hoch oben beim Parkplatz hinter den *Castell* beginnt. Über die Straße Joan Xico geht es vom Passeig Vara de Rey kurvenreich hinter der Stadtmauer entlang zum obersten Tor und von dort bergab. Das Taxi dorthin kostet €4-€5. Wer zunächst per Mietauto anfährt, parkt oben gebührenfrei und holt den Wagen per Taxi wieder ab. Ein weiterer Eingang ist das **Portaul Nou** in der Nordwestecke der Stadtmauer. Von dort kann man auf der breiten Mauer leicht bis nach oben laufen, ➪ Karte links und Klappenkarte hinten.

Kunstmuseen
Das *Museu d'Art Contemporani d'Eivissa* (Museum für zeitgenössische Kunst) liegt gleich rechts hinter dem Eingangsportal unten und dem Waffenhof in der Carrer Ronda Narcís Puget. Alle drei Monate wechselt die Ausstellung: in erster Linie handelt es sich um Werke von Künstlern, die auf der Insel leben.

Mai-Sept. Di-Fr 10-13.30, 17-20 Uhr; Okt.-April Di-Fr 10-13.30, 16-18 Uhr; ganzjährig Sa/So 10-13.30 Uhr. ✆ 971 302723.

In der *Església Hospitalet* (Carrer de Sant Josep) sind die Werke von jungen Künstlern ausgestellt; Di-So 10-13 Uhr.

Universitat de Eivissa

Anfang des 13. Jahrhunderts begann die *Reconquista*, die **christliche Rückeroberung** des von den Mauren besetzten Spanien. Unter *Jaume I. von Aragón und Katalonien* eroberte ein christliches Heer im Jahre 1229 zunächst Mallorca und 1235 auch die Pityusen. Nach **Vertreibung** eines Großteils der arabischen Bevölkerung wurden die Inseln neu besiedelt und die Orte umbenannt. Sie erhielten die Namen christlicher Heiliger. Katalanisch wurde zur allgemeinen Umgangssprache, und eine Re-Christianisierung setzte ein. Fortan gab es neben dem spanisch-katalanischen keine weiteren wichtigen kulturellen Einflüsse mehr.

Ein Sohn des Eroberers, *Jaume II.*, löste sich nach dem Tod des Vaters von Aragón-Katalonien und proklamierte 1276 das unabhängige **Königreich Mallorca**. Er gründete im Jahre 1299 die *Universitat*, **eine unabhängige Regierung für die Pityusen**, was den Inseln eine gewisse Autonomie verlieh. Nach der **Schlacht von Llucmajor** (1349 auf Mallorca) fielen die Balearen aber wieder an Aragón-Katalonien zurück. Die 73-jährige Phase der Unabhängigkeit war damit vorbei, die *Universitat* Eivissas aber blieb weiter bestehen. Sie wurde nach den Erbfolgekriegen und dem Ende der Eigenständigkeit Kataloniens erst im Jahre 1715 abgeschafft und durch eine von der spanischen Zentralregierung abhängige Verwaltung ersetzt. Den Inseln wurde die heute Hochspanisch genannte Sprache Kastiliens, das *Castellano*, verordnet. Erst seit 1983 ist das *Catalán* wieder Amtssprache der autonomen Region Balearen.

Castell   Das *Castell*, die Burg an der höchsten Stelle der Oberstadt, war früher Sitz der autonomen Regierung der Pityusen, die 1299 von *Jaume II.* als sog. *Universitat* eingesetzt worden war (↷ Kasten und »Geschichte der Insel« auf Seite 247). Diese Regierung bestimmte die Geschicke Ibizas und Formenteras und finanzierte sich aus dem Salzgeschäft, bis sie 1715 vom Bourbonenkönig *Philipp V.* abgeschafft wurde. Wegen Renovierung ist das Kastell schon länger geschlossen, Wiedereröffnung 2009 unklar.

Kathedrale   Wo früher ein Tempel der Römer und später eine arabische Moschee stand, begannen die Christen bereits im 13. Jahrhundert mit dem Bau der *Catedral Santa Maria de les Neus* im gotischen Baustil. Sie wurde 1592 fertiggestellt. Mehrere Umgestaltungen folgten. Ihr heutiges Aussehen entspricht im wesentlichen dem Stand des späten 18. Jahrhunderts. In ihrer Sakristei befindet sich das *Museu de sa Catedral*, in dem u.a. der Kirchenschatz zu sehen ist. Vom Platz vor der Katedrale hat man einen weiten Blick über die Altstadt und die Hafenbucht.

Öffnungszeiten der Kathedrale und des Museums:
Mo-Sa 10.30-13.00 Uhr.

Messe sonntags und an Feiertagen um 10.30 Uhr.

Archäologisches Museum   Ein *Museu Arqueológic d'Eivissa i Formentera* liegt gleich gegenüber der Kathedrale. Dort erfährt man alles zur Siedlungsgeschichte der Pityusen.

Mai-Sept. Di-Sa 10-14, 17-20, So 10-14 Uhr;
Okt.-April Di-Sa 10-13, 16-18, So 10-14 Uhr, © 971 301231.
Erwachsene €2, Schüler/Studenten €1, Kinder frei.

Rathaus Im **Convent Sant Domenec**, einem 1592 gegründeten Domini-
kanerkloster,befindet sich heute das **Rathaus** Eivissas, das *Ajun-
tament.* Vormittags kann man es oft besichtigen. Ab und zu gibt
es im ehemaligen Kreuzgang Kunstausstellungen. Sehenswert
ist das frühere Refektorium mit eindrucksvollen
Deckenmalereien.

Sant Oberhalb des Konvents steht die gleichnamige
Domenec **Kirche**. An den Seitenwänden des Altarraums
hängen historische Gewänder. Das 30 m lange
Kirchenschiff zieren beachtliche Fresken.

Skulptur An der Plaça Sa Carrossa passiert man
die lebensgroße Bronzeskulptur des
Historikers **Isidoro Macabich i Llobet**
(1883-1973), Autor des vierbändigen
Geschichtswerks »*Historia de Ibiza*«.

Polvori Noch etwas tiefer steht der **Polvori**,
der alte Pulverturm.

Sa Penya, die untere Altstadt

Obelisk Auf der Plaça d'Antoni Riquer direkt am Passeig des Moll ist der
Obelisco a los Corsarios nicht zu übersehen, ein Denkmal für
den Korsaren *Antonio Riquer Arabí* (1773-1846), der Piratenan-
griffe auf Ibiza abwehrte . Unter anderem besiegte er 1805 den
Seeräuber *Miguel Novelli.* Vier Jahre später versenkte er die britische Brigg »*Felicity*« und avancierte damit zum Lokalhelden.
Von ihm erzählt man auf Ibiza noch heute den Kindern.

Fischer- Die kleine **Esglesia de Sant Elm** steht an der Carrer Josep Verdera.
kapelle Sie diente früher den Fischern als Kapelle. Sie war 1936 von den
Faschisten zerstört worden, wurde aber 1947 wieder aufgebaut.

Blick auf das Viertel Sa Penya
unterhalb von d'Alt Vila

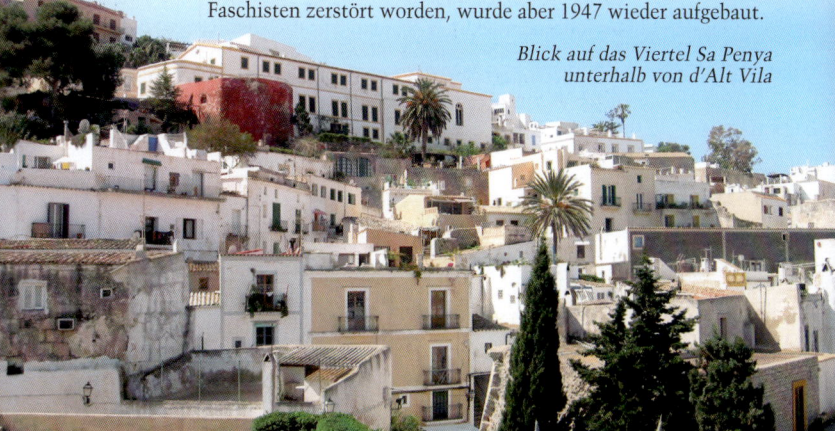

Denkmal **Vara de Rey**	Am Passeig Vara de Rey erinnert ein Denkmal – das **Monument General Joaquín Vara de Rey i Rubió** – an den Namensgeber dieser Allee, einen **ibizenkischen General**, der 1898 im Krieg um die damals noch spanische Kolonie Kuba gegen die USA fiel.

Puig des Molins

Phönizisches **Museum**	Der »Mühlenberg« **Puig de Molins** diente einst den Phöniziern als **Nekropole**; sie schlugen im Laufe der Jahre rund 4000 Grabkammern in den Felsen. Das an dessen Nordrand errichtete **Museu Monográfico del Puig des Molins** gilt unter Historikern als das Museum mit der reichsten und wertvollsten Sammlung punischer Artefakte der Welt: Sarkophage und Opfergaben, Kriegsgerät, Schmuck, Münzen, aber auch Straußeneier, kleine Terrakottafiguren und Statuen sind dort zu bewundern. Der Augapfel des Museums ist eine Büste der phönizischen **Göttin Tanit** die man in einer Höhle bei Sant Vicent (↪ auch *Cova d'es Culleram* auf Seite 112) gefunden hat. Der *Puig des Molins* wurde wie auch die gesamte Altstadt vor einigen Jahren zum UNESCO- Weltkulturerbe erklärt.

Cami Vell de Sant Josep 31 (Via Romana), ✆ 971 301771
April-Sept. Di-Sa 10-14, 17-20, So 10-14 Uhr;
Okt.-März Di-Sa 10-13, 16-18, So 10-14 Uhr.

Far de Botafoch

Zum Far **de Botafoch**	Der **Leuchtturm** von Eivissa, *Far de Botafoch*, steht auf der einst exponierten *Punta Grossa* auf der anderen Seite der Hafenbucht. Erst vor wenigen Jahren errichtete man eine noch 500 m weiter in die Bucht hineinreichende Schutzmauer, die auch als Anleger für Kreuzfahrtschiffe dient.

Wer von dort den Blick auf Eivissa genießen möchte, folgt zu Fuß oder per Leihfahrrad einfach der Promenade rund um die Bucht (ab der Altstadt ca. 4 km eine Strecke). Für private Autos ist indessen die breite Zufahrt zur Kreuzfahrermole bzw. zum Leuchtturm ab Botafoch (*Hotel El Corso*) gesperrt. Man kann sich aber hinter dem *El Corso* durch die Gassen des Ortsteils Ses Figueres zur alten Zufahrt »durchschlagen«. Eine Ausschilderung fehlt dort, aber die Richtung ist klar.

Der bekannte deutsche Kreuzfahrer »Astor« an der eigens für diesen Schiffstypen eingerichteten Mole beim Leuchtturm Botafoch;

im Vordergrund die Fähre nach Formentera

2.1.3 ___ Essen & Trinken

In Eivissa gibt es lokale Leckerbissen und kulinarische Spezialitäten aus allen Teilen Spaniens, französische und italienische, asiatische und mexikanische Restaurants.

Zu den Kosten

Essen gehen in *Dalt Vila* ist generell teurer als in der Unteren Altstadt oder gar in der Neustadt. Auf den Euro schauen darf man aber ohnehin in Ibizas Gastronomie nicht.

Dalt Vila (Obere Altstadt)

Für alle genannten Restaurants empfiehlt sich zu reservieren.:

El Olivo

Plaça de la Vila 8,
☎ 971 300680,
Mo-Sa 19-24 Uhr

Am Hauptplatz der Oberen Altstadt ist das *El Olivo* eines der populärsten Restaurants. Vorwiegend französische Küche, gehobenes Preisniveau. Viele Tische stehen vor dem Restaurant draußen, ein idealer Platz, um in Ruhe dem abendlichen Treiben zuzuschauen.

La Oliva

Carrer Santa Creu 2-4;
☎ 971 305752,
täglich 19.30-1 Uhr

Gleich neben dem *El Olivo* liegt das *La Oliva* ebenfalls an der belebten Plaça de la Vila. Es bietet vor allem mediterrane Fischgerichte. Gehobene Preise.

La Torreta

Plaça de Vila 10,
☎ 971 300411,

Im Gebäude neben dem *La Oliva* serviert der Chefkoch des *La Torreta* ibizenkische Fischspezialitäten zu heftigen Preisen.

El Portalón

Plaça dels Desamparats,
☎ 971 300852,
Mo-Sa 19-24 Uhr

Oberhalb des »Waffenhofes« stößt man auf das Restaurant *El Portalón*. Internationale Gerichte in großen Portionen. Ganz Hungrige bestellen ein Menü. Das *El Portalón* ist weniger kostspielig wie die vorstehenden Lokale, besitzt aber dafür auch kein vergleichbares Ambiente.

Can d'en Parra

Carrer Sant Rafel 3,
☎ 971 391114,
Mo-Sa 19-24 Uhr

In diesem kleinen rustikalen Lokal gibt es, ähnlich wie im *El Olivo*, eine französisch inspirierte Küche. Es liegt etwas abseits und ist deshalb weniger voll und laut als manch anderes Restaurant. Das *Can d'en Parra* eignet sich besonders für romantische Abende zu zweit. Lecker sind dort die Fleisch- und Fischspezialitäten vom Holzkohlengrill.

La Marina, Sa Penya und Neustadt

Viele der im Folgenden genannten Restaurants sind Einheimischenlokale, deren Einrichtung oft nicht sonderlich attraktiv ist. Dafür bieten sie gute und preiswerte Hausmannskost.

Can Costa

Carrer de sa Creu 19,

Das *Can Costa* ist bekannt für bodenständige spanische Küche. Man sitzt zwar bei knalligem Neonlicht im Keller an Holztischen mit Plastikdecken, aber das Essen ist prima und billiger als überall sonst in Eivissa. Kleine Karte.

Civet

Carrer Murcia 12,
℡ 971 306916, Mo-Sa 13.30-16 und 21-24 Uhr.

Gute und sogar kreative mediterrane Küche mit Schwerpunkt auf Fisch und Meeresfrüchten zu mittleren Preisen und dazu mit reizvollem Interieur im Zen-Stil. Das *Civet* ist bei Einheimischen sehr beliebt, daher unbedingt vorher reservieren.

Comidas Bar San Juan

Carrer Montgrí 8,
℡ 971 311603, Reservierung empfohlen,
Mo-Sa 13-15 Uhr und 20-24 Uhr; im Winter geschlossen

Gemütliche Kneipe von 1870, die Hafenflair ausstrahlt. Dort kostet kein Gericht über €12. Daher muss man abends oft auf einen freien Platz warten. Setzen Sie sich einfach zu anderen, man wird sich ggf. auch an Ihren Tisch setzen. Ausgesprochen lockere Atmosphäre. Im Sommer stehen auch Tische draußen.

Bon Profit

Plaça des Parc 5,
Mo-Fr 13-16 Uhr und 20-24 Uhr

Ähnlich wie in den *Comidas San Juan* gibt es hier ein täglich wechselndes Menü, bei dem 5-6 Gerichte zur Auswahl stehen, überwiegend lokale Spezialitäten. Immer gut und günstig.

Can Luis

Plaça Sa Riba 9, ℡ 971 310074

Das *Can Luis* ist ein typisch spanisches, preiswertes kleines Fischlokal beim Fährhafen an der Plaça Sa Riba. Drinnen und draußen sitzt man gemütlich. Auch eine gute Adresse für *Tapas*.

El Faro

Plaça Sa Riba 1,
℡ 971 313233, Reservierung empfohlen,
Mo-Sa 13-15 Uhr und 19-24 Uhr

Ein paar Häuser weiter als das *Can Luis*. Den fangfrischen Fisch, auch Hummer und Meeresfrüchte, lässt man sich dort zwar teuer bezahlen, aber dafür bietet das Lokal eine schattige Gartenterrasse mit Blick auf den Hafen.

Mesón de Paco

Avinguda Bartomeu de Rosselló 17, ☎ 971 313233

Auch hier gibt es authentisch ibizenkisches Essen, Spezialität des Hauses ist das frisch gebackene Lamm aus dem Ofen (*Cordero al horno*). *Das Mesón de Paco* ist auch bei Einheimischen beliebt, daher vor allem am Wochenende besser reservieren.

Negu

Plaça de Sa Riba 4, ☎ 971 312941

Das *Negu* an der Mole zelebriert moderne japanische Küche: eine Fusion aus Sushi, Sashimi und Teppanyaki mit Einflüssen der französischen und spanischen Küche. Zutaten nur aus ökologischem Anbau! Preise im mittleren Bereich. Auch aufgrund seines Interieurs beliebtes In-lokal. Nur abends geöffnet.

La Solera

Plaça Tertúlia 8, ☎ 971 311171; Mo-So 19.30-1 Uhr

Dieses einfach rustikale Restaurant schräg gegenüber des Fährhafens ist bekannt für seine ibizenkischen und spanischen Fisch- und Reisgerichte. Moderates Preisniveau.

La Cava

Passeig de Vara de Rey 4, ☎ 971 316074

Das modern gestylte *La Cava* ist eines der besten *Tapa*-Lokale Ibizas. Im Sommer kann man dort noch bis spät nachts draußen sitzen und dem Treiben auf dem Passeig zuschauen. Auch wer den »kleinen Hunger zwischendurch« stillen möchte, ist hier richtig. Bei der Auswahl hilft ein Blick auf die Tapatheke. Besonders zu empfehlen auch vor einem Disco-Besuch, denn hier trifft sich die coole Szene.

Hostal Parque

Carrer Vicente Cuervo 3, ☎ 971 301358

Hier gibt es von einfachen Sandwichs, Kuchen und frisch gepressten Säften bis zu Austern und Champagner so ziemlich alles was den Appetit anregt und/oder den Hunger vertreibt. Das Lokal liegt an der lauschigen *Plaça del Parc*.

Ca N'Alfredo

Passeig de Vara de Rey 16 in der Nähe des *Hotel Montesol*, ☎ 971 311274, Reservierung empfohlen

Di-So 13-17 Uhr und 19.30-24.30 Uhr

Ca N'Alfredo

Dieses Edellokal besteht bereits seit 1934. Spanische und balearische Fisch- und Fleischgerichte zu hohen Preisen bei erstklassigem Service. Drinnen sitzt man gemütlich, draußen mit Blick auf das Monument *Vara de Reys* an der Plaça.

La Brasa

Pere Sala 3
℃: 971 30 12 02, Mo-Sa 13-17 Uhr und 19.30-24.30 Uhr

Das *La Brasa* gehört zu den Nobeladressen der Unteren Altstadt. Mediterrane Gerichte. Besonders angenehm sitzt man im Garten unter Palmen und wildem Wein. Die Preise sind hoch, aber mittags gibt es ein relativ preiswertes Menü ab €14/Person (meistens mit zwei Hauptgerichten zur Auswahl).

Jap Japanese Restaurant

Carrer Juan de Austria 8, ℃ 971 315626, täglich 19.30-1.30 Uhr
Das *Jap* hat vielleicht das beste *Sushi* und *Sashimi* auf Ibiza und dazu noch zu moderaten Preisen. Im Inneren des Lokals stehen leider nur relativ wenige Tische zur Verfügung. Eine Filiale des Retaurants findet man am Markt (Plaça de la Constitució).

Gelateria Miretti

Carrer de la Cruz 24, ℃ 971 314541

Miretti hat das beste Eis der Insel – hier wie auch in der Miretti-Filiale in Santa Eulària. Bei der Riesenauswahl ist es nicht leicht, sich zu entscheiden. Versuchen Sie *dulce de leche* und *turrón*!

Weitere Lokale

Schöne Cafés zum Sehen und Gesehenwerden gibt es außerdem an der kleinen **Plaça des Parc** einen Block südlich des Passeig Vara de Rey. In vielen kann man selbst gegen 4 Uhr früh noch draußen sitzen und eine lange Nacht ausklingen lassen

Croissant Show

Beim alten Markt (Plaça de la Constitució) und direkt vor dem Aufgang zur Oberen Altstadt liegt das ***Café Croissant Show*** (℃ 971 317665), Geheimtipp für ein gutes Frühstück. Wie der Name sagt, gibt es Croissants und anderes französisches Gebäck in vielen Variationen. Geöffnet ab 6.00 Uhr morgens, im Winter ab 8.00 Uhr. Zweite Filiale in Figueretes, Carrer del Pais.

Eivissas Altstadt besteht durchaus nicht nur aus Shops und Kneipen. Dort wird auch gewohnt: Hinter dieser Tür verbirgt sich ein Kleinod aus renoviertem Stadthaus mit Blumengarten

In der **Neustadt** findet man viele exotische Lokale, z.B. das oft gelobte chinesische Restaurant

La Gran Muralla

Avinguda Bartomeu de Rosselló 13
✆ 971 191727

Die Menüs im *La Gran Muralla* sind preislich bei guter Qualität kaum zu schlagen. Wie in vielen chinesischen Lokalen illustrieren hier Fotos der Gerichte die Karte.

Weitere Empfehlungen

El Cigarral

Carrer Fray Vicente Nicolás 9,
✆ 971 311246, Reservierung empfohlen,
Mo-So 19.30-24

Fisch- und Ochsenfleischspezialitäten aus Katalonien und Asturien, dabei große Auswahl an spanischen und internationalen Weinen. Gemütliches, familiäres Ambiente. Mittlere Preise.

Zaguán

Avinguda Bartolomé Rosselló 15,
✆ 971 192882, mittwochs geschlossen

Beim *Zaguán* handelt es sich um eine riesige baskische Taverne, deren Spezialität *Tapas* auf Spießchen sind. Man nimmt sich aus den Vitrinen an der Bar einfach, was einem zusagt, und zahlt am Schluss nur die Anzahl der Spießchen. Empfehlenswert dazu ist der prickelnde baskische Weißwein *Txakolí*.

Das *Zaguán* ist ein Stück echtes Spanien, voll am Abend, kaum Touristen als Gäste.

La Vaca Argentina

Avinguda de la Paz,
✆ 971 314375, täglich 21-3 Uhr

Etwas außerhalb der Neustadt – und am besten mit Auto bzw. Taxi zu erreichen – liegt das *La Vaca Argentina*. In diesem Grilllokal schmeckt alles, egal ob Schwein, Rind, Lamm, Hammel oder Hähnchen. Gehobenes Preisniveau.

Puig d'en Valls

Im **Vorort Puig d'en Valls** haben sich viele Industriebetriebe angesiedelt. U.a. produziert dort die Firma *Mari Mayans* ihre bekannten *Hierbas* (Kräuterliköre). Gegenüber der Likörfabrik befindet sich das

Es Camí Vell

Vicente Mari Mayans, ✆ 971 316665

Vor allem mittags kann man dort für wenig Geld gut essen. Es gibt spanische Gerichte in einem unspektakulären Ambiente, dafür kostet das Menü (Vorspeise, Hauptgericht und Dessert) nur um die €8-€10.

Botafoch

Im Stadtteil Botafoch liegt das Preisniveau etwas höher.

Il Giardinetto

Marina Botafoch,
✆ 971 314929, Reservierung empfohlen,
täglich 11-2.30 Uhr

Giardinetto   Direkt am Yachthafen serviert man im *Il Giardinetto* Pizzas und auch Pasta noch zu relativ zivilen Preisen. Wer gern einen Tisch auf der Terrasse hätte, muss unbedingt reservieren, vor allem am frühen Abend kurz vor Sonnenuntergang.

Café Sidney   Marina Botafoch,
☏ 971 192243, täglich 9-3 Uhr

In diesem preiswerten Café ist vor allem das Frühstück beliebt. Ansonsten hat das *Café Sidney* leichte sommerliche Kost und sonntags Brunch. Wie fast überall an der Marina Botafoch fällt auch von dort der Blick über den Hafen hinüber zur Altstadt.

Madrigal   Marina Botafoch,
☏ 971 311107, Reservierung empfohlen,
täglich 12-24 Uhr

In diesem teuren Nobelrestaurant trifft sich alles, was auf Ibiza Rang und Namen hat. Vor den Masten der Yachten genießen hier Gourmets bei teuren Drinks Gerichte der Nouvelle Cuisine.

Festivals in Eivissa

Die Hauptstadt der Insel feiert viel. Neben den gesetzlichen Feiertagen und Patronatsfesten (↳ Seite 257 »Feste und Feiern«) gibt es sechs weitere wichtige Festtage und Festivals:

- das am 23. April stattfindende **Fest des Buches** (*Festa del Llibre*), das auf dem Passeig Vara de Rey gefeiert wird.
- das **Pfingstfest** (am Pfingstwochenende) der andalusischen Gastarbeiter am *Hippodrom* südlich der Stadt.
- der **Markt des Mittelalters** (*Es Mercat Medieval*) in *Dalt Vila* am zweiten Maiwochenende.
- die ibizenkische **Modemesse** – mit viel Adlib-Mode – Anfang Juni.
- das **Jazzfestival** Ende Juli mit Freilichtbühnen an mehreren Orten Eivissas.
- das **Internationale Musikfestival** im Hochsommer (Ende Juli/Anfang August) überwiegend unterhalb von *Dalt Vila*.

2.1.4 _____ Nachtleben

Treffpunkte

Die Nächte auf Ibiza sind lang. Nach dem Essen schlendert man erst mal durch die Straßen der Unteren Altstadt, bevor man in eine der Bars einkehrt und für den späteren Discobesuch die nötige Energie tankt. Geeignete Treffpunkte sind die Lokale um den Passeig Vara de Rey und die dahinter liegende Plaça des Parc.

Transvesti-
tenshows

Im Stadtteil _Sa Penya_ finden in der Hochsaison allabendlich **Umzüge** von Transvestiten und Transsexuellen statt, und die Clubs werben mit aufwendigen Shows und Trubel um Besucher.

Discotickets

Speziell in der Hafengegend verteilen jeden Abend – wie schon erwähnt – »Schlepper« **verbilligte Eintrittskarten** für die Discos. In Eivissa selber handelt es sich dabei vor allem um das _Pacha_ und das _El Divino_; außerhalb der Stadt in Richtung Sant Antoni um das _Amnesia_ und das _Privilege_. Im Bereich zwischen der Plaça de sa Tertúlia und der Carrer Barcelona (im so genannten _East End_) erfährt man in den Bars und Lokalen die jeweiligen Details zum **Shuttle-Service** für die Discos _Privilege_ und _Amnesia_.

> ### Nachtleben (fast) nur Juni–September
>
> Nochmals sei hier darauf hingewiesen, dass sich das Nachtleben Ibizas ausschließlich in den Sommermonaten abspielt. Die meisten Discos sind ab Oktober bis Ende Mai geschlossen!

Kneipen

Neben »alteingesessenen« Lokalen gibt es in der Unteren Altstadt viele Kneipen, die von Saison zu Saison Namen und Besitzer wechseln. Zu den mittlerweile etablierten Lokalen gehören die _IBZ Lounge_ (Carrer d'Emili Pou), das _Angelo's_, das _Mambo_, das _Delfín Amnesia_ und das _Rock_ (letztere all in der Carrer de Cipriano Garijo), das _Bliss_ (Plaça des Parc), das _Zuka_ (Carrer de la Verge) und das _Tira Pallá_ (Carrer Alfonso XII).

Can Pou Bar

Carrer Lluis Tur i Palau 19, ☎ 971 310875, Mo-Sa 8-4 Uhr

Diese Bar unweit der Fährschiffmole ist eine typische Hafenkneipe. Das Publikum ist jung. Im Winter gilt das _Can Pou_ als Szenetreff der einheimischen Jugend.

Bar Mar y Sol

Carrer Lluis Tur i Palau 1,
☎ 971 315234,
täglich 8.30-2.30 Uhr

Hier muss praktisch jeder vorbei, der entweder in die Altstadt oder wieder weg will. Das _Mar y Sol_ ist eine der beliebtesten Bars in Eivissa. Man kann dort bei einem Cocktail oder mehreren davon endlos sitzen und dem, was vorgeht, zuschauen.

Keeper

Passeig Maritim in der Nähe des _El Divino_,
☎ 971 310509, täglich 23-6 Uhr

Der Schickeriatreff für Discogänger. Wer etwas auf sich hält, nimmt im _Keeper_ erst einmal einen (ziemlich teuren) Drink und versucht zu erfahren, wo die »*In-Crowd*« sich diese Nacht trifft. Wem das egal ist, beobachtet einfach nur die bunte Szenerie.

Montesol
Passeig Vara de Rey 2,
℡ 971 310161,
www.hotelmontesol.com

Für einen guten Kaffee oder einen Cappuccino geht nichts übers *Montesol,* das älteste Kaffeehaus Ibizas. Diese ibizenkische Institution, in der sich die Einheimischen noch bis Mitternacht treffen, befindet sich im gleichnamigen Hotel. Auf dem Passeig Vara de Rey kann man vor dem Gebäude auch gut in der Sonne sitzen und frühstücken. Mittleres Preisniveau.

Teatro Pereyra
Carrer Conde de Rosellón,
℡ 971 191468,
www.teatropereyra.com
täglich 7-4 Uhr

Das *Teatro Pereyra* ist eine Bar, in der jeden Abend Live Jazz oder Blueskonzerte stattfinden. Der Eintritt ist frei, jedoch steigen die Getränkepreise ab 22.00 Uhr auf das Doppelte. Die Musiker sind durchweg ausgezeichnet. Kein Wunder, dass sie auch viel Prominenz hier trifft. Für alle Langschläfer gibt es im *Pereyra* länger als irgendwo sonst Frühstück.

Casino de Ibiza
Carrer Joan Carles I 17
℡ 971 806806, www.casinoibiza.com
täglich 22-5 Uhr, Spielautomaten 18-6 Uhr

Das Spielkasino befindet sich im neu errichteten Grandhotel mit Kongresszentrum. Neben den üblichen Glücksspiele wie Roulette und Black Jack gibt es dort auch einen Automatensalon. Bekleidungsvorschriften existieren nicht; wer keinen ungepflegten Eindruck macht und den Personalausweis dabei hat, wird eingelassen und darf spielen.

Kino

Wer einigermaßen gut Spanisch oder Englisch versteht, möchte sich vielleicht einmal einen Film ansehen (viele amerikanische Filme werden im Original mit spanischen Untertiteln gezeigt). Kinos gibt es am Passeig Vara de Rey und in der Via Púnica. Das Film- und Unterhaltungszentrum **Multicine** hat seinen Standort unweit des Krankenhauses *Can Misses* an der Carrer Cubells. Informationen zum Spielplan gibt's telefonisch und in der Zeitung *Diario de Ibiza.*

- **Cines Serra**, Vara de Rey 6 – ℡ 971 311471
- **Cine Cartago**, Via Púnica 11 – ℡ 971 300993
- **Multicine** – ℡ 971 315211

2.1.5   **Shopping**

**Laden-
auswahl**

Auch fürs Shopping ist Eivissa das eindeutige Zentrum der Insel. Mit dem Aufkommen der Adlib-Kleidung und der Hippie-Bewegung wurde Ibiza speziell für die **Modebranche** interessant. Die Künstler und Designer der Insel wussten schon immer Fremdes und Eigenes miteinander zu verschmelzen und einen unverwechselbar ibizenkischen Stil zu kreieren. Hier eine Auswahl der besten und originellsten Läden.

Dalt Vila (Obere Altstadt)

**Textil
& Kunst**

Mapa Mundi
Plaça de Vila 13, © 971 391685

Mapa Mundi führt schön gearbeitete **Baumwollhemden**, **Gewänder** und **Kunstgegenstände** vor allem aus Bali. Die Preise sind für die gebotene Qualität verhältnismäßig günstig.

**Mode &
Accessoires**

Galería Tanit
Plaça de Vila 22, © 971 303677, www.galeriatanit.com

Galerie mit Schmuck- und Modekollektionen vor allem der Künstlerin *Virginia Ferrer*. Viele Arbeiten mit ibizenkischen Motiven. Relativ teuer.

LEAH'S Ibiza
Plaça de Vila 23, © 971 302824

Ein Laden für extravagante Accessoires wie Schmuck, Taschen und handgemachte Karnevalsmasken im venezianischen Stil – originell für die Disconacht. Die Preise sind moderat.

Sa Carossa
Plaça de Sa Carrossa 19, © 971 399171

Kleines Geschäft mit **riesigem Angebot**: Handtaschen aus Madagaskar, Tücher aus Indien und Strohhüte aus Südamerika. Wer stöbert, der findet.

*Textilladen
mit Indien-
Importen
in Sa Penya*

Mode/Kunst

CHA-CHA
Plaça dels Desamparats 3,
✆ 971 399427

Mode und **Kunstgegenstände** aus Tibet und Nepal. Günstige Preise für gute Qualität.

Adlib-Mode gibt es in Dalt Vila am besten wie folgt (man muss dafür aber etwas tiefer in die Tasche greifen):

- **Thalassa**, Plaça de Vila
- **Divina**, Plaça de Vila
- **Gypsy One**,
  Carrer Ignacio Riquer 23
- **S'Espardenya**,
  Plaça dels Desamparats
- **Sandal Shop**, Plaça de Vila,
  Lederwaren aller
  Preisklassen.

La Marina, Sa Penya und Neustadt

Baumwolle

Victor
Carrer d'Enmig 42,
✆ 971 310809

Spezialisiert auf ibizenkische **Baumwollhemden** – nicht billig!

Reserva Natural
Carrer Annibal 8,
✆ 971 312516

Kunsthand-werk

Hier gibt's **Kunsthandwerk** aus allen fünf Kontinenten und in jeder Preiskategorie von billigem Schnickschnack über Räucherstäbchen bis zu handgeschnitzten afrikanischen Figuren.

Espardenes

Can Ric
Carrer Conde de Rosellón 8,
✆ 971 312022, ✆ 971 310468

Bastschuhe

Ab etwa 12 € bekommt man im Can Ric *Espardeñes*, die typisch ibizenkischen Bastschuhe.

Adlib

Cantonada, Carrer del Comte de Rosselló 10, und **Zoé** an der Plaça de Sant Elm sind die besten **Adlib-Mode Adressen** in der unteren Altstadt

Hüte

Sombrereria Bonet
Carrer Conde de Rosellón 6,
✆ 971 310668

Schöne **Modeaccessoires** zu hohen Preisen

Mode

Frágil
Passeig Vara de Rey 17
☎ 971 300758

Eine der schönsten Modeboutiquen Ibizas. Elegante Sommer-
mode zu mittleren Preisen. Viele Stücke sind durch Adlib und
»Hippie-Outfit« beeinflusst. Für Modebewusste ein »Muss«.

Es Mercat
Plaça de la Constitució,
geöffnet Mo-Sa 7-20.30 Uhr, im Winter bis 15 Uhr

Markt

Auf dem alten **Obst-** und **Gemüsemarkt** treffen sich echte Ibi-
zencos, die andalusischen Bewohner der Oberen Altstadt und
das typisch bunte Ibiza-Volk.

*»Herrenaus-
statter« in der
Fußgängerzone
von Sa Penya*

Musik

m15
Carrer de Vicente Cuervo 13,
☎ 971 317168

Wer sich für aktuelle **Musik** aus Ibizas Clubs interessiert, wird
hier fündig. Die jeweils neuesten Sampler des **Ibizasounds** (z.B.
Cox, Morillo etc.) aber auch viel Vinyl gibt es hier mit Tipps
von den Profis. Echter Insidertreff!

Literatur

Libreria Vara de Rey
Passeig Vara de Rey 22,
☎ 971 311819

Literatur über Ibiza, Postkarten und internationale Presse kauft
man am besten in dieser Buchhandlung mit der bei weitem
größten Auswahl.

Hierbas

Aniseta Fábrica de Licores
Avinguda de Santa Eulària des Riu 19,
☎ 971 318769

Wer den Kräuterlikör *Hierbas* mag, kann hier sämtliche Sorten
probieren. Meister *Fernando Ferrer Cardona* erklärt interessierten Besuchern gerne persönlich die »Geheimnisse« der *Hierbas*-
Produktion in der hauseigenen Fabrik.

Töpferei   **Alfarería Sa Taulera**
Kilometer 2 der C-731 Sant Antoni-Eivissa,
✆ 971 314618

Die **Töpferwerkstatt** mit der inselbesten Auswahl an **Keramik** ist nicht ganz leicht zu finden. Auf der Schnellstraße 731 biegt man nach dem Elefantenhaus (*La Maison de l'Eléphant*) und vor der *Zona Industrial* rechts in eine kleine Seitenstraße ab. Es ist ein Genuss zuzusehen, wie der alte Töpfermeister aus einem Klumpen Ton in Windeseile ein wahres Kunstwerk »zaubert«. Dennoch ist hier alles deutlich billiger als in anderen Geschäften und Werkstätten.

Botafoch

Ibiza Look   **Dora Herbst**
Marina Botafoch,
✆ 971 315102

Eine der exklusivesten und bekanntesten Adressen für den berühmten **Ibiza Look**. Die Designerin *Dora Herbst* stellt hier ihre Modekollektion aus. Die Stücke haben zwar ihren Preis, sind aber nicht zu teuer.

Service

Polizei
- **Guardia Civil** – Carretera del Aeropuerto – ✆ 971 301100;
- **Policía** Avinguda de la Pau – ✆ 971 305313;
- **Policía Local** – Carrer Vicent Serra i Orvay Ecke Carrer Bisbe Abad i Lasierra – ✆ 971 315861

Fundbüro   In der Hauptwache der *Policía Local*

Postamt   Das Hauptpostamt (*Correos y Telégrafos*) Eivissas steht an der Avinguda Isidor Macabich, ✆ 971 314323 oder ✆ 971 399769.

Geöffnet Montag bis Freitag von 8.30 bis 20.30 Uhr. Samstags von 9.30 bis 14 Uhr. Briefmarken (*sellos*) bekommt man auch in den *Estancos*, den Tabak- und Zeitschriftenläden.

Erste Hilfe: Avinguda d'Espanya – ✆ 971 391214

Freizeit   Eivissa hat ein eher mageres Angebot an Tages-**Freizeitaktivitäten**. Nennenswert sind **Bootsausflüge** nach Formentera (Abfahrtszeiten ⇨ Seite 170) oder zum Felseiland S'Espalmador.

Wer in Eivissa logiert und in der Nähe reiten, segeln oder tauchen möchte, findet folgende Möglichkeiten:

Reiten   *Las Cuadras Ibiza* – Straße Eivissa-Jesús, ✆ 971 197011

Segeln   *Club Náutico* – Puerto de Ibiza, Muelle, ✆ 971 313363

Tauchen   Tauchen: H_2O – Puerto Deportivo, Ibiza Nueva, ✆ 971 316817

2.1.6   Unterkommen in Eivissa

Situation

Eivissa ist in erster Linie **Ausflugsziel**, tagsüber wie fürs Nachtleben. Nur wenige Urlauber nehmen Quartier in der Stadt. Tatsächlich verfügt Eivissa – im Vergleich zu Sant Antoni oder Santa Eulària – auch nur über eine begrenzte Hotelkapazität.

Die nächsten **Strände** liegen relativ weit entfernt. Wer nicht täglich lange Märsche unternehmen möchte, ist auf ein Mietfahrzeug, Fahrrad oder öffentliche Verkehrsmittel angewiesen, um dorthin zu gelangen. Dafür bietet Eivissa weit mehr Kultur, Nachtleben, Shopping und Sightseeing als andere Orte auf Ibiza. Der kulinarische Aspekt ist ebenfalls nicht zu verachten.

Ein **Nachteil** der Stadt ist, dass sie im Sommer auch abends kaum abkühlt. Die Wärme bzw. Hitze muss man mögen oder sich in Eivissa nur außerhalb der Sommersaison einquartieren.

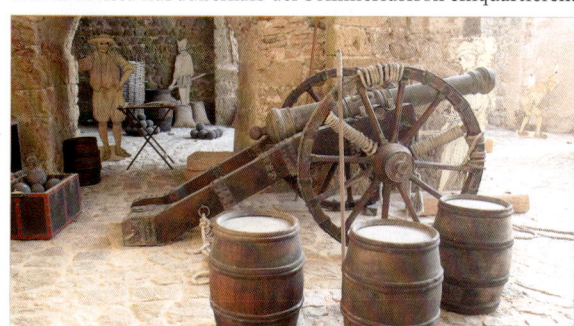

Mittelalterliche Kanonen bewachen bis heute den Eingang von Dalt Vila

Dalt Vila (Obere Altstadt)

Hinweis Pool und Parken

Grundsätzlich haben die Hotels der oberen wie unteren Altstadt weder einen Pool noch (ausreichend) Parkmöglichkeiten beim Haus oder in unmittelbarer Umgebung.

Hotel Corsario**
€€

Carrer Ponent 5, ✆ 971 301248, Fax 971 391953, www.ibiza-hotels.com/CORSARIO

ganzjährig geöffnet

Das Hotel befindet sich in einem ehemaligen Korsarenpalast von 1642 mit romantischem Flair. Die Zimmer überblicken den Hafen, haben Klimaanlage und Kamin (im Winter beheizbar). Das Hotelrestaurant mit Terrasse (auch für Nicht-Hotelgäste) bietet kontinentale Küche auf hohem Niveau.

Mirador de Dalt Vila*****

Plaça Espanya 4, ✆ 971 303045, www.hotelmiradoribiza.com

Dieses erst vor wenigen Jahren in einem alten Stadtpalast eröffnete Hotel bietet 5-Stern-Luxus in der oberen Altstadt etwas ab »vom Schuss«. Geräumige Zimmer, viele mit Weitblick; toller Pool auf der Dachterrasse. Etwas für Leute mit größerer Brieftasche, die urban und trotzdem ruhig logieren wollen.

La Torre del Canónigo***
€€€

Carrer Mayor 8, ✆ 971 303884, www.elcanonigo.com

im Winter geschlossen

Das alte Adelshaus (14. Jahrhundert) bietet acht Zimmer und zwei Apartments, allesamt in gehobener Ausstattung inkl. Klimaanlage. Es liegt an einer der höchsten Stellen der Altstadt, damit sehr ruhig, aber auch relativ weit abseits.

Aus den meisten Zimmern blickt man über den Hafen. In der oberen Preisklasse ist das *La Torre del Canónigo* ein echter Geheimtipp unter den Stadthotels.

La Ventana**
€€

Avinguda Sa Carrossa 13, ✆ 971 303537, www.laventanaibiza.com

ganzjährig geöffnet

Das Hotel steht gegenüber der Skulptur von *Isidoro Macabich.* Es verfügt über geräumige, helle Zimmer mit Klimaanlage. Man hat aber nicht aus allen Zimmer einen guten Blick. Ein Nachteil ist, dass es hier bis spät in die Nacht hinein laut sein kann. Das Haus verfügt über ein kleines Restaurant mit kontinentaler Küche (gehobene Preise).

La Marina, Sa Penya (Untere Altstadt) und Neustadt

Hotel Montesol*
€€

Passeig de Vara de Rey 2, ✆ 971 310161, Fax 971 310602, www.hotelmontesol.com

ganzjährig geöffnet (Buchung auch bei z.B. JT Touristik)

Das *Montesol* war einst das erste Hotel Ibizas und ist absolut zentral gelegen, die Umgebung aber relativ laut. Dafür gelangt man von dort in wenigen Minuten ins Gassenlabyrinth der unteren Altstadt und zu allen touristisch interessanten Punkten der Neustadt. Die Zimmer sind relativ groß und verfügen alle über Fernseher und Klimaanlage. Sehr gutes Preis-Leistungsverhältnis speziell in Vor- und Nachsaison. In den deutlich teureren Sommermonaten muss man dennoch früh reservieren.

Zum Hotel gehört ein beliebtes Café, ↪ Seite 50

La Peña*
€€

Carrer de la Verge, ✆ 971 190240, ganzjährig geöffnet

Die Zimmer im *La Peña* im einstigen Fischerviertel *Sa Penya* sind einfach, sauber und preiswert, speziell die Zimmer ohne Bad. Das Nachtleben im Umfeld macht dieses Haus für junge und jung gebliebene Leute zu einem attraktiven Standort. Wer weniger Trubel will, ist hier indessen fehl am Platze. Reservierungen sind für die Hauptsaison nicht möglich.

Hostal Residenci Ripoll* €	Carrer Vicente Cuervo 14, ✆ 971 314275, ganzjährig geöffnet

Das *Hostal Residenci Ripoll* mitten in der Innenstadt unweit des Passeig Vara de Rey vermietet Zimmer und möblierte Apartments mit Küche und Wohnzimmer. Die Quartiere sind zwar schlicht, aber ideal für alle, die in der Stadt wohnen, preiswert unterkommen möchten und ggf. Selbstversorgung vorziehen.

Europa Púnico* €€	Carrer Aragón 28, ✆ 971 303428, Fax 971 390457, ganzjährig geöffnet

Dieses familiär geführte *Hostal* mit 28 einfachen Zimmern liegt zwischen Neustadt und Unterer Altstadt weit ruhiger als die meisten anderen. Es ist eines der wenigen Gästehäuser Eivissas, wo auch Hunde willkommen sind.

Royal Plaza**** €€€	Carrer de Pere Francès 27, ✆ 971 313711, www.hotelroyalplaza.net ganzjährig geöffnet

Die 117 Zimmer dieses auch von Geschäftsleuten frequentierten Hotels sind angenehm groß, komfortabel und verfügen alle über Klimaanlage, wenngleich über eine wenig berauschende Aussicht. Das Haus steht unmittelbar an einem Parkplatz, hat aber außerdem eine Parkgarage für Hotelgäste. Ein kleiner Pool befindet sich auf dem Dach des Gebäudes.

Botafoch

The Ocean Drive**** €€€	Marina Botafoch, ✆ 971 318112, www.oceandrive.es ganzjährig geöffnet (Buchung z.B. auch bei Schauinsland)

Dieses etwas klotzig wirkende Hotel der oberen Preisklasse an der Marina Botafoch gegenüber der Altstadt erkennt man leicht an seiner Art-Déco Fassade. Es verfügt über schöne Zimmer, von denen die meisten Bucht und Hafen zugewandt sind. Kein Pool, sondern nur ein Sonnendach mit Liegen und Duschen.

Ibiza Gran Hotel*****	Carrer Joan Carles I 17 ✆ 971 806806, www.ibizagranhotel.com (Buchung z.B. auch bei Dertour, TUI, Jahn, JT, byebye)

Dieses erst vor wenigen Jahren neu eröffnete Luxushotel gilt zur Zeit als das ultimative 5-Sterne-Refugium der Insel. Mit 157 geräumigen Zimmern und Suiten, einem riesigen, über 1.300 m^2 großen Pool- und Spa-Bereich, drei Restaurants, zwei Bars und einem eigenen Kasino bietet diese Grandhotel Ibiza-Urlaub auf hohem Niveau für alle, die so etwas mögen. Das kostet natürlich ein paar Euro mehr (ab €260 pro Nacht).

Puig des Molins

Hostal Mar-Blau*
€

Los Molinos;
✆ 971 301284

im Winter geschlossen

Das älteste *Hostal* der Insel steht auf dem Mühlenberg und hat 10 schlichte, preisgünstige Apartments unterschiedlicher Größe. Nicht alle verfügen über einen Balkon. Von dort fällt der Blick auf das Castell und die Strände der Umgebung. Aber das »Leben« ist relativ weit entfernt (etwa 15 min zu Fuß bis in die Untere Altstadt); dafür ist es hier ruhig.

Platja d'en Bossa nördlicher Teil in der Hochsaison

2.2   Die Strände Eivissas

In Eivissas Umgebung gibt es **drei Strände**:
* *Platja de ses Figueretes* und
* *Platja d'en Bossa*,
beide südlich der Stadt und östlich die
* *Platja de Talamanca*

Alle fallen flach ins Wasser ab und sind daher prinzipiell gut für **Kinder** geeignet. Sie werden aber stark frequentiert. Besonders die südlichen Strände sind mehr oder weniger von Fluglärm geplagt. Keiner dieser Strände bietet natürlichen Schatten.

2.2.1   Platja de ses Figueretes (Figueretas)

Nur wenig südwestlich des Stadtteils *Puig des Molins* beginnt der etwa 500 m lange, dreigeteilte Strand *Platja de ses Figueretes* hinter dem gleichnamigen **Stadtteil**. Von dort kann man – je nach Standort – das Stadtzentrum Eivissas in 15-30 Minuten zu Fuß erreichen. **Busse** von/nach Eivissa verkehren alle 30 min.

**Promenade/
Kenn-
zeichnung**

Zwischen den Hotels *Los Molinos* und *Torre del Mar* (⇨ unter den Empfehlungen auf Seite 60) verläuft auf ca. 1,5 km Länge eine sehr schön angelegte Strandpromenade mit viel Grün, die das früher allzu sehr vom Beton der dahinter stehenden älteren Hotel- und Apartmentbauten angenehm auflockert. Land- wie meerseitig gibt es dort attraktive Restaurantterrassen, wo man wunderbar den Sonnenuntergang und im Sommer nach der Hitze des Tages den Abend genießen kann. Trotz dieses heute positiven Eindrucks hängt Figueretes immer noch der schlechte Ruf früherer Jahre an, als billige Hotels mit entsprechender Klientel und Infrastruktur dominierten. Geblieben ist aus jener Zeit nur noch die Überfüllung der Strände im Juli und August und dann eine weniger gute Wasserqualität als anderswo. Ein **neues Problem** ergibt sich abschnittsweise entlang der Promenade daraus, dass die Regierung Althotels aufkaufte und daraus Billigwohnungen für sozial Schwache und Asylbewerber machte. Daraus resultiert eine bisweilen durchaus interessante Mischung aus Wohn- und Touristenquartieren.

Restaurants

In Figueretas gibt es jede Menge Bars und Restaurants vor allem der Einfachkategorie bis Mittelklasse

Gute, aber dennoch nicht zu teure italienische Küche bietet das **Romagna Mia** in der Carrer Ramón Muntaner 28, ✆ 971 305942, täglich 12.30-1 Uhr, im November geschlossen

Qualitativ hochwertige Fischgerichte bekommt man im **El Sol** im zentralen Bereich der Strandpromenade mit einer grün überwachsenen Terrasse ✆ 971 392854, täglich 12-0 Uhr

Schwulentreffs Neuerdings erfreut sich Figueretes besonders unter Homosexuellen großer Beliebtheit. Das **Cube** neben der Strandpromenade und diverse Lokale in der parallel verlaufenden Carrer Ramón Muntaner ziehen in erster Linie schwules Publikum an.

*Promenade in Figueretes
mit dem Restaurant »El Sol«*

Jazzclub

Nördlich des Figueretes-Strandes stößt man an einem Kreisverkehr mit benachbartem *McDonald's* und einer *Repsol*-Tankstelle auf die innere Stadtumgehung. Etwa 300 m westlich davon (Avinguda Sant Josep de la Talaia) befindet sich rechterhand der *Jazzclub Dakota*, ℂ 971 399458. Dort spielen in der Saison täglich ab etwa 13 Uhr *Live Bands*.

Unterkunft

Figueretas ist ein erwägenswerter Standort für Leute, die High Life und Strand und Sonne nah beieinander suchen. Die folgenden Unterkünfte sind dort zu empfehlen:

Cenit**
€

Carrer Arxiduc Lluis Salvador,
ℂ 971 301404, www.hotelcenit.com
im Winter geschl. (Buchung z.B. auch bei Neckermann, Bucher)

Dieses gemütliche familiengeführte Hotel liegt in einer ruhigen Wohngegend am Hang des *Puig des Molins*. Es hat große Zimmer (alle mit Balkon), sowie Studios mit Kitchenette, beides relativ preiswert. Vom Pool hat man Meerblick.

Hotel Los Molinos am Nordende der Promenade

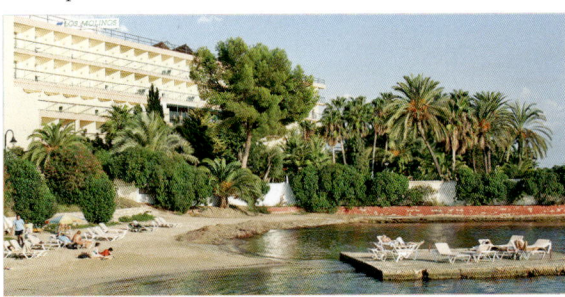

Molinos****
€€€

Carrer Ramón Muntaner (am Ende der Promenade),
ℂ 971 302250, www.hotelclub.net,
ganzjährig geöffnet (Buchung z.B. auch bei Airmarin, Dertour, JT)

Im Preis-/Leistungsverhältnis bestes Hotel in Figueretes. Es liegt etwa 300 m vom Strand entfernt hinter dem östlichen Ende der Promenade am felsigen Bereich der Bucht und verfügt über 154 große Zimmer (viele davon mit Meerblick) zu Tarifen €90-€150 fürs DZ mit Frühstück. Sein Clou ist ein großer, schöner Palmengarten auf einer kleinen Landzunge am Meer mit zwei Pools.

Es Vive****
€€€

Carrer Carles Roman Ferrer (an der Promenade)
ℂ 971 301902, www.hotelesvive.com

Ein älteres Haus wurde hier renoviert zum hippen **Design-Hotel**. Im Internet kann man sich anschauen, ob Stil und coole Einrichtung der 55 Zimmer und Suiten einem zusagen. Das und die gute Lage samt schönem Poolbereich kosten etwas mehr; speziell in der Hauptsaison liegen die Tarife reichlich über dem

– gemesssen am Komfort – üblichen Niveau. Nebenbei verfügt das Hotel über ein Restaurant mit asiatischer und mediterraner Spitzenküche. Die hoteleigene Bar gilt als *Disco Warm-up*.

Apartamentos Llevant*
↩€

Carrer Carles Roman Ferrer (an der Promenade)
✆ 971 303270, http://appartments-llevant.ibiza4all.de
(Buchung z.B. auch bei JT Reisen)

Gegenüber dem *Es Vive* steht ebenfalls an der Promenade dieses einfache Apartmenthaus mit 22 Einheiten (1-2 SZ) und Caféterrassen (Snack) am Wasser. 8 Apartments liegen auf der Meerseite, weitere haben seitlichen Meerblick vom Balkon aus. Kein eigener Pool, Poolnutzung im Nachbarhaus.

Torre del Mar***

Platja de ses Figueretes/Platja d'en Bossa
✆ 971 303050, www.hoteltorredelmar.com
(Buchung z.B. auch bei TUI, Jahn, DER, Schauinsland, JT, byebye)

Das Hotel besetzt eine Landzunge im Übergang von der *Platja de ses Figueretes* und der *Platja d'en Bossa*. Zwar ist das Hotelgebäude ein quadratischer Betonkasten mit über 200 Zimmern, deren Vierstern-Komfort etwas in die Jahre gekommen ist. Aber dafür entschädigen Tennisplatz, Innen- und Außenpool samt schöner Poolgartenlage mit einem – historischen Vorbildern nachempfundenen – Wachtturm in der Poolmitte. Südlich des *Torre del Mar* beginnt die *Platja d'en Bossa*.

Auch diese drei Hotels liegen an der Promenade/am Strand:

Maritimo**

✆ 971 302708 (Buchung z.B. auch bei Schauinsland, 5 vor Flug)

Am östlichen Ende der Uferpromenade steht dieses in Halbkreisform angelegte, relativ einfache Hotel (dennoch TV und Klimaanlage) mit ca. 80 Zimmern, fast alle mit Balkon. Es ist besonders bei deutschen Touristen beliebt. Das *Mariíimo* hat keinen Außenpool, aber Hallenbad und Sauna. Die Nutzung eines Fitness Centers in der Nähe ist für Gäste gratis .

Figueretes*
€€

✆ 971 301243

Das Hotel hat 76 Zimmer zu moderaten Tarifen. Es wirkt mit seinen nur zwei Stockwerken an der Promenade (Placa de Julia Verdera) wie ein nostalgisches Überbleibsel aus einer anderen Zeit. Kein Pool, aber Poolnutzung im Hotel *Ibiza Playa*.

Apartments Mar y Playa**

✆ 971 307552 (Buchung z.B. auch bei ITS, Jahn, TUI, Neckerm)

Die 40 m² großen Apartments dieser Anlage mit Pool unmittelbar an der Promenade verfügen über einen Wohnraum mit Kochnische und ein separates Schlafzimmer (165 Einheiten). Angemessenes Preis-/Leistungsverhältnis.

Ausbooten in Figueretes nach dem Formentera-Ausflug

2.2.2 ___ Platja d'en Bossa

Kennzeichnung und Aktivitäten

Lage

Der mit rund 2,5 ununterbrochenen Kilometern längste und am stärksten – insbesondere von jungen Leuten und Familien – frequentierte Strand Ibizas schließt nach Süden an die *Platja de ses Figueretes* an. Während dort in den 1960er-Jahren noch kein einziges Hotel stand, entwickelte sich dieser Strand mit der damals noch vorhandenen Dünenlandschaft bis Ende der 1970er-Jahre zum Haupttreffpunkt der Reichen und Schönen.

Strandleben

Das hat sich dramatisch geändert. Heute ist die *Platja d'en Bossa* speziell im Kernbereich samt **Bora-Bora Beach** und **Bar** (www. ibizaclublife.com/boraborad.php) bis zur **Disco** *Space* für *Highlife* (↻ Seite 205f) von mittags bis tief in die Nacht bekannt. Den ganzen Tag über plärrt dort Musik und der Strand ist dann oft hoffnungslos überfüllt.

Rollstuhl-fahrer

Immerhin wurde sogar an Rollstuhlfahrer gedacht: dank Abdeckung des Sandes mit Holzplanken in regelmäßigen Abständen erreichen sie dort problemlos das Wasser.

Bora Bora Beach - Strandparty von mittags bis abends

Infrastruktur

Platja d'en Bossa heißt nicht nur der Strand, sondern auch die dichte Hotelurbanisation samt touristischer Infrastruktur im mittleren Bereich zwischen der Avinguda de Sant Jordi und der Küstenavinguda Pere Matutes Noguera. Dort, aber auch an den Stichstraßen in Richtung Strand nördlich und südlich der verdichteten Hinterlandbebauung dürften Niveau und Menge des Angebots an Kneipen, *Fast Food* und kommerzieller Unterhaltung darauf unvorbereiteten Urlaubern nicht sonderlich gefallen.

Airportnähe

Da Platja d'en Bossa nur einen Steinwurf vom Airport entfernt ist, belastet vor allem im Sommer auch Fluglärm den Bereich.

Bewertung

Die nicht eben positive Kennzeichnung von Platja d'en Bossa bezieht sich vor allem auf die Zeit von **Juni bis Ende September**. Der Bereich wird zwar auch in der Vor- und Nachsaison nicht attraktiver, aber viel ruhiger, was vor allem dem Strand gut bekommt. Ein günstiges Angebot für eines der besseren Hotels wäre dann durchaus in Erwägung zu ziehen. Denn Platja d'en Bossa ist – wie auch die Bereiche Figueretes und Talamanca – eine gute Basis für Besuche von Eivissa (mit funktionierender Busanbindung) und für Ausflüge in andere Ecken der Insel, speziell mit öffentlichen Verkehrsmitteln.

Aktivitäten	Wer sich sportlich betätigen möchte, kann u. a. Fahrräder, Surfboards und Katamarane leihen oder einen Tauchkurs buchen:

Fahrräder: z.B. *Sport Rent* (bei *Hotel Agarb*) – © 971 302674

Segeln und Surfen:
Anfibios – © 908 303915, *Club Surf Ibiza* – © 971 192418

Tauchen: *Rumbo Azul* – © 971 394486, www.rumboazul.com

Wasserpark, Disco Space

Im südlichen Bereich von Platja d'en Bossa liegt der Planschpark *Aguamar* mit verschiedenen Schwimmbecken und Riesenrutschen gleich neben der **Disco Space** (⇨ Seite 31+205) im Bereich der Hauptstraße hinter dem Strand, ein Hauptspaß für Groß und Klein. Geöffnet ist der Park von Juni bis Mitte Oktober täglich 10-18 Uhr. Eintritt €18, Kinder €10.

Das **Aguamar** ist häufig übervoll, man muss sich dann auf längere Wartezeiten an den Rutschen einstellen. An solchen Tagen lohnt sich der Eintritt nur für Leute, die viel Zeit mitbringen.

Essen & Trinken

Kulinarisch bietet Platja d'en Bossa wenig Originelles. Aber zwischen unzähligen Bars, Spielhallen und Fressbuden befindet sich **im zentralen Ortsbereich** als **Geheimtip** für frischen Fisch und Paella das Restaurant (mit Pizzeria)

La Terrazza

Carrer de les Alzines 8 (Ecke Carrer Antonio Machado), © 971 390383, täglich 10-24 Uhr

Am ruhigen südlichen Ende des Strandes, unweit des Clubhotels *Palm Beach* wartet ein **Top-Strandlokal** auf Gäste:

Jimmy's Coco Beach

© 971 395862, Di-So 12-24 Uhr, Mo Ruhetag

Das *Coco Beach* verfügt über eine große Außenterrasse auf dem Sandstrand. Dort bestellen die vorwiegend teutonischem Gäste gerne teure Fischgerichte aus der euro-asiatischen Küche, aber auch argentinische Steaks. Enorme Weinkarte.

Südende der Platja den Bossa im Oktober. Auch in der Hochsaison ist es in diesem Bereich nicht sehr voll

Unterkunft

Folgende Anlagen sind prinzipiell als solche nicht schlecht:

**Jet Aparta-
mentos**
⊨ ⊨ ⊨ €€

☎ 971 305972, Fax 971 305911,
im Winter geschlossen (Buchung z.B. auch bei Neckermann, Bucher)

Jet verfügt über gut ausgestattete Apartments (mit Küche) direkt am Strand. Die meisten liegen hinter dem Hauptabschnitt des *Bora Bora* Strandes. Die Preise variieren je nach Saison und Typ der Wohnung von preiswert bis (zu) teuer.

**Hotel
Algarb*****
€€€

(*all-inclusive Anlage*), ☎ 971 301716,
www.grupoplayasol.com, im Winter geschlossen
(Buchung z.B. auch bei 1-2-fly, Alltours, Schauinsland, byebye u.a.)

Etwas ruhiger liegt das *Hotel Algarb*. Alle Zimmer haben Balkon mit Meerblick, Satellitenfernsehen, Klimaanlage und Deckenventilator. Eigener Pool, Pool-Bar, große Sonnenterassen und schöne Gartenanlage. Außerdem gibt es klimatisierte Gemeinschaftsbereiche, Tennis- und Volleyballplätze sowie einen Kinderpark mit Spielplatz. Animationsprogramm, mehrmals pro Woche Tanz mit Orchester.

**Fiesta Club
Palm Beach*****
€€

(all-inclusive Anlage), ☎ 971 396711, www.fiesta-hotels.com
Buchung z.B. auch bei 1-2-fly, Alltours, TUI, JT, 5-vor-fly u.a.)

Der *Club Palm Beach* ist ein ausgedehnter, nicht unbedingt schöner Hotelkomplex (436 Zimmer), liegt aber am ruhigen Südende von *Platja d'en Bossa* direkt am Strand. Die Zimmer sind geräumig und o.k. Pool in einer Grünanlage. Animation für Groß und Klein. Vorwiegend britische Gäste.

**Fiesta Club
Bahamas*****
€€

☎ 971 396807, Fax 971 396803
(Buchung z.B. auch bei 5-vor-fly, Bucher, Dertour, ITS, JT, TUI u.a.)

Dieser Komplex liegt in unmittelbarer Nachbarschaft nördlich des *Palm Beach* ebenfalls am Strand. Das nur dreistöckige Hauptgebäude umfasst hufeisenförmig den großen Poolgarten. Alle Zimmer verfügen über Balkon, SAT-TV und Deckenventilatoren. Gutes Preis-Leistungsverhältnis.

Club Garbi***

☎ 971 300007 (Buchung z.B. auch bei DER, ITS, Jahn, TUI u.a.)

Dieses große Aparthotel mit 298 Einheiten für Selbstversorger steht im lebhaften Zentralbereich von Platja d'en Bossa. Alle Studios haben Klimaanlage, SAT-TV, kompakte Küche, Badezimmer und Terrasse mit seitlichem Meerblick. Pool & Whirlpool. Animationsprogramm, Restaurant mit Frühstücksbuffet, Mittag- und Abendessen à la Carte. Eigene Disco im Haus.

**Sirenis
Hotel Club
Goleta*******

☎ 971 302158 (Buchung z.B. bei 5-vor-fly, JT, TUI, byebye u.a.)
www.sirenishotels.com, ganzjährig geöffnet

Clubhotel in Kastenform mit 252 klimatisierten Zimmer am nördlichen Ende der *Platja d'en Bossa*. Komfort auf echtem Vierstern-Niveau: Außenpool, Hallenbad, Kinderpool, Fitnesscenter und Beautyfarm. Das Sirenis ist eine der besten Adressen auf Ibiza für Cluburlaub.

La Noria Atzaró****/ Club La Noria-Playa Grande***

✆ 971 306561 (Buchung z.B. auch bei Alltours, byebye)
www.ibiza-hotels.com/lanoria, ganzjährig geöffnet

Dieser Komplex besteht aus Clubhotel und Apartmentanlage. Er liegt direkt im Zentralbereich von Platja d'en Bossa (nicht am Strand, dorthin ab 250 m) und hat einen gepflegten Garten mit zwei Pools. Dort ist man etwas näher am High Life.

2.2.3   Talamanca

Kennzeichnung und Aktivitäten

Kenn-zeichnung

Die Bucht von Talamanca ist nur durch die **Landzunge *Punta Grossa*** von der Hafenbucht Eivissas getrennt, die ihrerseits deren westliche Flanke bildet. Vom Eivissa-Stadtteil Botafoch sind es nur ein paar hundert Meter bis zur ***Badia* und *Platja de Talamanca***. Der Strand zieht sich 1,3 km entlang der Nordseite der Bucht und wird von einer Holzpromenade (*Boardwalk*) gesäumt, die bis zur Ostflanke läuft. Man kann von Eivissa aus auf der Uferpromenade via *Marina Botafoch* durchaus dorthin laufen (ca. 3 km). Während der westliche Abschnitt des Strandes an der an ihm entlangführenden Straße nur mäßig bebaut ist, stehen im nordöstlichen Bereich die Hotels und Restaurants hinter dem Strand dicht an dicht. Immerhin gibt es im Kernbereich Talamancas und an der Ostseite der Bucht auch viel Grün. Insgesamt ist dieser Strand ruhiger und (familien-) freundlicher als die Strände südlich von Eivissa.

Promenade

Lohnenswert auch und gerade für Besucher, die anderswo ihren Urlaub verbringen und hierher einen Abstecher machen, ist ein **Spaziergang** entlang der *Platja de Talamanca* bis zum Ende der Promenade und weiter bis zum noch unverbauten **Cap Martinet**, ➪ auch Wanderung Seiten 227f. Dort stößt man auf eine überraschende Idylle von Heidekraut und Kiefern. Einkehrempfehlung am Wege: **Strandcafé *Sa Punta***.

Bus   7.30-22.30 Uhr verkehren Busse von und nach Eivissa.

Fähre   Eine Personenfähre ins Zentrum von Eivissa (Mole in der Nähe des Korsarendenkmals) verkehrt im 30-Minutentakt 9-22 Uhr. Die Hin- und Rückfahrt kostet €2.

Strand der Cala Talamanca

Parken	Autofahrer haben im Bereich der Urbanisation Talamanca oft Mühe, einen Parkplatz zu finden. Am besten parkt man in der Südwestecke auf einer großen freien Fläche kostenlos.

In *Talamanca* kann man alle gängigen **Wassersportarten** betreiben. Auch eine Tauchschule ist vorhanden:

Tauchen   *H₂O Diving Center* – ✆ 971 313524; <u>h2odivingibiza.free.fr</u>

Der **Padi Tauchschein** ist dort etwas günstiger zu machen als bei den meisten anderen Anbietern.

Wasserpark   **Aqualandia**, ✆ 971 190661
täglich 10-18 Uhr, im Winter geschlossen

Im Wasserpark *Aqualandia* am östlichen Ende der Bucht (Avinguda Cap Martinet) gibt es die üblichen Rutschen und Wasserspaß für die ganze Familie. Eintritt für Erwachsene €12, Kinder ab 6 bis 12 Jahre €6.

Restaurants

Im mittleren Teil der *Platja Talamanca* gibt es mehrere Strandlokale wie das *El Barco*, das *Talamanca* oder das:

La Barraca   ✆ 971 193380, täglich 9-2 Uhr

Fruchtsäfte und Sandwiches sowie allerlei exotische Köstlichkeiten genießt man auf der großen Terrase dieses über 150 Jahre alten Gebäudes unter Palmen. Das Lokal ist speziell unter jungen Leuten beliebt, aber nicht ganz billig.

Restaurant Rocamar   gegenüber dem *Hotel Green Oasis El Corso*, ✆/Fax 971 317822

Von der Dachterrasse des Restaurants (zu dem auch das gleichnamige hier wegen der hohen Tarife nicht empfohlene, an sich gute *Hostal* gehört) hat man einen tollen Blick über die Marina, die Hafenbucht und auf die Altstadt und – an guten Tagen – bis nach Formentera. Kreative Mittelmeer-Küche, mittlere Preise.

Unterkunft

Hotel Argos**** €€€   ✆ 971 312162, 971 31210, Fax 971 316201,
Ganzjährig geöffnet, <u>www.ibiza-hotels.com/argos</u>
(Buchung z.B. auch bei Bucher, Dertour, ITS, JT, TUI, byebye u.a.)

Das *Argos* steht in Alleinlage auf der Westseite der Bucht etwas oberhalb des Strandes. Von den meisten Zimmern schaut man auf Bucht und Strand von Talamanca oder über die Hafenbucht bis zur Altstadt von Eivissa. Die Außenpoolanlage liegt unmittelbar am Strand. Auch *Indoor Pool* und Fitnessraum. Zwei Tennisplätze. Buffet- und à la carte-Service. Die vier Sterne schmeicheln dem Haus, aber dafür ist das Tarifniveau moderat.

Hostal Talamanca** €€€   ✆ 971 312463, Fax 971 315716,
im Winter geschlossen (Buchung z.B. bei FTI, JT, byebye u.a.)

Dieses einfache Hostal liegt direkt am Strand. Viele der 46 Zimmer haben Balkon mit Meerblick. Die Zimmerpreise entsprechen wegen der günstigen Lage nicht ganz der Kategorie.

Hotel Simbad***
€€

✆ 971 311862 (Buchung z.B. auch bei 5-vor-fly, Bucher, Dertour, JT, TUI, Jahn, Phoenix, Schauinsland, Thomas Cook u.a.)
im Winter geschlossen

In diesem (3 Etagen-) Haus der unteren Mittelklasse sollte man ein Zimmer auf der Buchtseite buchen. Von dort schaut man bis zur Altstadt von Eivissa. Die Zimmer sind, obwohl in die Jahre gekommen, sauber und o.k. und haben TV und Ventilator.

Hotel Victoria**
€€

✆ 971 311912, Fax 971 311901 (Buchung z.B. bei 5-vor-fly, byebye, Phoenix, 1-2-fly, Schauinsland u.a.)

Oberhalb der Bucht von Talamanca liegt ca. 50 m vom Strand entfernt das 140-Zimmer-Hotel *Victoria* relativ ruhig. Nur kleiner Pool, aber insgesamt gutes Preis-Leistungs-Verhältnis. Möglichst Zimmer mit Meerblick buchen.

Hotel Playa Real***
€€

✆ 971 312112, Fax 971 31748 (Buchung z.B. auch bei JT, Neckermann, Dertour, ITS, 5-vor-flug, Schauinsland, byebye u.a.)

Das *Playa Real* liegt direkt am Strand. Gepflegtes Hotel mit gutem Restaurant und Spitzen-Frühstücksbuffet. Zimmer sind relativ schlicht und etwas klein. Man solllte hier unbedingt Meerblick buchen, denn auf der Rückseite zur Straße hin ist es laut. Für Kinder gibt es ein Unterhaltungsprogramm. Pool, Tennis-Hartplatz, Volleyballfeld; www.hotelsglobales.com

Hotel The One Ibiza***(*)
€€€

Avinguda de Cap Martinet ganz am Ende, ✆ 971 317411 (Buchung z.B. auch bei 1-2-fly, Airmarin, Alltours, Dertour, Phoenix, byebye u.a.); www.thearesorts.com, im Winter geschl.

Eine der ungewöhnlichsten Hotelkomplexe Ibizas liegt in Alleinlage auf der Landzunge vorm Cap Martinet. Eine Reihe doppelstöckiger Gebäude mit 190 DZ und Suiten verteilt sich lose um einen zentralen Pool- und Restaurationsbereich auf einem 5 ha großen Parkgrundstück. Von dort, aber auch aus vielen Zimmern fällt der Blick weit übers Meer und bis Eivissa in Richtung Sonnenuntergang. Der Nachteil der traumhaften Lage ist die Entfernung zu allem und jeden. Ans Wasser läuft man fast 1 km; zum Strand von Talamanca, zu Läden und Lokalen sind es um 3 km, andererseits bis Eivissa nur ca. 6 km. Wer ohnehin ein Mietfahrzeug bucht, findet hier dennoch eine bedenkenswerte

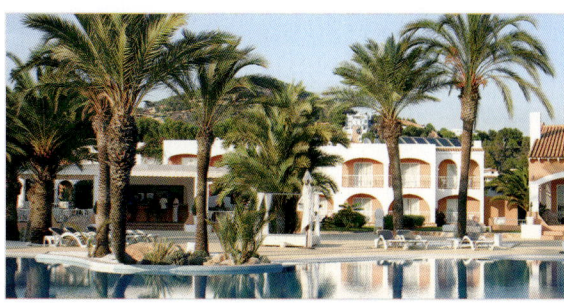

Clubhotel »The One« in Alleinlage über dem Cap Martinet (⇨ Seite 64)

Anlage. Indessen klagen deutsche Gäste über Mängel beim Service und im Restaurant (besser nicht HP buchen). Das Hotel wird viel von Italienern gebucht. Wenig für Kinder geeignet.

Abstecher nach Jesús

Lage

Nordöstlich von Eivissa an der PM 8101 nach Santa Eulària liegt das **Dorf Jesús**. Man erreicht Jesús von Eivissa und Santa Eulària gut per Bus. Wer mit einem Fahrzeug kommt, stellt es am besten auf dem Parkplatz beim Restaurante *Poker* ab.

Plaza

Der Ortskern bietet keine nennenswerten Sehenswürdigkeiten, besitzt aber eine hübsche Plaça und an ihr die Pfarrkirche mit einem Arkadengang:

Kirche

Parroquia de Nuestra Señora de Jesús, eöffnet sonntags und feiertags 12-21 Uhr; Messe täglich um 19 Uhr

Die Kirche (1549) liegt in einem kleinen Park an der Hauptstraße. In ihr befindet sich das schönste Altarbild der Insel, gemalt nach der Schule von Valencia von *Juan Rodrio de Osona*.

Restaurants

In Jesús findet man mehrere gute Restaurants:

Bon Lloc

gegenüber der Kirche, ✆ 971 311813

Bodenständige spanische Kost zu günstigen Preisen. Hier treffen sich in erster Linie Einheimische drinnen oder auf der kleinen schattigen Terrasse vor dem Lokal zum Mittagsmenü.

La Vineria

Extravagant – aber nicht zu teuer – geht es gleich um die Ecke bei *La Vineria* zu. In diesem Bistro gibt es neben hochwertigen Weinen kleine Snacks; ✆ 971 191827, täglich 13-24 Uhr.

Sade

Und wem mehr nach Spezialitäten Japans ist, der ist im *Sade* nebenan richtig beraten; ✆ 971 194112, täglich 20-1 Uhr.

Croissanteria

Das *Café Croissanteria* (✆ 971 310373) am Hauptplatz von Jesús bietet ein – wie der Name sagt – erstaunlich reichhaltiges Angebot an Croissants und anderen Backwaren, außerdem einen hervorragenden Kaffee!

Tu Casa

Ein hübsches Gartenrestaurant zwischen Jesús und Can Furnet (Straße Richtung Cala Llonga) ist *Tu Casa*, ✆ 971 317234, täglich außer Di ab 19 Uhr.

An der Straße C-733 Richtung Sant Joan einige Kilometer nördlich von Jesús (km 8,5) steht der **Szene-Treff**

Bambuddha Grove

✆ 971 197510; www.bambuddha.com

Dieses, einer Pagode nachempfundene in jeder Hinsicht ungewöhnliche Restaurant serviert sehr gut zubereitete thailändische und indonesische Gerichte. Abends finden dort Happenings und Parties statt. *Bambuddha Grove* ist ein Treffpunkt für die Prominenz der Insel und nicht billig. Doch der Besuch lohnt sich. Einen besseren Eindruck als viele Worte liefert die bemerkenswerte Website, die man gesehen und gelesen haben sollte.

2.3 Santa Eulària des Riu und der Osten

Ostküste

Die Ostküste Ibizas ist gekennzeichnet durch eine relativ flache Landschaft mit reicher Vegetation und Pinienwald. Lediglich im Bereich zwischen Talamanca und Santa Eulària erstreckt sich die Hügellandschaft mit Erhebungen bis über 200 m Höhe bis an die Küste, die dort daher schlechter zugänglich ist als weiter nordöstlich. Die Hauptstraße von Eivissa nach Santa Eulària läuft in einem weiten Bogen um dieses Gebiet herum und nutzt das Tal des Riu de Santa Eulària, des einzigen Flusses der Balearen. Er mündet zwischen Santa Eulària und dessen Villen- und Hotelvorort Siesta ins Meer, führt aber oft kaum Wasser.

Buchten und Strände

Die Region weist eine deutlich dichtere Besiedelung und Infrastruktur auf als der Norden oder große Teile des Südwestens. Die meisten Buchten und Strände sind dort auf kurzen Zuwegungen und Stichstraßen vergleichsweise leicht erreichbar.

Der Osten

2.3.1   Santa Eulària des Riu

Kennzeichnung

Ursprung
Santa Eulària, heute das wirtschaftliche Zentrum der Ostküste, hat sich erst durch den Tourismus von einem Fischer- und Bauerndorf zu einem ansehnlichen Städtchen entwickelt. Seine Wurzeln gehen immerhin auf die Römerzeit zurück. Von der ursprünglichen römischen Siedlung ist aber einzig das Aquädukt am südwestlichen Stadtausgang erhalten geblieben (parallel zur modernen Straßenbrücke).

Promenade
Auffällige und attraktive Besonderheit des Ortes ist die gepflegte und **großenteils schattige Uferpromenade**, Passeig Maritim, die vom Vorort Siesta über eine neue Brücke über den Riu de Santa Eulària über rund 3 km in einem weiten Bogen bis zum schmucken Yachthafen mit zahlreichen Lokalen und darüber hinaus bis zum Kongresszentrum (*Palau de Congresos*) läuft. An ihr liegen mehrere unterschiedlich breite Strandabschnitte, dahinter Villen, Hotels, Restaurants, Bars und Eiscafés in lockerer Anordnung ohne dichte Hochhausbebauung.

Zentrum
Im zentralen Ortsbereich verbindet die plazaartige Flanierzone des Passeig S'Almera, *La Rambla* genannt, die Promenade und die Hauptstraße durch den Ort. Dort findet täglich außer Mi und So ein mittlerweile ziemlich an der touristischen Kundschaft ausgerichteter »**Hippiemarkt**« statt. Von den Straßencafés an der *Rambla* sind das *Royalty* und das *Croissant Show* empfehlenswert.

Die Promenade für Fußgänger und Radfahrer läuft kilometerlang vom südlichen Vorort Siesta über den Riu de Santa Eulària an den Stränden des Ortes entlang und dann um den Yachthafen herum bis zur Felsnase Ses Estaques

Santa Eulària des Riu

Info	Im oberen Bereich der *Rambla* gibt es eine **Touristeninformation** (Hauptbüro in der Carrer de Maria Riquer Wallis, der westlichen Parallelstraße des Passeig S'Almera). Die *Rambla* geht mit Erreichen des Carrer Sant Jaume, der Hauptstraße durch den Ort, über in die Plaça d'Espanya, an dessen Nordseite das **Rathaus** (*Ajuntament*) steht. Davor erinnert ein Denkmal an die Opfer und Retter einer Schiffskatastrophe von 1913.
»Fressgasse«	Durch die Plaça d'Espanya läuft die **Carrer Sant Vicent**, eine populäre »Fressgasse«, in der sich vor allem östlich der Plaça ein Restaurant ans nächste reiht.
Beurteilung	Santa Eulària ist ein bedenkenswerter Standort für alle, die am Meer oder zumindest in Strandnähe und gleichzeitig in einer lebendigen Stadt ohne ausgeprägten Massentourismus logieren möchten. Der Ort eignet sich sehr gut als Basis zur Entdeckung der Ostküste und des Nordens. Eivissa liegt nicht weit entfernt und ist auch schnell mit hoher Frequenz per Bus zu erreichen.
Nebensaison	Außerdem hat Santa Eulària den Vorzug, dass dort »normales« spanisches Leben läuft und in der Nebensaison nicht alle Bürgersteige »hochgeklappt« werden, wie oft anderswo auf Ibiza.

Sehenswürdigkeiten

Neben der erwähnten Promenade, der *Rambla* und der berühmten »Fressgasse« verfügt Santa Eulària nur über eine weitere »echte« Sehenswürdigkeit. Die ist einen Besuch unbedingt wert:

Wehrkirche

Die *Església Es Puig de Missa* ist die eindrucksvollste unter den Wehrkirchen Ibizas. Sie wurde wahrscheinlich schon zu Beginn des 14. Jahrhunderts auf den Ruinen einer maurischen Moschee errichtet, aber 1555 von türkischen Piraten vollständig zerstört. Danach beauftragte man den italienischen Architekten *Giovanni Battista Calvi* mit dem Wiederaufbau. *Calvi*, der auch für die Stadtmauer Eivissas verantwortlich zeichnete, machte daraus ab 1568 eine regelrechte Festung. Zeitweise befanden sich sogar schwere Geschütze im Wehrturm.

Die Església Es Puig de Missa liegt westlich des Zentrums hoch über Santa Eulària.

Umfeld der Kirche

Innen ist die Kirche schlicht gehalten, was zum großen Teil daran liegt, dass die ursprüngliche Einrichtung während des spanischen Bürgerkriegs (1936-1939) entfernt wurde und nur unvollständig wieder ersetzt werden konnte. Neben der Kirche befindet sich ein kleiner **Friedhof** und ein Kreuzweg mit aus Fliesen gestalteten Bildern. Wer die *Església Es Puig de Missa* besichtigen will, kann einen Termin vereinbaren (✆ 971 330072) und damit vermeiden, die Kirche verschlossen vorzufinden. Ganz sicher geöffnet ist sie nur sonntags vor 11 Uhr zur Messezeit.

Der Blick von oben über Santa Eulària, seine Umgebung und das Meer entschädigt für die Mühe des an warmen Tagen schweißtreibenden Aufstiegs. Die Auffahrt ist mit Auto möglich. Die Parkmöglichkeiten dort sind aber sehr begrenzt.

Museen

Gegenüber der Wehrkirche befinden sich zwei Museen:

Museu Etnològico des les Illes Pitiüses
Finca Can Ros, ✆ 971 332845;
Mo-Sa 10-13 Uhr und 17-20 Uhr (im Winter 16-19 Uhr)

Dieses ethnologische Museum bezieht sich in erster Linie auf das Leben der Bauern Ibizas: Gerätschaften zum Pressen der Oliven, alte Trachten und Gegenstände aus dem agrarischen Alltagsleben. Erläuterungen leider nur in katalanischer Sprache.

Museu Barrau, sonntags 11-13 Uhr

In diesem privaten Kunstmuseum sind die Werke des aus Barcelona stammenden Impressionisten *Laureá Barrau* (1863-1957), ausgestellt. *Barrau* lebte ab 1910 in Santa Eulària.

Strände

Entlang der Promenade ***Passeig Maritim*** liegen – wie gesagt – die *Platges de Santa Eulària*, mehrere Strandabschnitte unterschiedlicher Länge und Breite. Der über 300 m lange Hauptstrand ***Platja de Santa Eulària*** erstreckt sich im zentralen Bereich links und rechts der *Rambla*. Südwestlich schließt sich der schmale ***Platja des Riu*** an, der sich vor der Flussmündung verbreitert. Jenseits des Flusses bei der Urbanisation Siesta setzt sich der Strand noch etwa 150 m weiter fort. Eine Fußgängerbrücke führt über das indessen oft trockene oder nur wenig Wasser führende Flussbett.

Wasser

Die Wasserqualität in der Bucht von Santa Eulària ist abhängig von der Windrichtung, aber im allgemeinen gut. Da die Strände nur langsam abfallen, sind sie auch gut für Kinder geeignet. Wie überall können Liegen und Sonnenschirme gemietet werden.

Wassersport:

Aquadiving Center

Port d'Esportiu,
✆ 971 338459, www.aquadivingcenter.com
im Winter nicht geöffnet

Die Tauchschule *Aqua Diving Center* (deutsche Leitung) bietet Tauchgänge für ca. €40 an. Für etwa 400 € kann man hier den internationalen **PADI Tauchschein** machen.

Club Nautico Santa Eulària

Port d'Esportiu, ✆ 971 331173,
im Winter nicht geöffnet

Die beste und älteste **Segelschule** des Ortes.

Centro Deportivo Nautico Boca Rio

am südlichen Ende des *Platja del Riu,*
✆ 971 331984, im Winter nicht geöffnet
Tretboote, Parasailing, Banana Fun Boat und Jet Ski.

Am Strand von Santa Eularia

Service

Transport Von Santa Eulària aus fahren **Busse** regelmäßig nach Eivissa und nach Es Canár, Cala Llonga, Cala de Sant Vicent und nach Sant Antoni. Die wichtigste Bushaltestelle befindet sich in nordöstlicher Richtung hinter dem Rathaus, in der Carrer de sa Església.

Fähren Vom Hafen am Ende der *Platja de Santa Eulària,* ab *Sa Punta* verkehren auch die **Fähren** zu den Stränden der Umgebung wie *Cala Llonga, Es Canár, Cala Pada* sowie nach **Formentera** (oft mit Zwischenstopp auf der Insel s'Espalmador), Tagomago und nach Eivissa. Aktuelle **Preise** und **Abfahrtzeiten** hat man in den Büros der Tourismusinformation. . Auskunft auch unter ✆ 971 332251.

Parken *Parken* kann man im Zentrum kostenlos auf dem (schattenlosen) Parkplatz hinter dem Rathaus.

Polizei • *Guardia Civil* – Carrer Sant Jaume 72 – ✆ 971 330227;
• *Policía Municipal*: ✆ 971 330841
• **Feuerwehr**: ✆ 971 330841(identisch)

Postamt *Las Ramblas* – ✆ 971 330095
Mo-Fr 9-14 und Sa 9-13 Uhr

Taxiservice ✆ 971 330063.
Die Haupthaltestelle liegt an der Plaça d'Espanya.

Erste Hilfe Carrer de Pere Escanellas – ✆ 971 800458S

Touristeninformation Carrer Mariano Riquer Wallis,
✆ 971 330728
Mo-Fr 09.30-13.30 Uhr und 17–19.30 Uhr Sa: vormittags
Stand an der *La Rambla*
✆ 971 322057
geöffnet Mo-Fr 10-14, 17-19 Uhr, Sa 10-14 Uhr

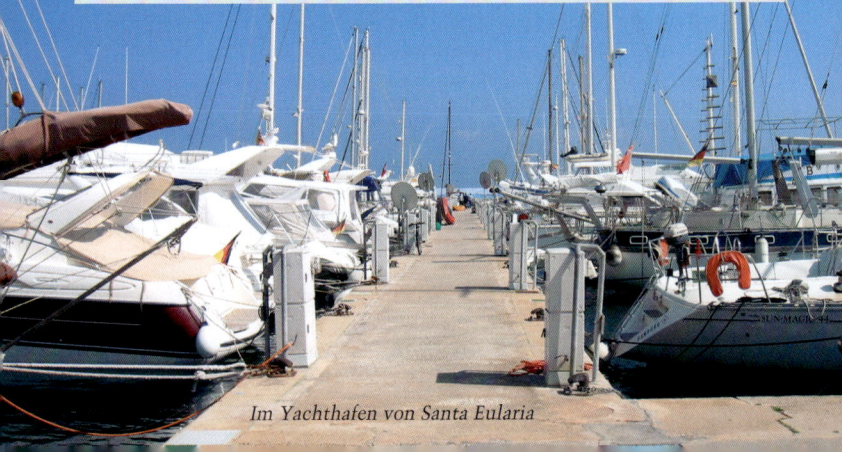

Im Yachthafen von Santa Eularia

Essen & Trinken

»Fressgasse«

In der **Carrer Sant Vicent** liegt – wie oben bereits erwähnt – ein Lokal neben dem anderen, die meisten davon mit Tischen im Freien quasi auf der Straße. Die Auswahl ist groß von typisch ibizenkischen Gerichten über Spezialitäten aus anderen Regionen Spaniens bis zu italienischer und französischer Küche:

Rincón de Pepe

Carrer Sant Vicent 53
✆ 971 331321, Mo-Sa 13-24 Uhr

Ein uriges *Tapas*-Lokal, das auch Hauptgerichte zu moderaten Preisen bietet. Sehr gut sind hier kleine Tintenfische (*pulpitos a la plancha*) sowie scharfe Chorizo-Würstchen (*cantimpalitos*).

Celler Can Pere

Carrer Sant Vicent (auch Carrer Sant Jaume 63),
✆ 971 330056, täglich 13-24 Uhr, Donnerstag Ruhetag

Großes »Kellerlokal« zu ebener Erde mit shr guter Küche. Besonders empfehlenswert sind dort die Fisch- und Meeresfrüchte. Gehobenes Preisniveau.

La Taberna

Carrer Sant Vicent 51, ✆ 971 330984, Di-Sa 18.30-24 Uhr
Kontinentale Gerichte vom Schweizer Chefkoch; nicht teuer!

Ca Na Ribes

Carrer Sant Vicent/ auch Carrer Sant Jaume 67,
✆ 971 330006, täglich 12.30-24 Uhr

Dieses Lokal bietet Fisch- und Fleischgerichte, aber auch Paella zu vernünftigen Preisen in einem attraktiven Ambiente. Viele einheimische Gäste. Hier könnte man gut eine Flasche ibizenkischen Rotwein (mit Thymian aromatisiert) probieren.

Kathmandu

Carrer Sant Vicent 49, ✆ 971 339635, tägl. 13-18 und 20-1 Uhr
Empfehlenswerte Newcomer-Adresse für *World Food*. Im Kathmandu serviert man traditionell indo-nepalesische Küche. Eine Freude für die Geschmacksnerven; mittleres Preisniveau.

Für einen **Snack zwischendurch** eignen sich folgende Lokale:

Pato Pekin

Carrer Sant Vicent 37, ✆ 971-331164, täglich 11-15 & 19-1 Uhr

In der »Pekingente« serviert man echte Leckerbissen aus dem Reich der Mitte zu relativ günstigen Preise (Mittagsmenü €9). Zwar kitschiges Interieur, aber man kann auch draußen sitzen.

Juanito

Carrer San Vicent 32, ✆ 971 332923, Mo-Sa 19-1 Uhr

In diesem rustikalen Lokal im Herzen der «Fressgasse» genießt man kreative Gaumenfreuden und bekannte spanische Gerichte zu akzeptablen Preisen.

Am Yachthafen

Außer in der »Fressgasse« ballen sich Restaurants rund um den Yachthafen. Dort sitzt man ruhiger als in der Carrer Sant Vicent und genießt auf den Terrassen auch noch den besseren Ausblick. Dafür sind die Preise dort auch etwas gehobener.

*Fußgänger-
brücke über
den einzigen
Fluß Ibizas
am Ende der
Promenade
von Santa
Eularia*

Empfehlenswert am Yachthafen sind:

**Es Mirador
des Port**

Port d'Esportiu, ✆ 971 332000
Di-So 13-16 Uhr und 20-24 Uhr,

Die besten Grillgerichte in Santa Eulària. Ob Lamm, Schwein
oder Rindfleisch, das *Es Mirador des Port* steht für hochwertige
Küche, zu allerdings nicht niedrigen Preisen.

**Yardenys
Restaurante**

Port d'Esportiu, ✆ 971 336992,
Do-Di 13-15 Uhr und 20-24 Uhr

Italienische Küche zu mittleren Preisen. Drinnen wie draußen
sitzt man im *Yardenys* besonders angenehm.

**El Rincón
del Marino**

Letzteres gilt auch für das *El Rincón del Marino* (✆ 971 336335)
im hinteren Bereich des Port d'Esportiu. Dieses einer einfachen
«Kaschemme» nachempfundene Tapaslokal strahlt hier als einziges so etwas wie »Hafenflair« aus und ist relativ günstig.

Weitere gute Lokale im Bereich der Strandpromenade sind:

Bahía

Carrer Molins de Rei, ✆ 971 330828,
täglich 13-16 Uhr und 19-24 Uhr,
im Winter geschlossen

Die Terrasse des *Bahia* liegt schattig. Dort gibt's fangfrischen
Fisch, Pizza und Pasta zu akzeptablen Preisen.

Chang Mai

Carrer Molins de Rei 7, ✆ 971 331307

Das *Chang Mai* gilt als das beste thailändische Restaurant auf
Ibiza. Es liegt etwas versteckt unweit der Uferpromenade auf
Höhe des Yachthafens. Gehobene Preise.

**Gelateria
Miretti**

Passeig Marítim, südlicher Bereich
✆ 971 331822, täglich 9.30-2 Uhr, im Winter geschlossen

Das beste Eis der Insel. Probieren Sie die Sorten *turrón* und
dulce de leche! Filiale in der Unteren Altstadt von Eivissa.

Oberhalb des Marktes unweit des *Puig d'en Missa* residiert das
beste indische Restaurant der Stadt in einer früheren Taverne:

Cardamom Club

Camino Puig de Missa, ℂ 971 330017

Die Spezialitäten Südasiens kommen dort in abgeschwächter Schärfe und für europäische Zungen verträglicher Form auf den Tisch. Mittleres Preisniveau. Viel britisches Publikum.

Auf der Straße nach Sant Miquel liegt bei Kilometer 0,5 das

Restaurante El Pato

ℂ 971 191340

Dort wird mediterrane Küche auf hohem Niveau geboten. In diesem alten Gutshof – Ambiente und Innendekoration sind bereits ein Erlebnis – gibt es neben einem rustikal stimmungsvollen Hauptlokal auch eine *Tapas*-Bar *(Ars Vivendi)*. Nicht billig!

Sapori Divini

Tipp: Fährt man von Santa Eulària nördlich in Richtung Sant Carles, passiert man bei km 2 das Restaurant *Sapori Divini* (ℂ 971-339271). Dieses nur abends geöffnete Restaurant hat – der Name sagt es – himmlische Spezialitäten aus Bella Italia. Und das zu moderaten Preisen. Schöne Terrasse und Garten.

Nachtleben

Abends ist in Santa Eulària ziemlich wenig »los«, denn vor allem Familien mit kleinen Kindern und ältere Urlauber verbringen dort ihre Ferien. Es gibt zwar einige Bars, die über die Stadt verteilt sind, trotzdem geht es hier im Vergleich zu Eivissa oder Sant Antoni recht ruhig zu. Bekannte Anlaufpunkte sind in erster Linie:

Le Mirage

Port d'Esportiu, ℂ 608 530720, täglich 9-4 Uhr (im Winter 19-4 Uhr)

Das *Le Mirage* ist eine Art Musikbar mit Restaurantservice. Im Sommer (sonst am Wochenende) gibt es täglich Livebands mit Jazz, Rock u.a. (meist ab 22.00 Uhr). Wer Lust hat, tanzt dazu. Überwiegend jüngeres britisches Publikum.

Guaraná

Port d'Esportiu, www.guaranaibiza.com, täglich 20-5 Uhr

Das *Guaraná* ist die populärste Disco der Stadt gleich hinter dem *Mirage*. Es hat wenig gemein mit den großen Clubs, sondern ist eher eine *Lounge Bar*, die sich gut für ein abendliches **Get-together** oder auch als **Warm-up** vor dem Besuch eine großen Inseldisco eignet. Mittwochs und sonntags *Live Music*.

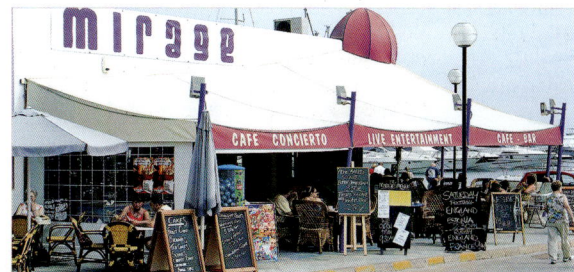

Musikbar »Mirage« beim Yachthafen von Santa Eularia

Verkaufsstand auf der Rambla de Santa Eulària

Shopping

Lage der Läden

In Santa Eulària des Riu überwiegen Geschäfte, die in erster Linie die einheimische Kundschaft bedienen. Sie konzentrieren sich entlang der **Hauptstraße Carrer Sant Jaume**. Um die **Plaça d'Isidor Macabich** findet man Buchläden und Modeboutiquen. Letztere gibt es auch am Yachthafen.

Hier eine kleine Auswahl:

Bodega Tagomago

Carrer Sant Jaume 69,
Mo-Sa 9-22 Uhr (So 9-13.30 Uhr und 18-22 Uhr)

Das größte Wein- und Spirituosengeschäft des Ortes. Die Bodega führt auch *Hierbas* und ibizenkische Rotweine aus dem Anbaugebiet um Sant Mateu.

Ojo

Carrer Sant Josep 14,
℡ 609 958210, Mo-Sa 11-14 Uhr, Mo, Di, Do, Fr 18-20,
Interessanter **Second-Hand Laden** in deutscher Hand.

Es Mercat

Carrer del Sol, Mo-Sa 8-14 Uhr

In der **Markthalle**, drei Blocks nördlich der Carrer Sant Jaume, findet man eine große Auswahl an Obst und Gemüse, Wurstspezialitäten und frischem Fisch. Lohnenswert eher Mo-Fr vormittags wegen der dann authentischen Stimmung.

Centre'Art – Artesanía de Ibiza

Carrer Isidor Macabich,
Mo-Sa 10-14 Uhr und 18-21 Uhr,
Original ibizenkisches **Kunsthandwerk**. Mittleres Preisniveau.

Axton Diseño

Carrer Sant Jaume 78,
℡ 971 336278, Mo-Sa von 10-14 und 18-21 Uhr

Die beste Adresse in Santa Eularia für flippige Modeaccessoires und Ibiza-Fashion schlechthin.

Omen

Port d'Esportiu,
℡ 971 319051,
Mo-Sa 10-14 und 18-21Uhr

Boutique mit Textilien und Kunsthandwerk aus Asien.

Töpfereien

An der Hauptstraße C-733 Richtung Eivissa passiert man auf etwa halber Strecke rechts nacheinander drei **Töpfereien**. Dort findet man preiswerter als anderswo das für die Balearen typische gebrannte Gebrauchsgeschirr und die ibizenkischen Weinkrüge, aber auch viele hübsche Souvenirs wie z.B. Büsten der phönizischen Göttin *Tanit*.

Die Töpfereien sind Mo-Sa 10-20.30 Uhr geöffnet.

Gebrauchskeramik und herrlichen Kitsch gibt's in den »Alfafarias« an der Straße Santa Eulària-Eivissa

Unterkunft

Santa Eulària wird überwiegend von britischen, gefolgt von deutschen Urlaubern besucht. Folgende Hotels sind zu empfehlen:

Fenicia Prestige***
€€€

Carrer Narcisos, Urbanizació Siesta (Buchung z.B. auch bei TUI, Dertour, Jahn)

℡ 971 807000, Fax 971 807444; www.insotelhotelgroup.com,

Das Edelhotel der Stadt *Fenicia Prestige* liegt im Ortsteil Siesta gleich jenseits der Brücke über den Riu de Santa Eulària etwas abseits des nächsten Strandes (an der Promenade). Es bietet in den modernen Zimmern tatsächlich 5-Stern-Luxus (DZ 35 m^2, Suiten 49 m^2), einen beachtlich Spa- und Wellnessbereich und einen großen Poolgarten. Der massive Komplex als solcher ist optisch wenig ansprechend. Die Tarife entsprechen der Kategorie, sind aber speziell in der Nebensaison noch akzeptabel.

Fußgängerbrücke am Ende der Promenade von Santa Eulària; im Hintergrund steht das Fenicia Prestige

Hotel Ses Estaques* €€	Cala Ses Estaques südöstlich des Yachthafens, ☎ 971 330200, www.hotelsesestaques.com, im Winter geschlossen
	An der Verlängerung der um den Yachthafen herumgeführten Promenade macht dieses vor allem bei britischen Gästen beliebte Haus einen guten Eindruck. Fast alle Zimmer haben Meerblick. Tennisplatz, gepflegter Garten und »eigener« kleiner Felsstrand mit sandigen Einsprengseln.
Hotel La Cala** €€	Carrer Huesca 1, ☎ 971 330009 (Buchung z.B. auch bei 5-vor-flug, Bucher, Dertour, JT); www.ibiza-hotels.com/invisa-hoteles/lacala im Winter geschlossen
	Das Hotel liegt in der Nähe des Yachthafens und verfügt über 180 geräumige Zimmer. Unbedingt mit Meerblick buchen. Großer Pool und dynamisches Animationsprogramm.
Ca's Català* €	Carrer del Sol, ☎ 971 331006, Fax 971 339268, im Winter geschlossen
	Hostal mit angenehmer Atmosphäre. Hübscher Garten, Terrasse und Pool. Erstaunlich stilvoll und komfortabel für den einen Stern. Nichts für Familien mit Kindern.
Hostal Central* €	Carrer Sant Vicent 24, ☎ 971 330043, Fax 971 325141, im Winter geschlossen
	Kleines Stadthotel mit – den Tarifen entsprechend – einfachen, aber sauberen und ordentlichen Zimmern in der »Fressgasse«.
Hostal Sa Rota* €	Carrer Sant Vicent 59, ☎ 971 330022, www.ibiza-hotels.comm/sarota, ganzjährig geöffnet
	Preisgünstiges *Hostal* im Ortszentrum vor allem für jüngere Reisende. Einfache, aber geräumige Zimmer.
Hostal Buenavista* €	Carrer Sant Jaume 1, ☎ 971 330003;
	In der Nähe des *Puig de Missa* bietet dieses älteste *Hostal* des Ortes ansprechende, aber etwas altmodische Zimmer, Pool, Bar und einen hübschen Garten. Günstige Tarife.

Can Buíí: Großer Pool und eine wunderbar schattig überwachsene Terrasse mit Open-air Bar

Can Bufi**
€€

Sa Recondada – eingangs Ortsteil Siesta, »Geheimtipp!«
✆ 971 330016 oder 971 330012, www.can-bufi.com
im Winter geschlossen (↪ Foto unten links)

Die umfunktionierte Finca im typisch ibizenkischen Baustil liegt ruhig in der Nähe des Flusses ca. 300 m vom Meer entfernt. Nur 14, individuell und geschmackvoll eingerichtete Zimmer. Großer Pool in einer gepflegten Gartenanlage mit Bar zur Selbstbedienung. Das reichhaltige Frühstück wird bei schönem Wetter auf der Terrasse im Garten serviert. Die Tarife sind nicht niedrig, aber angemessen.

Les Terrasses
****
€€€

✆ 971 332643, www.lesterrasses.net
im Januar und Februar geschlossen

Dieses 8 Zimmer-Hotel liegt auf einer Anhöhe einige Kilometer südlich von Santa Eulària. Zimmerpreise je nach Standard (alle unterschiedlich) und Saison €120-€220. Sehr hübscher Garten, kleiner Pool. Überwiegend französische Gäste. Hauseigenes Restaurant, donnerstags Couscous-Essen.

2.3.2   Die Buchten und Strände südlich von Santa Eulària

Cala Llonga

**Kenn-
zeichnung**

Wenige Kilometer südlich von Santa Eulària schneidet sich die Cala Llonga tief ins Land. Ihr 200 m breiter, zusätzlich tief aufgespülter Strand sorgte für das Entstehen der gleichnamigen rein touristischen Urbanisation, wo früher nicht einmal ein Dorf existierte. Hinter dem Strand und an den Hängen der Steilküste an beiden Flanken der Bucht gibt es heute eine beachtliche Bettenkapazität in mittelgroßen bis riesigen Hotel- und Apartmentkomplexen. Die übliche Infrastruktur aus Läden, Restaurants, Kneipen, Fahrrad- und Autovermietern ist auf die Bedürfnisse der überwiegend britischen Gäste zugeschnitten.

Saison

Der Sandstrand wird zwar gepflegt, und die Wasserqualität ist gut, aber in der Sommersaison wird es arg voll. Familien wählen dieses Ziel, weil Cala Llonga ein Ort der kurzen Wege ist und – dank der Lage am Straßenende – nur Lokalverkehr herrscht.

Nebensaison

Außerhalb der Monate Juli und August ist Cala Llonga ein eher ruhiger Ort, der sich gut als Ausgangspunkt für Ausflüge mit Mietfahrzeug und Radtouren in die Umgebung eignet.

**Anfahrt/
Transport**

Man erreicht die *Cala Llonga* über die Straße PM 8101 (Santa Eulària-Jesús). Nach/ab Santa Eulària verkehren Busse im Stundentakt; letzter Bus 20.00 Uhr bzw. 20.30 Uhr.

Die Entfernung bis Santa Eulària (ca. 5 km) und nach Eivissa (ca. 15 km) ist nicht groß, dank kurvenreicher Straßen dorthin aber doch zeitraubend, Radfahrer benötigen sportliche Ambitionen. Lediglich der Weg nach Sol d'en Serra (↪ Seite 83) und ggf. von dort weiter nach Roca Llisa verläuft eben und ist leicht zu Fuß oder per Rad zu bewältigen.

Bootsverkehr　　In den Sommermonaten gibt es 8-10 **Bootsverbindungen** täglich nach Santa Eulària und 6-8 nach Es Canar. Einmal täglich geht es direkt von dort nach Formentera. Informationen bei *Cruceros Santa Eulària*, ℅ 971 332251.

Ein empfehlenswertes Restaurant ist das

Restaurante　　am nördlichen Strandende; ℅ 971 196474,
Cala Llonga　　täglich 10-2 Uhr, im Winter geschlossen

Fleisch- und Fischgerichte, Spezialitäten aus Andalusien.

BBQ Athena　　An der Zufahrtstraße zur Cala Llonga liegt die originelle *Barbecue Bar Athena* – gut für einen Drink zwischendurch, aber auch geeignet fürs Steak Dinner.

Auf jeden Fall originell: »Barbecue Athena«

Tauchen　　**Dive Center Rumbo Azul**
℅ 971 196625, www.rumboazul.com
im Winter geschlossen

Wer reiten möchte, findet mit

Reiten　　**Easy Rider**, ℅ 971 196511, ℅ 610 443630,
etwas außerhalb von Cala Llonga eine Reitschule.

Unterkunft

Cala Llonga verfügt nur über eine begrenzte Anzahl von Quartieren der Mittelklasse und unterer Kategorien, aber über eine hohe Bettenkapazität. Die linke Flanke der Bucht wird dominiert vom großen Komplex des Hotels *Playa Imperial*

Playa　　℅ 971 196471, ℅ 971 312512, www.sirenishotels.com,
Imperial***　　im Winter geschlossen
€€　　(Buchung z.B. auch bei Alltours, 5-vor-flug, JT, Schauinsland)

Das Hotel verfügt über 260 Zimmer, eine große Poolanlage direkt über dem Strand, Pool, Tennisplatz, Fitnessstudio mit Sauna und Whirlpool.

Cala Llonga mit dem Fiesta-Hotel

2

An der rechten Seite der Bucht steht das etwas kleinere Hotel

Cala Llonga Fiesta * €€**

✆ 971 196501 (Buchung z.B. auch bei JT, TUI, Alltours, Dertour, Jahn, Thomas Cook, Schauinsland), im Winter geschlossen

Das 150-Zimmer-Haus ist äußerlich nicht sonderlich attraktiv, bietet aber drinnen gutes ***Niveau. Gartenanlage mit Pool, Volleyballplatz und Tenniscourts. Direkter Zugang zum Meer.

Etwa 700 m vom Strand entfernt liegt etwas erhöht auf einem Areal mit schattigen Kiefern der architektonisch ansprechend gestaltete Apartmentkomplex

Montemar* €€**

, ✆ 971 196506, im Winter geschlossen (Buchung z.B. auch bei Alltours)

All inclusive Buffets. Große Poolanlage. Mittleres Preisniveau.

Cala Sol d'en Serra

Südlich der Cala Llonga liegt die Halbinsel Torrent de sa Lluna mit dem 220 m hohen *Puig de ses Torretas*. Sie bildet die östliche

Flanke der 300 m breiten **Kieselbucht *Sol d'en Serra***, die von steilen Felsen eingerahmt wird. Diesen ziemlich unbekannten Strand erreicht man von Cala Llonga über eine Straße, die am südlichen Ortsende hinter dem Strand nach rechts (Westen) abzweigt. Oberhalb des Strandes liegt das

Restaurant *Amante Beach Club*
✆ 971 196176, www.amanteibiza.com
täglich 11-1 Uhr, im Winter geschlossen

Von der Sonnenterrasse dieses stylish-cool anmutenden Restaurants schaut man über Klippen und Meer bis Formentera.

Über ein paar Stiegen geht's hinunter zum Strand, der zwar nicht übermäßig attraktiv ist, sich aber zum Schwimmen eignet.

Sa Roca Llisa

Etwa 3 km südlich von Cala Llonga passiert man auf der PM 8101 die *Urbanització Sa Roca Llisa*, die durch den gleichnamigen, bis dato einzigen Golfplatz der Insel bekannt wurde:

Golf   **Club de Golf Roca Llisa** (9 und 18 Loch)
☎ 971 196052 & ☎ 971 196118, ganzjährig geöffnet

Cala Olivera   Die ausgedehnte Villensiedlung erstreckt sich bis an die Küste und die *Cala Olivera*. Um sie zu erreichen, muss man die (üblicherweise offene) Schranke passieren, die in die Urbanisation hineinführt, und sich am Verkehrskreisel links halten. Nach wenigen hundert Metern stößt man auf einen Feldweg, der zu dieser Bucht führt. Dort laden ein kleiner, steiniger Strand, glasklares Wasser und ein paar vorgelagerte Felsen im Meer zum Schwimmen und Sonnenbaden ein. Der Platz ist wegen seiner etwas versteckten Lage bei FKK-Freunden beliebt.

2.3.3   Die Strände nördlich von Santa Eulària

Niu Blau   Kurz nach dem nordöstlichen Ortsende von Santa Eulària passiert man an der der Straße in Richtung Es Canár zwei Zufahrten (ausgeschildert) zum unspektakulären Strand *Platja Niu Blau* (auch *Platja Bora-Bora* genannt), den man aber ohne besonderen Anlass nicht besucht haben muss.

Zwei ganz hübsch von Pinien eingefasste Strandrestaurants und ein Tretbootverleih warten dort auf Kunden.

Cala Pada

*Die Strände der
Südostküste
von Niu Blau
bis Es Canar/
Cala Nova und
weiter sind
durch Ufer-
pfade und
kurze küsten-
fernere Wege
miteinander
verbunden*

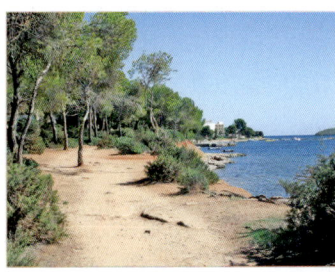

Den ca. 200 m langen Sandstrand der Cala Pada erreicht man über eine kurze Stichstraße ca. 3 km nördlich von Santa Eulària. Sie läuft an den ausgedehnten Anlagen des Cala Pada Club-Komplexes entlang und endet am Parkplatz hinter dem Strand.

**Club
Cala Pada**   Der Club besetzt das gesamte Gelände hinter der Bucht und sorgt damit von Mai bis Oktober für viele (überwiegend deutsche) Strandbesucher. In der Hochsaison ist es dort meist extrem voll.

Club Cala Pada*** €€ (all-inclusive)
☎ 971 330001, www.clubcalapada.com, im Winter geschlossen
(Buchung z.B. auch bei Jahn, Neckermann, TUI, ITS)
Parkanlage (70.000 m²) mit einer ganzen Reihe von Apartmenthäusern. Großer Pool- und Restaurationskomplex. Vielfältiges Sportprogramm und Animation. Preis-Leistungsverhältnis gut.

Strand	An der Cala Pada gibt es neben den Clubeinrichtungen auch eine kleine unabhängige touristische Infrastruktur, so die übliche Liegen- und Sonnenschirmvermietung sowie eine Segelschule (*Club Cala Pada*, ✆ 971 330886).

Platja S'Argamassa

Lage	Gleich östlich der Cala Pada liegt die *Platja S'Argamassa* (Achtung: etwas unauffällig ausgeschildert!). Nur ein Kiefernwäldchen trennt die durch einen Uferpfad verbundenen Strände.
Sol Elite S'Argamassa **** €€€	Hinter dem relativ schmalen Fels durchsetzten Sandstrand steht an dessen Ostende in Alleinlage das Hotel *Sol Elite S'Argamassa* mit einem gepflegten Garten direkt am Wasser, zwei Pools und gutem Sportangebot. Kindergeeignet, Animation.
	Buchung am besten über Veranstalter (z.B. Dertour, byebye, JT, Thomas Cook, Schauinsland). Im Winter geschl; www.solmelia.com.
Wassersport/ Snackbar	100 m weiter westlich gibt es unter schattigen Kiefern über dem Strand hinter **Cesar's** (Tretboote, Paragliding, Windsurfen und Wasserski, ✆ 670 629961) eine kleine ganz urige **Snackbar**.

Cala Martina

Trampelpfad und Zufahrt	Die Cala Martina mit einem 150 m langen Sandstrand liegt nur gut 300 m östlich der *Platja S'Argamassa* und ist ebenfalls mit ihr durch einen Uferpfad verbunden. Man erreicht diese Bucht auch über eine nicht weiter ausgeschilderte Straße in Richtung Es Canar durch eine kleine Urbanisation (bei Rückfahrt von S'Argamassa nicht bis zur Hauptstraße fahren, sondern rechts halten) oder via Hauptstraße, dann von Es Canar bis Punta Arabi und etwas weiter fahren.
Kennzeichnung	Neben den Gästen eines kleinen Hotelkomplexes und einer Ferienhaussiedlung gleich hinter dem Strand nutzen auch viele Gäste des **Club Punta Arabi** und des Campingplatzes **La Playa** gleich westlich den Strand. Die *Cala Martina* ist daher im Sommer oft überfüllt. Das flache Gelände dahinter wirkt ungepflegt.

An der Platja S'Armagassa befindet sich der Park des Sol Elite Hotels (im Hintergrund links)

Es Canár

Lage/Anfahrt   Unmittelbar östlich der Cala Martina steigt beim Campingplatz *La Playa* das Gelände an. Eine **Steilküste** beginnt, die im weiteren Verlauf aber von Stränden unterbrochen wird. Die von S'Argamassa kommende/bzw. dorthin führende Straße passiert zunächst das Gelände des *Club Punta Arabi* und führt durch dichter werdende touristische Infrastruktur ins Zentrum von Es Canár. Die üblichere Anfahrt für Besucher von Es Canár läuft über die Hauptrouten von/nach Santa Eulària und Sant Carles.

Kennzeichnung   Bei Es Canár handelt es sich um eine in den 1970er-Jahren hochgezogene Hotelsiedlung um einen (heute kaum noch vorhandenen) Fischerhafen an der gleichnamigen Bucht. Sie verfügt über einen 300 m langen, flach abfallende Sandstrand. Der Ort ist nicht sonderlich reizvoll.

Im deutschen Pauschalangebot spielt Es Canár nur eine untergeordnete Rolle. Man trifft dort vorwiegend britisches Publikum und eine darauf zugeschnittene Infrastruktur.

Lokale   Immerhin: Gute Fischgerichte zu passablen Preisen gibt es im Restaurant *Es Caná* am Strand. Zwei Cafés haben **Terrassen** auf der den Hafen schützenden Felszunge über dem offenen Meer.

Clubdorf   Ein legendäres Feriendorf nur für junge Leute (Alter überwiegend 14-20) ist der *Club Punta Arabi** €, ✆ 971 330650, www.clubpuntaarabi.com mit **Wassersportstation Wet 4 Fun**, www.wet4fun.com (Buchung z.B. bei 1-2-fly, LMX, Neckermann, 5-vor-fly, Schauinsland, Bucher, JT); im Winter geschlossen

Dieses Clubdorf war eines der ersten der Art, wo Animateure den jugendlichen Gästen Tag und Nacht richtig »einheizen«. Die weitläufige, im Gelände ansteigende Anlage liegt an der Steilküste etwa 1,5 km südlich vom zentralen Es Canár unweit der Cala Martina. Sie besteht aus zahlreichen Bungalows mit einfachsten Wohnungen und ausgedehnten Gemeinschaftseinrichtungen zwischen viel Grün und Wassergeplätscher. Es gibt

Bootshafen in Es Canár

einen großen Poolbereich, etliche Bars und ein umfangreiches Sportangebot. Der *Club Punta Arabi* bleibt damit jungen Leuten, die den totalen Spaßurlaub suchen, nichts schuldig. Ein Animationsbereich mit Bühne befindet sich hoch über dem Meer am Rand der Klippen und wirkt schon allein dadurch attraktiv. Lautstärke spielt dort keine Rolle, weit genug entfernt von den Quartieren »älterer« Gäste über 20. Nachteilig auch für alle, die das Angebot des *Punta Arabi* an sich gut finden, sind die relativ hohen Preise der Restaurants und Bars und der relativ weite Anmarsch zu den Stränden der Umgebung.

Hippiemarkt   Auf dem Gelände des *Club Punta Arabi* findet jeden Mittwoch traditionell ein sog. »**Hippiemarkt**« statt, der – ebenso wie in Santa Eulària – übermäßig touristisch orientiert ist..

2

Camping rund um Es Canár

Im Umfeld von Es Canár gibt es mehrere Campingplätze:

Camping La Playa   In einem Kiefernwaldgelände zwischen Club Punta Arabi und der Cala Martina befindet sich der – von der Lage her – vielleicht beste Campingplatz Ibizas: www.camping-laplaya-ibiza.com, ✆ 971 338525; im Winter geschlossen.

Camping Es Canár   Dieser Platz liegt an der Hauptzufahrt nach Es Canár, rund 300 m vom Ort und Strand entfernt. Bungalows, Hütten und Indianer-Teepees zur Miete, ✆ 971 332117, www.camping escana.com, stark britisch belegt; im Winter geschlossen

Camping Cala Nova Platja   Ca. 2 km nordöstlich von Es Canár liegt gleich oberhalb von Bucht und Strand Cala Nova dieser gleichnamige, recht gepflegte unf komfortable Campingplatz ebenfalls mit Bungalows (Holzhütten) zur Miete für Leute ohne Zeltausrüstung; www.campingcalanova.com,

Cala Nova

Kennzeichnung

Die Straße von Es Canár zur Cala Nova, 2 km nordöstlich, ist dank klarer Ausschilderung nicht zu verfehlen. Die Bucht unter der hier wieder ansteigenden Küste zeichnet sich durch einen schmalen Dünenstreifen und ca. 300 m langen Strand aus. Drei einfache Strandlokale versorgen die Besucher; an der Südflanke eröffnete 2008 das *Design Restaurant Zen Sea*, ein wunderbarer Platz für den Drink, einen Snack und fürs abendliche Dinner. Auch an *Chill-out*-Liegen fehlt es dort nicht.

Gleich oberhalb des *Zen Sea* steht das Hotel

Cala Nova Fiesta***
€€

✆ 971 330300, www.fiesta-hotels.com, im Winter geschlossen (Buchung z.B. auch bei bei Neckermann, 5-vor-fly, Bucher, Jahn, TUI u.a.)

Das Äußere dieses rein funktionalen Kastenbaus ist unattraktiv, aber die 305 Zimmer sind ganz o.k. für 3 Sterne und überwiegend zur Bucht hin ausgerichtet. Der Poolbereich liegt direkt überm Strand. Speziell mit Kindern eine gute Wahl.

Jeder beaufsichtigte Strand auf Ibiza hat eine derartige Schautafel mit den wichtigsten Informationen, Geboten und Verboten

Cala Llenya

Lage und Kennzeichnung

Wer über Es Canár anfährt, findet mit der Zufahrt zur Cala Nova ab dort eine weiterführende Route (zunächst Carrer Font d'en Prats), auf der man – ohne dass zunächst eine Beschilderung darauf hinweist – mit ein wenig Sinn für die ungefähre Richtung weiter bis zur Cala Llenya gelangt, ca. 3-4 km. Die »eigentliche« Straße nach Cala Llenya zweigt erst in Sant Carles von der PM 810 ab und kostet bei Fahrt ab Canár einen erheblichen Umweg.

In einem Waldstück hinter der Bucht kann man parken (sonntags bis 14 Uhr wird es eng, wenn ein kleiner Flohmarkt stattfindet). Der rund 200 m lange, feine und breite Sandstrand führt flach ins Wasser und ist für Kinder gut geeignet. Es gibt dort ein paar Strandbars und das übliche Angebot an Wassersport.

Mehrere Hotelanlagen befinden sich in der **Urbanisation Cala Llenya** hinter der Bucht. In ca. 500 m Entfernung vom Strand entfernt steht relativ »weit ab vom Schuss« das

Hotel Cala Llenya****
€€€

✆ 971 335246 (Buchung z.B. auch bei 1-2-fly, Alltours, JT, byebye u.a.)

Dieses Hotel auf einem Parkareal von 60.000 m^2 besteht aus mehreren ein- und zweistöckigen Gebäuden mit 126 komfortabel (Sat-TV, Klimaanlage, große Bäder) eingerichteten Studios und Apartments. Großer Pool. Sport- und Unterhaltungsprogramm, Kinderanimation und Spielplatz.

Taucherbucht

Nördlich der Urbanisation führt eine schmale Straße, die später zum Feldweg wird, zur vor allem bei Tauchern beliebten **Caló de sa Barca Rampuda** (Kieselstrand). Dort liegt nahe vor der Küste ein gesunkenes Schiff. Die Tauchschulen in Santa Eulària organisieren Tauchgänge hinunter zu diesem Wrack.

Cala Mastella

Anfahrt

Der gerade mal 30 m breite Strand der Cala Mastella liegt zwischen Felsen hinter einem kleinen Sumpfgebiet voller Schilfpflanzen und ist nicht übermäßig einladend.

Restaurant El Bigote

Bekannt wurde die Bucht vor allem wegen des Restaurants *El Bigote*, eigentlich nur eine Art offener Küche mit Grillrost und überdachter Terrasse zwischen Felsen und Meer (nur tagsüber 12-16 Uhr geöffnet, ca. April/Ostern bis Mitte Oktober). Es liegt in Sichtweite des Strandes unter der nördlichen Flanke der Bucht und ist ab der Straße von Cala Llenya nach Ca'n Miquel Pere per Auto über eine oft katastrophale Abfahrt (ca. 400 m oder zu Fuß) zu erreichen. Beim Lokal gibt es nur Parkmöglichkeiten für eine Handvoll Autos. Vom Strand (➪ oben) aus läuft ein steiniger Pfad über die linke Felsflanke.

Vorbestellung El Bigote

Der Besitzer und Namensgeber des Lokals – wegen seines auffälligen Schnurrbartes *»El Bigote«* genannt – fängt auf Bestellung Fisch und bereitet ihn dann vor den Augen seiner Gäste zu. Das Problem der Vorbestellung ist das fehlende Telefon, auch ein Handy hat *El Bigote* nicht. Die Reservierung muss man also per Boten oder persönlich vornehmen. Sofern Platz ist, serviert man »Laufkundschaft« aber durchaus auch nur Getränke.

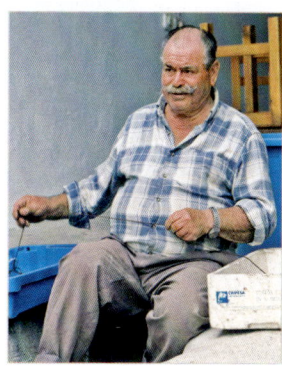

Cala Boix

Anfahrt und Kennzeichnung

Die Cala Boix liegt unter der östlichsten Landzunge Ibizas, die mit dem Cap Roig abschließt. Von der Cala Mastella ist es auf der (in vielen Karten nicht eingezeichneten) schmalen Küstenstraße hinüber zur Cala Boix nicht mehr weit. Wer nicht über die Route Cala Llenya/Cala Mastella anfährt, nimmt die Straße von Sant Carles in Richtung Figueral und folgt danach der Ausschilderung (gut 4 km). Die Straße endet oberhalb eines 150 m breiten nur über eine 80 m lange steile Treppe zugänglichen Strandes. Vorsicht: unter Wasser gibt es Felsbrocken.

Gastronomie

Ein **Strandlokal** fehlt selbst an der abgelegenen Cala Boix nicht, ebensowenig müssen Besucher auf Sonnenschirm und Liegen verzichten. Oberhalb des Strandes stehen zwei Restaurants:

Etwas von der Küste zurückgesetzt (✆ 971 335224, täglich 12-23 Uhr) hat das *S'Arribada* eine große, schattige Terrasse und serviert **ibizenkische Gerichte**. Spezialität ist die *Calderata de Llagosta* und das Pendant mit Fisch, der *Guisat de pescado*. Die Preise sind moderat.

Hoch überm Strand befindet sich das *La Noria* mit einer **Gartenterrasse** voller schattiger Pinien und ungestörtem Weitblick übers Meer; ✆ 971 335397, geöffnet 12-17/19-23 Uhr, Mo zu.

Gute Fisch- und Lammgerichte zu mittleren Preisen. Sonntags kommen viele Einheimische; dann reserviert man besser.

Platja Pou d'es Lleò

Anfahrt und Kennzeichnung

Getrennt durch die erwähnte Landzunge mit dem 166 m hohen *Puig de Cap Roig* liegen die *Cala Boix* und die *Platja Pou d'es Lleò* keinen Kilometer Luftlinie voneinander entfernt. Um an die kleine Fischerbucht mit dem »Strand des Löwen« zu kommen, muss man aber mit Fahrzeug zunächst in Richtung Sant Carles fahren und nach ca. 1,5 km auf die Straße in Richtung *Punta de sa Torre* abbiegen.

Der abgelegene kurze Sandstrand, der angeblich nach einer hier einst stationierten römischen Legion benannt wurde, ist im Wasser mit Steinen und Felsen durchsetzt. An der bizarr felsigen Küste stehen lediglich einige Bootsschuppen und eine – unvermeidliche – Strandbude.

Oberhalb der Schuppen rechts gibt es zudem das **Fischlokal** *El Salvado*, von dem aus man die ganze Bucht überblickt.

Ein wenig zurück liegt das Restaurant

Pou des Lleò

✆ 971 335274, www.poudeslleo.com,

täglich 9-23.30 Uhr, im Winter geschlossen

Hostal* €

Dort serviert man Fischgerichte und Paella zu moderaten Preisen. Im selben Gebäude ist das gleichnamige *Hostal* untergebracht: einfache Zimmer zu moderaten Preisen. Es ist »**Geheimtipp**« für preiswertes Übernachten in ruhiger Umgebung.

Zur Punta de sa Torre

Man kann zwar auch mit Fahrzeug fast bis an die Punta de sa Torre fahren (immer schlechter werdender Weg am Restaurant *El Salvado* vorbei, 4WD vorteilhaft), aber sportlicher ist der kleine **Fußmarsch** dorthin (ca. 1,5 km). Am Ende der Landzunge steht der alte Wachtturm **Torre d'en Valls**. Zurück kann man alternativ den blauen Markierungen entlang der Küste folgen.

Insel Tagomago

Gut 2 km vor der Küste liegt dort die Insel **Illa Tagomago** im Bickfeld. Sie war lange unbewohnt, gehört aber heute dem mallorquinischen Immobilienmakler *Matthias Kühn*, der dort eine alte Ruine zur Villa ausbauen ließ und vermietet (www.kuhn-partner.com). Dort wurde die Eheschließung No. 3 von *Sabine Christiansen* mit zahlreichen prominenten Gästen gefeiert.

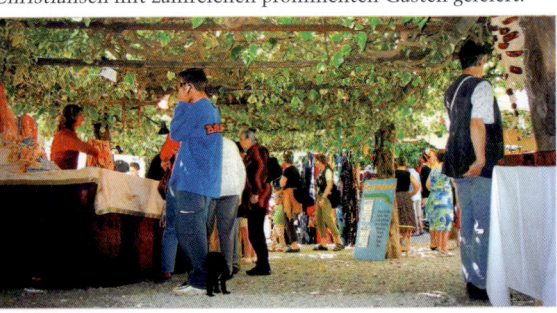

Ausschank auf dem Hippiemarkt von Sant Carles unter einem schattigen von Wein überwachsenen Dach

Schmuck-angebot auf dem Hippiemarkt

Sant Carles de Peralta (San Carlos)

Hippie-kultur

Etwa 6 km nördlich von Santa Eulària an der Straße PM 810 nach Cala de Sant Vicent liegt inmitten einer weit auseinandergezogenen Hügellandschaft das Dorf Sant Carles de Peralta. Neben Sant Joan de Labritja avancierte dieser Ort in den 1970er-Jahren zur Drehscheibe für Ibizas Hippiebewegung. Bis heute gibt es dort samstags einen **Hippiemarkt** (unverfehlbar am südlichen Ortsausgang auf einem großen Gelände), der unter den diversen Märkten dieser Art noch den besten Ruf hat.

Bus und Parken

Von Santa Eulària ist Sant Carles leicht per Bus zu erreichen. Wer das Dorf samstags (Hippiemarkttag) mit einem Fahrzeug ansteuert, kann nur auf dem kostenpflichtigen Platz beim Restaurant *Las Dalias* parken, ➭ unten.

Ortsbild

Sant Carles besitzt – bis auf eine Wehrkirche aus dem 16. Jahrhundert – keine Sehenswürdigkeiten. Man genießt gemütlich auf dem Hauptplatz die freundliche Atmosphäre des in den letzten Jahren stark gewachsenen und daher modernen Ortes und/oder besucht die trotz ihrer bedrängten Ecklage immer knallvolle ***Bar Anita's***, ✆ 971 335090, täglich 7.30-2 Uhr.

Bar Anita's

Früher war diese Bar – mit Innenhof unter wildem Wein – Treffpunkt der Hippies. Zu sehen sind noch immer die Briefkästen der »Blumenkinder« der Umgebung, die sich einst ihre Post hierher schicken ließen. Ein Besuch bei *Anita's* – so schreiben manche Reiseführer – gehört zu jeder »richtigen« Ibizareise. Aber bestenfalls kann die Bar nostalgische Erinnerungen wecken.

Retaurant San Carlos

Dem Gewusel (und Preisniveau) im Zentrum entgeht, wer ca. 500 m weiter nach Norden fährt/läuft. Dort wartet das *Restaurant San Carlos* mit einer schönen Gartenterrasse.

Las Dalias *Las Dalias* ist eine Art modernes »Hippiezentrum« mit Café, Bar, Restaurant und Veranstaltungen. Jeden Mittwoch Abend findet dort die indische Nacht **Namaste** statt, und samstags treffen sich die Händler und Kunden – wie gesagt – zum **Hippiemarkt** am südlichen Ortseingang, © 971 335042, www.dalias-ibiza.com.

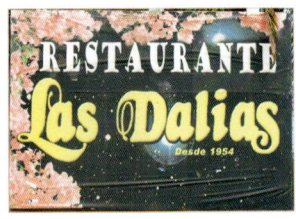

Wehrkirche In der aus dem 16. Jahrhundert stammenden Wehrkirche **Parroquia de Sant Carles** finden ab und zu Konzerte statt. Programmankündigung u.a. in *Anita's Bar*.

Quartier Bei Sant Carles liegt die **Finca Can Curreu**, ein *Agroturismo Hotel*. Die Zufahrt dorthin ist ab *Las Dalias* ausgeschildert. Details dazu auf Seite 167.

Platja d'es Figueral

Anfahrt/ Lage Folgt man von Sant Carles der Landstraße PM 810 nach Cala Sant Vicent, passiert man ca. 500 m nördlich des Ortes den Abzweig der Stichstraße (ca. 3 km) zur Urbanisation Es Figueral bzw. zur *Platja d'es Figueral,* einem langezogenen Sandstrand mit mehreren Abschnitten unter der Steilküste.

Nördlich schließt sich hinter der **Felssäule** *Es Paller des Camp* der **Strand** *s'Aigua Blanca* an (⇨ auch Seite 113). Es existiert dorthin eine **staubige Verbindung** oberhalb der Steilküste, die ohne 4WD zu machen ist. Auffahrt hinter dem *Es Alocs* (⇨ unten), keine Ausschilderung. Wer Teerstraßen vorzieht, muss zurück zur PM 810 und von dort die kurze Stichstraße nehmen.

Ort Es Figueral Gleich hinter der Küste liegt die **Feriensiedlung Es Figueral** aus Hotels, Apartmentkomplexen, privaten Villen und einer begrenzten touristischen Infrastruktur. Am Strand ist es in der Saison oft ziemlich voll. Es Figueral ist für Familien mit Kindern ein gut geeigneter Standort, doch wegen der abseitigen Lage sollte dort für die ganze Urlaubszeit ein Leihwagen zur Verfügung stehen.

Tauchen Beliebt ist die *Platja d'es Figueral* bei Tauchern. Die Tauchschule **Tagomago Diving**, © 971 335410, liegt direkt am Strand.

Es Alocs* € Unmittelbar am Strand steht mit dem **Hostal Es Alocs** ein echter **Geheimtipp**: © 971 335079, www.hostalalocs.com. Das Haus hat auf zwei Stockwerken 25 einfache, aber saubere und gepflegte Zimmer zu erfreulichen Preisen ab €40 bis €55/DZ. Das **Restaurant** des Hauses ist rustikal und hat eine wunderbare schattige Terrasse unter Bäumen unter Verzicht auf Plastikstühle. Zum Parken geht's auf dem Strand bis vors Lokal.

Eine schöne Anlage für Familien über der Strand ist das

Hotel Club Cala Blanca*** © 971 335100, © 971 335101, www.invisahoteles.com (Buchung z.B. auch beiITS, Neckermann, 5-vor-fly, JT, Bucher u.a.))

Das Hotel hat 320 auf mehrere Gebäude verteilte DZ, Suiten und Apartments mit 1-2 Schlafzimmern mit Balkon, Klimaanlage, Kühlschrank und TV zu mittleren Preisen. Grüne gepflegte Gartenanlage mit drei großen Pools, dazu Hallenbad mit Glasdach zum Öffnen und Whirlpools. Besonders gut für Kinder. Alle Verpflegungsarten, auch all inclusive. Im Winter geschlossen.

2.4   Der Inselnorden

2.4.1   Kennzeichnung

Dörfer

Im Norden Ibizas ist es wegen der nur dünnen Besiedelung erheblich ruhiger als im Süden und Westen, teilweise sogar einsam. Dort gibt es keine größeren Ortschaften, die wenigen Dörfer strahlen Ruhe aus. Man trifft im Norden auch noch eher auf »echte« Einheimische und deren Traditionen.

Die Region birgt sogar **Geheimnisse**. So behaupten zumindest einige Historiker, dass es dort noch etwa 20 Familien gibt, die in direkter Linie von den Phöniziern abstammen, ⇨ Essay Seite 94. Viele Menschen leben dort von der Landwirtschaft, und der Alltag war und ist härter als im touristisch dominierten Süden.

Küste und Hinterland

Die Nordküste wird durch kleine und große Buchten mit oft reizvoll gelegenen Stränden unter steilen Klippen und imposanten vorgelagerten Felseilanden geprägt. Das hügelige Hinterland ist stark bewaldet, aber dazwischen gibt es auch offene Bereiche mit bewirtschafteten Feldern und Weiden. Seit den 1970er-Jahren haben sich »Aussteiger« besonders zahlreich gerade in dieser Gegend niedergelassen.

Transport

Wer sich für Urlaub im Norden Ibizas entscheidet, muss wissen, dass der öffentliche Transport zwischen den Dörfern und Hotelbuchten unterentwickelt ist. Lediglich die Hauptrouten nach Eivissa werden von Linienbussen einigermaßen bedient. Ohne fahrbaren Untersatz ist man dort in seinen Möglichkeiten (noch) stärker eingeschränkt als etwa im Osten oder Südwesten.

Steilküste bei Portinatx mit Leuchtturm Sa Guardiola

Die Phönizier auf den Pityusen

Nicht einmal die Römer haben im Altertum Kultur und Geschichte der Pityusen so nachhaltig beeinflusst wie die Phönizier.

Phönizien – auf griechisch *Phoinike*, was in etwa »Land des Purpurs« bedeutet – lag im Bereich der heutigen Staaten Libanon, Syrien und Israel. Der Volksstamm der Phönizier, dessen Herkunft ungeklärt ist, wanderte vermutlich gegen Ende des 3. Jahrtausends v. Chr. in dieses Gebiet ein und stand bis um 1200 v. Chr. unter dem kulturellen und politischen Einfluss Ägyptens.

Seit dem 8. Jahrhundert v. Chr. machten sich die Phönizier als Seefahrer und Kaufleute einen Namen und beherrschten bald den Handel im Mittelmeer. Sie gründeten Niederlassungen an den Küsten Südspaniens und Nordafrikas, auf den Inseln Sizilien, Malta und auch auf den Balearen. Ibiza und Formentera wurden schon damals zu wichtigen Salzlieferanten.

Gleichzeitig verbreitete sich die phönizische Kultur und mit der **Buchstabenschrift** auch die wichtigste kulturelle Errungenschaft Phöniziens im gesamten Mittelmeerraum. Sie ist Grundlage fast aller bekannten Schriftsysteme des Abendlandes. 814 v. Chr. gründeten sie die Stadt **Karthago** (nahe dem heutigen Tunis) als Stützpunkt für ihre Schiffe im westlichen Mittelmeer. Die Bezeichnung »Karthager« wurde zum Synonym für Phönizier.

In den folgenden Jahrhunderten verloren die Phönizier ihre Vormachtstellung im östlichen Mittelmeer nach und nach an die Griechen, und Phönizien wurde von den Assyrern besetzt. Karthago und sein Umland (heute Tunesien) entwickelten sich zum neuen phönizischen Staat. Etwa 700 v. Chr. gründeten die Karthager mit **Ebysos** (bei Sa Caleta) ihren ersten Stützpunkt auf den Pityusen, und schon ab 654 v. Chr. entstand die Stadt **Ibosim** auf der Anhöhe der heutigen *Dalt Vila* Eivissas.

Die Mythologie der Phönizier kannte mehrere Gottheiten. Neben dem höchsten Gott *El* gab es u.a. Stadtgötter. Den **Stadtgott von Ibosim** (Eivissa) nannte man *Bes*. In Karthago spielte der (unersättliche!) Gott **Moloch** eine Rolle, dem Kinder der Adligen rituell geopfert werden mussten. Eine weibliche Gottheit, der man die Kraft der Liebe und der Fruchtbarkeit, aber auch der Zerstörung und des Todes zusprach, hieß *Astarte*. In Karthago und auf den Pityusen wurde daraus später **Tanit**.

Nachdem die Römer Süditalien erobert hatten, begann der Kampf zwischen Rom und Karthago um die Vorherrschaft im westlichen Mittelmeer. Die Römer nannten ihre Konkurrenten **Poeni**, in deutscher Übersetzung »Punier«. Im ersten Punischen Krieg (264-241 v. Chr.) gingen bereits Teile des punischen Reiches verloren. Am Ende des zweiten Punischen Krieges im Jahre 201 v. Chr. hatten die Phönizier – trotz großer militärischen Zwischenerfolge des berühmten *Hannibal*, der mit Elefanten die Alpen überquerte – ihr Kriegs- und Handelsflotte und alle außerafrikanischen Besitzungen einschließlich der Pityusen an die Römer verloren. Die Stadt **Ibosim** konnte zwar noch 23 Jahre über das Ende Phöniziens hinaus – im dritten Punischen Krieg (149-146 v. Chr.) zerstörten die Römer Karthago, und das Hinterland avancierte zur römischen Provinz »Africa« – eine gewisse Unabhängigkeit bewahren, wurde aber 123 v. Chr. ins Römische Reich integriert.

Der Norden

2.4.2 — Sant Miquel de Balansat (San Miguel)

Lage und Kennzeichnung

Lage

Von Eivissa nach Sant Miquel de Balansat sind es etwa 17 km auf gut ausgebauter, weitgehend schnurgerade und eben verlaufender Straße. Direkte Busverbindungen bestehen mit Eivissa und Sant Antoni. Zwischen Sant Miquel und seinem Port verkehrt eine »Eisenbahn« auf Autoreifen.

Kenn-zeichnung

Der Ort wirkt überaus ruhig, um nicht zu sagen verschlafen, und verfügt trotz der geringen Entfernung (4 km) zur Ferienhochburg Port Sant Miquel bislang kaum über eine auf Touristen eingestellte Infrastruktur. Zwar ist das Dorf – besonders donnerstags wegen einer hier stattfindenden **Folklorevorführung** – das Ziel zahlreicher Tagesbesucher, aber die meisten begnügen sich mit einem nur kurzen Stopp. Außer der Kirche, die zu den ältesten der Insel zählt, gibt es tatsächlich wenig zu sehen.

Wehrkirche

Die *Església de Sant Miquel* ist das Wahrzeichen des Dorfes und thront malerisch auf einem Hügel. Das Gotteshaus wurde im 14. Jahrhundert errichtet und etwa 300 Jahre später zu einer Wehrkirche umgebaut. Sehenswert sind die Fresken in der Kapelle. Unterhalb des Kirchplatzes wartet die Bar *Can Xicu* auf Gäste.

Geöffnet Mo-Sa 10-14 Uhr und 15-20 Uhr.
Die Messe am Sonntag findet um 11 Uhr statt.

Folklore   Im Sommer treten vor der Kirche jeden Donnerstag um 18.15 Uhr ibizenkische **Folkloregruppen** auf (kleiner Eintritt). Wichtigstes Element der Vorführungen ist der einheimische **Bauerntanz**, der *Ball Pagès*. Die Tänzer und Tänzerinnen erklären die einzelnen Teile des Tanzes auf Spanisch und Englisch. (⇨ auch Kapitel »Kultur und Folklore« auf Seite 251). Parallel dazu findet auf dem Dorfplatz ein kleiner Bauern- und Hippiemarkt statt.

Essen & Trinken

Sant Miquel hat einige gute und preiswerte Lokale:

- *Estanco Sant Miquel/Can Xicu* vor der Kirche, der richtige Platz für eine Erfrischung oder einen Espresso.

Bars   - In der *Bar Can Rei* im Zentrum gibt's günstige Mittagsmenüs.

- Die *Bar Es Pi Ver*, ebenfalls im Ortskern, ist nicht besonders attraktiv, aber für preiswerte ibizenkische Kost bekannt.

Restaurant   Vor der Ortsausfahrt in Richtung Port Sant Miquel liegt linkerhand das ausgesprochen gute italienische Restaurant

- *La Luna Nell'Orto*, ✆ 971 334599

Dort sitzt man idyllisch auf kleinen, gemauerten Bänken unter einem Feigenbaum. Besonders lecker sind die getrockneten, in Olivenöl eingelegten Tomaten, die mit etwas Weißbrot serviert werden, aber auch die Pastagerichte.

Tipp   Auf dem Weg von Sant Miquel nach Isla Blanca (⇨ folgenden Abschnitt) passiert man nach etwa 2 km die kleine **Bar Sulayetas**, die gute *Bocadillos* (Sandwiches) serviert. Sie werden mit einem speziellen Landbrot, dem *Pan Payès*, bereitet. Der Wirt *Pepe* ist für alle, die Spanisch verstehen, eine prima Informationsquelle zu allem, was den Norden der Insel betrifft.

Die Cala Portixol liegt vor dem Cap des Rubio im Bildhintergrund. Nur ein schmaler Durchlass führt in die Bucht. Der Pfad dorthin verläuft oberhalb der hier sichtbaren Küstenlinie

Wanderung: Zu den Badebuchten Na Xamena und Portixol

Nordwestlich von Sant Miquel liegen die herrlich einsamen, weil schwer erreichbaren Calas Portixol und Na Xamena. Beide sind von hohen Felsen umrahmt. Schon die Anfahrt bis zu den Startpunkten der kleinen Wanderungen dorthin ist auf dem letzten Stück ein kleines Abenteuer (4WD-Fahrer schaffen es zur Not bis hinunter zur Cala Xamena). Zum Anmarsch kommt im Fall der Cala Portixol auch noch eine abschließende Kraxelei. Zur Belohnung für die mehr oder minder große Mühe warten naturbelassene Buchten und total transparentes türkisfarbenes bis dunkelblaues Wasser.

Unproblematisch ist zunächst die Fahrt bis zur Sommerhaus- und Villensiedlung **Isla Blanca** nordwestlich von Sant Miquel: Zunächst folgt man der Straße in Richtung Sant Mateu, hält sich aber an den beiden größeren Abzweigungen, die beide nach Sant Mateu führen, rechts. Ca. 4,5 km nordwestlich von Sant Miquel erreicht man die ersten Häuser dieser Urbanisation. Während die Straße dort eine scharfe Linkskurve beschreibt, hält man sich geradeaus (bislang keine Beschilderung; da man von unten kommt, kann man die an sich breit offene Einfahrt leicht verpassen). Diese streckenweise schlaglochübersäte Straße führt überwiegend an hinter Mauern versteckten Villen vorbei. Nach mehreren Kehren knickt sie nach etwa einem Kilometer auf dem letzten guten Asphaltstück 90° nach links ab (um eine hohe Mauer herum, die die Straße in diesem Bereich für mehrere hundert Meter weiter begleitet). Ab dort geht es ohne 4WD nicht mehr weiter (wenden und parken am besten oberhalb im Schatten der Mauer), sondern über Stock und Stein geradeaus bergab. Vom Tiefpunkt steigt die Straße durch ein Waldstück wieder bergauf, um nach etwa einem weiteren ruinösen Kilometer auf das Ende der asphaltierten Anfahrtstraße zu treffen (offener Platz mit einem zerstörten öffentlichen Pool am Waldrand). Am Tiefpunkt zweigt eine komplett kaputte Straße nach rechts bergab. Zu Fuß oder mit Mountain Bike geht es in Serpentinen hinunter zur **Badebucht *Na Xamena***. Nach etwa 20 min ist man unten.

Von vielen Punkten entlang dieser Route hat man einen wunderbaren Blick über Küste und Meer. Links (westlich) erkennt man in nicht einmal 1000 m Entfernung Luftlinie das *Cap des Rubio*, unterhalb dessen steil ins Meer abfallender Felsflächen sich die **Cala Portixol** verbirgt. Ein schöner, nicht allzu anstrengender Weg führt ab der Straße (hinunter zur Cala Xamena) zu diesem echten Highlight. Startpunkt ist der linke Serpentinenwendepunkt am Ende einer hohen Stützmauer (auf ca. 40% der Strecke nach unten). Ein schmaler Pfad läuft von dort zunächst in Richtung Süden (nach oben), wendet sich nach Überwindung einer Abbruchkante aber nach Westen . Auf ihm passiert man nach ca. 15 min die Ruine einer verlassenen Finca, und bald sieht man das Ziel, eine kleine geschützte Bucht mit einigen Bootshäusern, unter sich. Ein Pfad führt direkt hinunter zum steinigen Strand (an einer steilen Stelle gibt ein Seil etwas Sicherheit). Man kann sich auch zuerst halbrechts halten und auf den schönen durch Eisenoxide rötlich schimmernden Kalkfelsen zulaufen und sich – mit etwas Kraxelei – der nur etwa 50 m breiten Öffnung der Bucht nähern. Dort hat man einen prächtigen Blick auf die kleinen Felsinseln vor der Küste und in die Bucht hinein. Zum Ausgangspunkt zurück geht es auf dem gleichen Weg.

Hoch über der Steilküste und namensgebenden Bucht thront gegenüber das bekannte Luxushotel

Hacienda Na Xamena***
€€€€

☎ 971 334500 (auch Buchung z.B. bei Thomas Cook);
www.relaischateu.com/xamena

Das erste *****Hotel der Insel ist ein architektonisches Kleinod, das man sich gut im Internet anschauen kann. Es bietet u.a. Suiten, deren Jacuzzi im Wohnraum steht – Weitblick übers Meer inklusive. Auch von den Terrassen rund um den Pool hindert nichts die Sicht über die Klippen aufs tiefblaue Wasser. Drei Restaurants servieren mediterrane Gerichte in einem gediegenen Ambiente. Die Zufahrt zum Hotel, eine zwar asphaltierte, aber enge Serpentinenstraße zweigt von der Straße PM 804 nur wenig südlich von Port Sant Miquel ab (ausgeschildert).

2.4.3   Port de Sant Miquel (Puerto de San Miguel)

Man erreicht Port de Sant Miquel via Sant Miquel (4 km) mit dem Bus von Sant Antoni und Eivissa. An der Bucht endet die Straße PM 804. Im Sommer sind Parkplätze in Strandnähe rar.

Port Sant Miquel ist trotz der Bezeichnung kein »Hafen«. Es gibt dort keine Hafenanlagen, nicht einmal einen Anleger, sondern gerade mal ein paar Segel- und Motoryachten, die in der Bucht vor Anker liegen.

Hotels

Mehrere **große Hotelkomplexe** stehen unmittelbar am bzw. hinter dem Strand und östlich am Hang. Vor allem letztere, ↻ unten, tragen kräftig dazu bei, dass Port de Sant Miquel erheblich an natürlichem Charme eingebüßt hat.

Strand

Die Badebucht ist ein felsig eingefasster Ausläufer der größeren Bucht Port Sant Miquel. Am Sandstrand, der im Sommer meist stark belegt ist, gibt es neben der üblichen Infrastruktur Surfschule und Segelbootverleih. Und da die Gewässer um Port Sant

Miquel ideal für Taucher und Schnorchler sind, fehlt auch eine **Tauchschule** nicht: *Escuela de Buceo,* ✆ 971 334539.

Fazit

Für aktive Urlauber, die wandern und mit dem Mietwagen vor allem die Nord- und Nordostküste erkunden wollen, ist *Port Sant Miquel* ein **guter Standort**. Familien mit Kindern sind in Port Sant Miquel ebenfalls gut aufgehoben. Auch wenn es tagsüber voll wird: Mit der Abreise der dort immer anzutreffenden Tagesausflügler am späten Nachmittag gibt sich das, und es kehrt wieder Ruhe ein. Bei Ansprüchen an abendliche Zerstreuungsmöglichkeiten sieht es indessen schlecht aus. »Los« ist dort am Abend nur noch was in den Hotels selbst.

Sehenswertes

Nebenstrand

Wem der Strand zwischen den Hotels zu voll wird, läuft von dessen Westseite auf schmalem Pfad (blaue Pfeile) zur spitz zulaufenden *Cala des Moltons*. Nach wenigen Minuten geht es steil bergab an einen winzigen Strand.

Zur Cala d'en Ferrer

Den westlichen malerischen Abschluss der erweiterten Bucht von Sant Miquel bildet das Felseiland **Punta de sa Ferradura**, das über eine schmale Strandbrücke mit dem »Festland« verbunden ist. Während sich die 4 ha große Insel in Privatbesitz befindet und ein luxuriöses **Millionärsresort** beherbergt, das man mieten kann (über €20.000 pro Tag für bis zu 14 Personen all inclusive mit 20 Köpfen Personal, Yacht, Jeeps etc., ➪ www.villa-ibiza.de), sind die Verbindung zum Land und die dahinter liegende *Cala d'en Ferrer* frei zugänglich und bei Insidern beliebte Ziele.

Die Zufahrt erfolgt zunächst auf der Straße in Richtung Hotel *Na Xamena,* ➪ links, und von ihr auf einen Weg über Stock und Stein wieder hinunter ans Meer. Nur machbar mit 4WD, mit Mountain Bike oder per pedes. Zu Fuß kann man auch vom Strand in Port Sant Miquel an der Küste entlang laufen, ➪ gelben Themenkasten »Zum *Torre del Molar*« (Seite 100).

Tropfsteinhöhle

Oberhalb östlich der Bucht befindet sich die Höhle **Cova de Can Marça**. Dorthin gelangt man über die Zufahrt zu den Hotels *Club Galeon* und *Cartago* (➪ unten), deren Eingangsportale in den obersten Stockwerken liegen. Nach Passieren der Hotels ist es bis zur Höhle nur noch ein kurzes Stück »um die Ecke«:

Cova de Can Marça

✆ 971 334776, täglich 10.30-19.30 Uhr, im Winter 11-17 Uhr

Diese über 100.000 Jahre alte **Tropfsteinhöhle** wurde früher von Schmugglern genutzt. Man kann noch immer die Markierungen sehen, die ihnen im Notfall den Fluchtweg zeigten. Eintritt (€8, Kinder die Hälfte) inklusuve einer *Light* & *Sound Show*.

Führungen finden je nach Besucherandrang alle 30 bzw. 60 Minuten statt. In den Sommermonaten macht es Sinn, den Besuch in die Mittagszeit nach 12 Uhr oder auf den Spätnachmittag nach 17 Uhr zu legen, denn dann sind keine Bustouristen (mehr) da und die Gruppen in der Höhle viel kleiner.

Kurzwanderung zum Torre del Molar

Einen guten Kilometer Luftlinie westlich von Port Sant Miquel steht der alte Wehrturm *Torre del Molar* (16. Jahrhundert) hoch über dem Meer und der *Cala d'en Ferrer*. Wer dorthin laufen möchte, passiert die erwähnte *Cala des Moltons* und folgt weiter den blauen Markierungen bergan, die schon den Einstieg in diesen Weg wiesen. Man trifft bald auf einen Weg, der (nach rechts zu einer Villa führt und) links nach ca. 200 m eine breitere Piste erreicht. Dort merkt man sich für den Rückweg die durch eine Metallsäule markierte Abzweigung. Auf der Piste geht man kurz links bergauf und noch einmal links »um die Ecke«, um sie rechts auf einem Pfad wieder zu verlassen, der direkt auf den *Torre del Molar* zuläuft. Über die schmale Steintreppe im Inneren des Turms kann man hinaufsteigen. Man überblickt die Bucht mit der *Punta de sa Ferradura* unter sich (⟳ umseitig) sowie die Illa Murada im Nordwesten und erkennt weiter östlich die Cala Benirràs. (**Zeitbedarf retour 60 min** ohne größere Pause).

Wer eine Badepause an einer besonders schönen Stelle einlegen möchte, verlässt auf dem Rückweg die breite Piste nicht, sondern wandert weiter nach links bergab. Unten wartet ein kleiner Südstrand unterhalb der im folgenden beschriebenen Halbinsel (400 m ab der Säule), ⟳ Foto.

Weiter zur Cala Benirras   Auch ohne Höhlenbesuch lohnt sich die Auffahrt. Von der **Café-Terrasse** der Höhle hat man einen sagenhaften Blick über die Bucht von Port Sant Miquel und hinüber zur Punta Ferradura. Im übrigen liegt die Höhle an der heute asphaltierten Kurzverbindung zwischen den *Calas de Port Sant Miquel* und *Benirras*.

Restaurant

Speziell, wer Fisch essen möchte, findet mit dem **Restaurant Port Balansat**, ✆ 971 334527, täglich 13-16 Uhr und 19-23 Uhr, ein empfehlenswertes Restaurant am Strand. Spezialität ist dort der ibizenkische Fischeintopf *Guisat de Peix*. Von der Terrasse überblickt man die Bucht. Mittleres Preisniveau.

*Millionärsresort Punta de sa Ferradura;
dahinter die Illa Murada*

Unterkunft

Die den Strand dominierenden großen Hotelanlagen sind:

Club Galeon*/ Hotel Cartago****
✆ 971 334534 / 971 334551 oder 334532,
www.sanmiguelresort.es

(Buchung z.B. auch bei Alltours, Bucher, Schauinsland, 5-vor-fly)

Beide Hotels liegen nebeneinander oberhalb der Bucht auf dessen Ostseite. In Reisekatalogen werden sie als »Hotels in Hanglage mit traumhaften Blick« gepriesen. Und tatsächlich trifft dies von den Restaurant- und Poolterrassen wie von allen Zimmern aus zu. Sie bieten ihren Gästen viele sportliche Betätigungsmöglichkeiten, dazu hauseigene Unterhaltung. In der Hauptsaison sind beide Hotels meist komplett ausgebucht.

Etwas versetzt oberhalb der Bucht im Wald hinter dem Strand (etwa 400 m) liegt das

Aparthotel Esmeralda Mar**
✆ 971 334612, Fax 971 334613 (Buchung z.B. auch bei Bucher, Schauinsland, 5-vor-fly, byebye, JT, LMX, ITS, Phoenix; auch all inclusive)

Es verfügt über 42 Wohneinheiten, **Studios** mit kombiniertem Wohn-/Schlafraum, Klimaanlage, Kitchenette, SAT-TV, Mietsafe, Balkon bzw. Terrasse oder **Apartments** (wie Studios, aber mit separatem Schlafzimmer), Pool, Sonnenterrasse und Bar. Wegen der erhöhten Lage hat man auch von dort noch einen schönen Blick über die Bucht. Britisch dominiert.

Rund 2 km vom Strand entfernt steht abseits der Zufahrt nach Port Sant Miquel auf einer Anhöhe die in ein Landhotel umgestaltete Finca

Villa Can Maríes***
✆ 971 334566, Fax 971 334668;
www.hotelcanmaries.com; ganzjährig geöffnet

Das Haus verfügt über acht individuell und komfortabel eingerichtete Zimmer und Suiten (alle mit Meerblick), einen hübschen Garten, Pool und Sonnenterrasse. Die Tarife variieren je nach Saison, Zimmer und Belegung zwischen €125 und €300. Das Frühstücksbuffet wird zusätzlich berechnet. Ohne gleichzeitige Fahrzeugmiete sollte man die Villa nicht buchen.

Ein guten Kilometer nördlich von Sant Miquel liegt westlich der Straße in ebenfalls erhöhter Position aber doch weit ab vom Meer und damit ohne Blick das

Hotel Rural Cas Pla**
✆ 971 334587
www.caspla-ibiza.com

Dieses Landhotel liegt sehr ruhig. Rund um einen großen Poolgarten stehen dort mehrere mit Liebe zum Detail zu Hotelzimmern und gediegenen Gemeinschaftsräumen umgestaltete Gebäude einer ehemaligen Finca. Das Ganze ist eingebettet in eine üppig grüne Anlage mit vielen schattigen Bäumen, Palmen und Bananenstauden. 16 unterschiedliche Zimmer und Suiten ab €130 bis €220, davon einige etwas dunkel. Sauna, Fitnessraum. Ein fahrbarer Untersatz ist auch hier unerlässlich!

Abstecher zur Cala Benirràs

Lage und Anfahrt

Die Straße hinauf zur Höhle *Cova de Can Marça* windet sich noch 3 km weiter an der Küste entlang in Richtung Cala Benirràs, eine tief ins Land reichende Bucht mit einem vorgelagerten Felsen. Von Süden und Osten aus erreicht man die Bucht auf einer kurvenreichen Stichstraße, die von der PM 811 zwischen Sant Miquel und Sant Joan abzweigt.

Name

Benirràs ist Arabisch und bedeutet »der Platz mit dem Kopf«. Hinter diesem Namen steht eine alte ibizenkische Sage um einen Bauern, dessen Kopf durch einen Blitzschlag zu Stein wurde. Und tatsächlich: Wer bei entsprechenden Lichtverhältnissen (vor allem bei untergehender Sonne) an den Strand geht, kann an der rechten Seite des Felsens eine Gesteinsformation sehen, die einem Kopf mit aufgesetztem Hut ähnlich ist. Esoteriker behaupten, der Felsen vor der *Cala Benirràs* habe Ähnlichkeit mit einem sitzenden Buddha, der ins Meer schaut.

Rustikale Picknicktische teilweise aus Treibholz an der Cala Benirràs direkt beim Strand über den Uferfelsen

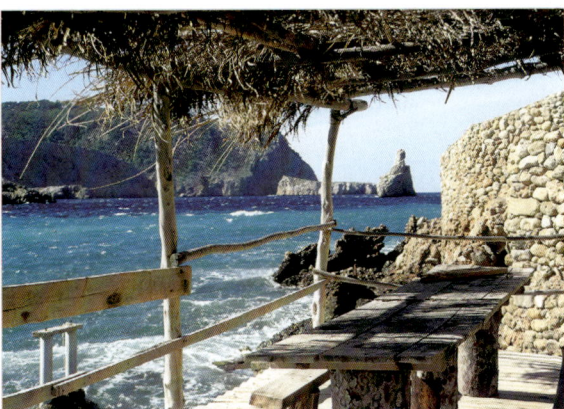

Strand

So oder so ist der **Strand** der Cala Benirràs **einer der schönsten der Insel**, aber wegen der abseitigen Lage und der Abwesenheit großer Hotelanlagen und öffentlichen Transports im allgemeinen nicht überlaufen. An den Flanken der Bucht gibt es ein paar pittoreske Bootsschuppen und Häuschen. Besonders reizvoll ist es an der *Cala Benirràs* am späten Nachmittag, wenn zwar die Sonne noch voll auf dem Strand steht, aber die meisten Besucher schon gegangen sind.

Hippie-trommler

Beliebt ist diese Bucht speziell auch bei jungen Leuten und Hippies; sonntags zum Sonnenuntergang und bei Vollmond finden dort oft **Trommelkonzerte** statt.

Gastronomie

Drei **Restaurants** mit großen Terrassen am bzw. gleich hinter dem Strand machen sich, so scheint es, wenig Konkurrenz. Spanische und italienische Küche. Fischgerichte.

2.4.4   **Portinatx**

Lage und Strände

Lage und Kennzeichnung

Im äußersten Norden der Insel liegt Portinatx. Früher war der Ort ein verschlafenes Hafennest, von dem aus vor allem landwirtschaftliche Produkte aufs spanische Festland verschifft wurden. Mit dem Einzug des Tourismus verlor Portinatx diese Funktion und ist heute einer der attraktivsten unter den kleineren Urlaubsorten Ibizas. Im Sommer sind Deutsch und Englisch dort die vorherrschenden Sprachen. Im Winter dagegen ist Portinatx so gut wie ausgestorben.

Anfahrt und Transport

Man erreicht den Ort über die gut ausgebaute Straße C-733. **Die ersten ca. 5 km** (von insgesamt 7 km bis Portinatx) ab Straßendreieck C-733 und PM 811 in Richtung Sant Joan **sind mit ihrem spektakulären Verlauf von der Höhe in Richtung Meer von keiner anderen Strecke auf Ibiza zu übertreffen.**

Busse

Linienbusse verbinden den Ort mit Eivissa und Santa Eulària. Aber ihre Frequenz ist speziell in der Hauptsaison nicht ausreichend. Dann sind die Busse häufig überfüllt. Bei längerem Aufenthalt in Portinatx ist ein Leihwagen daher fast unverzichtbar.

Region

Die Umgebung von Portinatx ist wunderschön; und kaum eine andere Region Ibizas eignet sich besser als Ausgangspunkt für Küstenwanderungen und kleine Hinterlandausflüge.

Strände

Im Ortsbereich Portinatx gibt es drei flach ins Meer abfallende Strände. Am Südende der Bucht liegen *s'Arenal Petit* und *s'Arenal Gran*. Diese Strände sind vor allem bei Familien mit Kindern beliebt. Zwischen Hauptstraße und Strand liegt ein Badepark mit Rutschen.

Die Straße durch Portinatx endet hinter dem offenen Strand der **Cala Es Port**, einer langen, geschützten Bucht parallel zur Nordküste. Die Nordflanke der Bucht blieb naturbelassen felsig. An der Südflanke befinden sich Bootsanleger und -schuppen sowie mehrere **Fischlokale** mit Terrassen am Wasser, ➪ unten.

Platja S'Arenal Gran im zentralen Ortsbereich von Cala Portinatx, hier in der Nachsaison. Im Sommer ist auch diese Bucht meist knackvoll

Waldbrände: Im Frühsommer 2011 standen weite Teile des Inselnordens tagelang in Flammen. 1.500 ha Wald ausgerechnet in einer der schönsten Inselregionen (*Sa Mala Costa*) zwischen Portinatx, Sant Vicent de sa Cala und Sant Joan de Labritja fielen den Bränden zum Opfer.

Umgebung Von Standpunkten am Meer hinter dem Parkplatz an der *Cala Es Port* sieht man östlich den Leuchtturm **La Guardiola** an der Punta Moscarte. Man erreicht ihn auf einer ca. halbstündigen **Wanderung** entlang der Steilküste, ➩ auch Seite 236. An der Westseite der Bucht kann man bis zur **Punta Marés** wandern. Dort steht der alte Wachtturm **Torre de Portinatx**.

Tauchen &   **Tauchschule:** *Subfari Cala Portinatx,* ✆ 971 333183; Wasser-
Wasserski   skilektionen und -verleih bei **Waterski School** (S'Arenal Gran).

Restaurants

Cala Es Port An der Cala Es Port findet man u.a. das Fischrestaurant **Cas Mallorqui**, ✆ 971 320505, täglich 12-23 Uhr

Dort gibt's Fisch, Meeresfrüchte oder eine *Paella Marisco* zu moderaten Preisen. An Sonn- und Feiertagen sollte man reservieren (auf der Terrasse) reserviert haben. Das Haus verfügt auch über **Gästezimmer** (DZ ab €90), www.casmallorqui.com.

Auch nicht schlecht ist dort das Restaurant **El Puerto**.

Ortsbereich Kaum zu überbieten in seiner Lage an der Hauptbucht unmittelbar am Wasser etwa 100 m nördlich der zentralen Plaza ist das **Jardin del Mar** sowohl draußen wie auch drinnen mit freiem Blick. Reservierung ist dort im allgemeinen nicht nötig. Durchschnittliche Karte, aber auch *British Breakfast* etc. für die Hauptkundschaft zu lokal üblichen Preisen.

Am **Strand s'Arenal Gran** steht das Restaurant **S'Arena**, ✆ 971 320515, täglich 12-16 Uhr und 19-2 Uhr

Spanisch-ibizenkische Küche, Fisch, Meeresfrüchte, Paella. Normale Preise. Schöne Terrasse mit Blick über Strand und Bucht.

Geschützte Bucht Cala Es Port am Ende der Straße durch Portinatx, Ausgangspunkt der Wanderung zum Leuchtturm Sa Guardiola und zur Cala d'en Serra, ➩ Seite 236

Unterkunft

Sa Vinya* €   ✆ 971 320540

Nicht umwerfend, aber günstig. Das Hotel liegt in Strandnähe.

La Cigueña*   ✆ 971 320614

€€   Dieses familiär geführte Hotel direkt am *S'Arenal Petit* hat hübsche Zimmer mit Meerblick; ruhigere Räume liegen nach hinten. Etwas abseits des kleinen Strandes liegt gegenüber das

Grupotel   ✆ 971 320605, Fax 971 320579

Oasis***   (Buchung z.B. auch bei JT, 1-2-fly, 5-vor-fly, Schauinsland, Bucher)

€€   Das Hotel steht unter deutscher Leitung, zieht vor allem deutschsprachige Gäste an. Es besteht aus drei Gebäuden mit jeweils einem Pool (inagesamt 280 Zimmer). Das Hauptgebäude ist über eine Treppe mit dem Strand *S'Arenal Petit* auf kurzem Weg verbunden. Die Zimmer sind passabel, wenn auch etwas teurer als in den beiden vorgenannten Häusern.

Auch in Portinatx darf all-inclusive nicht fehlen:

Club Hotel   ✆ 971 320619 (Buchung z.B. auch bei JT, 5-vor-fly, Bucher, LMX, Jahn,

Portinatx***   Schauinsland, Neckermann)

€€   Dessen ein- und zweistöckigen Gebäude stehen in einem weitläufigen, schön angelegten Garten am Hang. Ein kleiner hoteleigener Strand ist über Treppen zu erreichen. Pool und Tennisplätze, Surf- und Segelunterricht.

Strände der Umgebung

Westlich   Südwestlich Portinatx liegen an oder unweit der Straße C-733

Portinatx   einige weitere schöne Strände, die durch Trampelpfade mit Kletterabschnitten unter der zerklüfteten Küste miteinander verbunden sind. Alle Zufahrten sind an der Straße ausgeschildert.

Die **Cala Xuclà** besitzt einen ca. 25 m breiten Sandstrand zwischen Felsen am Rande eines Pinienwaldes. Kleiner Kiosk. Miserable steile Abfahrt, mit Kleinwagen lieber nicht.

Die **Platja S'Illot d'es Renclí** ist ein nur 20 m langer, vor allem aus Felsen und Kies bestehender Strandabschnitt mit vorgelagerter Insel. Über dem Strand steht ein kleines **Restaurant**.

Die **Cala Xarraca** verfügt über einen etwa 100 m breiten mit steinigen Abschnitten und Felsen durchsetzten Sandstrand mit wunderbaren Tiefwasser-Badestellen. Ein Strandlokal ist dort ebenfalls vorhanden, die Zufahrt etwas mühsam.

Cala   Gute 2 km östlich von Portinatx unter der Landzunge *Punta el*

d'en Serra   *Gost* befindet sich die **Cala d'en Serra** mit einem schönen 40 m breiten Sandstrand und einem kleinen Dünenareal. Per Fahrzeug geht es von Portinatx zunächst in Richtung Sant Joan und nach wenigen hundert Metern links ab (ausgeschildert) auf eine zunächst geteerte, aber auf dem letzten Stück unbefestigte, steile Straße in katastrophalem Zustand, die ohne 4WD nicht befahrbar ist. Der Weg hinunter über weit ausholende Serpentinen ist

per pedes in 10-15 Minuten geschafft, aber vor der Abfahrt ist
danach der schweißtreibende Aufstieg zu bewerkstelligen (20-
30 Minuten). Doch der Abstecher lohnt sich. Die
hufeisenförmige Bucht mit pittoresk aus dem Wasser ragenden
Felsen wird beidseitig von bewaldeten Abhängen begrenzt und
ist ein ideales Revier für Schnorchler. An einem Kiosk kann
man Liegen und Sonnenschirme mieten.

Eine Besonderheit ist hier die Ruine eines nie zu Ende gebauten
Hotels. Die große Struktur steht im Hintergrund, ist schon teil-
weise zugewachsen und stört die Strandbesucher wenig, ⇨ Foto
Seite 195.

Weiter nach   Die direkte Verbindung Portinatx-Sant Joan ist eine weniger
Sant Joan   frequentierte, im Verlauf aber landschaftlich sehr attraktive
                    Straße durchs Gebirge mit zahlreichen Serpentinenabschnitten.

*An der Cala
Xarraca,
⇨ Seite 105*

2.4.5 — Sant Joan de Labritja (San Juan Bautista)

Lage/Kenn-   Sant Joan de Labritja an der Straße PM 811, etwa 1 km östlich
zeichnung   der C-733, ist das wirtschaftliche Zentrum des nördlichen Lan-
                   desinneren und Sitz der Verwaltung des gleichnamigen Bezirks.
                   Der Ort avancierte in den 1960er-/70er-Jahren ähnlich wie Sant
                   Carles (⇨ Seite 90) zu einer Hochburg der Hippiebewegung. In
                   Sant Joan und Umgebung ließen sich viele der Blumenkinder
                   auf Dauer nieder.

                   Bis heute gibt es eine aktive Hippiegemeinschaft, und es finden
                   Treffen, Konzerte und Vorträge statt. Auch wer sich für **Esoterik**
                   und **New Age** interessiert, ist hier richtig.

Anfahrt/   Man erreicht Sant Joan mit dem **Bus** von Eivissa, Portinatx und
Kirche   Cala Sant Vicent. Autofahrer finden hinter der ***Església de Sant***
                   Joan am östlichen Dorfende einen Parkplatz. Sie ist zwar keine

typische Wehr-
kirche, diente
dennoch als Zu-
fluchtsort vor Pi-
raten. Wer das In-
nenleben der Kir-
che besichtigen
möchte, erhält
den Schlüssel in
der Bar **Bar Vista
Alegre** schräg
gegenüber an der
Plaça d'Espanya,
✆ 971 333008.

*Església
de Sant Joan*

Zentrale Bar

Diese Bar ist
Treffpunkt aller
Einheimischen,
vom Hippie bis
zum Pfarrer. Zu
essen gibt's einfa-
che ibizenkische
Speisen, darunter
die hier populäre
Gemüsesuppe
(*sopa de verdu-
ras*).

**Plaça
d'Espanya**

Die kleine Plaça d'Espanya markiert das Zentrum des Ortes mit
einer Handvoll Kunsthandwerks- und Modegeschäften, einem
Café und dem beliebten, wenn auch einfachen **Restaurant San
Juan**, wo es neben *Tapas* und *Bocadillos* auch ein – täglich wechselndes – ordentliches Mottagsmenü gibt:

✆ 971 333141, täglich 10-24 Uhr

Öko Café

Am westlichen Ortsein-/ausgang sitzt man indessen hübscher
als im Zentrum – und vor allem nicht auf Plastikstapelstühlen –
im grünen Garten der **Minibar Sabores Naturales**. Auf der Karte
stehen dort Fruchtsäfte und gesunde Snacks.

**Estanco de
Sant Joan**

Ob für Zigaretten oder ein schnelles Bier oder einen Hierbas, der
Estanco Sant Joan an der Plaça d'Espanya ist ein typisch spanischer Dorfkiosk.

Unterkunft

Sant Joan hat nur eine Unterkunft, das **Can Pla Roig**, an der
Hauptstraße neben der Sa Nostra-Bankfiliale: ✆ 971 333012:

**Can Pla
Roig* €**

Bei ihr handelt es sich um eine einfache, preisgünstige Pension
im Zentrum. Dort fühlt sich wohl, wer die Qualität der Unterbringung nicht so wichtig findet, eher aber die Atmosphäre des
Ortes. Beliebt bei jungen Leuten.

**Finca
C'an Marti**

In der Nähe von Sant Joan liegt das **Agroturismo-Hotel** *C'an
Marti*, ⇨ Seite 166.

Restaurants an der C-733

Entlang der Straße C-733 findet man zwischen den Abzweigungen der Straßen PM-812 (nach Santa Eulària) und PM-811 (nach San Joan) eine ganze Reihe empfehlenswerter Lokale. Reihenfolge der Beschreibung in Süd-Nord-Richtung:

Es Caliu   bei Kilometer 10,8; ✆ 971 325075

Rustikales, einem Bauernhof – mit Windmühle – nachempfundenes Anwesen. Im eigenen Holzbackofen werden einheimische Gerichte zubereitet. Besonders gut sind hier die Fleischspieße namens *Pinchitos,* das gegrillte Kaninchen und das legendäre *Entrecote* (Steak des Zwischenrippenstücks oder der Hochrippe).

Ein Treffpunkt für Nachtschwärmer ist das

aura   bei Kilometer 13,5; ✆ 971 325356, www.auraibiza.com

In der **aura** sitzt man auf Kissen auf dem Boden und genießt Cocktails und mediterrane Kost in Lounge-Atmosphäre.

Ein Uriges Ausflugslokal mit schattiger Terrasse ist das

Es Pins   bei Kilometer 14,8; ✆ 971 325034,
Do-Di 7-16 Uhr und 20-23.30 Uhr

Hier isst man vor allem *Sofrit Pagès* und andere ibizenkische Gerichte und genießt **das beste** *Alioli* **der Insel**. Sonntags fürs lange Mittagessen ist das *Es Pins* bei Einheimischen beliebt, nur dann eine Reservierung angezeigt. Moderate Preise.

Eine Bauernstube mit ein paar Tischen draußen ist das

Juanito   bei Kilometer 15, täglich 7-16 Uhr und 20-23.30 Uhr

Dort gibt es ein vorzügliches *cordero al horno* (Lamm aus dem Ofen). Die Preise sind vergleichsweise moderat.

Ca'na Pepeta   bei Kilometer 15,4; ✆ 971 325023,
täglich 7-16 Uhr und 20-23.30 Uhr

In diesem simplen Landgasthof serviert man als Spezialtät Lammkoteletts und **Pollo Pagès** (Hähnchen auf Bauernart). Gemütliche, originell eingerichteten Bauernstube und schattige (zu laute) Terrasse an der Straße. Mittleres Preisniveau.

Balàfia   ebenfalls bei Kilometer 15,4
etwas abseits der Straße;
✆ 971 325019, Sa-Do 20-24 Uhr,

Schlichtes Lokal mit schattiger Gartenterrasse. Grillgerichte.

Ses Arcades   bei Kilometer 19; ✆ 971 333002.

Etwa 3 km von Sant Joan entfernt treffen sich hier mittags die *Ibizenkos* zum preiswerten Menü. Das Essen ist einfach, aber gut. *Ses Arcades* ist zugleich **Hostal** mit Zimmern um die €50.

2.4.6   Sant Llorenç de Balàfia (San Lorenzo)

**Lage
und Kenn-
zeichnung**

Sant Llorenç de Balàfia, eines der kleinsten Dörfer der Insel, liegt in einem weiten Tal etwa 7 km südlich von Sant Joan und 1 km westlich der Straße C-733 inmitten einer landwirtschaftlich intensiv genutzten Region. Auf den Wegen rund ums Dorf sind Spaziergängen durch Oliven- und Orangenhaine sowie – im Frühjahr – blühende Gärten möglich. Von der Kirche aus hat man einen schönen Blick über die Inselmitte.

*Picknickplatz
Pere Mossón
gleich hinter
Sant Llorenc
auf einer
bewaldeten
Anhöhe mit
Kinderspiel-
platz, Wasser
und WC*

**Festungs-
türme**

Das Dorf ist vor allem wegen der **Befestigungsanlage *Balàfia*** bekannt: Von der Kirche führt ein etwa 1,5 km langer Weg (auch mit Auto befahrbar) zu drei massiven Türmen eines alten Wehrdorfs (16. Jahrhundert). Da sie auf Privatbesitz stehen, kommt man indessen nicht unmittelbar an sie heran.

**Picknick-
& Spielplatz**

Hinter dem Kirchenkomplex erstreckt sich das parkartig gestaltete Hügelgelände der ***Finca Can Pere Mossón*** voller Picknicktische mit Grillrosten, Wanderpfaden mit Aussichtspunkten und großem **Spielplatz für Kinder**. Sogar mit Wasser und WC.

Gastronomie

Gegenüber der Kirche steht am Ende einer kurzen Zufahrtstraße das ***Restaurant La Paloma***, ✆ 971 325543, mit einer sehr schönen Gartenterrasse. Rustikale ibizenische Kost.

2.4.7   Cala de Sant Vicent

Anfahrt

**Dorf
und Cala**

Von Sant Joan nach Cala Sant Vicent im äußersten Nordosten der Insel sind es ca. 10 km auf kurvenreicher wunderschöner Route durch die Berge der Serra Grossa (Straße PM-811). Nach rund 6 km passiert die Straße das Dorf Sant Vicent und erreicht

Wehrtürme und Wehrkirchen

Nachdem Formentera durch eine Pestepidemie in der zweiten Hälfte des 14. Jahrhunderts vollständig entvölkert worden war, nutzten türkische Piraten die Insel als Stützpunkt, um von dort Ibiza und Mallorca zu überfallen. Zum Schutz vor diesen Angriffen errichtete man Verteidigungs- und Beobachtungsanlagen. Vor allem die **Wehrtürme** (*atalaias/talayas*) sind steinerne Zeugen dieser Zeit, so die gut erhaltenen *Torre de Portinatx*, *Torre d'en Valls* bei Pou des Lléo, *Torre de la Sal Rossa* am Ende der *Platja d'en Bossa* und *Torre de ses Portes* an der Südostspitze Ibizas. Bei Sant Llorenç befinden sich die Reste der Verteidigungsanlage *Balàfia* mit mehreren Wehrtürmen.

Außerdem baute man **Wehrkirchen**, die oft der gesamten Dorfbevölkerung Schutz geben mussten. Typische Kirchen dieser Art stehen in Sant Miquel und in Sant Carles. Einige Wehrkirchen wurden auf den Fundamenten einstiger arabischer Moscheen errichtet, so die sehenswerte *Església de Puig de Missa* in Santa Eulària und die Wehrkirche von Sant Antoni Abat.

das Tal des *Torrent de Sa Cala*. In nun ebenem Verlauf führt sie zum kaum als solchen identifizierbaren Dorf Cala Sant Vicent mit nur wenigen Häusern und einer Kirche aus dem 19. Jahrhundert an der Einmündung der Straße PM 810 von Sant Carles bzw. Santa Eulària und weiter zur gleichnamigen Bucht.

Abstecher   Von Sant Vicent 4 km landeinwärts läuft eine enge Serpentinenstraße (ca. 4 km) nach Norden zur Bucht **Port de ses Caletes** unterhalb der Cala d'en Serra (⇨ Seite 105). Am idyllischen, nur 40 m breiten Kieselstrand gibt es nichts außer Bootsschuppen. Der Küste pittoresk vorgelagert sind einige Felseilande.

Kennzeichnung

Lage und Situation   Die von bewaldeten Steilküsten flankierte Cala Sant Vicent hat über die volle Breite der Bucht einen 400 m langen und recht tiefen Sandstrand mit den üblichen Wassersportangeboten. Dahinter stehen dicht nebeneinander einige große Hotelkomplexe, keine Zierde der Landschaft, aber komfortabel und mit Zimmern, von deren Terrassen bzw. Balkons man mehrheitlich über die Bucht blickt. Zwischen Hotels und Strand verläuft eine palmengesäumte Promenade, gleich dahinter liegen die Hotelpools. Alles macht einen gepflegten, fast schon sterilen Eindruck und ist im allgemeinen nicht überlaufen. Da die Zufahrt zu den Hotels an deren Rückseiten verläuft (Straße zur *Punta Grossa*, der Nordostspitze Ibizas, ⇨ unten) gibt es hier zwischen

Hotels und Strand keinen Verkehr, was zur Attraktivität der Cala San Vicent erheblich beiträgt und sie besonders bei Familien mit Kindern beliebt macht. Abends ist kaum noch etwas los, sieht man ab von hoteleigenen Programmangeboten. Vom Nachtleben in Eivissa oder Sant Antoni sind Urlauber hier weiter entfernt als in irgendeinem anderen Ort Ibizas.

Beurteilung   Cala de Sant Vicent eignet sich – ähnlich wie Port Sant Miquel – aber durchaus nicht nur für Familien, sondern auch für alle, die den Norden und Osten erkunden und/oder auch mal wandern wollen und ein Standquartier am Strand bevorzugen.

Transport, Gastronomie und Unterkunft

Transport   Ein **Bus** verbindet Cala Sant Vicent zwar mehrmals am Tag mit Santa Eulària/Eivissa via Sant Carles, aber für andere Strecken und individuellere Routen benötigt man ein Mietfahrzeug.

Gastronomie   Das gastronomische Angebot ausserhalb der Hotels ist begrenzt:

On the Beach am südlichen Ende des Strandes ist ein einfaches Strandlokal mit kleinen Mahlzeiten für den Hunger zwischendurch; ℐ 971 320115, täglich 10-23 Uhr.

Am nördlichen Ende der Promenade steht das **Restaurant Can Gat**, ℐ 971 320123, ein häufig gelobtes Fisch- und Paellalokal der mittleren Preisklasse.

Hotels   Empfehlenswerte Unterkünfte in Cala San Vincent sind die

Grupotels Cala Sant Vicent**** **und Imperio Playa*****
ℐ 971 333055, im Winter geschlossen
(Pauschalbuchung Cala Sant Vicent bei TUI, Imperio bei Schauinsland)

Diese beiden großen Hotelkomplexe liegen nebeneinander. Das komfortablere und insgesamt vorzuziehende *Cala Sant Vicent* hat fast ausschließlich Zimmer mit Terrassen zur Bucht hin.

In beiden Häusern liegen die Poolgärten unmittelbar an der Promenade und damit nur wenige Schritte von Strand und Meer entfernt. Dazu gibt es eine Tauchschule, Tennisplätze, Spielgeräte für Kinder, Babysitter-Service. In beiden Fällen sollte man unbedingt nur meerseitige Zimmer buchen.

Umgebung

Punta Grossa

Hinter den Hotels führt die Straße scharf rechts steil den Berg hinauf durch ein Villenviertel zum nordöstlichsten Punkt der Insel (Achtung: nicht versehentlich nach links abbiegen. Diese Auffahrt endet an einer von deutschsprachigen Veranstaltern nicht angebotenen großen Clubanlage hoch über der Küste).

Die **Punta Grossa** liegt 174 m über dem Meer. Vom Parkplatz am höchsten Punkt der Straße führt ein rauer Kammlinienpfad zu Aussichtspunkten. Man hat von dort weite atemberaubende Ausblicke auf die Steilküsten dieser Ecke und – in einigen Kilometern Entfernung – die vorgelagerte Insel Tagomago. Den kleinen Abstecher (30 min alles in allem) dorthin sollte man trotz der etwas mühsamen Auffahrt auf keinen Fall auslassen.

Cova Culleram

Ein wenig landeinwärts in Richtung Sant Joan passiert man einen kleinen Parkplatz. Von dort führt ein Fußpfad bis zum Eingang der **Höhle Cova Culleram** (ca. 20 min). An der nächsten Abzweigung steht ein Hinweisschild, dem auch Autofahrer rund 1 km auf rauer werdender Straße bergauf folgen können. Auf einem – für die ersten ca. 100 m betonierten – schmalen Fahrweg geht es nach rechts, so weit man sich – je nach Fahrzeug – traut. Der Weg ist markiert und per pedes in 10-20 min zu schaffen. Zunächst geht es langsam weiter bergauf und ab einer Wegerweiterung auf einem Treppenpfad steil bergab.

Die Göttin Tanit

Die wichtigste **Gottheit** der Karthager auf Ibiza war die Göttin *Tanit* (⇨ Seite 94). Sie verkörperte die Liebe und die Fruchtbarkeit, aber auch Zerstörung und Tod. Symbole der *Tanit* waren die erhobene, segnende rechte Hand sowie der Merkurstab als Zeichen der Lebensenergie. Beide sieht man heute noch manchmal auf Felsen oder an Häusern. Die Göttin erlebte in der Hippie-Ära ein wahres *Revival*. In der Höhle *Es Culleram* finden sich viele Hinweise, dass der *Tanit* dort immer noch gehuldigt wird.

Büste der phönizischen Göttin Tanit

Opferstätte

In der Höhle wurden 1907 die Reste einer phönizischen Opferstätte gefunden. Von hier stammen die Terrakottafiguren der Fruchtbarkeitsgöttin **Tanit**, die heute im *Museu Monográfico del Puig des Molins* in Eivissa zu besichtigen sind. Archäologen vermuten, dass in *Es Culleram* Tieropfer gebracht wurden.

Seit den 1970er-Jahren dient die Höhle als Treffpunkt für spirituelle Feste und Rituale. Die Höhle kann (theoretisch) Di-Sa 9.30-13.30 Uhr – auf eigene Gefahr – betreten werden. Oft findet man sie auch dann verschlossen. Im rund 100 m² großen, bis 5 m hohen »Saal« der Höhle steht eine Art Altar.

2.4.8   Strände im Nordosten

**PM-810/
s'Aigua
Blanca**

Von Cala Sant Vicent läuft die PM-810 zunächst als Küstenstraße kurvenreich in Richtung Süden. Von vielen Punkten der hoch liegenden Strecke hat man einen schönen Blick auf die Bucht und das Meer. Nachdem sich die Straße landeinwärts gewandt hat, zweigt die Zufahrt zum Strand von *s'Aigua Blanca* nach Osten ab (gut 3 km südlich von Cala Sant Vicent).

Platja de s'Aigua Blanca

Parken

Ein Problem ist dort das Parken entlang der letzten paar hundert Meter der steilen und schmalen Zufahrt (von der Straße nach links). Besser man parkt schon vorher und läuft 100-200 m mehr bis zum Strand. Denn weiter unten herrscht oft das Chaos. Wer ein strandnahes Plätzchen gefunden hat, läuft bei viel Betrieb Gefahr, zugeparkt zu werden.

Die Felssäule Es Paller des Camp markiert das Ende der sich hier nach links erstreckenden Platja s'Aigua Blanca. Dahinter beginnt die Platja d'es Figueral. Im Hintergrund sieht man die Landzunge und Höhe Punta Grossa nördlich von Cala de Sant Vicent

FKK

Neben der *Platja d'es Cavallet* (↪ Seite 156) ist *s'Aigua Blanca* der zweite offizielle Nacktbadebereich auf Ibiza. An diesem etwa 300 m langen Küstenabschnitt unter einer Steilküste gibt es mehrere kleine Einbuchtungen mit kleinen Sandflächen, von denen man einige nur bei Ebbe trockenen Fußes erreicht. Der Strand fällt zum Meer generell flach ab, aber hier und da erschweren Steine und Felsbrocken im seichten Wasser den Einstieg. Der Küste vorgelagert sind zwei Felsen in Schwimmentfernung, die geschickte Kletterer leicht erklimmen.

Schattenküste

S'Aigua Blanca bietet genug Platz für alle auch noch an relativ stark frequentierten Tagen. Im heißen Sommer wird hier als angenehm empfunden, dass die Steilküste am Nachmittag lange Schatten wirft; im Frühjahr und Herbst wird die Sonne dadurch für viele schon etwas zu früh abgeblockt.

Heilerde

Am nördlichen Ende der Strandzone gibt es unterhalb der Felsen eine spezielle dunkelrote Erde, mit der sich viele Besucher wegen der ihr zugeschriebenen kosmetischen Wirkung einreiben.

Gastronomie

Im nördlich-zentralen Teil wartet die Cafeteria **Cima el Mar** u.a. mit frittierten Sardinen und guten Salaten.

Im südlichen Bereich serviert das **El Chiringuito** Bocadillos.

Unterkunft
Hostal
Sa Plana*

Über dem südlichen Strandende liegt das kleine, preisgünstige

✆ 971 335073, www.ibiza-hotels.com/saplana

Dies ist zwar ein Haus der Einfachkategorie, besitzt aber den Vorzug absoluter Ruhe in unmittelbarer Nähe eines der schönsten Strände der Insel. Im Sommer und ohne sonderliche Ansprüche ans Quartier ein preislicher »Knüller«. 30 ordentliche Zimmer, manche mit Balkon. Pool und Sonnenterrasse.

Zur Platja d'es Figueral

Am Südende von *S'Aigua Blanca* steht die Felssäule **Es Paller des Camp** (↪ Foto Seite 113). Dahinter beginnt die **Platja d'es Figueral**, ein langgezogener Sandstrand unter der Steilküste, weitere Details zu diesem Strand ↪ Seite 92.

Verbindung
S'Aigua
Blanca
mit Es
Figueral

So kurz der Fußweg dorthin am Strand entlang und per Kletterpartie über ein paar Felsen beim *Es Paller* ist, so weit müssen Autofahrer auf der asphaltierten Straße fahren. Statt ihr weit ins Landesinnere und wieder zurück zur Küste zu folgen, kann man auch den miserablen Fahrweg oberhalb der Steilküste nehmen (er ist nicht beschildert, aber leicht zu identifizieren), der beide Bereiche verbindet. Dieser gute Kilometer dürfte allerdings mit normalen Pkw, speziell mit tief liegendem Kleinwagen nicht jedermann's Sache sein; sein Nutzung verstößt – strenggenommen – auch gegen die Vertragsbedingungen der Automiete.

Auf der hinteren Stranderweiterung steht das **Hostal Es Alocs** (mehr dazu ↪ Seite 92) mit einer von ausladenden Bäumen beschatteten schönen **Restaurantterrasse**.

2.5 Sant Antoni und der Nordwesten

Dörfer und Landwirtschaft

Wer den Nordwesten Ibizas besucht, könnte stellenweise glauben, in eine andere Zeit versetzt worden zu sein. Diese Region lebt noch heute stark von der Landwirtschaft. Und tatsächlich prägen in den kleinen Dörfern wie Santa Agnès, Sant Mateu oder Santa Gertrudis Bauern und »echte« Ibizenkos das Bild.

Der Nordwesten

N
0   2 km

Cala Benirràs
Torre del Mular
Cala Portixol
Na Xamena
Cova de Can Marca
Cap des Rubió
Cap des Mossons
Cala Xamena
Port de Sant Miquel
Cala s'Aubarca
Illa Blanca
Cala Davall els Als
Punta de ses Torretes
Serra d'en Fornou
Camp Vell
Cala d'es Sardinar
Sa Cova 339 m
Sant Miquel de Balansat
Ses Margalides
Santa Agnès de Corona
Sant Mateu d'Aubarca
Punta Roja
Cap Nunó
Cova de ses Fontanelles
Sa Serra 255 m
For Nou 347 m
PM-812
PM-8121
PM-8041
Cala Salada
Joanot 276 m
PM-804
Ca'n Germà
Ca'n Cucons
Cap Negret
Cala Gracio
Santa Gertrudis de Fruitera
Cala d'es Moro
St. Antoni de Portmany
Bahía de Sant Antoni
Platja s'Arenal
Autobahn
Cala de Bou
PM-8121
PM-8122
Ca'n Sort
C-731
PM-803
Beniferri 292 m
Sant Rafel de sa Creu
Sant Agustí des Vedrà
C-733
St. Josep de sa Talaia
Pez 400 m
Serra de sa Murta
Puig d'en Valls
Jesús
Puig Gros 415 m
Serra Grossa
Eivissa
PM-8031
Es Cubells   Eivissa

**Hügel und
Buchten**

Auf der rötlichen Lehmerde wachsen Obst- und Mandelbäume, vor allem im Bereich der Dörfer Sant Mateu und Santa Agnés der ibizenkische Wein. In der nur dünn besiedelten Hügellandschaft gibt es noch ausgedehnte Waldflächen und unter der Steilküste einige traumhaft schöne, völlig einsame Buchten. Kurz: Der Nordwesten zeigt ein Stück Ibiza, wie es in weiten Teilen der Insel schon in Vergessenheit geraten ist.

Sant Antoni

Ganz anders präsentiert sich indessen der Zentralort der Region, Sant Antoni de Portmany, drittgrößte Stadt der Insel nach Santa Eulària. Sant Antoni ist mit Eivissa durch die **C-731** verbunden (16 km), eine seit langem **vierspurige Straße**, die unter Protest der Umweltschützer und Anwohner zu einer eigenartigen durch Verkehrskreisel fragmentierten **Autobahn** mit durchgehend 80 km/h Geschwindigkeitsbegrenzung ausgebaut wurde (normale Landstraße 90 km/h).

Steile und einsame Küstenstriche kennzeichnen den Nordwesten Ibizas, hier oberhalb des Cap Negret

2.5.1 — Sant Antoni de Portmany (San Antonio Abad)

Kennzeichnung

Touristen-zentrum

Sant Antoni war einmal ein kleines Fischerdorf an der gleichnamigen Bucht. Bereits in den 1930er-Jahren wurden dort die ersten Hotels errichtet, und Sant Antoni entwickelte sich – nach den Strandbereichen südlich von Eivissa – langsam zum zweiten Touristenzentrum der Insel. Was eigentlich erstaunlich ist, denn es gibt in Ortsnähe nur einen einzigen »echten«, dazu winzigen Strand in der *Cala des Moró*, ⇨ Seite 118. Die *Playa S'Arenal* an der Ostseite der Bucht wurde später aufgespült.

Ortskern

Vor allem in den 1970er-Jahren lief die **Stadtentwicklung** ziemlich aus dem Ruder mit dem Ergebnis, dass die Silhouette von Sant Antoni und der gegenüberliegenden Hotelvororte an der Südflanke der Bucht bis heute durch unattraktive Hochbauten und Betonklötze in Kastenform geprägt ist. Die Straßen des Ortes sind eng bebaut und überwiegend dicht besetzt mit Restaurants, Kneipen und Shops für eine in Deutschland als »Ballermann-Tourismus« gekennzeichnete Nachfrage, hier jedoch eher orientiert an britischen Bedürfnissen und Gewohnheiten.

Sommer-probleme

In keinem anderen Ort Ibizas gibt es so viele Drogendelikte, Schlägereien und Randale von Alkoholisierten wie hier dank zahlreicher – vor allem jugendlicher – Feiertouristen aus Großbritannien, die ab Mitte Juni mehrheitlich Sant Antoni bevölkern bei durchaus nennenswerter Beteiligung skandinavischer wie deutschsprachiger Mitstreiter. Dies gilt indessen nur im Sommer bis Mitte September; davor und später und erst recht im Winter herrscht provinzielle Ruhe.

Zentral-bereich

Die **Innenstadt** Sant Antonis erstreckt sich über einige Blocks zwischen der Achse Rathaus/Kirche *Sant Antoni* und der Avinguda Isidor Macabich einerseits und dem breiten Hafenboulevard und der Carrer Antoni Riquer andererseits. Das lärmige **Nachtleben** spielt sich im sog. *Westend* in der Carrer Bartomeu Vicent Ramón, in der Carrer Mar und in der Carrer Vara de Rey ab, aber auch in der **Avinguda Dr. Fleming** entlang der Ostseite der Bucht (Straße in Richtung Sant Josep).

Hafen-promenade Nordwest-ausbau

Eine Oase der Ruhe war früher das bei den Kennern der ibizenkischen Musikszene schon Kultstatus besitzende *Café del Mar* am westlichen Ende des Hafenbereichs auf Klippen am Meer. Damit ist es seit 2007 vorbei. Die **Hafenpromenade** wurde entlang der Küste nach Nordwesten **bis zur *Cala des Moró* um fast 2 km verlängert**. Eine ganze Reihe von Lokalen bietet nun Platz in der ersten Reihe für den Drink zur täglichen »Sonnenuntergangsshow« und davor sogar Gratistribünen, ⇨ Seite 127.

Promenade um die Bucht

Schon vor Jahren war die **Promenade rund um die Bucht** nach Süden und dort nach Westen ausgebaut worden. Sie läuft – vorbei am künstlichen *Playa S'Arenal* – kilometerlang zwischen

**Südseite
der Bucht**

Stränden und Hotels bis zur *Punta Xinxó*. Denn auf der Südseite
steht mittlerweile **der größte Teil der von Veranstaltern angebotenen Unterkünfte.** Boote verbinden die »Hotelvororte« mit
dem zentralen Sant Antoni von morgens bis abends in einer Art
Linienverkehr (nur im Sommer).

Fazit

Viel bzw. zuviel Betrieb ist in Sant Antoni nur in der Zeit von
Juni bis einschließlich September. Aber auch in der Vor- und
Nachsaison wird der Ort nicht schöner, und die Strände sind
nicht näher. Wer im Sommer freiwillig und in Kenntnis der
Situation Ferien in Sant Antoni bucht, sucht vor allem »Halli-
galli«. Urlauber mit anderen Vorstellungen dürften aber auch
außerhalb der Hauptsaison mit der Wahl Sant Antonis meist
nicht glücklich sein, sieht man von ausgewählten Häusern ab.

*Tribünen
an der
Nordwest-
promenade
unterhalb der
Gastronomie-
terrassen zur
Beobachtung
des Sonnen-
untergangs*

Strände in und bei Sant Antoni

Strände in Ortsnähe

**Cala
d'es Moró**

In Ortsbereich von Sant Antoni gibt es nur einen einzigen kleinen Strandzipfel von ca. 20 m Breite in der ***Cala des Moró***. Wer
auf dem Sand keinen Platz findet, sonnt sich auf Holzterrassen
dahinter. Diesen quasi »Hausstrand« der Stadt erreicht man zu
Fuß auf der Nordwestpromenade oder aber etwas direkter und
auch mit Fahrzeug z.B. über die Avinguda Isidor Macabich und
ab der Plaça Aragó nach links (C. Lope de Vega). In Verlängerung
der Promenade führt ein Fußweg entlang der Küstenklippen bis
zum **Naturaquarium** beim Cap Blanc (ca. 1 km), ⟿ Seite 125.

Nordstrände

Kleine, sogar **romantische Strandbuchten** findet man nördlich
von Sant Antoni. Sie werden ab Seite 122 beschrieben.

Für die Mehrheit der Urlauber sind die Strände am Ost- und Südufer der Bahia de Sant Antoni wichtiger:

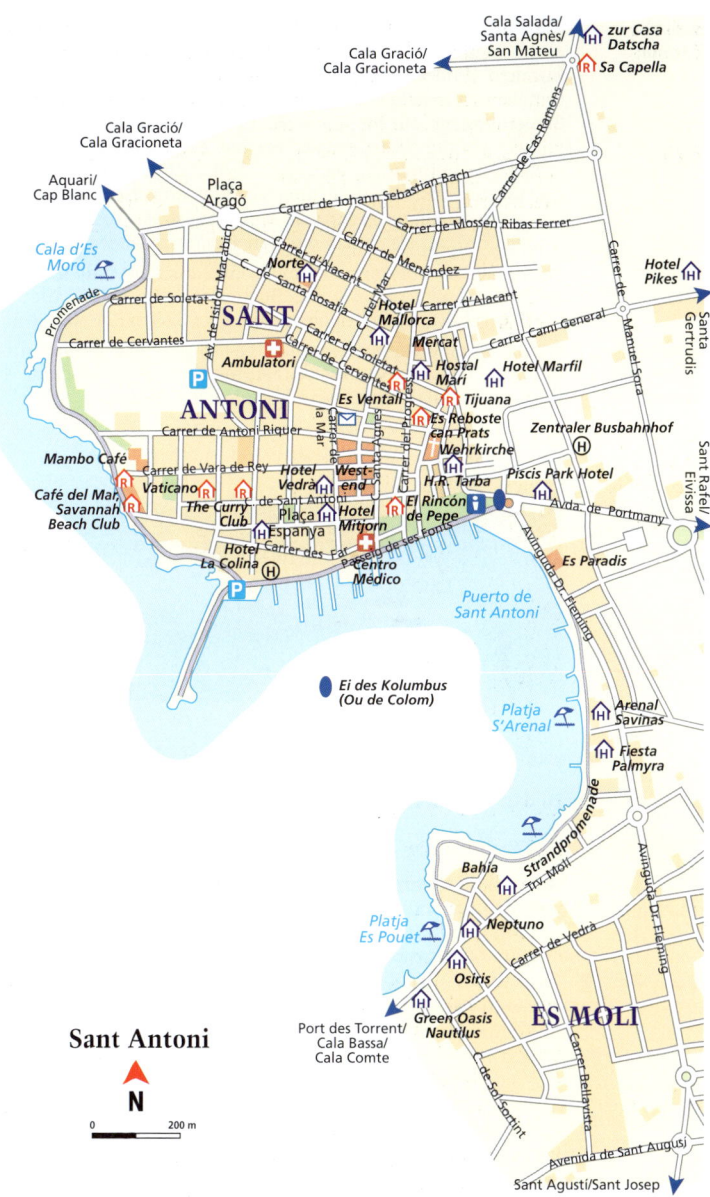

Sant Antoni

N

0   200 m

Platja S'Arenal

Zunächst ist da als längster die künstliche *Platja s'Arenal*, die gleich südlich des Hafens unterhalb des zentralen Kreisverkehrs mit dem »Ei des Columbus« beginnt. Daran schließen sich die Strände von S'Estanyol bis zur *Punta Xinxó* unter wechselnden Bezeichnungen an. Sie alle sind durch die streckenweise palmenverschönte Strandpromenade um die Bucht miteinander verbunden, hellsandig, breit und – dank Aufspülung – auf Teilabschnitten recht großflächig. Die **Wasserqualität** an ihnen, also in der inneren Bucht von Sant Antoni, ist in dieser Ecke weniger brillant als an den meisten anderen Stränden der Insel.

Südweststrand

Außerhalb der »Promenadenreichweite« liegt die *Caló de s'Oli* an der hier schon erweiterten Bucht von Sant Antoni. Sie ist nicht zugebaut, ihr Strand dennoch in der Saison ziemlich voll.

Segeln, Surfen und Tauchen

An den Strandbrennpunkten findet man Segel-, Tauch- und Surfschulen. Der *Club Nautico Sant Antoni* am Passeig Maritim, ℂ 971 340645, bietet Segel- und Surfkurse für Kinder.

Die Cala Bassa liegt an der Bucht von Sant Antoni schräg gegenüber der Stadt

Zu den Calas d'es Torrent, Bassa und Comte

Bevorzugte Lagen

Viele, vor allem jüngere Urlauber ziehen den »sterilen« Stränden vor den Hotels die nur wenige Kilometer von Sant Antoni entfernten Strände der *Calas Bassa* und *Comte* am westlichen Ende der Bucht von Sant Antoni vor. Sie gehören zu den letzten nicht von Hotelanlagen oder Sommerhäusern besetzten Refugien der Westküste.

Transport

Zu beiden verkehren in der Saison 9-18 Uhr im Stundentakt **Busse** ab Sant Antoni, ebenfalls **Boote**, Hinfahrt 10-15 Uhr, Rückfahrt 11-17 Uhr. Nicht zuletzt dank dieser guten Verbindungen ist es dort in der Saison immer ziemlich voll.

Probleme

Erst nach 17 Uhr, wenn das Gros der Tagesbesucher gegangen ist, wird es ruhiger, wobei die *Cala Comte* noch bis zu den letzten Strahlen in der Sonne liegt. Dagegen genießt man die *Cala Bassa* mit ihrer nordöstlichen Ausrichtung besser am Vormittag, wenn das Gros der Besucher noch nicht angerollt ist.

Prinzipiell gibt es an beiden Buchten viel Platz zum **Parken**, dennoch reicht die Kapazität an vielen Tagen nicht aus mit der Folge chaotischer Parkverhältnisse speziell an der *Cala Bassa*.

Port/Cala d'es Torrent
Auf individueller Fahrt per Bike oder Auto von Sant Antoni zu den Stränden im Südwesten der Bucht passiert man als quasi letzten westlichen Vorort **Port d'es Torrent**, wo ebenfalls noch einige der unter Sant Antoni geführten, aber hier nicht empfohlenen Hotels stehen. Die *Cala d'es Torrent*, eine an sich schöne Bucht mit Sandstrand, ist ziemlich zugebaut. Wer sich fürs Tauchen interessiert, findet dort wie in vielen anderen Ecken der Insel eine Filiale von **Rumbo Azul**, ✆ 971 348242.

Essen & Trinken
Am Strand der *Cala d'es Torrent* befinden sich mehrere Lokale, Empfehlung: *Port d'es Torrent* und *Es Turrent*.

Der auffällige **Banyan Palace** für Freunde authentischer Thai Küche auf halber Strecke zwischen dem Kreisverkehr an der PM-803 und Port d'es Torrent schloss Ende 2010.

Cala Bassa
Von Port d'es Torrent sind es weitere ca. 4 km (ausgeschildert) bis zur *Cala Bassa* (etwas umständlich zunächst 1 km landeinwärts, da eine direkte Verbindung an der Küste entlang nicht existiert). Ihr Strand ist ein beliebtes Ziel junger Leute, die dort für **High Life** sorgen und sich offenbar selbst durch größte Enge nicht beeindrucken lassen. Immerhin gibt es am Rand der Bucht viele hübsche Plätzchen auf flachen Felsabsätzen. Die Klippen fallen stufenweise zum Wasser ab und ermöglichen einen leichten Zugang ohne Kletterei. Die Gastronomie an der Cala Bassa bedarf keiner besonderen Erwähnung.

Wie gesagt, ist die Parksituation dort oft problematisch. Man wird auf dem rumpeligen Areal leicht zugeparkt. Die bessere Alternative ist auch in dieser Beziehung die *Cala Comte*.

Hinter der Bucht befindet sich ein **Campingplatz**, ➪ Seite 132.

Teilbereich der Cala Comte in der Nachmittagssonne

Cala Comte

Die weit offene *Cala Comte* gilt als eine der schönsten Buchten Ibizas. Von Port d'es Torrent dorthin sind es gut 5 km auf einer Stichstraße an die Küste. Autofahrer finden normalerweise ausreichend Parkraum vor. Zur Not parkt man entlang der Zufahrt.

Lage und Inseln

Zwischen den Klippen der *Cala Comte* gibt es mehrere Sandstrände und kleine Badebuchten. Das Meer ist dort türkis bis tiefblau und glasklar. Wegen der ungeschützten Lage baut sich aber leicht Seegang auf und macht das Baden manchmal gefährlich. Malerisch im Blickfeld liegen vor der Bucht die **Inseln Es Bosc** und **Sa Conillera**. Einer Legende nach soll auf Sa Conillera im Jahre 247 v. Chr. der spätere karthagische Heerführer **Hannibal** geboren sein, ⇨ Kasten Seite 94.

Service an der Cala Comte

Trotz der abseitigen Lage gibt's auch an der Cala Comte Liegen-, Sonnenschirm- und Tretbootverleih. Zwei Lokale sorgen für das leibliche Wohl der Besucher. Beide haben wunderbare Terrassen über den Stränden mit Weitblick übers Meer. Das Restaurant *S'Illa des Bosc* ist von beiden die etwas gehobenere, komfortablere Alternative mit guten Fisch- und Reisgerichten.

Abend

Lohnenswert ist ein Besuch der Cala Comte auch und besonders **am Abend**. Der **Sonnenuntergang** wirkt dort noch spektakulärer als auf den Klippen bzw. der Promenade von Sant Antoni. Ebenfalls in der »richtigen« Position, aber hoch über dem Strand der kleinen, ansonsten wenig spektakulären Cala Codolar (⇨ Seite 146) steht das sehr schöne **Restaurant Amarant** (nur ca. 2 km entfernt von der Cala Comte).

Tauchen

Das Meer um die Cala Comte ist ein beliebtes Revier bei Tauchern. Die Tatsache, dass sich gerade hier in der Nähe ein deutscher Spezialist für Tauchkrankheiten niedergelassen hat, sagt Einiges: nur ein paar hundert Meter landeinwärts steht die *Casa Pintura* von *Dr. Tilo Reinholz*, ✆ 971 341137..

Blick von der Terrasse des Restaurants Amarant auf die Cala Condolar

Strandbuchten nördlich von Sant Antoni

Nördlich von Sant Antoni liegen mehrere schöne Strandbuchten in bewaldeter Umgebung, in der Charakteristik ganz anders als die Strände an der Bucht von Sant Antoni und westlich.

Calas Gració & Gracioneta
Von der Plaça Aragó nahe der *Cala d'es Moró* führt die Stichstraße Carrer Cala Gració geradewegs zu eben dieser tief eingeschnittenen Bucht mit einem 50 m breiten Sandstrand (ca. 1 km). Wenn es an der **Cala Gració** zu voll werden sollte, kann man sich auf der rechten Seite zur »kleinen Schwester« *Cala Gracioneta* »absetzen«. Ein rauer Pfad über Uferfelsen führt zu dieser schlauchförmigen Minibucht, die schon bei 20-30 Anwesenden voll besetzt wirkt. Wer von der Cala Gracioneta den Uferpfad weiter läuft, erreicht nach 400 m das **Cap Negret** mit einem neueren **Picknickplatz samt Grillrosten**.

An der *Cala Gració* gibt es mit dem *Es Pi d'Or* ein anerkannt gutes Fischlokal, in erster Linie galizische Spezialitäten, ✆ 971 342872, täglich 13-16 und 20-24 Uhr, nicht ganz billig. Angenehmer am späten Nachmittag oder am Abend, wenn der Hauptbetrieb vorüber ist. Hübsch im Grünen und damit schattig-kühl liegt das **El Chiringuito** im Auslauf der Cala Gracioneta.

Die Cala Gracioneta verfügt nur über einen schmalen Strand von ca. 15 m Breite und ein kleines Lokal. Ein Pfad unterhalb dieser Felsen verbindet beide Buchten

Weitere Anfahrt
Beide Lokale sind von Norden her mit Fahrzeug zu ereichen: Ab Kreisverkehr beim Restaurant *Sa Capella* (an der Straße PM-812 nach Santa Agnés) Richtung »Cala Gració« fahren und an der Querstraße rechts halten. Die Zufahrt ist die nächste links (beim *Hotel Stella Maris*), zur Cala Gracioneta von dieser wieder eine enge Zufahrt nach rechts (ausgeschildert).

Cala Salada
Die nächste Abzweigung von der PM 812 nach links (ca. 3 km ab Sant Antoni) führt zur *Cala Salada* (weitere 2 km). Diese rund 100 m breite Bucht liegt hinter einem Waldstück versteckt und wird gerne von Bootsbesitzern angelaufen, die dort Anker werfen. Das klare, hier smaragdgrüne Wasser zieht besonders Schnorchler und Taucher an. Es gibt wie überall Strandrestaurant und -bar; hier auf der linken Seite abseits des Strandes beim Tretboot-, Liegen- und Schirmverleih. Im Sommer wird es hier oft sehr voll. Dann herrscht Parkchaos.

**Geheimtipp
für Sonnen-
anbeter**

Auf dem Weg zur Cala Salada zweigt nach wenigen hundert Metern eine Ringstraße nach links durch eine weitläufige Villensiedlung im Wald ab. Wer sich strikt rechts hält, gelangt ans tote Ende des Rundkurses über der tiefen Bucht **Racó de sa Galera**. Die glatten Felsflächen unter der Steilküste nur wenig über Meereshöhe sind bei Sonnen-/Nacktbadern beliebt. Glasklares Wasser lädt zum Schwimmen ein; ➪ Foto Seite 35. Die Pfade nach unten und die Kraxelzugänge auf die Felsen sind nicht zu verfehlen, aber Achtung an ungesicherten Abbruchkanten.

Sehenswürdigkeiten

**Straßen-
künstler
und mehr**

Wie erwähnt, ging Sant Antoni aus einem Fischerdorf hervor; einen historisch gewachsenen Kern gibt es daher nicht. Sehenswürdigkeiten sind mithin rar, so man nicht die Promenaden sowie die Plaça Espanya, zwei Blocks hinter dem Yachthafen und den Passeig des Ses Fonts mit ganz hübschen Café-und Restaurantterrassen dazuzählt. Dort unterhalten in der Saison ab spätem Nachmittag Straßenkünstler, Musiker und Porträtisten die von den Stränden zurückkehrenden Urlauber.

Kirche

Das älteste Bauwerk des Ortes ist die **Wehrkirche _Sant Antoni Abad_** an der Carrer Ample, 4 Blocks entfernt von der Hafenpromenade. Sie wurde auf den Fundamenten einer maurischen Moschee errichtet und trotzte manchen Piratenangriffen.

Ou de Coloms

Über die Grenzen der Stadt hinaus bekannt ist immerhin das **Ei des Kolumbus**, das 1992 zum 500. Jahrestag der Entdeckung Amerikas aufgestellt wurde. Die Skulptur steht unübersehbar auf dem Grün des zentralen Kreisverkehrs östlich des Hafens.

Aquarium

Eine als **Aquarium** bezeichnete Höhle mit mehreren von Meerwasser durchspülten Becken befindet sich etwa 1 km nördlich der _Cala des Moró_, ➪ Seite 118. Früher hielten dort Fischer ihren Fang frisch; heute kann man dort einige Fischarten und anderes Getier der Meeresregion beobachten. Das **_Aquari Cap Blanc_**, ✆ 608 433466, ist täglich 10-18 geöffnet; Eintritt €3, Kinder die Hälfte.

Zur ganz urigen Anlage gehört auch ein rustikales **Open-air Café**. Auf vielen Pfaden über das unwegsame Gelände dahinter hinweg gelangt man zum Cap Blanc und steht nach ca. 400 m an der Cala Gració.

_Ei des Kolumbus mit
der »Santa Maria« in dessen
ausgehöhlter Mitte_

Service

Transport per Bus und Boot	Von Sant Antoni aus verkehren mit hoher **Frequenz Busse nach Eivissa**, sowohl auf direkter Route als auch – nicht ganz so häufig – über **Sant Josep**. Im Sommer fahren **Busse und Boote** zu den populäreren umliegenden Stränden und Orten. Ein Bootspendelverkehr sorgt für den Transport der Hotelgäste in den südlichen Vororten über die Bucht. Nach Eivissa und Formentera verkehren im Sommer täglich Ausflugsboote. **Abfahrt aller Schiffe** an der »Alten Mole« (*Moll Vell*) am Passeig des ses Fonts. Der zentrale **Busbahnhof** befindet sich ca. 200 m nördlich vom Hafen (ab Kreisverkehr Carrer de Paris). Aktuelle Fahrplanauskünfte auch bei der Tourist Information.
Parken	Parken ist nicht nur in der Saison in Sant Antoni ein Problem. In Nebenstraßen lässt sich zwar kostenlos parken, sofern man ein freies Plätzchen findet, aber auf den Parkplätzen im Bereich der Hafenpromenade und auch in vielen zentraleren Straßen benötigt man Parktickets. Der größte freie, aber völlig unorganisierte Parkplatz liegt an der Avinguda Isidor Macabich gut 500 m vom Hafenbereich entfernt, ➪ Karte Seite 119.
Polizei	*Guardia Civil* – Avinguda de Portmany – ✆ 971 340502 *Policía Municipal*/Feuerwehr– ✆ 971 302502
Postamt	**Correos**: Carrer de la Mar – ✆ 971 340779
Taxi	✆ 971 340074 (am Hafen, Passeig de ses Fonts)
Erste Hilfe	*Centro Médico*: Carrer de Cervantes – ✆ 971 341922
Touristen-information	Am Hafen/Kreisverkehr (Passeig des ses Fonts) ✆ 971 34336, im Sommer Mo-Fr 09.30-20.30 Uhr, Sa+So 9-13 Uhr; im Winter Mo-Fr 10-13 und 16–19 Uhr Sa+So 10-13 Uhr

Essen und Trinken

Fast Food	Da Sant Antoni vorwiegend von Pauschalurlaubern mit Halbpension gebucht wird, spielen *Fast Food*-Lokale, speziell *Fish* & *Chips*-Buden mit Blick auf die britische Klientel, für den Hunger zwischendurch eine ersichtlich wichtige Rolle.
	Aber es gibt auch einige gute, sogar ausgezeichnete Restaurants:
Es Ventall	Carrer Cervantes 22, ✆ 971 341729; täglich geöffnet 13-16 Uhr und 20-24 Uhr
	Hier gibt's traditionelle Gerichte Ibizas. Besonders empfehlenswert sind der Fischeintopf *(bullit de peix)*, die Langustensuppe *(calderata de langosta)* oder die Fischpaella *(paella de pescado)*. Die Kosten für Menüs liegen zwischen €20 und €30.
The Curry Club	Carrer de San Antoni 38, ✆ 971 343604, täglich 20-24 Uhr.
	Das älteste **indische Lokal** der Insel hat Gerichte ab €8. Spezialität ist das CTM *(Chicken Tikka Masala)*. Sowohl drinnen als auch auf der großen Terrasse sitzt man angenehm.

El Rincón de Pepe
Carrer Sant Mateu 6, ☎ 971 340697, täglich 13-24 Uhr.

Eine der wenigen wirklich spanischen Adressen in Sant Antoni. Hier bekommt man *Tapas* und andere Vorspeisen preiswert.

Ristorante Vaticano
Carrer Alemania 5, ☎ 971 341760, täglich 20-24 Uhr.

Italienische Gerichte, besonders gut ist frische Pasta. Küche und Ambiente entsprechen dem etwas höheren Preisniveau. Speziell am Wochenende sollte man reservieren.

Deftiger und preiswerter sind die Portionen im Restaurant

Es Rebost de Can Prats
Carrer Cervantes 4, ☎ 971 346252, täglich 16-24 Uhr (außer dienstags)

Dieser Familienbetrieb hat vor allem ibizenkische Gerichte, »gehaltvoll« ist *arròs de matances*, eine Art Schlachtplatte.

Wem nach Tex-Mex ist, geht ins Restaurant

Tijuana
Carrer Ramón i Cajal, ☎ 971 342473, täglich 19-4 Uhr

Dort gibt's zwar eher amerikanisch inspirierte Hausmannskost als authentische Gerichte der mexikanischen Küche, aber dafür anständige Portionen. Mittleres Preisniveau.

Mitten in Sant Antoni in ansonsten unspektakulärer Nachbarschaft liegt das TexMex-Restaurant Tijuana

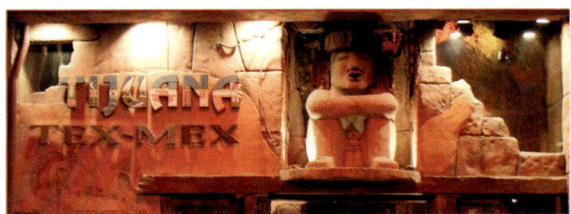

Abschließend der **Tipp für die »besondere« Gelegenheit:**

Sa Capella de Can Basora
Landstraße Richtung Santa Agnès am letzten Kreisverkehr nördlich von Sant Antoni, ☎ 971 340057, Di-Sa 20-24 Uhr, im Winter geschlossen

Das *Sa Capella* residiert im auf »edel-rustikal« umgestalteten Hauptschiff einer ehemaligen Kirche. Die Küche ist international-ibizenkisch auf hohem Niveau einschließlich der Preise. Beachtliche Weinkarte.

Sonnenuntergang und Nightlife

Image Sant Antoni
Der Sauf- und Discotourismus und nächtliche Auswüchse wie an der berühmt berüchtigten Playa de Palma auf Mallorca haben dafür gesorgt, dass Sant Antoni sich ein ähnlichen Image zulegen konnte. Es bezieht sich aber genau genommen nur auf eng abzugrenzende Feierzonen im Zentrum (➪ Seite 118), und einen Teilabschnitt der Avinguda Dr. Fleming am Ostufer der Bucht.

Promenade
Egal, ob einem später der Sinn nach *Highlife* in der Disco oder nach einem ruhigen Ausklang des Tages steht, ab 18 Uhr ist der zunächst angesagte Platz, wo viele auch gleich den Rest des

Abends verbringen, die **nordwestliche Uferpromenade** mit einer Reihe von Lokalen mit Sonnenuntergangs-Terrassen und Sitztribünen davor. Besonders beliebt sind dort von April bis in den November hinein das *Café del Mar* (© 971 342516, täglich 18-4 Uhr), der *Savannah Beach Club* (© 971 348031, täglich 11-4 Uhr) und das attraktive *Mambo Café* (täglich 11-4 Uhr).

Bis zum Ende der Promenade an der *Cala des Moro* gibt es viele weitere *Chill-out*-Lokale, die nicht gar so überfüllt sind und das vielleicht sogar attraktivere Ambiente bieten, z.B. das *Kanya* und das *Ibiza Rocks*.

Sonnen-untergang

Zum echten Ibiza Erlebnis gehört die »Zelebrierung« des Sonnenuntergangs bei einem oder mehreren – nicht ganz billigen – **Cocktails auf den Terrassen** der genannten und weiterer Lokale und/oder davor auf den Klippen, wo man tatsächlich Tribünen zur Unterbringung der Besucherscharen aufgestellt hat. Die Sonne versinkt dort zwar durchaus nicht spektakulärer im Meer als anderswo (z.B. an der *Cala Comte!*), aber dafür beflügeln der ursprünglich im (noch vor kurzem dort einzigen) *Café del Mar* kreierte *Ibiza Sound*, die Gesellschaft zahlreicher Gleichgesinnter und der Kultstatus dieser – mittlerweile überkommerzialisierten – Lokale die Seele. Die nach dem *Café del Mar* benannten **Musiksampler** im *Chill-out*-Stil beeinflussen seit Jahren die internationale Musikszene. Auch unter dem Label des *Savannah Beach Club* und des *Mambo Café* sind einige hörenswerte *Chill-out-Sampler* erschienen.

Südbucht

Auf der Südseite der Bucht von Sant Antoni hat das **Kumharas** an der Cala de Bou einen besonders guten Ruf (Carrer de Lugo in der Nähe des Hotels *m*, täglich 13-4 Uhr)

Kumharas

Das Lokal ist ein Treff für Fans von Ethnoklängen und anderer *Chill-Out* und *Trance* Musik mit ebenfalls guter Aussicht in Richtung Sonnenuntergang. Auch dort entstehen neue Sounds. Die sogenannten **Ibizarre** des dänischen Star-DJ *Lenny u.a.* erfreuen sich großer Beliebtheit. Gemütliche Bar und ein »Piratenturm«. Eher moderates Preisniveau auch fürs Essen.

Sonnenuntergang in Sant Antoni

Discos und Clubs

Später liegen die Discos und Nachtlokale im zentralen *Westend* und an der Avinguda Dr. Fleming an. Bekannte Discos sind das *Edén* und *Es Paradis* (➪ Seite 206). *Bar M* und die Lounge *Ítaca* daneben gelten als *Warm-up*-Adressen vor den **Manumission Parties** (➪ Seite 205).

Im *Westend* in diesem Sinn zu empfehlen ist das **Godfather's, Beaver's** und **Tropicana,** auch nicht schlecht sind die beiden Bars **Joe Spoon** und **Capone** in der Carrer Santa Agnés 8 und 14.

Die größten Discos sind Eden und Paradise

Shopping

Musik

Vor allem in den Straßen Carrer Santa Agnès, Carrer del Progrès und Carrer de la Mar drängen sich viele Läden mit Souvenirs, Schmuck, T-Shirts und Badeutensilien. Über die Innenstadt verstreut sind Musikgeschäfte, die die neuesten Sampler der Discos führen. Das größte unter ihnen ist das **Mega Music** in der Carrer Santa Agnès 5, ✆ 971 344212, täglich 10.30-14 Uhr und 16.30-21 Uhr. Dort gibt es viele Titel aus der ibizenkischen *Nightlife*-Szene, die man andernorts nur schwer bekommt.

Die spezielle Musik des **Café del Mar** gibt es im hauseigenen Shop (Lage ➪ oben), ✆ 971 342516, täglich 17-1.30 Uhr

Mode

Ausgeflippte Mode, Accessoires und Deko-Objekte gibt's im **Oleh Oleh 22** in der Carrer Ample 22 unweit der Kirche, ✆ 971 346495, geöffnet Mo-Sa.

Ensaimadas

Für die typischen *Ensaïmadas* (➪ Seite 268) sei besonders empfohlen die Bäckerei **Can Janits Pau** in der Carrer del Progrès 16 zwei Blocks vom Passeig des ses Fonts entfernt, täglich 10-13.30 Uhr und 16.30-20 Uhr.

Markthalle

Nicht sensationell, aber bunt und lebhaft geht's zu im **Mercat des Clot Marès** in der Carrer de Mallorca, Mo-Sa 8-14 Uhr. Großes Angebot an Obst, Ge müse, Fischen und Meeresfrüchten.

Fisch

Wer selbst Fische fangen möchte, könnte Angeltouren buchen, z.B. bei **Pesca Ibiza**, Avinguda 8 de Agosto, ✆ 971 314491.

Unterkunft

Viele Hotels in und bei Sant Antoni sind veranstaltergebunden und zumindest im Sommer oft ausgebucht. Unter den auch individuell zu buchenden, vom Preis-/Leistungsverhältnis her empfehlenswerten Quartieren finden sich die meisten eher in der günstigeren Preisklasse (die meisten im Winter geschlossen, aktuelle Zeiten variieren, meist Ostern bis Mitte/Ende Oktober).

Vedrà* €

Carrer del Mar 9B, ✆ 971 340150, Fax 971 342656

Ein einfaches Stadthotel in **Westendnähe**, das sich in erster Linie für junge Leute eignet, die ertragen, wenn es nachts im Hotel und der Umgebung lange laut ist. Moderates Preisniveau.

Hostal Marí €**

Carrer del Progrès 42, ✆/Fax 971 341974, ganzjährig geöffnet

Dieses Hostal liegt zentral in der **Nähe des Marktes** unweit des Westends und ist eines der wenigen Häuser, die auch im Winter nicht schließen. Die großen Zimmer sind besser (TV und Ventilatoren) als die Sternchen vermuten lassen. Günstige Tarife. Zum Hostal gehört ein Restaurant mit günstigen Mittagsmenüs.

Hotel Marfil €**

Carrer Ramón i Cajal 34, ✆ 971 341208, www.hotelmarfil.com

Ebenfalls in **Markthallennähe** liegt das Stadthotel *Marfil* mit gutem Preis-/Leistungsverhältnis im mittleren Niveau. Die 30 Zimmer verfügen über Klimaanlage, Sat-TV und gratis WLAN.

Residencia Tarba €**

Carrer Ramòn i Cajal 20, ✆ 971 340216 (Veranstalter: Bucher)

Günstiges Hotel in der **Innenstadt** (200 m von der Hafenpromenade entfernt) mit Pool und Sonnenterrasse. 66 Zimmer allesamt mit Balkon. Zimmer nach hinten hinaus sind ruhiger.

Hotel Mitjorn €**

Carrer Mateu Gasull 2, ✆ 971 340902; www.esmitjorn.com

Kleines Hotel im **Zentrum** mit 18 Zimmern – 6 davon mit Meerblick. Gute Adresse für preiswertes sauberes Unterkommen für Leute, die tagsüber nicht im Hotel bleiben, sondern Aktivurlaub machen. Kleiner Pool (Buchung z.B. auch bei Alltours, byebye).

Pike's**
€€€**

Cami de Sa Vorera (**Straße Richtung Santa Gertrudis** bei km 12), ✆ 971 342222, www.pikeshotel.com, ganzjährig geöffnet

Pike's, in den Mauern einer Finca aus dem 15. Jahrhundert, ist eines der besten Hotels im Raum Sant Antoni. In schöner ländlicher Umgebung bietet es gehobenen Komfort. Die 27 Zimmer und Suiten sind anspruchsvoll individuell – wenn auch eher nach britischem – Geschmack möbliert und haben Klimaanlage, Heizung, SAT-TV, Musikanlage, Tresor, Kaffee-Set und Mini-Bar. Einige Suiten verfügen über Küche, Whirlpool oder sogar eigenen Kamin.

Arenal Playa Savines*
€€€**

Avinguda Dr. Fleming, ✆ 971 340112 www.savinesarenal.com (Buchung z.B. auch bei JT)

Dieses Hotel an der ***Platja S'Arenal*** ist zwar äußerlich nicht sonderlich attraktiv, aber insgesamt o.k. 131 Zimmer, Pool am

Strand, Hallenbad und Sauna, Minigolf- und Tennisplatz und eigene Tauchschule. Vorwiegend jüngeres britisches Publikum. Die Promenade und der **Strand S'Arenal** liegen vor der Tür.

Fiesta Palmyra****
Avinguda Dr. Fleming, ☎ 971 340354

(Buchung z.B. auch bei 5-vor-fly, LMX, Neckermann, Thomas Cook, Dertour, Bucher, Schauinsland, Jahn)

Das *Fiesta Palmyra* steht samt Poolgarten ebenfalls am **Strand S'Arenal** bzw. dan er Promenade ein Haus weiter als das *Arenal Playa Savines*. Hier unbedingt meerseitig buchen, Zimmer zur lauten Straßen- und Schattenseite sind unakzeptabel.

Hotel Neptuno*** €
Carrer Vista Bella 2, ☎ 971 340300, im Winter geschlossen

Das Hotel liegt strandnah (**Platja des Pouet**) im Ortsteil Es Moli. 86 Zimmer in 6 Stockwerken. Relativ preiswert. Kleiner Pool und Sonnenterrasse (Buchung z.B. bei JT).

Aparthotel Bahia*** €€
Carrer Vista Bella, ☎ 971 348212-15, Fax 971 348216, (Buchung z.B. bei JT) im Winter geschlossen

Sowohl preislich als auch in Bezug auf seinen Komfort eine Stufe höher als die (mit Ausnahme des *Pike's*) bisher beschriebenen Unterkünfte. Es liegt dem Neptuno gegenüber bei de **Platja des Pouet**. Von allen – geräumigen und klimatisierten – Apartments hat man Meerblick. Drei Pools, Sauna.

Green Oasis Hotel Nautilus****
☎ 971 340400, Fax 971 340462

(Buchung z.B. auch bei Alltours, Bucher, 5-vor-fly, Schauinsland)

Der Komplex des *Nautilus* liegt ca. 800 m westlich des *Bahia* an der **Platja des Serral**, rund 2 km vom Stadtzentrum entfernt. Es verfügt es über 168 Zimmer mit SAT-TV, Klimaanlage/Heizung, Terrasse oder Balkon mit Meerblick. Großer Pool und Restaurantterrasse mit Blick über die Bucht.

Fiesta Hotel Milord I und II***
☎ 971 341227, www.fiesta-hotels.com (Buchung z.B. auch bei 1-2-Fly, Alltours, Neckermann, 5-vor-fly, Schauinsland, LMX, Bucher)

Wen die 4 km Entfernung zum Zentrum von Sant Antoni nicht stören, bucht mit den Fiesta-Hotels an der **Platja d'en Xinxo** Häuser mit einem guten Preis-/Leistungsverhältnis. Sie haben zwei große Pools zwischen Hotelgebäude und Strand, der sich hier – am äußeren Ende der Bucht von Sant Antoni – durch klares sauberes Wasser auszeichnet. Die Zimmer haben TV, Deckenventilator und fast alle Balkon/Terrasse mit Meerblick.

Zwei große Clubanlagen liegen im Umfeld der **Cala Gració**, ca. 2 km nördlich des Stadtzentrums (➪ Seite 122f).

Paraiso Club Stella Maris*** €€
☎ 971 340600, Fax 971 342731, www.fiesta-hotels.com (Buchung z.B. auch bei 5-vor-fly, Alltours, Bucher, ITS, JT, Neckermann)

Das *Stella Maris* verfügt oberhalb der Bucht über ein parkartiges **Gesamtareal von enormen 13 ha**, auf dem sich diverse Pools mit ihren Sonnenterrassen, die Wohngebäude, Gemeinschaftsanlagen und Tennis- wie andere Sportplätze locker verteilen. Der Club bietet Animation und viele Sportmöglichkeiten.

Neben normalen Doppelzimmern können auch Familienzimmer (für 3-4 Personen) und Bungalows gebucht werden. Alle Räume sind klimatisiert, haben SAT-TV und Kühlschrank. Zur Stadt existiert ein Busservice. Gut geeignet für Familienurlaub mit Kindern (ca. 300 m zum Strand), dabei nicht sehr teuer.

Fiesta Club Cala Gració*/ Hotel Tanit****

☎ 971 313811, www.fiesta-hotels.com

(Buchung Gracio z.B. bei TUI, Bucher, Schauinsland; Buchung Tanit z.B. bei 5-vor-fly, Bucher, ITS, JT, LMX, TUI u.a.)

Diese Anlage befindet sich ebenfalls in einem Park von beachtlicher Größe (7,5 ha), der fast bis zum Strand reicht. Vom Gebäude des *Club Cala Gració* (nur 2 stöckig, 50 Zimmer) sind es zum Strand nur 70 m und etwa 300 m vom 7-stöckigen Hotel *Tanit* (ca. 400 Zimmer). Nur *Tanit* ist indessen klimatisiert. Zwei Pools, beim *Tanit* mit Poolbar, Kinderbecken. Animationsprogramm, Spielplatz, Sportmöglichkeiten nicht so vielfältig wie im *Stella Maris*. Haltestelle Linienbus ins Zentrum von Sant Antoni ca. 100 m vom Clubgelände entfernt.

Tipp

Über der Nordseite der Cala Gració stehen in unschlagbarer Villenlage die **Bungalows Gracioneta**, faktisch vier kleine Einzimmerhäuschen (mit Küchenzeile) auf einem Gartengrundstück mit riesigem Pool: ☎ 971 80336, ☎ 699 349037 oder Handy 679 213163, www.strandbungalows-gracioneta.com.

Cala Gració: hinter der Mauer oben unterhalb der weißen Villa und den Bäumen rechts davon verbergen sich die Bungalows Gracioneta

Sie sind zur Bucht ausgerichtet; ihre Terrassen liegen damit ab Vormittag bis abends in der Sonne (Sonnenuntergang über dem Meer im Blickfeld). Mit nur wenigen Schritten gelangt man von der eigenen Terrasse unter Palmen an den Strand und kann sich daher aussuchen, ob man in Salz- oder Süßwasser baden möchte. Keine Verpflegung, aber wer keine Lust auf Küchenarbeit hat, kann sich in den Strandlokalen der Cala Gració oder – »hintenrum« nur 100 m entfernt von der Gartenpforte – der Cala Gracioneta bedienen lassen.

Außerhalb von Sant Antoni: Casa Datscha

Das folgende Haus mit Tarifen ab €110 fürs 2-Zimmer-Apartment (ohne Frühstück) kann sich mit deutlich teureren Agrohotels mehr als messen. Anlage und Unterbringung sind absolut ideal für unabhängige Urlauber, die einerseits Ruhe wollen, andererseits aber nicht zu weit »ab vom Schuss« sein möchten:

*Residencia Casa Datscha*****

an der Straße Sant Antoni-Santa Agnes, noch ca. 3 km ab Sant-Antoni, von der Abzweigung zur Cala Salada ca. 1 km.

✆/Fax 971 344075,+342269; Handy 630 826954

www.casadatscha.net [Buchung auch bei Jahn]

Dieser architektonisch originelle, wegen seines Zwiebelturms russisch anmutende Komplex verfügt über acht 2-Zi-Apartments mit Küche, Wohn- und Schlafzimmer und drei weitere größere Wohnungen (eine davon mit eigenem Pool) in zwei miteinander durch den Garten verbundenen Gebäuden. Von vielen hat man über die Terrassen und den großen Gemeinschaftspool Meerweitblick nach Westen in Richtung Sonnenuntergang. Alle Räume sind individuell künstlerisch gestaltet, SAT-TV und Ventilator, teilweise Klima. WLAN frei (Wifi) im allgemeinen Bereich und in einigen Räumen. Kein Restaurant, aber Frühstück kann geordert werden. Bar zur Selbstbedienung. Deutsche Leitung. Mietwagen für die Dauer des Aufenthalts erforderlich.

Poolterrasse der Casa Datscha

Camping

Bei **Sant Antoni gibt es zwei Campingplätze.** Wenn in diesem Bereich (statt z.B. bei Es Canar, ➪ Seite 87) campen, dann auf dem Platz bei der Cala Bassa:

Cala Bassa

✆ 971 343599, Fax 971 347469, www.campingcalabassa.com, im Sommer unbedingt Reservierung nötig.

Der Platz liegt auf einem teilweise schattigen Gelände oberhalb der gleichnamigen Strandbucht. Ins Zentrum von Sant Antoni sind es ca. 6 km. Saubere Sanitäreinrichtungen, Kochstellen, kleines Restaurant und ein Kiosk.

2.5.2   Dörfer im Nordwesten

Santa Agnès de Corona (Santa Inés)

Landschaft

Die Straße PM-812 führt von Sant Antoni nach Santa Agnés (ca. 10 km). Nach kurvenreicher Fahrt über den 5 km breiten Hügelstreifen nördlich von Sant Antoni öffnet sich nach rund 8 km das weite **Tal von Santa Agnès de Corona**. Von der trockenen, kargen und im Sommer überlaufenen Küste taucht man dort in eine »andere Welt« ein. Im Januar und Februar zur Mandelblüte ist das Tal in weiße Blüten und frisches Grün getaucht. Dann lohnt ein Ausflug dorthin besonders, auch für Spaziergänge oder Radtouren entlang der Gärten und Felder rund um Santa Agnès. Wer ein bisschen vom »alten Ibiza« sehen und erleben möchte, besucht das – zwar unspektakuläre, aber – traditionsreiche **Fest der Schutzpatronin** des Ortes **am 21. Januar**.

Kirche und Gastronomie

Im Dorf gibt es eine schlichte Wehrkirche (18. Jahrhundert), aber sonst nicht viel zu sehen. Die dort meist empfohlene Adresse für eine Einkehr ist die **Bar Cosmi** gegenüber der Kirche; Mi-Mo geöffnet 11-24 Uhr. Sie ist bekannt für *Tortilla Española* und guten Kuchen. Viel uriger im Garten unter Obstbäumen oder überdacht in rustikalen Gasträumen, wenn auch ohne Aussicht, sitzt man indessen beim Nachbarn über die Straße, dem *Restaurant La Palmera* (Zugang auch vom rückwärtigen Ortsparkplatz aus). Kräftige ibizenkische Küche, große Portionen, moderate Preise.

Fincahotel

Wer sich vorstellen kann, in dieser relativen Abgeschiedenheit einen Urlaub zu verbringen, findet ca. 2 km nordöstlich des Dorfes die *Finca Can Pujolet*, ein nicht ganz billiges Haus des Agrotourismus, ↪ Seite 166.

Wanderung/ Einkehr im Wald hoch überm Meer

Eine beliebte **Wanderung** führt westlich des Dorfes zu den Klippen über dem Cap Negret (Namensgleichheit mit Kap bei der Cala Gració) und zur *Punta Rotja*, einem Aussichtspunkt über der Steilküste. Man folgt von Santa Agnès zunächst der Straße mit Wegweisung *Cami des Pla Corona* ca. 1 km bis zur **Bar Can Jordi** im Wald (wunderbarer Weitblick aufs Meer). Von dort läuft der nicht ganz einfach zu bewältigende Pfad unter der Abbruchkante über Stock und Stein in Richtung Westen, ↪ Seite 232.

Bar Can Jordi bei Santa Agnes in Alleinlage hoch über der Küste

Verwilderte Weintrauben vertrocknen im Oktober bei Sant Mateu an den Rebstöcken (an der Straße Richtung Cala d'Aubarca)

Sant Mateu d'Aubarca (San Mateo)

Anfahrt/ Kennzeichnung

Zwei Straßen führen von Santa Agnès nach Sant Mateu d'Aubarca (beide ca. 6 km). Die neuere Straße ist die Verlängerung der PM-812, die gut 500 m südlich die PMV-812-1 von Sant Rafel nach Santa Agnès überquert und den Ort nicht berührt. Die alte und im Verlauf schönere Route führt ab der Kirche direkt aus dem Dorf nach Osten und trifft 1 km vor Sant Mateu nach Überquerung einer Höhe auf die Rundstraße um das landwirtschaftlich genutzte Tal von Sant Mateu. Dies und Ländereien südlich des Ortes markieren das **Zentrum des Weinanbaus** auf Ibiza.

Weinfest

Anfang Oktober findet in Sant Mateu das Weinfest statt. Die Weinbauern der Region kredenzen dann ihre frisch abgefüllten Tropfen und mehr. Zum fröhlichen Trinkgelage werden *sobrasadas, butifarras* und *bunyols* gereicht (Würste und Schmalzgebäck, ⇨ Seite 268). Bei dieser Gelegenheit kann man das Trinken aus den **Porróns** üben. Wer gerade dann auf Ibiza weilt, sollte diese *Fiesta* nicht verpassen (⇨ dazu auch Seite 257).

Einkehr

Zu anderen Zeiten muss man mit dem Lokal **Camp Vell** gegenüber der Kirche vorlieb nehmen (täglich außer Mo geöffnet). Das Essen ist dort gut und preiswert. Spezialität des Hauses sind Fleischspießchen (*Pinchitos*) vom Grill.

Kleine Kräuterkunde

Die 2008 verstorbenen *Catalina* aus Sant Mateu war Ibizas berühmteste »**Kräuterfee**«. Sie kannte die Pflanzenwelt der Insel wie niemand sonst und wusste alles über die Heilwirkung der einzelnen Kräuter.

So soll z.B. gekochtes **Schilfrohr** gegen Haarausfall helfen, der Saft der **Aloe Vera** der Haut ihre Spannkraft zurückgeben und **Petersilie** harnfördernd sein. Wer Verdauungsstörungen hat, sollte einen **Minztee** trinken, bei Durchfall dagegen ist **Mispel** gut geeignet und bei Regelbeschwerden bietet sich **Salbei** als Badelösung an. Das ibizenkische Kraut **Albahaca** lindert Schmerzen auf der Haut, bei Sonnenbrand empfahl *Catalina* **Olivenöl**, und ihre Lebensenergie hatte sie angeblich aus **Rosmarintee**.

**Abstecher
zur Cala
d'Aubarca**

Nördlich von Sant Mateu liegt die letzte größere unberührte Bucht Ibizas, die **Cala d'Aubarca**. Dorthin nimmt man ab Sant Mateu die nach Norden führende Straße. Nach ca. 700 m hält man sich an der (ersten) Abzweigung links und durchquert ausgedehnte Weinfelder. Nach einem knappen Kilometer geht es im einzigen (Mini-) Waldstück weit und breit rechts auf einen akzeptablen Fahrweg, der nach wenigen Metern nach links abknickt und dann zunächst parallel zur Straße in Richtung Norden führt, bevor er in einigen Kurven leicht bergauf in den Wald über der Küste läuft. Nach ca. 1,2 km erreicht man eine Wegverbreiterung und -gabelung. Links geht es auf miserabler Piste hinunter zur Cala d'Aubarca. Selbst mit 4WD sollte man vorab zu Fuß prüfen, ob der aktuelle Zustand eine Fahrt nach unten erlaubt (oft nicht). In 20 min kann man per pedes unten sein, 'rauf geht's nicht unter einer halben Stunde; das gilt für körperlich fitte Personen. Oben am Fahrweg ist Platz zum Parken.

*Einsame Cala
d'Aubarca
an Ibizas
Nordküste*

Aussicht

Der Fahrweg rechts endet für normale Fahrzeuge nach ein paar hundert Metern weiter oben und bietet von dort wunderbare Blicke über die Bucht auf das **Felsmassiv** des Cap d'Aubarca.

Routen nach Sant Miquel

Auch von Sant Mateu nach Sant Miquel gibt es wieder zwei Verbindungen. Die schönere nördliche Strecke (ab Kirche wie Fahrt zur Cala d'Aubarca, aber immer geradeaus) ist zugleich die weitere. Sie ist immer dann auch günstiger, wenn ein Abstecher zur Urbanisation Illa Blanca geplant ist (⇨ Seite 97). Die schnellere südliche Route führt unterhalb der Kirche direkt nach Westen.

2.5.3   Sant Rafel de sa Creu (San Rafael)

Discofieber

Gut 5 km nördlich von Eivissa und 8 km östlich von Sant Antoni liegt die Ortschaft Sant Rafel nahe an der Autobahn nach Sant Antoni. Tagsüber ist es dort relativ ruhig, nachts dagegen wird Sant Rafel zum **Sammelpunkt vieler Discofans**. Denn nicht weit entfernt in Richtung Sant Antoni befinden sich die Discos *Amnesia* und *Privilege*, ⇨ Seite 206.

Bus

Man erreicht Sant Rafel 7-23 Uhr in hoher Frequenz per Linienbus sowohl von Eivissa als auch von Sant Antoni aus.

Kirche

Touristisch ist Sant Rafel weitgehend unergiebig. Aber es gibt eine Wehrkirche aus dem 18. Jahrhundert, von deren erhöhter Position man die Obere Altstadt von Eivissa erkennt und einen schönen Rundumblick über die Umgebung des Ortes hat.

Shopping

Einen besonderen Ruf genießen Sant Rafels Töpferwerkstätten:

Ceramica Can Kinoto

Carrer Principal, ✆ 971 198262, täglich 10-13.30 Uhr und 15-20 Uhr

Ceramicas Icardi

Carrer Principal, ✆ 971 198106, täglich 10-21 Uhr

Carlos Icardi ist vorwiegend auf (teure) schwarze Kunstkeramik spezialisiert. Hier finden auch **Töpferkurse** für Kinder statt.

Restaurants

Dank der Funktion von Sant Rafel als Vor-/Nach-*Nightlife*-Treff gibt's dort eine ganz ordentliche Gastronomie:

El Ayoun

Carrer Principal im Zentrum, ✆ 971 198335, täglich 19.30-24 Uhr; im Winter geschlossen

El Ayoun heißt auf Arabisch »die Augen«, und tatsächlich bietet dieses marokkanische Spezialitätenlokal nicht nur Genuss für die Geschmacksnerven. Empfehlenswert sind u.a. *Couscous* und *Tajine*. Die Räumlichkeiten sind nordafrikanisch inspiriert. An warmen Tagen sitzt man sehr schön im Innenhof. Menü ab €20. Auch eine Bar ist vorhanden.

Ca'n Pilot	Carrer Principal (an der Abzweigung nach Santa Agnès) © 971 198293, täglich 10-24 Uhr
	Bodenständige Hausmannskost zu günstigen Preisen. Die Mittagsmenüs sind bei Einheimischen wie Fremden populär.
L'Éléphant	gegenüber der Kirche, © 971 198056, Mi-Mo 19-24 Uhr
	Dieses *Modern Design*-Restaurant in einem umfunktionierten alten Gemäuer am Kirchplatz verwöhnt seine Gäste mit Gerichten der *Nouvelle Cuisine*, i.e. kleine Portionen bei hoher Qualität. Von der Terrasse aus blickt man weit übers Land bis nach Eivissa. Gehobene Preise.
Trabrennen	Sonntags ab 18.30 Uhr finden auf der **Pferderennbahn** – *Hipódromo de Ibiza* in s'Hort Nou, © 608 162403 – Trabrennen statt.

Die Gastronomie des Inselinneren bietet oft typisch ibizenkische Gerichte

2.5.4   Santa Gertrudis de Fruitera

Kennzeichnung

Lage	Im geographischen Zentrum Ibizas liegt auf etwa halbem Weg zwischen Eivissa und Sant Miquel de Balansat eine der bei ausländischen Residenten, speziell der kunstschaffenden Art, populären und in vielen Veröffentlichungen als »eine der attraktivsten« bezeichneten Ortschaften der Insel.
Charakteristik	Dabei wird Santa Gertrudis de Fruitera gerne typisches Ibiza-Flair zugesprochen, wiewohl sich das dem touristischen Kurzbesucher nicht auf Anhieb erschließen dürfte. Schon gar nicht, dass manche Dorfbewohner (einschließlich der dort und in der Umgebung lebenden Ausländer) von Santa Gertrudis als der »heimlichen Hauptstadt« sprechen. Denn mehr als ein paar Blocks links und rechts der Straße nach Sant Mateu unmittelbar westlich der Durchgangsstraße nach Norden mit überwiegend nüchternen – darunter vielen neuen – Fassaden umfasst der Ort nicht.

**»Leben«
im Ortskern**

Immerhin muss man zugeben, dass die Gemeindeplaner dort gute Arbeit geleistet haben, indem sie die Hauptroute nach Norden am Ort vorbeigeführt und dessen kleinen gewachsenen Kern nicht nur erhalten haben, sondern ihn auch noch verkehrsfrei machten.

Das Leben in Santa Gertrudis ist in hohem Maße gekennzeichnet durch Ausländer, Residenten und ganz »normale« Touristen, Leuten mit Zeit also für den Besuch der Handvoll **Galerien**, teuren **Shops**, **Restaurants und Bars** des Ortes. Davon drängt sich für dessen Größe von nur wenigen hundert Einwohnern eine erstaunliche Zahl in der neu geschaffenen Fußgängerzone und drumherum. In bestimmten Lokalen ist regelmäßiges Auftauchen Pflicht für alle, die auf sich halten. Einheimische, soweit sie zum Straßenbild im Zentrum von Santa Gertrudis beitragen, sind in der Minderheit.

Transport

Man erreicht Santa Gertrudis viermal täglich mit dem **Bus** von Eivissa. Wer mit dem Auto kommt, hat es seit Einrichtung der verkehrsfreien Zone oft schwer, einen Parkplatz in deren Nähe zu finden. Aber die Entfernungen hier sind nur gering.

Essen & Trinken

Auch unter kulinarischen Gesichtspunkten lohnt sich ein Besuch von Santa Gertrudis (und Umgebung), gelten doch einige der Restaurants dort als die besten Ibizas. Aber der Reihe nach. Zunächst einmal geht traditionell kein Weg vorbei an der

Bar Costa

in der Fußgängerzone, ✆ 971 197021, Mi-Mo 8-2 Uhr

Früher beglichen – wahr oder unwahr – manche der Künstler ihre offenen Rechnungen mit Bildern, von denen heute noch einige an den Wänden hängen. Es gibt hier prima *Bocadillos*, besonders gut ist die Variante mit Serrano-Schinken.

Bar Es Canto

in der Fußgängerzone, Mi-Mo 8-2 Uhr

Insider schwören darauf, dass der Kaffee nirgendwo auf Ibiza besser schmeckt als im *Es Canto*. Auch die *Tapas* dieser Bar genießen einen guten Ruf. Spezialität sind *Boquerones* (Sardinen) zu einem kühlen Glas Bier. Es gibt auch eine komplette Karte. Wer gerne Fisch isst, sollte *Dorade* bestellen.

Sa Cornucópa

hinter der Kirche,
✆ 971 197274, Mo-Sa 19-24 Uhr

Ein **Spitzenrestaurant** Ibizas. Der Brite *Paul* verwöhnt seine Gäste – vorzugsweise im Garten – mit feiner mediterraner Küche. Er trinkt auch gern mal ein Gläschen Rotwein mit. *Sa Cornucópia* lohnt immer einen Besuch, ist aber nicht billig.

La Plaza

Plaça de s'Església, ✆ 971 197075, täglich 20-24 Uhr

Südfranzösische Spezialitäten ab etwa €30 pro Person inkl. Wein (2 Glas pro Person). Auch das *La Plaza* erfreut sich inselweiter Beachtung – äußerst lecker ist *Tajine*, ein Schmortopfgericht.

**Restaurante
Ca'n Caus**

etwa 1 km südlich von Santa Gertrudis an der PM 804,
☏ 971 197516, täglich 9-1 Uhr

Hier kommen große Portionen deftiger ibizenkischer Hausmannskost auf den Tisch. Empfehlenswert sind »flachgeklopf-
tes« Hühnchen und Grillteller mit ausgewähltenl eigenen Spezialitäten. Im Winter macht der Kamin die rustikale Gaststube
zu einem gemütlichen warmen Rastplatz. Moderate Preise.

Zum *Ca'n Caus* gehört ein Laden mit ibizenkischen Lebensmitteln und Weinen. Es gibt dort sogar frische Ziegenmilch.

**Restaurante
Ca'n Pau**

etwa 2 km südlich von Santa Gertrudis an der PM 804,
☏ 971 197007, Reservierung empfohlen, täglich 9-1 Uhr

Das *Ca'n Pau* ist die teurere Alternative zum *Ca'n Gaus*. Es bietet u.a. **Lammfleischvarianten**. Am besten sitzt man im Garten.

Ama Lur

etwa 2,5 km südlich von Santa Gertrudis an der PM 804,
☏ 971 314554, täglich 20-24 Uhr

Baskische Küche und hohe Preise kennzeichnen das *Ama Lur*,
das ebenfalls zu den inselbesten Restaurants zählt. **Fisch**- und
Nachspeisen sind hier zu empfehlen. Große Terrasse.

*Die
Kneipenzeile
profitiert von
der seit 2008
verkehrsfreien
Zone: Endlich
keine Abgase
mehr, und kein
Stuhl kippt
mehr von
engen
Bürgersteigen
auf die Straße*

Galerien

**Galeria
Can Daifa**

schräg gegenüber der Kirche,
☏ 971 197042,
Mi-Fr 12-15 Uhr und 18-21 Uhr

Die Deutsche *Doris Hardt* stellt in dieser uralten Finca ihre
Kunstwerke aus: Gemälde, Skulpturen, Keramiken. Sonntags
auch wechselnde Ausstellungen.

**Galeria
Es Molí**

Carretera Sant Miquel-Santa Gertrudis (PM 804),
☏ 971 312835; täglich 18-21 Uhr

Oft Ausstellungen von Werken bekannter spanischer Künstler

Shopping

Gemessen an der Ortsgröße stößt man in Santa Gertrudis Läden
auf eine erstaunliche Vielfalt des Angebots:

Galeria Libro Azul	Sa Nova Gertrudis oberhalb des zentralen Bereichs, ✆ 971 197454, Mo-Sa 10-14 Uhr und 17-20 Uhr, So 17-20 Uhr
	Diese **Buchhandlung** hat u.a. viel **deutschsprachige Literatur** über Ibiza und die Balearen, aber auch leichte Urlaubslektüre.
Nino D'Agata	Sa Nova Gertrudis ✆ 971 187255; Di-Sa 10-14 Uhr und 18-21 Uhr
	Beim italienischen **Goldschmied** findet man kunstvoll gearbeiteten (teuren) Schmuck.
Casi Todo	im Ortskern, ✆ 971 197023, <u>www.casitodo.com</u>; Mo-Sa 10-14 und 16-19 Uhr,
	Casi Todo ist ein **Antiquitätenhandel** mit einem breiten Spektrum – der Name sagt es: »fast alles«. Neben dem normalen Verkauf finden jeden ersten Samstag im Monat Versteigerungen statt (ab 20.30 Uhr).
Oldtimer	Neben dem Laden gibt es ein **Café**, in dem sich jeden zweiten Samstag im Monat am Vormittag der *Classic Car Club* trifft. Dann parken immer jede Menge Oldtimer im Ort.
Te Cuero	Plaça de s'Església; ✆ 971 197100
	Kunstvoll gearbeitete **Lederwaren** zu mittleren Preisen.

Bekanntester Shop weit und breit: »Casi Todo« in Santa Gertrudis

Von Sant Antoni nach Santa Gertrudis

Bar Can Tixedo

Möchte man von Sant Antoni nach Santa Gertrudis fahren, führt der kürzeste Weg über die nördliche Stadtumgehung und den ersten Verkehrskreisel nördlich der C-731. Die Ausschilderung auf dieser landschaftlich ganz hübschen Route direkt nach Osten ist narrensicher. Erwähnenswert ist die Strecke auch wegen der Bar *Can Tixedo* an der Kreuzung mit der PMV-812-1, ca. 7 km östlich von Sant Antoni. Sie ist ein echter **Geheimtipp** wegen ihrer großer Auswahl an *Tapas* (vielleicht den besten der Insel). Wechselnde, immer zahlreiche **Kunstwerke** an den Wänden der Bar erfreuen dort Gourmets wie Kunstfreunde.

2.6 Der Südwesten

Geographie und Kennzeichnung

Der Südwesten Ibizas, vom Rest der Insel in etwa abgegrenzt durch die Linie Eivissa-Sant Antoni, ist die wirtschaftlich bedeutendste Region Ibizas. Dort befinden sich u.a. fast die **Hälfte aller Hotels** (einschließlich Figueretes und Platja d'en Bossa, Ferienorte, die hier bereits im Kapitel 2.2 behandelt wurden) und der **Flughafen**. Aber schon zu vortouristischer Zeit war der Südwesten Ibizas ökonomisches Zentrum. Die ganz im Süden angelegten **Salinen** machten Ibiza zeitweise zum wichtigsten Erzeuger von Salz im westlichen Mittelmeer und brachten der Insel hohe Einnahmen. Auch heute sind die Salinen noch aktiv, wiewohl überwiegend Naturschutzgebiet.

Ländliche Prägung

Trotz des Massentourismus hat der Südwesten seine ländliche Prägung großenteils bewahren können. In einigen Dörfern und abgelegenen Fincas abseits der Küste scheint die Zeit stehen geblieben zu sein. Dort spielt die Landwirtschaft immer noch eine wichtige Rolle, u.a. wächst auch im Südwesten der ibizenkische **Wein** (*ví pagès*).

Orte

Hauptort und Verwaltungssitz der Südwestregion ist Sant Josep, eine auf den ersten Blick durchaus modern wirkende Kleinstadt. Weitere nennenswerte Orte sind Es Cubells, Cala Vadella und Cala Tarida an der Südwest- bzw. Westküste.

Hubschraubertrips

Wer den Südwesten von oben kennenlernen möchte, bucht einen Helikopterflug. Information und Reservierung bei *Top Flight* (© 902 460006) oder bei *TAF* (© 937 120012).

Blick über die Salinen im äußersten Südwesten

Der Südwesten

N

0 ___ 2 km

Öffentlicher Transport	Lediglich die Strecke Eivissa-Sant Josep-Sant Antoni wird mit hoher Frequenz von Bussen bedient. Für alle Ziele abseits dieser Hauptroute ist die Zahl der täglichen Verbindungen selbst im Sommer klein, im Winter kaum noch vorhanden.
Landschaft	Südwestlich von Sant Josep erhebt sich der **Sa Talaia** (476 m), der höchste Berg Ibizas als erster einer Folge von Anhöhen um die 400 m, von denen die letzte, der **Puig Llentrisca** vor dem gleichnamigen Kap steil zum Meer abfällt. Östlich von Sant Josep erstreckt sich bis zu den Vororten von Eivissa und bis Sant Rafel ein ebenfalls kaum besiedeltes Gebiet mit Höhenzügen und Kuppen zwischen 200 m und 400 m.
Küste	Keine der bislang beschriebenen Regionen besitzt eine so lange und **abwechslungsreiche Küstenlinie** wie der Südwesten. Zahlreiche kleine und große felsig eingefaßte Buchten mit Sand- und Kieselstrand und steile Felsklippen kennzeichnen die westliche und südwestliche Küste, langer Sandstrand vor flachem Hinterland und Dünen mit feinsandigen Stränden am äußersten Süden hinter dem Beton des Flughafens. Nahezu ganz verschwunden sind dagegen mit der dichten Bebauung die Dünen an der *Platja d'en Bossa* im Südosten de Region, ➪ Seite 61.

2.6.1 _____ Sant Josep de Sa Talaia (San José)

_____ **Kennzeichnung**

Zentralort

Sant Josep de Sa Talaia liegt 9 km südlich von Sant Antoni und 15 km nordwestlich von Eivissa an der alten Verbindung durchs Hinterland (Straße PM-803). Der Ort zählt ganze 4000 Einwohner (Gesamtregion ca. 17.000) und hat abseits der Durchgangsstraße mit ihren durchweg modern gestalteten neuen Fassaden immer noch ein dörfliches Flair. Besonders am Sonntagvormittag wird dies deutlich, wenn die Kirchgänger teilweise in traditioneller Tracht erscheinen. Beim jährlichen Volksfest in Sant Josep am 19. März wird noch der alte Brauch gepflegt, ein Festessen für alle zu organisieren.

Verkehrs-knotenpunkt Sant Josep

Wer von außerhalb einen Ausflug in den Südwesten macht und Küstenorte und Buchten der Region besuchen möchte, kommt an Sant Josep kaum vorbei. Denn die meisten Ziele – sieht man ab von den Stränden im äußersten Süden – sind je nach Startpunkt des Besuchers am besten über Stichstraßen ab Sant Josep zu erreichen. Daher macht sich der Tourismus dort vor allem durch ein hohes Verkehrsaufkommen bemerkbar. Im Ort gibt es keine sonderlich touristisch geprägte Infrastruktur, immerhin aber einige gute Restaurants und originelle Shops.

Kirche

Die einzige Sehenswürdigkeit des Ortes ist die 1731 erbaute *Església de Sant Josep* (täglich geöffnet 9-13 Uhr, Messe So 11 und 20 Uhr). Im Gegensatz zu vielen anderen Gotteshäusern Ibizas ist sie keine Wehrkirche. Die hölzerne Kanzel ist mit Darstellungen aus den Mysterien verziert. Sehr schön sind das Altarbild und die Fenstermosaiken. Man betritt das Hauptschiff durch eine dreibogige Vorhalle. Das Innere zeigt, dass es der Region nicht erst seit dem Beginn des Tourismus gut geht. Die Einkünfte aus dem Salz der Salinen sorgten in Sant Josep schon vor Jahrhunderten für Wohlstand.

Sa Cova Santa

Auf etwa halbem Weg von Eivissa nach Sant Josep (von dort ca. 6 km) befindet sich nahe der Abzweigung nach Sa Caleta/Cala Jondal (↪ Seite 161) die »heilige Höhle« *Sa Cova Santa* mit bizarren Tropfsteininformationen. In den Sommermonaten kann man sie Mo-Sa 9.30-13.30 Uhr besichtigen, Eintritt €3. Oft finden dort Disco-/Tanzveranstaltungen statt. Info-℡ 971 395463.

_____ **Essen & Trinken**

An der Plaça de s'Església stehen zwei einfache Lokale:

Bernat Vinya

Im schattigem Garten serviert man dort *Tapas* und einfache Gerichte zu moderaten Preisen. Treff der Einheimischen; geöffnet 7-1 Uhr

Restaurante Ruta

Das Restaurant hat ibizenkische Weine und recht preisgünstig Pizza und Pasta; täglich geöffnet 9-1 Uhr.

Destino Tapas Bar	Besonders zu empfehlen ist diese Bar in der kleinen Fußgängerzone hinter dem *Bernat Vinya* – der Name sagt es – für ihre *Tapas;* freitags gibt's *Couscous.* © 971 800341, geöffnet 12-16 Uhr und 19-1 Uhr, Sonntag Ruhetag. Faire Preise.

Shopping

El Palio	Carrer Pedro Escandellas 4, Mo-Fr 9.30-14 Uhr, 16.30-20 Uhr, Sa 9.30-14 Uhr
	Schön gearbeitete **Glas**- und **Keramikartikel** sowie Möbel und ibizenkische Trachtenmoden zu mittleren Preisen.
Artesania Ca Vostra	Carrer Pedro Escandellas. Mo-Sa 9.30-14 Uhr, 16.30-20 Uhr
	Ibizenkisches **Kunsthandwerk**, großes Angebot, hohe Preise.
art i fang	Carrer Pedro Escandellas, Mo-Sa 10-14 und 17-21 Uhr
	Originelle **Kunstwerke** und **Souvenirs** voller Inselmystik.

Abstecher auf Ibizas höchsten Berg

Wie eingangs des Kapitels erwähnt, erhebt sich etwa 2 km südwestlich des Dorfes mit dem 476 m hohen *Sa Talaia* Ibizas höchster Berg. Von oben hat man einen tollen Rundblick über die gesamte Westregion Ibizas.

Ein gekennzeichneter **Fußweg** (ca. 2,5 km) durch Thymian- und Olivenbaumhaine beginnt hinter der Schule von Sant Josep. Der Aufstieg lässt sich bei guter Kondition in unter einer Stunde bewältigen, zurück genügen 40 min. Man kann die Wanderung ggf. auf dem von Norden kommenden Fahrweg fortsetzen (⇨ unten und Seite 230f) und aus dem Aufstieg eine Rundwanderung machen (dann ca. 3-4 Stunden reine Laufzeit).

Eine Auffahrt per Auto ist bei trockenem Wetter unproblematisch und auch für Sportler per **Bike** ohne weiteres machbar, denn ein Schotterweg (anfangs auch Asphalt) führt wegen Sendemasten und einer Radarstation bis auf den Gipfel. Die ca. 5 km lange Zufahrt (nur unauffälliges Hinweisschild »Sa Talaia«) beginnt an der Straße Sant Josep-Cala Vadella 400 m westlich der Abzweigung (Kreisverkehr) nach Cala Tarida. Der letzte Kilometer des Weges läuft auf einem Gipfelkamm durch lichten Wald. Die Straße endet ca. 500 m östlich des höchsten Punktes am Servicehäuschen der Sendemasten. Dort erreicht auch der von Sant Josep hochlaufende Pfad die Kammstraße.

Sendemasten auf dem Sa Talaia

2.6.2 — Sant Agustí des Vedrà (San Augustín)

Lage und deutsche Schule

Das Dorf Sant Agustí des Vedrà liegt 3 km nördlich von Sant Josep ebenfalls an der PM-803. Bekannt wurde das Dorf, als sich dort (bereits) in den 1950er-Jahren um den Schriftsteller und Komponisten *Hans Helfritz* (1902-1995) eine **deutsche »Aussteigerszene«** bildete. Auf sie geht die Gründung der privaten deutschen Schule *Can Blau* zurück, in der auf Deutsch, Spanisch und Katalanisch unterrichtet wird. (*Can Blau* steht für »Blaues Haus«; hier deutsch =katalanisch).

Restaurant

An der Plaça Major von Sant Agustí befindet sich das Restaurant *Ca'n Berri Vell* mit einfachen, preiswerten Gerichten, ✆ 971 344321, geöffnet täglich 19-2 Uhr, mittwochs Ruhetag.

Galerie

Die *Galerie Berri* (neben der Kirche) zeigt in 14-tägigem Wechsel die Werke ibizenkischer und auf Ibiza lebender ausländischer Künstler; täglich Mo-Fr 9-14, 17-20.30 Uhr, Sa 9-14 Uhr

In der Umgebung von Sant Agustí gibt es **zwei schöne Hotels**:

Finca Can Mirador**
€€€

✆/Fax 971 345226, www.can-mirador.eu
im November gechlossen

Dieses kleine Aparthotel unter deutschem Management liegt unweit der Straße nach Port des Torrent/Cala Tarida ca. 2 km entfernt von Sant Agustí in erhöter Position. Man hat von dort einen herrlichen Blick übers Land aufs Meer und hinüber nach Sant Antoni. Die Apartments des im Fincastil erbauten Hauses haben alle eine sonnige Aussichtsterrasse, Klimaanlage SAT-TV und Wireless LAN. Erholung und Wellness ist dank Sauna, Massageangebot, Pool und Whirlpool inklusive. Nicht billig, aber für den Standard sind die Tarife o.k.

Hotel Victoria**
€€€

(nicht zu verwechseln mit *Hotel Victoria* in Talamanca)
✆ 971 340900, www.victoriaibiza.com, ganzjährig geöffnet
(Veranstalter z.B. Schauinsland)

Das mit 25 Zimmern/Apartments relativ kleine *Hotel Victoria* liegt noch etwas weiter entfernt von Sant Agustí an derselben Strecke und ebenfalls auf einer Anhöhe. Der einem Landhaus nachempfundene Bau hat Hallenschwimmbad (im Winter gechlossen) Sauna und WLAN. Von der Restaurantterrasse blickt man weit übers Land (skandinavische Küche, aber nur Sommer). Die Tarife entsprechen der Exklusivität. Britisch dominiert.

Hotel Victoria in schöner Lage auf einer Anhöhe, von der man weit übers Meer blickt

2.6.3   Die südliche Westküste

Zur Abgrenzung
Geographisch und verwaltungstechnisch gehören zum Bereich Sant Josep eigentlich auch die Hotelurbanisationen entlang der Südflanke der Baja de Sant Antoni. Sie wurden jedoch wegen ihrer touristischen Zugehörigkeit zum Großraum Sant Antoni bereits im Kapitel 2.5.1 behandelt, ➪ Seiten 120f.

Cala Codolar (Cala Codolà) und Club Delfin

Anfahrt
Die nördlichste der touristisch nennenswerten Buchten im umrissenen Bereich ist die *Cala Codolar* nur wenige Kilometer südlich der *Cala Comte*, ➪ Seite 121. Man erreicht sie auf einer Stichstraße, die von der Zufahrt zur Cala Comte abzweigt. Das letzte Stück zur Bucht hinunter ist eine raue staubige Abfahrt.

Kennzeichnung
Die beidseitig von hohen Uferfelsen begrenzte, nicht besonders attraktive Bucht ist nur etwa 50 m breit; der Sand- und teilweise Kieselstrand fällt flach ins Meer ab. Schwimmer haben wegen der Segler und Windsurfer und der für sie abgegrenzten Bereiche nur wenig Bewegungsfreiheit. Der Strandkiosk ist dort nur ein unschöner Plastikcontainer.

Restaurant
Aber an der Treppe den Hang hinauf zur Clubanlage Delfin liegt mit dem *Restaurant Amarant* ein **Geheimtipp**. Das Lokal mit eine große Terrasse 20 m über der Bucht (Gute Abendkarte, Grillgerichte, aber auch kleine Snacks, ℂ 971 806449). Von dort lässt sich blendend der Sonnenuntergang genießen (die Zufahrt per Auto ist ab der Stichstraße ausgeschildert).

Oberhalb der Cala Codolar erstreckt sich (»hinter« dem Restaurant) über mehrere hundert Meter die große Clubhotel-Anlage:

Calimera Club Delfin
ℂ 971 806210, www.calimera.com
(Buchung auch über z.B. 5-vor-fly, Bucher, Dertour, ITS, Jahn, JT, LMX)

Der weitläufige Komplex (226 Zimmer und Suiten/Apartments) zieht sich etwas erhöht an der Felsküste entlang. Von seinen Pools, der Bar und den Restaurants hat man einen wunderbaren Blick übers Meer und hinüber zur Insel s'Espart. Die Unterbringung erfolgt in nur zweistöckigen Gebäuden. Kennzeichen des Clubs sind die viele Sportangebote mit Kinderprogramm. Der Strand ist indessen bis zu 800 m von den Quartieren entfernt und nur über zahlreiche Stufen zu erreichen.

Buchbar ist der Club als Halbpension plus (inkl. Getränke) oder all-inclusive. Die Buffets werden allgemein gelobt. Empfehlenswert auch und gerade als Familienhotel für Leute, die sich an der Alleinlage (fast) ohne externe Infrastruktur nicht stören.

Segeln, Surfen, Tauchen
Zum *Club Delfin* gehört eine **Segel- und Surfschule** (Surf-Grundschein etwa €80) mit Segelboot- und Ausrüstungsverleih und die Tauchschule *Free Delfin Diving* (ℂ 971 806374, Mo-Sa 9-9.30 Uhr und 15-15.30 Uhr). Kurse und Tauchgänge sind dort etwas teurer als z.B. in *Cala Molí* oder an der *Cala Tarida*, ➪ unten.

Es Cucó

Bei Port d'es Torrent passiert man an der Straße nach Cala Tarida den wahrscheinlich besten Lebensmittelmarkt der Insel: *Es Cucó* hat – für nicht ganz niedrige Preise – eine große Auswahl an frischem Fleisch, Frischfisch, Wein und knusprigem Brot. Geöffnet Mo-Fr 9-14 Uhr, 17-20.30 Uhr; Sa 9-14 Uhr.

Cala Tarida

Kennzeichnung

Die Urbanisation Cala Tarida hinter der gleichnamigen Bucht mit einem fast 300 m langen, felsig unterbrochenen Strand gehört zu den beliebtesten Familienzielen der Insel. Im Sommer wird es dort recht voll. Weitläufige rückwärtige Hotel- und Apartmentkomplexe kennzeichnen die teilweise unschöne Situation hinter dem Strand. Sie gehören in keinem Fall zu den attraktivsten ihrer Art, sind aber vielfach vom Preis-/Leistungs-Verhältnis her durchaus bedenkenswerte Angebote.

Über dem Nordende der Bucht existiert rund um den (immer vollen) Hauptparkpatz eine kleine Infrastruktur mit einer Handvoll Geschäften und Autoverleihfirmen.

Cala Coral

Gleich nördlich des zentralen Platzes oberhalb der Cala Tarida geht es hinunter zum kleinen **Bootshafen** der *Cala Coral*, einem ruhigen Platz fürs Entspannen. Ein einfaches Lokal ist am Kopfende der Bucht vorhanden.

Tauchen

Tauchen lernt man in Cala Tarida bei *Orca Sub*, ℂ 971 806307 oder ℂ 657 557143; Kurse für Anfänger und Tauchscheine.

Transport

Cala Tarida ist von Sant Josep auf direkter Straße, aber auch von Sant Antoni über Port d'es Torrent relativ gut erreichbar. Busse dorthin verkehren von Sant Antoni 9.15-19 Uhr.

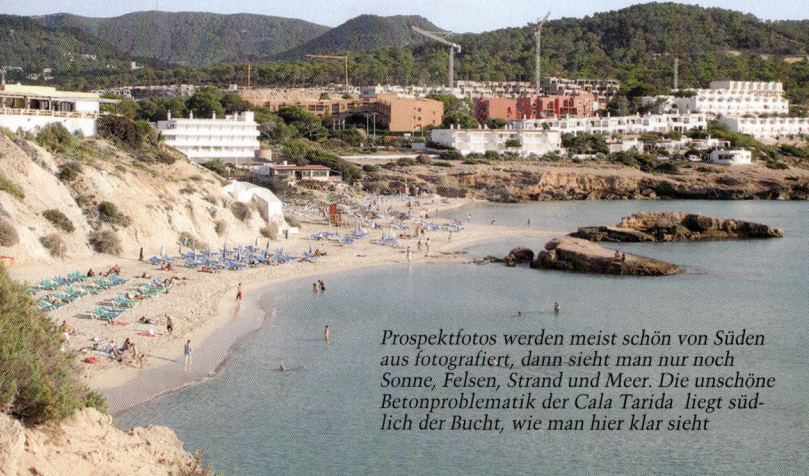

Prospektfotos werden meist schön von Süden aus fotografiert, dann sieht man nur noch Sonne, Felsen, Strand und Meer. Die unschöne Betonproblematik der Cala Tarida liegt südlich der Bucht, wie man hier klar sieht

Essen und Trinken

Ses Eufabies ✆ 971 806328, täglich 10-23 Uhr

Am Strand auf Felsen. Kontinentale Küche, mittlere Preise.

Posta del Sol ✆ 971 806308, täglich 10-23 Uhr, im Winter geschlossen

Der »Sonnenposten« liegt am Nordende über der Bucht. Von dessen tief gestaffelter Terrasse hat man einen tollen Blick über die Küste und auf den Sonnenuntergang. Neben Cocktails und *Ibiza Sound* gibt's dort auch was zu beißen, Spezialität: ibizenkische Hummersuppe (*caldereta*). Moderate Preise.

Ca's Mila/ Rincón de Tarida Auch o.k. fürs Abendessen sind das **Ca's Mila** mit einladender Terrasse und **Rincón de Tarida** (beim Parkplatz) mit deutscher Küche und gemütlichem Ambiente, sonntags *Brunch*.

An der Straße von Cala Tarida in Richtung Sant Josep liegt 2 km landeinwärts das Restaurant

S'Esparatar ✆ 971 800293, täglich 13-17 Uhr und 19-24 Uhr (Ende Dezember bis Anfang März geschlossen)

Familienbetrieb mit traditionellen Fischgerichten wie *Peix Frit* oder *Bullit* (ibizenkische *Bouillabaise*). Dank der Terrasse mit weitem Rundblick lohnt sich die Einkehr besonders an lauen Sommerabenden. Faire Preise.

Unterkunft

Club Hotel Tarida Beach*** €€

✆ 971 80627, www.ibiza-hotels.com/taridabeach
(Buchung z.B. auch bei Alltours, Bucher, Schauinsland); Winter geschl.

Diese Anlage hat 115 Wohneinheiten (schöne Studios und 2-Zimmer-Apartments) und bietet mittleren Komfort in Strandnähe. Kein Gebäude hat mehr als drei Etagen. Mehrere Pools, viele Sportangebote von Minigolf über Tennis, Squash, Tischtennis, Volleyball etc. Moderates Preisniveau.

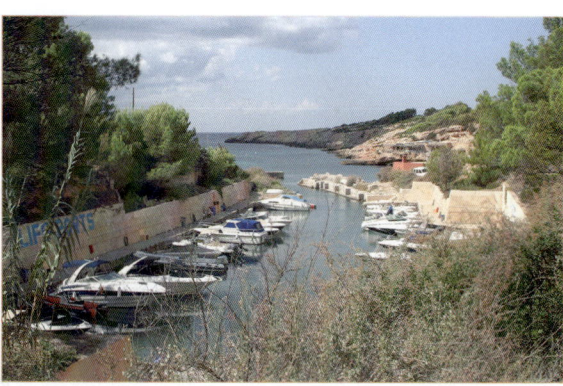

Nur 200 m nördlich der betriebsamen Cala Tarida liegt unauffällig der ruhige Bootshafen Cala Coral

Cala Molí

Kenn-
zeichnung

Einen guten Kilometer südlich der Cala Tarida liegt die bei Schnorchlern und Tauchern beliebte *Cala Molí* mit einem knapp hundert Meter breiten Kies- und Sandstrand. Die felsigen Flanken der Bucht und die Anhöhen dahinter sind bewaldet. Gleich hinter dem Strand steht das schöne

Unterkunft/
Restaurant

Hostal Cala Molí*** €€€

℡ 971 806002, www.calamoli.com
Dezember bis Februar geschlossen

Das grün eingebettete *Hostal* im ibizenkischen Fincastil verfügt über sieben relativ schlichte Zimmer, drei Suiten (alle mit überdachter Terrasse) und ein kleines **Restaurant**. Vom Poolbereich und einigen Terrassen hat man einen weiten Blick aufs Meer. Preisniveau nicht niedrig, aber wegen der wunderbaren, fast romantischen Lage noch akzeptabel.

Strandidylle an der Cala Vadella, aber nur in Vor- und Nachsaison. Im Sommer wird's hier brechend voll. Außerdem »lügt« das Bild: seit Jahren läuft weiter rechts der Durchgangsverkehr über den Strand

Cala Vadella

Kenn-
zeichnung

Das frühere Fischerdorf Cala Vadella an der gleichnamigen Bucht ist neben Cala Tarida die größte touristische Agglomeration der Westküste. Die breite tief ins Land reichende Bucht verfügt über einen besonders schönen, flach ins Meer abfallenden hellen Sandstrand. Das klare Wasser schimmert türkisfarben.

Ort und
Strand

Unmittelbar hinter dem Strand stehen einige Apartmenthotels und Restaurants. Auch der noch relativ neue zentrale Ortsbereich, eine hübsche Plaza mit mehreren Lokalen, öffnet sich zum Strand hin. Weitere Unterkünfte und zahlreiche private Villen verstecken sich in der rund um die Bucht ansteigenden bewaldeten Landschaft. Zu Recht beschreiben die Kataloge vieler – vor allem deutscher – Reiseveranstalter Cala Vadella als ruhigen, idyllischen Ort, vergessen aber hinzuzufügen »ohne ibizenkisches Flair«. Die Infrastruktur ist, wie anderswo auch, komplett auf Touristen zugeschnitten und recht begrenzt.

Prähistorie

Unweit der Straße von Sant Josep nach Cala Vadella liegt in der Nähe der Abzweigung zur Cala Carbó die Ausgrabung *Ses Païses de Cala d'Hort* (Hinweisschild). Erst 1917 wurden diese Grundmauern eines großen punisch-römischen Landsitzes entdeckt und von Archäologen freigelegt. Über ein Jahrtausend von etwa 500 v. Chr. bis 700 n. Chr. lebten dort zunächst Karthager, später Römer und Byzantiner. In der sog. Nekropole fand man 20 Grabkammern. Um Zerstörungen zu verhindern, wurde das Areal weitgehend eingezäunt und ist nicht mehr begehbar, aber nichtsdestoweniger zu besichtigen.

Bewertung   Familien mit Kindern dürften Cala Vadella nichtsdestoweniger als ideal ansehen, sofern sie in Strandnähe unterkommen. Aber andere Urlauber werden den Ort vielleicht als zu ruhig empfinden und noch weiter weg von allem als Cala Tarida.

Busse   Immerhin gibt es im Sommer ca. alle 75 min eine **Busverbindung** nach Eivissa (über Cala d'Hort, ⇨ unten). Bis Sant Josep sind es etwa 10 km, nach Sant Antoni 18 km.

Tauchen   Die *Cala Vadella* mit Umfeld gilt als gutes Schnorchel- und Tauchrevier. Tauchen unter professioneller Anleitung bieten:

Club Aquanautic, ✆/Fax 971 808267, www.ibiza-spotlight.com/clubaquanautic geöffnet von April bis November, Deutsche Leitung.

Nautilus Dive Resort, ✆ 971 808207, nautilusdive2000@yahoo.es; ganzjährig geöffnet

Schnupperkurse und PADI-Kurse bei beiden.

Essen und Trinken

Bars   Zwei gute Bars direkt am Strand sind das **Can Jaume** und die **Bar El Zócalo**. Für Snacks empfiehlt sich die **Bar Bon Sol** in der Mitte der Bucht.

Restaurant   Das erste Haus am Platze ist das Restaurant *Cana Sofia*, ✆ 971 808273. Klassische mediterrane Küche, vor allem Fischgerichte. Menüs ab ca. €20 pro Person, zwei Glas Wein inklusive. Das Restaurant ist abends oft voll, deshalb besser reservieren.

Unterkunft

Aparthotels   In Cala Vadella überwiegen Apartmenthotels, teilweise als all-inclusive-Angebot. Eine gute Anlage für Familien ist generell der **Club Aquarium*** (Buchung z.B. bei Neckermann, Schauinsland, 5-vor-fly). Er liegt indessen hoch über der Bucht, daher mit kleinen Kindern nicht so toll. Im Sommer ist vor allem der Rückweg, obwohl nicht sehr lang und bergab in 5 min machbar, eine anstrengende Angelegenheit.

In unmittelbarer Strandnähe, nur durch die Lokalstraße von ihm getrennt, steht das einfache

Aparthotel ***Puerto Cala Vadella*** **** €€**,
✆ 971 808013; www.aptospuertovadella.com
(auch Buchung z.B. bei Schauinsland, JT, LMX, 5-vor-fly)

Beide sind in der Hochsaison – absolut gesehen – recht teuer fürs Unterbringungsniveau, speziell letzteres aber bis Juni und ab September dennoch vergleichsweise preiswert.

Hotel

Das beste Haus im Bereich Cala Vadella ist das

Hotel Village ****** €€€**, Caló d'en Real
✆ 971 808001 oder ✆ 971 808034, www.hotelvillage.net

Dieses kleine, komfortable Hotel unter deutscher Leitung liegt zwischen der *Cala Vadella* und der *Cala Molí* oberhalb der Küste. Das mit orientalischen Objekten dekorierte Haus bietet Platz für 42 Gäste. Alle Zimmer (DZ und Suiten, viele mit Meerblick) haben Klimaanlage, Heizung, Minibar, Safe, SAT-TV. Vom schön angelegten Pool hat man einen Panoramablick. Das Restaurant des Hauses serviert mediterrane Gerichte.

Cala Carbó und d'Hort

Cala Carbó

Die *Cala Carbó* ist eine kleinere Strandbucht (ca. 60 m breit) gut 3 km südlich von Cala Vadella. Dank bis ins Wasser führender Holzbohlen ist sie auch für **Rollstuhlfahrer** zugänglich. Das *Balneario Cala Carbó* ist ein einfaches **Strandlokal** mit preiswerten Fischgerichten, im Sommer geöffnet 12-24 Uhr. **Anfahrt** ab der Verbindung Sant Josep-Cala Vadella auf einer Stichstraße ca. 2 km, zum ruhigen Baden besser als Cala D'Hort.

Cala d'Hort

Nur 200 m weiter östlich zweigt die **Zufahrt** zur populären ***Cala d'Hort*** von der Hauptstraße nach Sant Josep ab. Die Straße beschreibt einen großen Bogen durch eine Senke zunächst nach Osten und stößt nicht einmal einen Kilometer vor Cala D'Hort auf die Straße Sant Josep-Es Cubells-Cala d'Hort. Auf den letzten paar hundert Metern geht es sehr steil hinunter zur Bucht.

An der Cala d'Hort

Strand   Unter der Steilküste wartet ein gemischter Kiesel- und Sandstrand mit gut 200 m Breite, der zum Meer hin weit offen liegt
und daher oft mehr Seegang samt Brandung aufweist als die
meisten anderen Buchten der Region.

Es Vedrà   Sehr eindrucksvoll ist der Blick hinüber zu den hochaufragen-
den Felsinseln **Es Vedranell** (124 m) und **Es Vedrà** (382 m!), die
in nur 2 km bzw. 3 km Abstand vor der Küste liegen, ⇨ Foto
rechts, besonders vor untergehender Sonne. **Bootstouren nach
Es Vedrà** bucht man am besten von Sant Antoni aus (Dauer
etwa 3 Stunden, Kosten um ca. €20).

Restaurants   Direkt an der Bucht steht etwas erhöht links das **Fischrestaurant** *Del Carmen* mit einer rustikalen offenen Terrasse. Hier
sitzt man viel uriger als beim kulinarisch anspruchsvolleren
Konkurrenten *El Boldado* über der nördlichen Ecke der Bucht:

El Boldado, ℡ 608 838827,
geöffnet täglich 13-24 Uhr, im November geschlossen

Dorthin führt auch eine ausgeschilderte Zufahrt ab der Verbindung Hauptstraße-*Cala d'Hort* (zu Fuß geht's dorthin zunächst
am Strand entlang und dann vorbei an zahlreichen Bootsschuppen). Von Gastraum und Terrasse hat man einen ebenso grandiosen Blick auf die kathedralenartige Silhouette von *Es Vedrà*
wie von der Terrasse des *Del Carmen*. Serviert werden dort in
erster Linie frischer Fisch, Hummer und andere Meeresfrüchte,
ebenso Paella. Spezialität ist die **Bullit de Peix**, eine ibizenkische *Bouillabaise*. Gehobenes Preisniveau.

Parkchaos   Der Wendekreis am Straßenende in Cala d'Hort ist oft zugeparkt, auf dem kleinen Parkplatz rechts der Straße meist kaum
Platz. Man muss dann mühsam wenden, wieder hoch fahren
und irgendwo an der Steigung parken. Ein Auflaufen im Park-
kuddelmuddel unten vermeidet, wer die Situation bei Anfahrt
frühzeitig checkt (viele geparkte Autos links bergauf) und gleich
weiter oben stehen bleibt.

Öffentlicher   Einige der Busse Eivissa-Sant Josep-Cala Vadella fahren im Som-
Transport   mer einen Umweg über Cala d'Hort.

*Cap Blanc im Vordergrund,
dahinter der Einschnitt rechts
ist die Cala d'Hort*

Mythos Es Vedrà

Um beide Felsen ranken sich allerhand Legenden, so etwa, dass sie zum versunkenen Atlantis gehörten, oder dass an den Klippen von Es Vedrà einst Odysseus' Schiff zerschellte. Auch UFOs seien hier schon gesichtet worden, heißt es. Das passt gut zur Theorie, dass Es Vedrà eine Art Landeplatz von Außerirdischen sei, und auch dass – wie im Bermudadreieck –rund um die beiden Inseln sogar Schiffe unauffindbar abhanden gekommen sein sollen. Wahrscheinlich segeln sie jetzt auf den Meeren Lichtjahre entfernter Welten.

Kein Wunder und nur zu logisch ist unter diesen Umständen, dass Brieftauben über Es Vedrà ihren Orientierungssinn verlieren.

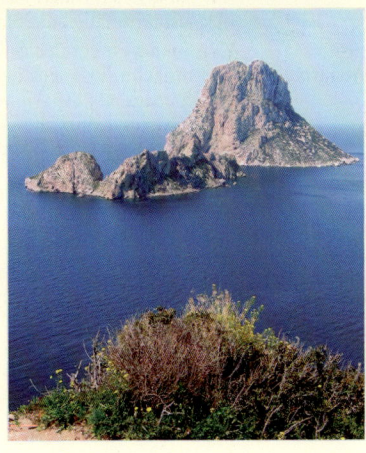

Das dürfte bereits auch *Francisco Palau* passiert sein, einem Mönch, der im 19. Jahrhundert einige Zeit auf dem Felsen verbrachte und von geheimnisvollen Begegnungen mit Engeln und Dämonen berichtete. Dank einiger Funde und glaubwürdiger Kulturhistoriker gesichert erscheint immerhin, dass die Phönizier dort einst ihrer Liebesgöttin *Tanit* Opfer brachten.

Heute ist *Es Vedrà* unbewohnt. Neben einer blauen Eidechsenart, die es nur auf diesem Fleckchen Erde gibt, grasen dort nur noch ein paar Ziegen.

Nach »Atlantis«

Steilküste

Ein reizvolles Ziel für eine **Wanderung** ist »*Atlantis*«, ein felsiger Küstenbereich unterhalb des *Torre del Pirata*. Man gelangt dorthin über die direkte Verbindung Cala D'Hort-Sant Josep, die nördlich von Es Cubells identisch mit der Straße Sant Josep-Es Cubells ist. Nach etwa 1,5 km (ab Cala d'Hort) auf weitgehend gerader Strecke bergauf passiert man rechts eine nicht weiter gekennzeichnete breite Wegeinfahrt (bevor die Straße in eine weite Linkskurve übergeht). Der gut befahrbare Schotter- und Sandweg führt geradewegs auf die Steilküste zu, knickt aber nach ca. 700 m nach rechts ab, passiert im Zickzackkurs mehrere einzeln stehende Gebäude und endet unweit der Küste. Wer nicht lange laufen will, hat es sonst dort nur ein paar Schritte bis zur - ungesicherten! – **Abbruchkante 150 m über dem Meer**. Grandios ist hier nicht nur der Blick hinüber zu den Inseln, sondern auch hinunter in die Tiefe und nach links auf den enormen Felsabbruch vorm Cap l'Oliva.

Mirador d'es Savinar

Man kann auch bereits dort parken, wo der Schotterweg nach rechts abknickt. Von dort läuft man noch 200-300 m querfeldein durch raues Gelände geradeaus bis zur Abbruchkante. Von derselben Stelle geht es auch (zunächst) gut 500 m in Richtung Südwesten hinauf zum Aussichtspunkt **Mirador d'es Savinar**.

Torre d'es Pirata

Oberhalb des *Mirador* steht unübersehbar der **Torre d'es Pirata**, ein alter Turm, von dem einst die Wachen bei Piratenangriffen Alarm schlugen. Ein toller Blick ist dort über 200 m Höhe über Es Vedrà und den gesamten südwestlichen Küstenstreifen bis hin zur Insel S'Espart belohnt die Mühe des Aufstiegs. Auch hier gilt: **einmalig bei Sonnenuntergang**.

Nach »Atlantis«

Hält man sich vor der Anhöhe mit dem *Torre d'es Pirata* links und umgeht diese, gelangt man an einen weiterem Aussichtspunkt unterhalb des *Mirador d'es Savinar* mit der Bezeichnung *Cap d'es Jueu*. Von dort aus führen mehrere steile Wege zum alten **Steinbruch Sa Pedrera** hinunter, wo einst Felsquader für den Bau der Stadtmauer von Eivissa aus dem Hang »gesägt« wurden. Die regelmäßigen Strukturen über und unter Wasser vermitteln den Eindruck untergegangener Architektur, was zur Bezeichnung »Atlantis« führte.

Punta de Buddha

Das ibizenkische »**Atlantis**«, d.h., einige Höhlen der Umgebung, wurde in den 1970er-Jahren von Hippies »bewohnt«. Speziell aus dieser Zeit stammen Graffitti und Felsschnitzereien. Die Steinmännchen überall gelten als »Glücksbringer«.

Berühmt wurde die (von einem Japaner in einer der Höhlen) in einen Felsen geritzte große Buddhafigur, der *Sa Pedrera* die Bezeichnung **Punta de Buddha** verdankt.

Buddha im Atlantis von Ibiza

2.6.4   Der äußerste Süden

An der südlichsten Ecke der Insel und der westlichen Südküste Ibizas zwischen den Salinen und dem Cap Llentrisca findet man einige der schönsten Strände, aber auch den Flughafen, die Salinen und den Eivissavorort Sant Jordi.

Sant Jordi de ses Salines (San Jorge)

Lage

Gleich hinter der *Platja d'en Bossa* südlich von Eivissa an der Route zum Flughafen liegt der eigentlich gesichtslose Vorort Sant Jordi de ses Salines. Immerhin aber verfügt er über die eindrucksvollste Wehrkirche der Pityusen und beherbergt eine Trabrennbahn.

Kirche

Die unverfehlbare **Església de Sant Jordi** wurde auf den Fundamenten eines älteren Gotteshauses errichtet und 1577 wegen der zunehmenden Piratengefahr ausgebaut, um im Angriffsfall mit dicken Mauern, Schießscharten und Zinnen der Dorfbevölkerung Zuflucht zu gewähren. Die Besichtigung ist nur möglich während der Messen: werktags 20 Uhr, sonntags 8, 11, 20 Uhr.

Flohmarkt

Im *Hipódromo* finden sonntags ab 19 Uhr Trabrennen statt. Wie bei uns kann gewettet werden. Am Samstag Vormittag gibt es dort einen **Flohmarkt** in Tradition der frühen Hippiemärkte.

Sant Francesc de S'Estany (San Francisco)

Lage

An der Straße PM 802 von Sant Jordi in Richtung Salinen passiert man auf etwa halber Strecke bis zum Straßenende in Sa Canal das Dorf Sant Francesc de S'Estany. Die wenigen Häuser des Dorfes liegen am Rande von Salinenfeldern, teilweise sogar schon mittendrin. Die kleine Ortskirche wurde einst für die Salzarbeiter errichtet.

Restaurant-tipp

Ein echter »**Hit**« ist dort das **Restaurant La Sal** (☎ 618 392829); es liegt an der Hauptstraße. Auch wenn dessen äußere Gegebenheiten wenig einladend wirken: die italienisch inspirierte mediterrane Küche ist – bei mittleren Preisen – ausgezeichnet.

Die südöstlichen Strände

Salinen

Bereits die Phönizier begannen mit der Salzgewinnung aus dem Meerwasser und brachten damit Ibiza frühen Wohlstand. Und Römer wie Mauren intensivierten die Salzproduktion sogar. Zeitweise war Eivissa dank des Salzhandels der wichtigste Hafen im westlichen Mittelmeer.

Reserva Natural

Heute sind *Ses Salines* überwiegend **Naturschutzgebiet** (*Reserva Natural*), in dem zahlreiche Vogelarten leben (u.a. im Winter sogar Flamingos), aber nichtsdestoweniger werden in den Salinen immer noch jährlich an die 70000 Tonnen Salz aus Meerwasser gewonnen. Die Produktion geht heute größtenteils nach Nordeuropa, wo es zum Pökeln von Fisch verwendet wird.

Durch die Salinen

Das Gebiet der Salinen erstreckt sich über etwa 10 km² im wesentlichen südlich des Flughafens und westlich der PM 802, sieht man von kleineren Feldern nördlich von Sant Francesc und hinter den Stränden *Es Cavallet* und *Ses Salines* ab. Es gibt **eine Menge kleiner Pfade und Wege durch die Salinen**, die zum großen Teil auch per Fahrrad erkundet werden können.

Restaurant Geheimtipp

Hinter der Saline *Estanys des Codols* versteckt sich am südlichen Ende des Strandes *Es Codolar* das **Chill-Out Restaurant Puesta del Sol** (↪ Foto Seite 207), anzusteuern auf verschlungenen, aber gut ausgeschilderten Wegen durch und am Rande der Salinen. Die Zufahrt zweigt ca. 1,5 km südlich von Sant Francesc von der Straße nach Sa Canal ab.

Strände

Zwei lange, weitgehend unbebaute Strände flankieren die südöstlichste Landzunge Ibizas mit dem Kap *Punta de ses Portes*. Ab/nach Eivissa gibt es (bis Sa Canal) sogar eine **Busverbindung**: stündlich 9.30-19.30 Uhr (immer knackvoll!).

Platja d'es Cavallet

Anfahrt

Die über 1 km lange und bis zu 50 m breite *Platja d'es Cavallet*, hinter der sich ein nach Süden hin breiter werdender Dünenstreifen erhebt, erreicht man über eine schmal, neuerdings ashaltierte Zufahrt am oberen Rand der südöstlichen Salinen entlang. Die Straße endet wie immer auf holprigen Parkplätzen.

Kennzeichnung

In Parkplatznähe am nördlichen Strandende mit dem beliebten *Chiringuito* wird es oft ziemlich voll, aber weiter südlich verläuft sich der Betrieb. Der obere Strandabschnitt eignet sich auch für **Rollstuhlfahrer**, da vom Parkplatz Holzp lanken bis hinunter ans Meer ausgelegt sind. Im Laufe der Zeit hat sich außerdem eine Dreiteilung ergeben: der **Norden** wird »normal« genutzt, **der mittlere Abschnitt** ist fürs FKK beliebt, und **ganz im Süden** trifft sich die schwule Szene.

Punta de ses Portes

An der Südspitze *Punta de ses Portes* steht der alte Wehrturm *Torre de ses Portes*, der einst dem Schutz des Salzhafens diente. Formentera und mehr noch die vorgelagerte Insel Espalmador erscheinen von dort aus zum Greifen nahe zu sein.

Unübersehbar liegt die Bar/das Restaurant

Gastronomie

El Chiringuito, ✆ 971 395355, ✆ 971 395485, täglich 13-20 Uhr, im Winter geschlossen gleich rechts vom Parkplatz in etwas erhöhter Position.

Torre de ses Portes südlich der Platja d'es Cavallet

Werbung des Restaurants El Chiringuito an der Platja des Cavallet, ein »echter« Picasso

Zu kräftigen Preisen gibt es dort ordentlich zubereiteten frischen Fisch. Das **El Chiringuito** Terrassen mit Blick auf Strand und Meer und zeichnet sich durch ein ausgesprochen angenehmes Ambiente aus.

In der Nachbarschaft nördlich oberhalb des Parkplatzes steht etwas strandferner das Restaurant **La Escollera**, ℂ 971 396572, ganzjährig geöffnet. Es verfügt ebenfalls über eine große Terrasse und dazu edles Interieur. Gehobenes Preisniveau bei guter Qualität von Küche und Service.

Im **Schwulenbereich** des Strandes weiter südlich stößt man aufs Restaurant **Chiringuay**, ℂ 971 187429, täglich 10-20.30 Uhr

Dort gibt's frischen Fisch und große Salatteller in Strandbuden-Atmosphäre. Große Cocktailauswahl. Nicht billig.

Wem das alles zu abgehoben erscheint, findet im **Can Salinas** die simple Alternative an der PM 802 ca. 300 m. von der Strandzufahrt: gute Paella zu moderaten Tarifen.

Platja de ses Salines

Ses Salines/ Migjorn

Westlich der *Punta de ses Portes* liegt die bei schönem Wetter fast karibisch anmutende **Platja de ses Salines** (auch *Platja Migjorn* genannt). Der lange, nur sporadisch mit Felsen durchsetzte helle Strand ist etwas kürzer, aber geschützter als *Es Cavallet* »um die Ecke« und führt kinderfreundlich flach ins Wasser. Auf und hinter dem Dünengürtel stehen (anders als bei *Es Cavallet*) schattige Pinien und Wacholder. Kein Wunder, dass dieser Strand (noch) belebter ist als der Nachbar.

Szene + Jet Set

Hier hält sich viel Szenepublikum auf. Im mittleren Strandbereich trifft man auf Angehörige des *Jet Set*, die schon vormittags in kostspieligen Edellokalen die Champagnergläser schwingen. Nicht einmal strandeigene DJ's fehlen, und so kann den nächtlichen Discotrip hier fortsetzen, wer noch dazu in der Lage ist.

Wassersport

Das Wassersportangebot ist groß: Katamaransegeln, *Windsurfing*, Wasserski, *Banana Fun Boat* oder *Parasailing*.

An der Platja de ses Salines (Migjorn). Nicht immer herrscht strahlendes Wetter

Windsurfkurse gibt's bei **CC Cats** am südwestlichen Ende des Strandes, ℂ 908 630632. Verfehlen lässt sich dieser Strand nicht, da er unmittelbar an der Straße vor Sa Canal beginnt. Es gibt dort sogar einen überdachten Parkplatz (gebührenpflichtig). Der schon erwähnte stündliche Bus von/nach Eivissa fährt bis hierher bzw. Sa Canal.

An der *Platja de Ses Salines* frequentiert, wer auf sich hält, das

Strandbars

Malibu, täglich 10-24 Uhr.

Treffpunkt der Reichen und Schönen. Riesige Cocktailauswahl und auch Fischteller. Sehr hohes Preisniveau.

Beliebt ist in dieser Hinsicht auch der

Jockey Club, täglich 10-24 Uhr,

Fruchtcocktails, Salate und leichte Kost. Den ganzen Tag läuft *Chill-out* Musik. Auch abends noch beliebter Auflaufpunkt zu einem Gläschen Rioja am Meer. Gehobenes Preisniveau.

Am östlichen Ende des Strandes »versteckt« sich eines der buntesten Strandlokale Ibizas, das

Sa Trincha, täglich 10-24 Uhr

Zu ausgelassener Musik wird dort den ganzen Tag gefeiert.

Weitgehend verwaiste Hafenanlage zur Salzverladung in Sa Canal

Sa Canal

Kennzeichnung

Der Hafen Sa Canal am Ende der Straße PM 802 in Sichtweite der Strandes wurde einst extra für die Salzverladung angelegt. Wegen der nur noch relativ geringen Salzerzeugung ist der Salzhafen meistens verwaist. Außer der Hafenanlage gibt es in Sa Canal nur noch eine Hand voller Gebäude »Los« ist dort nichts.

Restaurant und Hostal Mar y Sal* €

An der Straße gegenüber dem Nordende der *Platja de Ses Salines* liegt an der Straße das Restaurant *Mar y Sal*, das in der Hochsaison rund um die Uhr (!) geöffnet bleibt und einfache Gerichte wie Salate, Gegrilltes und Fisch serviert.

Wer bleiben will, quartiert sich im angeschlossenen gleichnamigen *Hostal* ein (neun simple Zimmer) – ✆ 971 396584.

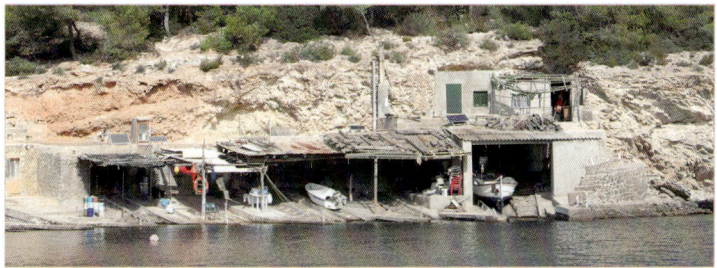

An der Cala Caleta, einer Bucht ganz ohne Strand, aber voller Bootsschuppen

Strände und Buchten der Südwestecke

Sa Caleta/Platja d'es Bol Nou

Kennzeichnung und Anfahrt

Nordwestlich der Salinen und der fast bis ans Meer reichenden Landebahnen des Flughafens stehen die Häuser von **Sa Caleta**. Rund um die gleichnamige Bucht liegen malerisch dicht an dicht Fischerboote auf primitiven Slipanlagen vor oder in ihren Unterständen. Anfahrt dorthin am einfachsten über die PM-803 (Sant Josep-Eivissa) oder PM-801 (Sant Jordi via Flughafen zur PM-803); von ihnen folgt man jeweils der Ausschilderung.

Punische Ruinen

Sa Caleta wurde bekannt durch die dort – erst 1978 – entdeckten **Ruinen der ältesten Siedlung auf Ibiza** (7. Jahrhundert v. Chr.): Grundmauern eines Gemeinschaftshauses und mehrerer kleiner Gebäude, Reste eines Backofens und eines Verhüttungsplatzes für Eisen und Blei. Man vermutet, dass es sich hier um einen Stützpunkt phönizischer Seefahrer handelte, der aber später zugunsten einer Neuansiedlung an der geschützteren Bucht von Eivissa wieder aufgegeben wurde. Die Wegweisung zur Ausgrabungsstätte, die man 1999 sogar zum **Weltkulturerbe** erklärte, wurde wohl wegen Vandalismus wieder entfernt. Für Nicht-Archäologen gab es dort aber ohnehin kaum Interessantes zu sehen, zumal die Umzäunung nur »Distanzbesuche« zuließ.

Platja Caleta d'es Bol Nou

Platja d'es Bol Nou: Lage und Zufahrt

Viel spannender dürfte für die meisten ohnehin der Strand *Platja d'es Bol Nou* vor steilen rotbraunen Felsen sein. Er liegt nur wenig westlich von Sa Caleta, wird auch häufig so bezeichnet, ist aber von der Fischerbucht durch eine hohe Felsnase getrennt. Landseitig verbinden breite rumpelige Fahrspuren die beiden Buchten und diese wiederum mit der an ihnen vorbeiführenden Asphaltstraße.

Das Wasser ist dort glasklar. Bei Sonnenuntergang wird der Strand in das warme Licht der die Sonne reflektierenden Felswand getaucht, an der es dank der Einstrahlung tagsüber abends lange warm bleibt. Ungewöhnlich ist, dass der Zugang zu diesem sehr schönen, nur etwa 150 m breiten Strand über einen künstlichen Felsdurchbruch erfolgt.

Restaurant

Gleich dahinter steht das beliebte **Restaurant *La Caleta***, ✆ 971 187095, täglich 12-17 Uhr und Juli-September auch 20-24 Uhr

Mit diesem Lokal kann man nichts falsch machen. Neben prima Fischgerichten gibt es Langusten, Meeresfrüchte und Paella, gut sind auch die *Tapas* und der *Café Sa Caleta*, der mit Cognac und Orangenschalen aufgekocht wird. Gehobenes Preisniveau. Am Wochenende wird es speziell mittags sehr voll. Schade nur, dass von dort der Blick aufs Meer doch arg eingeengt ist; von der pittoresken Steilküste sieht man so gut wie nichts.

Platja d'es Codolar

Südlich von Sa Caleta erstreckt sich unmittelbar unter der Einflugschneise von/nach Osten der fast 1 km lange Kieselstrand *Platja d'es Codolar*. Er ist nicht sonderlich attraktiv und obendrein wegen des Fluglärms ziemlich ungemütlich, wird aber dennoch gern von einheimischen Surfern und Kitern genutzt. Denn in dieser ungeschützten weiten Bucht reizen Wind- und Wellenverhältnisse. Außerdem ist sie meist »touristenfrei«.

Anfahrt

Die Anfahrt ist nicht leicht auszumachen. Von der PM 801 von Sant Jordi kommend hält man sich nach dem Abzweig in Richtung Sa Caleta bei erster Gelegenheit, spätestens aber bei der zweiten links. Wer von Sa Caleta kommt, nutzt zwischen den Häusern der Siedlung Can Codolar gleich die erste Straße rechts und findet sich nach hundert Metern am Wasser wieder.

Cala d'es Jondal

Lage und Kennzeichnung

Die Cala d'es Jondal ist von Sa Caleta durch die weit ins Meer ragende, spitz zulaufende Felszunge *Punta Jondal* getrennt. Die gut 300 m breite Bucht besitzt im Westen einen (aufgeschütteten) oft sehr vollen Sandstrand, der gerne **Tropicana Beach** genannt wird. Im östlichen Abschnitt besteht der Strand überwiegend aus Steinen und Kiesel. Vor Sonnenuntergang sorgen die Felswände beidseitig der Bucht ähnlich wie bei der *Platja d'es Bol Nou* für warmes, romantisches Licht.

Anfahrt

Man erreicht die Cala d'es Jondal auf einer schmalen von Sa Caleta nach Westen führenden Nebenstraße, die auf die Hauptzufahrtschleife ab der PM-803 (Eivissa-Sant Josep) stößt. Aus Richtung San Josep entspricht das zunächst der Stichstraße nach Port Roig, dann aber geht es bei C'an Pujolet links ab.

High Life

Jeden Sonntag im Sommer findet am Strand der Cala Jondal im Abschnitt der Strandbar **Tropicana** ein **lateinamerikanischer Abend** mit Live-Musik statt: *Salsa, Merengue, Samba*. Dort ist die Stimmung dank der besten *Caipirinhas* der Insel immer ausgelassen. Im Hochsommer werden an diesem Strand von den großen Clubs oft sogenannte **After Parties** organisiert. Infos dazu in den Clubs selbst oder im Szene-Magazin **dub**.

4 Strandlokale

Gleiche mehrere Strandlokale teilen sich die Cala Jondal. Sie vermieten allesamt Schirme wie Liegen und nehmen Bestellungen ebenso am Strand auf wie sie dort bedienen:

Yemanjá

✆ 971 187481, täglich 10-24 Uhr

Yemanjá ist der Name einer afrikanischen Meeresgöttin, die auch in der Voodoo-Vorstellung der Haitianer, Kubaner und Brasilianer eine Rolle spielt. Exklusiv und teuer.

Blue Marlin

✆ 971 410117,
täglich ab 12 Uhr, im Sommer bis 4 Uhr morgens

Das **Blue Marlin** ist ein weiteres Szenelokal und gilt bei jungen Leuten als der ideale Platz zum Ausspannen im eigenen *Chill-Out*-Bereich. Ab 13 Uhr serviert man mediterrane und internationale Gerichte. Eigene DJs und Masseure.

Strandlokale im wahrsten Sinne des Wortes an der Cala d'es Jondal: Dort wird am Strand nicht nur gesessen, sondern auch getrunken und gegessen.

Es Savina

✆ 971 187437, Reservierung empfohlen,
täglich 10-24 Uhr,
zwischen November und Mai geschlossen

Unter Schilfdächern gibt's hier u.a. spanische Hausmannskost.
Daher ist das *Es Savina* auch bei Einheimischen beliebt.

Restaurante Tropicana

✆ 971 802640, www.tropicanaibiza.com, täglich 10-22 Uhr,
zwischen November und Mai geschlossen

Das *Tropicana* ist nicht nur die schon beschriebene Strandbar,
sondern auch eines der besten **Fischlokale** der Insel. Frischer
Fisch und Meeresfrüchte zu mittleren Preisen. Sonntags sollte
man reservieren, da dann auch viele Einheimische kommen.

Port Roig (Porroig)

Luxusresort: Anfahrt und Charakter

Die Halbinsel Port Roig begrenzt im Westen die Cala d'es Jondal. Eine schmale, in vielen Karten nicht eingetragene Straße
sorgt für den raschen Zugang der Bewohner von Port Roig zur
Bucht; man muss nicht erst 3 km nach Norden und dann ab Can
Pujolet wieder 3 km nach Süden fahren. Port Roig gehört zu den
teuersten Zonen der Insel mit vielen Villen von Prominenten.
Nicht zuletzt ihre Nähe zur Cala Jondal hat dieser den Touch
des Exklusiven verliehen. Wer sich die Mühe macht, die Rundstraße durchs hochgelegene Villengebiet zu fahren, dürfte aber
entäuscht werden. Die meisten Anwesen sind gegen Blicke von
außen durch Mauern und dichten Bewuchs abgeschirmt, man
hat da wenig zu bewundern. Wer sich für sehenswerte Villen interessiert, wird eher bei Es Cubells fündig, ➪ Seite 164.

Luxushotel

Inmitten der Villensiedlung steht das kleine, exklusive Edelhotel
Las Brisas de Ibiza****** €€€, ✆ 971 802193,
www.lasbrisasibiza.com, im Winter geschlossen

Das ganze Anwesen lebt aus seinen Farben. Die individuell eingerichteten Zimmer (ganze 8) verfügen alle über Balkone, von
denen man einen weiten Blick über Küste und Meer hat. Auch
vom großen Pool im Garten schaut man ungehindert aufs Meer.
Die Zimmertarife beginnen allerdings auch bei €250/Nacht.

Bucht Port Roig

Die geschützte halbrunde Hafenbucht Port Roig unterhalb der
Siedlung ist ein beliebter Yacht-Ankerplatz, hat aber keinen
leicht zugänglichen Strand.

Strand-restaurant

Zur steinigen **Platja d'es Torrent** geht es auf einer schlechten
steilen Stichstraße, die ca. 1 km nördlich vor Port Roig von der
Hauptstraße ohne weitere Beschilderung (2008) nach Westen
abzweigt. Hinter dem recht schmalen Strand steht das (ziemlich teure) Restaurant

Es Torrent, ✆ 971 187402, täglich 11-23 Uhr

Es ist auf gegrillten Fisch und Paella spezialisiert. Die Weinkarte ist beachtlich. Am besten sitzt man auf der Terrasse unter
dem Holzdach oder am Strand unter schattigen Palmwedeln.

Pueblo de Vista Alegre

Beidseitig der *Platja d'es Torrent* erhebt sich zwischen der Punta Port Roig und dem Cap Llentrisca eine Steilküste; nur ein schmaler Geröllstreifen trennt Wasser und Felswände. Erst bei Es Cubells gibt es den nächsten Strand. In Sichtweite hoch über dem Meer thront dazwischen die Apartment- und Villensiedlung **Vista Alegre**. Zwar stehen dort sogar Ferienapartments zur Vermietung, doch die Küste ist nur schwer bis gar nicht zugänglich. Ein abends beleuchteter Weg führt deshalb vom *Pueblo* zur *Platja d'es Torrent* bzw. zum Restaurant *Es Torrent*.

Es Cubells

Lage und Kennzeichnung

Das Dorf Es Cubells liegt 6 km südlich von Sant Josep 180 m hoch über dem Meer. Man erreicht es auf einer schönen Route durch die hügelige Landschaft östlich der höchsten Berge Ibizas *Sa Talaia* und *Puig d'en Serra*. Von Sant Josep existiert auch eine Busverbindung.

An den Hängen um Es Cubells liegen zahlreiche – teilweise nur über Privatstraßen zu erreichende – Luxusvillen. Ähnlich wie in Port Roig haben dort viele Prominente investiert; u.a. besitzt der amerikanische Schauspieler *Michael Douglas* ein großes Anwesen an der reinen Villenstraße in Richtung Cap Llentrisca.

Das schneeweiße Kirchlein des Ortes steht unmittelbar an der Küstenklippe und gleich daneben die **Bar Llumbi**. Von dort aus hat man einen weiten Blick übers Meer.

Ein kleines Denkmal erinnert in Es Cubells an den Mönch **Francisco Palau**, der zeitweise auf Sa Vedrà lebte (➪ Seite 153), Mitte des 19. Jahrhunderts hier eine Einsiedelei errichtete und damit zum Gründungsvater des Ortes wurde. Am 16. Juli findet ihm zu Ehren das Patronatsfest statt.

Die steile und schmale Straße zum Meer hinunter zum hübsch gelegenen **Strand Ses Boques** an der Cala Es Cubells ist nicht zu verfehlen (vor der Kirche links, dann ausgeschildert, ca. 2 km).

Abfahrt von Es Cubells zur Platja ses Boques

Dort kann man nicht nur im glasklaren Wasser baden, sondern auch die immer wieder hochgelobten Fischgerichte und köstliche Hummersuppe (*caldereta*) im **Restaurant** *Ses Boques* genießen (nicht ganz billig): © 608 830272, täglich 10-23 Uhr, im Winter geschlossen

Cala Llentrisca

Das **Cap Llentrisca** unterhalb des 414 m hohen *Puig Llentrisca* bildet die äußerste südwestliche Ecke Ibizas. Nur wenige hundert Meter oberhalb des Kaps liegt die letzte zugängliche Bucht der Südwestecke, die steinige Cala Llentrisca. Von Es Cubells folgt die Straße nach Süden über fast 3 km der Küstenlinie mehr oder weniger hoch über dem Meer. An dieser Strecke »weit ab vom Schuss« stehen jede Menge luxuriöser Anwesen, die zumindest teilweise den Blick von oben in das Grundstück hinein zulassen. Vom Straßenende geht es auf steilem, holprigem Pfad hinunter in die Bucht. Die Mühe der Fahrt lohnt sich nur bedingt, zumal man Einiges tut, um neugierige Besucher auf Distanz zu halten (Kontrollposten, Halteverbote).

Kloster Santa Teresa – Seminari d'es Cubells

Hoch über den Klippen in Es Cubells liegt der große weiße Komplex des einzigen noch aktiven Klosters auf Ibiza in ruhiger Abgeschiedenheit. Dort scheinen die Uhren zwar stehen geblieben zu sein, aber nichtsdestoweniger haben die Nonnen die Zeichen der Zeit erkannt. Da viele der Klosterzellen leer standen, wurden sie zu einfachen, aber durchaus akzeptablen Zimmern mit Heizung und Nasszelle umgerüstet und – der Klosteratmosphäre und der grandiosen Umgebung angemessen – in den »spirituellen Tourismus« eingebunden. Man kann im Kloster u.a. Meditationswochen und *Yoga-*, *Qi Gong* oder *Tai Chi* Kurse buchen. Spezialveranstalter für alternative und spirituelle Reisen (z.B. www. spirituelle-reisen.de) haben Santa Teresa im Programm, ✪ Seite 29.

Die schönsten Landhotels

1 Atzaró	5 Cas Gasi
2 Can Martí	6 Can Jondal
3 Can Pujolet	7 Can Curreu
4 Can Talaias	8 Can Arabi
	9 Can Lluc
	10 Datscha
	11 Casa Naya
	12 Can Fuster
	13 Can Pere
	14 Can Guillem

Unterkünfte abseits der Urlaubsorte

Agroturismo und Turismo Rural auf Ibiza

Individualisten zieht es auf den Balearen – statt in die Hotels der großen Ferienorte an den Küsten – zunehmend in *Fincas* (= Gebäude/Gehöfte auf dem Land) und alte Stadthäuser, die zu kleinen, oft idyllisch gelegenen Individualhotels umgestaltet wurden. In den letzten Jahren schossen solche Unterkünfte vor allem auf Mallorca wie Pilze aus dem Boden, auf den kleineren Inseln tat sich da weniger, und erst seit der Jahrtausendwende nahm die Zahl derartiger Quartiere auch auf Ibiza langsam zu. **2011 gab es auf Ibiza bereits an über dreißig unter der Bezeichnung *Agroturismo* oder *Turismo Rural* geführte Hotels**. Beide können mit »Ländlicher Tourismus« übersetzt werden, wobei »ländlich« ein großzügig definierter Begriff ist.

Man unterscheidet Häuser mit Hotelcharakter (also z. B. mit Restaurant), die in die Sternchenkategorien eingeordnet werden können (*Turismo Rurál*) und besonders teuer sind, und andere, die sich den für die Sternchenvergabe geltenden Kriterien entziehen (*Agroturismo*), weil es z.B. an bestimmten Serviceeinrichtungen fehlt. Zu manchen Häusern des *Agroturismo* gehören dafür – speziell auf Ibiza – noch landwirtschaftlich genutzte Flächen, die von den Eignern gerne für einen »biologischen« Anbau von Getreide, Obst und Gemüse genutzt werden. Da heißt es dann preistreibend »aus eigenem Garten Bioprodukte frisch auf den Gästetisch«.

Als Agroquartier gilt im übrigen auch manche *Finca*, die für Ferienzwecke umgebaut wurde und insgesamt oder in Wohneinheiten ohne Bewirtschaftung und weiterem Service vermietet wird.

Eines haben die Individualhotels des Agrosektors gemeinsam: sie sind **nicht billig bis extrem teuer**. In der Hochsaison zahlt man für die Individualität auf Ibiza etwa ab €120 fürs Doppelzimmer mit Frühstück in den schlichter ausgestatteten Quartieren (z.B. *Can Jondal* oder *Can Martí*). Erst ab €200/DZ+F pro Übernachtung wird's dann komfortabler. Für »echten« Komfort und größere Räumen sind auch €250-€300 drin. Wer dem reinen Schlafraum eine Suite vorzieht, darf daf Tatsächlich sind vergleichbare Agrounterkünfte auf Ibiza im Sommer deutlich teurer als etwa auf der großen Nachbarinsel Mallorca. Anders ist es zur **Zwischensaison** (Frühsommer und Herbst) und im **Winterhalbjahr**, sofern das Haus dann überhaupt geöffnet bleibt. Dann gelten in vielen Fällen beachtliche Reduktionen.

Alle im Folgenden genannten Unterkünfte sind individuell zu buchen, einige davon auch über Reiseveranstalter. Eine aktualisierte Zusammenstellung und kurze Vorinformation mit Durchklickmöglichkeit liefert u.a. die Website www.casasruralesibiza.com:

Can Martí

bei Sant Joan de Labritja,
✆ 971 333500, Fax 971 333112,
www.canmarti.com
April bis Oktober

Das Anwesen verfügt über vier individuell gestaltete Zimmer und einen eher einfach eingerichteten Bungalow. Solarzellen erzeugen den Strom. Gemüse und Obst werden biologisch angebaut; Hühner, Enten und Esel fehlen auch nicht. Die Gäste können zu entsprechender Zeit bei der Ernte helfen.

Die Schweizer Betreiber sehen gerne Familien mit Kindern als Gäste. Denn es gibt viel Platz zum Spielen, man kann mithelfen, die Tiere zu füttern und überhaupt das Leben auf einem Bauernhof kennenlernen. Allerdings gibt es keinen Pool.

Relativ preiswert. Auf Wunsch mit Mittag- und Abendessen.

Can Pujolet

zwischen Sant Mateu und Santa Agnès,
✆ 971 805170, Fax 971 805038,
www.ibizarural.com
Ganzjährig

Die vor über 100 Jahren erbaute *Finca Can Pujolet* liegt unweit der Nordküste abgeschieden inmitten von Mandelhainen östlich von Santa Agnés. Traumhafter Blick von der hoch gelegenen Finca über Küste und Meer. Auf dem Gelände (130.000 m^2) werden Gemüse, Obst und Oliven biologisch angebaut. Die eigenen Produkte bilden die Basis der im Haus servierten Gerichte.

Zehn rustikal eingerichtete Gästezimmer in hotelüblicher Komfortausstattung. Pool, Whirlpool und Bar.

Die ibizenkischen Betreiber sprechen Deutsch.

Can Talaias

südöstlich von Sant Carles,
✆ 971 335742, Fax 971 335032,
www.cantalaias.com
Ganzjährig

Das großzügig aufgeteilte Haus, das einst dem bekannten englischen Schauspieler *Terry Thomas* gehörte, hat vier Zimmer und zwei Suiten. Alle Räume haben Klimaanlage, Fernseher und DVD. Großer Garten samt Gewächshaus. Der allen Gästen offenstehende auf den Vorbesitzer zurückgehende Salon strahlt britischen Kolonialstil aus.

Das Essen wird auf einer Terrasse mit Rundumblick bis zum Meer serviert. Schöner Pool und Tennisplatz. Für Reitausflüge stehen Pferde bereit.

Can Curreu

westlich von Sant Carles,
✆ 971 335280, Fax 971 335280,
www.cancurreu.com
Ganzjährig

Can Curreu auf einem großen Gartengrundstück mit Obstbäumen besteht aus mehreren teilweise miteinander verbundenen Gebäuden im ibizenischen Stil, die sich um einen zentralen Pool gruppieren. Die überwiegend rustikalen Zimmer (2) bzw. Suiten (4) sind alle unterschiedlich eingerichtet und individuell dekoriert. Sie entsprechen dem Standard der ****Kategorie.

Ein Gourmet Restaurant mit Bar gehört zum Haus.

*Fincahotel
Can Pujolet*

Gartenanlage im Hotel Rural Cas Pla bei Port de Sant Miquel; es wurde bereits im laufenden Text für diesen Ort erwähnt, ⇨ Seite 102.

Can Jondal

südlich von Sant Josep,
✆ 971 187270, Fax 971 187270, www.canjondal.com
Im Winter geschlossen

Can Jondal liegt unweit Eivissa und gleichzeitig in der Nähe eines der schönsten Strände der Insel, der *Cala Jundal*. Ähnlich wie bei *Can Martí* handelt es sich dabei um eine etwas schlichtere *Finca*. Hühner und Ziegen verleihen dem Ganzen ein ländliches Ambiente. Wein, Obst und Gemüse werden biologisch angebaut.

Das Haus hat sieben individuell eingerichtete Zimmer. Einmal pro Woche findet eine arabische Nacht statt, und man kann so unterschiedliche Aktivitäten buchen wie Massagen, Yoga oder Tagesausflüge per Segelboot. Relativ preiswert.

Weitere **Agroturismo** Adressen mit ausführlichen Internet-Infos sind:

Atzaró, ✆ 971 338838, Fax 971 331650, www.atzaro.com

Ca n'Arabi, ✆ 971 313505, Fax 971 313733, www.canarabi.com

Can Fuster, ✆ 971 337305, Fax 971 337331, www.canfuster.com
(Buchung z.B. auch bei TUI)

Can Lluc, ✆ 971 198673, Fax 971 198547, www.canlluc.com

Can Pere, ✆ 971 196600, Fax 971 196291, www.canpereibiza.com

Can Guillem, ✆ 971 316204, Fax 971 316784, www.canguillem.net

Casa Naya, ✆ 971 325264, Fax 971 325290, www.casanaya.com

Cas Gasí, ✆ 971 197700, Fax 971 197899, www.casgasi.com

2.7   Formentera

2.7.1   Kennzeichnung

Geographie

Formentera, mit seiner Nordspitze nur ca. 5 km von Ibiza entfernt und – bei nur 18 km Länge und an der Engstelle gerade ca. 2 km Breite – ganze 82 km² groß, hat kaum Ähnlichkeit mit der »Schwester« Ibiza. Der **Norden** der Insel wird durch zwei mit dem Meer verbundene Binnenseen und Salinen geprägt, die heute Naturschutzgebiet sind, wo viele Zugvögel den Winter verbringen. An der Nordostküste und auf der spitzen Landzunge Trucadors findet man die schönsten Strände der Pityusen.

Unterhalb der Seen liegt im Zentrum des überwiegend flachen und kargen **Westteils** die »Hauptstadt« Formenteras Sant Francesc (San Francisco Javier), ein Ort mit ca. 2000 Einwohnern. Ganz im **Süden** (*Cap de Barbaria*) erhebt sich eine Steilküste, ebenso rund um den **Ostteil** Formenteras mit der bewaldeten Hochebene **La Mola**. Dort steht auch der berühmte Leuchtturm *Far de la Mola*, der schon *Jules Verne* so beeindruckte, dass er Eingang in einen seiner Romane fand, ➪ Seite 263.

West- und **Ostteil** werden von einer nur 2-3 km breiten Landverbindung mit langen Sandstränden auf beiden Seiten »zusammengehalten«.

Information

Informationen über Formentera, Karte und Unterlagen hat das

Oficina de Turisme
La Savina, Passeig de la Marina
✆ 971 322057, Fax 971 322825;
geöffnet Mo-Fr 10-14, 16-18 Uhr, Sa 10-14 Uhr

Im Internet gibt's alle offiziellen Infos unter

www.illesbalears.es auch auf Deutsch.

www.fonda.de ist eine private Webseite mit umfassenden Informationen zu Formentera samt Forum mit Meinungsvielfalt begeisterter wie komplett enttäuschter Formenterabesucher.

www.formenterainfo.de bietet übersichtlich und teilweise auch kritisch Infos zu Restaurants, Unterkünften, Fähren etc.pp.

La Savina Hafen

2.7.2 Fähren Ibiza–Formentera

Von Ibiza nach Formentera geht es nur per Fährschiff. Ein Flugplatz existiert auf der Insel nicht. Formenteraurlauber fliegen zunächst nach Ibiza, werden vom Airport zum Hafen kutschiert und besteigen dort das Boot nach Formentera.

Die Fähren verbinden Eivissa ganzjährig mit dem 11 Seemeilen (ca. 20 km) entfernten Hafen der nördlichsten Ortschaft auf Formentera, **La Savina**. Auch von Santa Eulària und Cala Llonga gibt es in der Saison regelmäßige Bootsverbindungen nach La Savina, von anderen Orten Ibizas (Sant Antoni, Cala Vadella u.a.) im Sommer ggf. Ausflugsboote.

Nur auf der Hauptroute Eivissa–La Savina können auch Autos transportiert werden. Zwei Gesellschaften bedienen diese Route, ohne sich ernsthaft Konkurrenz zu machen:

Im **Sommerhalbjahr** bieten sie zusammen bis zu 25 Abfahrten täglich:

- *Balearia Trasmapi* (Schnellfähre)
  ℡ 971 312071 und ℡ 971 322703,
  www.balearia.net, und

- *Mediterránea Pitiusa*
  (»Schnell- und Expressfähre«)
  ℡ 971 314461 und ℡ 971 322443,
  www.medpitiusa.net

im **Winterhalbjahr** gibt es 8-12 Abfahrten täglich.

An **Sonn- und Feiertagen** gilt ein reduzierter Fahrplan.

In der **Nebensaison**, speziell in den Wintermonaten, wechseln die Fahrpläne häufig. Für exakte Zeiten empfiehlt sich ein Anruf. Im Internet stehen nur die offiziellen Abfahrtzeiten, die nicht immer eingehalten werden (können).

Für die 11 Seemeilen vom Hafen Ibiza-Stadt nach La Savina brauchen die Express- bzw. Schnellfähren 25 bzw. 35 min. Das Retourticket kostet €43-€50. Am günstigsten sind die Autofähren, die für die Überfahrt aber über eine Stunde benötigen.

Für ein **Fahrrad** zahlt man hin und zurück €10, für ein **Auto** größenabhängig über €100.

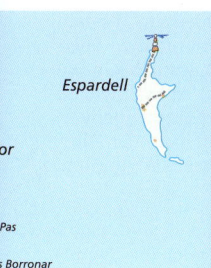

Espardell

dor

s Pas

es Borronar

Platja Llevante

Platja Canyes

Hotel Roca Bella
Platja Pujols

Es Pujols
Ferienanlage
Punta Prima
Punta Prima

ami Estany

Sant Ferran

Cova
d'en Xeroni

Cala en Baster

Platja Tramuntana

Punta de sa Creu

age rilla

Torre des Català

Es Ca Marí

PM-820

Castell Romà

Hotel Formentera Playa

Cova des Fum

Platja Migjorn

Es Caló
Camí Romà

El Pilar de la Mola

Hostal Miramar
Hostal Entre Pinos

Platja Migjorn

Mar y Land

Hostal
Pequeña Isla

Platja Arenals

Pirata Bus (Bar)
Ferienanlage Dunas Playa

nguila

La Mola

La Mola
192 m

Far de la Mola
Punta des Far

Formentera

Es Ram

Cova Mala

Estufador
Camí des Torrent Fondo

Punta Roja

N

0   1 km

Fähranleger in Eivissa/ Parken

Die **Fähranleger** mit ihren Abfertigungsgebäuden am Westkai des Port d'Eivissa (Avinguda Santa Eulària) sind nicht zu übersehen. Wer mit dem Auto für einen Tagesausflug anfährt, muss damit rechnen, dass die Parkplatzkapazität im Anlegerbereich der Formenterafähren nicht ausreicht. Weitere Parkmöglichkeiten gibt es im Bereich des Fischereihafens oberhalb der Fährschiffe und an der Carrer Pere Francesc, ➪ Klappenkarte hinten.

Wassertaxi

Wer unabhängig nach Formentera möchte, oder die letzte Fähre zurück nach Ibiza verpasst, bucht ein **Wassertaxi**. Der Preis hierfür ist allerdings hoch und unterliegt der freien Aushandlung (**vor** Fahrtbeginn). Informationen dazu findet man in beiden Häfen und bei den Touristenformationen.

2.7.3   Transport auf Formentera

Fahrzeug-miete

Angekommen in La Savina, benötigt einen fahrbahren Untersatz, wer sich den nicht selbst mitgebracht hat. Gleich hinter dem **Fähranleger** findet man im Hafen Vermieter von Fahrrädern, Motorrollern und Autos sowie einen Taxistand.

Taxi

Wer keine große Rundfahrt plant, sondern eine bestimmtes Ziel für den Tag hat, nimmt einfach das **Taxi**. Normalerweise sind genügend Wagen vorhanden, kurze Wartezeiten nur in der Hochsaison gelegentlich möglich.

Bus

Billiger (€1,50) sind Fahrten per **Linienbus**. Er wartet auf dem Parkplatz beim Hafen und fährt in Richtung La Mola quer über die Insel. Reguläre Haltestellen sind u.a. Sant Francesc, Sant Ferran, Es Pujols und Es Caló (dort besonders kurzer Weg zum Strand). Wer den Fahrer bittet, darf auch zwischen den Orten aussteigen. Die Busse verkehren selbst im Sommerhalbjahr nur 8-12 mal täglich, im Winterhalbjahr zeitweise nur 4 mal täglich.

Typische Nebenstrecke auf Formentera, ideal für Radtouren

Fahrräder und Motorroller

Das beste Vehikel der Wahl ist auf Formentera immer das Fahrrad. An die 2.500 Leihfahrräder und mit ca. 8.000 noch weit zahlreicher stehen in den Sommermonaten Motorroller zur Verfügung (zusammen also mehr Mietzweiräder als es Einwohner auf Formentera gibt). Es ist nicht schwer sich vorzustellen, was in Juli und August auf Formentera los ist, wenn das Gros dieser Armada mit ihren überwiegend italienischen Fahrern über das winzige Straßennetz der Insel knattert.

Mietroller in La Savina

Automiete

Obwohl der Bewegungsradius dort recht eingeschränkt ist, lassen sich auch auf Formentera **Autos** mieten.

Kosten

Die **Leihgebühren** variieren zwischen den gleich in La Savina unübersehbar vorhandenen Verleihfirmen und mit der Saison. Im Sommer kosten **Kleinwagen** mit Klimaanlage bei kurzfristiger Miete für nur 1-2 Tage leicht €50/Tag inkl. Nebenkosten. In der Nebensaison gibt es dasselbe Fahrzeug für €40-€30/Tag, teilweise sogar unter €30/Tag je nach Gesamtmietdauer.

Die Mietkosten für einen **Motorroller** kommen einschließlich Versicherung auf €20-€30/Tag, **Motorräder** gibt es ab €30/Tag.

Fahrräder kann man am Hafen und in allen Orten mieten. Ein Rad ohne besondere Schikanen kostet €5-€10 am Tag, günstiger wird es bei längerer Mietdauer. Für eine Woche ist man ab ca. €30 dabei. Auch Kindersitze und Kinderfahrräder stehen bereit.

Verkehrsregeln

Wer auf Formenteras Straßen unterwegs ist, muss außerhalb der Ortschaften als Radfahrer **Schutzhelm** und **reflektierende Kleidung** tragen und sich auch daran gewöhnen, dass Motorräder und -roller die Radwege nutzen (müssen). Nur so kann auf Formentera der Autoverkehr halbwegs fließen. Dabei sind Radwege nichts anderes als abgeteilte Streifen von der Autostraße.

Folgende Verleiher warten mit unendlichen Reihen von Motorrollern (vor allem im Sommer) und Fahrrädern auf Mieter:

• *Moto Rent Savina* ✆ 971 322275
• *Formentera Motos* ✆ 971 328404
• *Moto Rent Reyes* ✆ 971 322834

2.7.4 _____ Orte und Strände

La Savina

Kenn-
zeichnung
An La Savina kommt kein Besucher Formenteras vorbei. Dort trifft er ein, dort fährt er ab. Neben den Vermietern von fahrbaren Untersätzen finden sich gleich an der palmengesäumten Hafenpromenade Geschäfte, Lokale und zwei der weiter unten genannten Hotels.

Restaurants

Von den diversen Lokalen seien hier empfohlen:

La Savina
Avinguda Mediterránea 22-40
℗ 971 322279, Reservierung empfohlen.
täglich 13-15.30 und 19-23.30 Uhr

Gutes Fischrestaurant mit moderaten Preisen. Schöner Blick über den Hafen.

Café
del Lago
am Ufer des Estany des Peix
℗ 971 323187, täglich 10-2 Uhr

Preiswertes Bar-Restaurant mit Snacks und Tapas. Oase der Ruhe unweit des Trubels.

Tauchen

Freizeit/
Tauchen
Auch Formentera ist **Taucherparadies**. Glasklares Wasser und eine reiche Unterwasserfauna machen Tauchen hier zum Erlebnis. Tauchzentren in La Savina sind:

Formentera
Diving Centre
Avinguda Mediterrània, ℗ 971 323232,
www.formenteradiving.com

Hier können einzelne **Tauchgänge**, auch zu Wracks, und PADI-Kurse gebucht werden.

Vellmarí
Diving Centre
Avinguda Mediterrània 90,
℗ 971 322105;

Tauchgänge und Kurse wie oben.

Abfertigungshalle für die
Fähre nach und von Ibiza

La Savina

N

Cafeteria, Schifftickets

Fähranleger

Autos, Motorräder

Motorroller, Fahrräder

Hostal Bahía/ Hostal Bellavista

Passeig de la Marina

Mare de Déu del Carme

Hafenmeisterei

Llevante & Illetes

Platjas

Almadrava

Avinguda Mediterrània

Hostal La Savina

Estany des Peix

Estany Pudent

Ponent

Gregal

Sant Francesc, Sant Ferran, Es Pujols, Faro de la Mola

Unterkunft

In und bei La Savina gibt es u.a. folgende Quartiere:

Hostal Bellavista*** €€

Passeig de la Marina
✆ 971 322236, Fax 971 322255; ganzjährig geöffnet

Das kürzlich renovierte Bellavista ist eine gute Wahl. Die 42 Zimmer sind groß und ordentlich, einige haben Klimaanlage. Die Tarife reichen von moderat bis teuer.

Hostal Bahía** €

Passeig de la Marina neben dem *Bellavista*
✆ 971 322142; hostalbahia@interbook.net; ganzjährig

Einfaches Hostal mit Blick auf den Hafen. Die Zimmer nach hinten zur Straße hin können laut werden.

Hostal La Savina* €€

Avinguda Mediterrània/Straße Richtung Sant Francesc
✆ 971 322279; ganzjährig

Das Haus liegt etwas außerhalb des Ortes bei den Salinen. Von vielen Zimmern hat man dennoch Meerblick. Gutes Preis-Leistungsverhältnis.

*Hier startet
jede Rundfahrt
über die Insel:
Verkehrskreisel
mit den
Bezeichnungen
der Winde auf
Katalanisch
in La Savina*

**Seen bei
La Savina**

La Savina wird im Südwesten von der Lagune *Estany d'es Peix*
begrenzt. Obwohl dieser »Fischteich« eine direkte Verbindung
zum Meer hat, findet man dort eine vom Meer unabhängige Unterwasserfauna. Südöstlich von La Savina erstreckt sich der
künstlich angelegte *Estany Pudent* (»stinkender Teich«). Er
diente früher dazu, Wasser für die in diesem Gebiet betriebenen
Salinen zu speichern. Salz wird aber schon lange nicht mehr gewonnen, die Verschiffung wurde zu teuer.

**Naturschutz-
gebiet**

Seit 1985 stehen die einstigen Salinen und der *Estany Pudent*
unter Naturschutz, denn das Gebiet entwickelte sich zum Rast-
und Brutgebiet für eine Vielzahl von Vogelarten wie Reiher und
Fischadler. Bei Ornithologen ist der See durch die im Winter dort
brütenden Schwarzhalstaucher bekannt. Die eigenartige rosafar-
bene Färbung des Wassers verursacht eine spezielle Bakterienart.

Wandern

Das Gebiet westlich von *La Savina* nennt sich **Punta Pedrera**
nach der nördlich herausragenden kleinen Halbinsel. An der dort
mit spitzen Felsen durchsetzten rauen Küste lassen sich auf vielen Pfaden Wanderungen oder Touren per Fahrrad unternehmen.
Weiter westlich steht der alte Wehrturm *Torre de sa Gavina*.

Es Trocadors

Nördlich der Salinen ragt wie ein langer Finger die **Landzunge Es
Trocadors** nach Norden. Auf/an ihr befinden sich – nach Mei-
nung vieler – die schönsten Strände der Pityusen:

**Platja de
ses Illetes**

Auf deren Westseite liegt die kilometerlange **Platja de ses Illetes**, die sich durch weißen, feinen Sand und klares, türkis leuch-
tendes Wasser auszeichnet. Da der Strand flach abfällt, ist die
Platja de ses Illetes an sich ein wahres Paradies für Familien mit
Kindern. Indessen wohl nur, wenn diese FKK-Anhänger sind.
Denn Illetes ist der einzige offiziell ausgewiesene **Nacktbadestrand** Formenteras.

Die im letzten Abschnitt bereits auf Sand gebaute Stichstraße dorthin endet auf einem großen Parkplatz.

Das leibliche Wohl kommt dort nicht zu kurz:

Strandlokale   ***Es Moli de Sal*** liegt direkt am Strand,
✆ 971 187491, täglich 19-23 Uhr

In dieser ehemaligen Salzmühle speist man fangfrische Langusten und schlürft Champagner. Hervorragend ist das Pfeffersteak in Orangensauce. Preislich gehobenes Niveau.

Auch ***Juan y Andrea*** befindet sich direkt am Strand,
✆ 971 187491, und hat eine Terrasse über dem Meer.

Auch dort bekommt man Langusten und frischen Fisch. Eher schlichtes Ambiente, dennoch relativ hohe Preise.

An der   Ein preiswertes Lokal für Fisch- und Fleischgerichte ist das ***Sa***
Zufahrt   ***Sequi*** zwischen dem Strand und La Savina, ✆ 971 187494.

Von der Terrasse blickt man weit übers Meer. Mittlere Preise.

Platja de   Auf der Ostseite der Landzunge zieht sich die völlig unbebaute
Llevant   ***Platja de Llevant*** über 5 km von der Spitze bis fast hinunter nach Es Pujols. Der untere (südliche) Abschnitt nennt sich auch ***Platja des Canyes***, der dann nahtlos in die ***Platja des Pujols*** übergeht. Schon die *Platja de ses Illetes* beeindruckt, aber dieser Strand ist mit seinem türkisfarbenen Wasser und dem weißen Sand noch attraktiver. Trotzdem gibt es dort selbst an Wochenenden in der Hauptsaison genug Platz für alle. Der Strand fällt flach ins Wasser ab und bietet ideale Bedingungen für Familien mit kleinen Kindern.

Ein paar einfache, dennoch nicht billige **Strandkioske** sorgen für Snacks und Getränke.

Eine Empfehlung verdient das Restaurant

Tanga direkt am Strand, ✆ 971 187905, täglich 10-19 Uhr

Dort gibt es die beste Paella Formenteras.

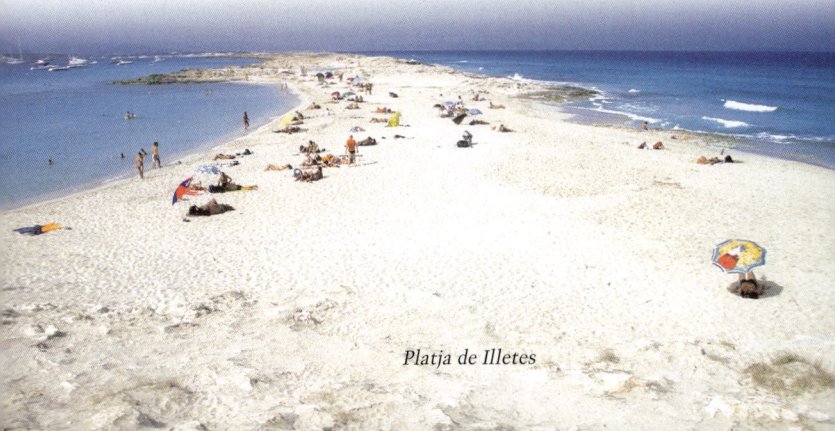

Platja de Illetes

S'Espalmador

**Kenn-
zeichnung**

Die ca. 3 km lange und bis 1 km breite Insel *S'*Espalmador ist im Grunde eine Verlängerung der Landzunge Es Trocados, wenngleich getrennt durch ein paar hundert Meter Wasser, den Kanal Pas den Trocadors. Auf dem Eiland stehen ein alter Wehrturm und eine Hacienda, und es finden sich sogar Reste angeblich karthagischer und römischer Siedlungen.

Bootstouren nach S'Espalmador gibt es ab La Savina (℃ 609 847116). Auch die Boote aus Santa Eulària laufen S´Espalmador an: ℃ 971 332251.

Es Pujols

**Touristische
Hochburg
Formenteras**

Es Pujols ist Formenteras **Hauptferienort**. Er entwickelte sich seit Beginn der 1970er-Jahre aus dem Nichts zu einer kleinen touristischen Hochburg mit Hotels und Apartmentkomplexen. Der Ort ist besonders bei deutschen Gästen aus NRW beliebt. Daher nennt man das Gebiet um die Carrer d'Espardell, an der sich »deutsche« Cafés und Kneipen ballen, gerne **Düsseldorf-Süd**.

Promenade

Es Pujols ist dank seiner hübschen Strandpromenade *Passeig de Miramar*, wo am Abend die Händler des Ortes ihre Stände aufbauen und typische Pareo-Tücher, Kitsch wie Kettenanhänger in Inselform der Insel u.a.m. verkaufen, belebter als alle anderen Orte. Aber insgesamt geht es selbst dort ruhig zu.

Sport

Für aktive Urlauber gibt es das Wassersportzentrum

Wet 4 Fun

am Strand von Es Pujols,
℃ 971 321809, www.wet4fun.com

Segeln, Parasailing, Wasserski und mehr.

Wanderung

Östlich des Ortes steht der besterhaltene Wehrturm der Insel, der *Torre Punta Prima*, auf der gleichnamigen Landzunge. Der Weg dorthin an der Küste entlang beträgt gut 1 km.

Strand auf S'Espalmador

Es gibt tatsächlich auf Formentera einen eigenen Wein

Essen & Trinken

Es Pujols verfügt über ein eine Reihe ordentlicher Restaurants. **Die besten Gästebewertungen** in jeder Hinsicht erhält dort die

Mini Bar mit dem weißen Türmchen an der Strandpromenade

Einfache Gerichte preiswert und gut, auch Paella.

Weitere Restaurants sind:

S'Avaradero Passeig Miramar 32-36
✆ 971 329043, täglich 19-2 Uhr

Rustikales Restaurant vor allem für frischen Fisch und Meeresfrüchte. Moderate Preise.

Espardell Passeig Miramar 94, ✆ 971 328357,
täglich 8.30-23 Uhr

Ebenfalls an der Strandpromenade liegt d a s deutsche Lokal der Insel. Man bekommt Kuchen, Würstchen mit Kartoffelsalat und manches mehr, was dem »teutonischen« Magen gut tut.

Es Pinatar Avinguda Miramar 25
✆ 971 328137, täglich 13-15.30 und 19.30-24 Uhr Uhr

Einfaches, relativ preiswertes Fischlokal, in dem nur frisch gefangene »Schätze« aus dem Meer auf den Teller kommen.

Luzius Carrer Fonoli Marí 2, ✆ 971 328417

In diesem auch bei den Einheimischen beliebten Lokal gibt's frischen Fisch zu moderaten Preisen. Noch ein Stück des »alten« Es Pujols und schon deswegen empfehlenswert.

Sa Palmera am Strand von *Es Pujols*
✆ 971 328356, täglich mittags und abends geöffnet

Einheimische Küche. Spezialität sind der Fischeintopf **Zarzuela** sowie die Seezunge.

Es Pujols

N

Cala des Pujols

Promenade

Fonoll Mari

Avinguda de Mira

Espardell

Roca Plana

S'Aigua Dolça

La Savina, por Ses Salines

Espalmador

Zeitschriften, Bücher

Alemania/Varamar

Punta Prima

Motorräder, Fahrräder

Hostal Sa Volta

Hostal Los Rosales

Tramuntana

Zeitungen, Bücher

San Ferran, Sant Francesc, La Savina

Fortsetzung
Restaurants:

Capri

Avinguda Miramar
✆ 971 328352,
täglich 13-15 Uhr und
19-23 Uhr

Finca-Restaurant, gute
einheimische Kost.
Schattige Terrasse.
Spezialität sind
fangfrische Langusten.

Caminito

Residencial Montevideo,
an der Straße nach La
Savina, ✆ 971 328106,
täglich 20-1 Uhr

Argentinische Steaks.
Das Restaurant besitzt
einen Pool und eine
große Terrasse. Sonntags
wird es oft voll.

»Nachtleben«

Im Vergleich zu Ibiza ist nachts auf Formentera nichts los. Aber
ein paar Bars bleiben auch in *Es Pujols* lange geöffnet. Besonders
beliebt sind die **Tennis-Bar**, das **ZicZac**, das **Indiana Café** und
die **Pachanka Bar**. In der Carrer Espalmador befinden sich die
Discos **Magoo** und **Flower Power** und unweit des Zentrums der
einzige echte Tanztempel, das **Xueño**.

Nachtschwärmer schätzen den **Pep Grill** an der Carrer d'Espardell oder das **Pizza Pazza** an der Hauptstraße.

Unterkunft

Es Pujols hat eine relativ große Auswahl an Quartieren:

**Hostal
Alemania***
€

Avinguda Miramar 60
✆ 971 328720, Fax 971 322361

Einfaches Stadthostal mit 10 Zimmern und einem Biergarten.

**Hotel Roca
Bella***
€

direkt am Strand etwa 800 m vom Ortskern entfernt
✆ 971 328130 (Buchung z.B. auch bei Jahn, Bucher, FTI, JT)

Komfort zu moderaten Preisen am Ende des Strandes. Zwei
Typen von Zimmern, alle mit Balkon oder Terrasse, teilweise
mit SAT-TV und Deckenventilator. Süßwasser-Pool mit Kinderbecken, Spielplatz für Kinder.

Sa Voltá**   Carrer Espalmador/Carrer Miramar 94,
€€   ℰ 971 328125, Fax 971 328228,
            ganzjährig geöffnet

Hostal im Zentrum des Ortes. Renovierte Zimmer mit
Fernseher und Klimaanlage. Pool auf der Dachterrasse .

Castavi***   am Ortsrand an der Straße Richtung La Savina
€€   ℰ 971 328521, Fax 971 328617
            (Buchung z.B. auch bei Alltours, ITS, Schauinsland)

Dreistöckiges Stadthaus 500 m vom Strand entfernt mit Studios
und kleinen Apartments. Alle Einheiten verfügen über Kitchenette, Klimaanlage, SAT-TV, Balkon oder Terasse. Gartenanlage mit Pool. Fahrrad- und Mofaverleih im Haus.

Club Punta   *Landzunge Punta Prima*
Prima*** €€   ℰ 971 328244, Fax 971 328128

Clubanlage mit Bungalows auf dem Plateau der Landzunge
Punta Prima, gleichzeitig unmittelbar am Strand. 94 Wohneinheiten mit SAT-TV und Ventilatoren, Balkon oder Terrasse.
Meerwasser-Pool, Tennisplätze. Sport- und Unterhaltungsprogramm.

Hostal   ℰ 971 328119, Fax 971 328680
Voramar***   (Buchung z.B. auch bei Jahn, Bucher)
€€

150 m vom Meer liegt dieses angenehme Hostal unter deutscher
Leitung im Zentrum von *Es Pujols*. Dennoch ist es hier ausgesprochen ruhig. Große renovierte Zimmer.

Hostal   ℰ 971 328122, Fax 971 328817
Tahiti***   (Buchung z.B. bei Jahn)

Einfache Pension am Hauptstrandabschnitt von *Es Pujols*. Das
Haus hat 74 Zimmer (nicht alle mit Meerblick) und einen Pool.

Apartamentos ℰ 971 328447, Fax 971 322068
Paya I ***   (Buchung z.B. bei Bucher, ITS, Schauinsland)

Am Ortseingang von *Es Pujols* an der Straße nach *La Savina*.
Apartments mit Wohn- und Schlafraum (SAT-TV und Klimaanlage). Pool. Bis zum Strand und zum Ortszentrum sind es jeweils ca. 400 m. Fahrrad- und Motorradverleih im Haus.

Hostal Sa   ℰ / Fax 971 328506,
Roqueta**   geöffnet von Mai bis Oktober (Buchung z.B. bei alltours)
€€

Ruhiges Lage direkt am Strand. Einfache, aber saubere Zimmer,
einige mit großen Terrassen. Angemessene Preise.

Hotel Lago   ℰ / Fax 971 328507, geöffnet von Mai bis Oktober
Playa** €   (Buchung z.B. auch bei Bucher, ITS, Schauinsland)

Kleines Familienhotel in Strandnähe (etwa 200 m). Große Doppelzimmer oder Studios für 2-3 Personen. Pool. Mittlere Tarife.

2

Sant Ferran de ses Roques (San Fernando)

Sant Ferran liegt 2 km südlich von Es Pujols an der Hauptver-kehrsstraße von La Savina nach El Pilar de la Mola.

Hippies   Die zweitgrößte Ortschaft Formenteras war **einst Zentrum der Hippiebewegung**. Die meisten Gebäude des Ortes stehen ent-lang der Hauptstraße. Ansehenswert ist in Sant Ferran nur die mittelalterlich wirkende Kirche aus Naturstein (1889).

Höhle   500 m südöstlich des Ortes befindet sich die Tropfsteinhöhle *Coves d'en Xeroni*. Die Schilder sind nicht zu übersehen. Täg-lich 10-20 Uhr geöffnet, Eintritt €4.

Shopping

Gute Keramik gibt's in 2 Werkstätten in Ortsnähe:

Keramik   *Galeria de Angel*, Mo-Sa 10-20 Uhr, an der Straße in Richtung El Pilar de la Mola bei Kilometer 6

Kunst- und Gebrauchskeramik. Moderate Preise.

Souvenirs Ceramica Hermanos Castelló
an der Straße in Richtung El Pilar de la Mola bei Kilometer 5

Fundgrube für Keramik, kunsthandwerkliche Objekte und Klei-dung à la Formentera. Angemessene Preise.

Gitarren   Gitarrenspieler werden ihre Freude an der von Deutschen betriebenen Werkstatt **Formentera Guitars** haben. Infos im Internet unter www.formentera-guitars.com.

Essen & Trinken

Bar
Fonda Pepe

Carrer Major, ℂ 971 328033,
täglich 19.30-24 Uhr geöffnet

Fonda Pepe ist eine Institution auf Formentera und war 1953 die erste Bar auf der Insel. Einheimische und Touristen treffen sich ab dem frühen Abend auf der Terrasse mit ihren kleinen Sitzmauern. Spezialität ist das Lamm aus dem Backofen (*cordero al horno*). Preiswert.

La Tortuga

an der Landstraße bei km 6,5
ℂ 971 328967, geöffnet täglich 19.30-24 Uhr

Deftige Fleischgerichte in gemütlicher Gaststube.

Can Forn

Carrer Major 39, ℂ 971 328155

Einfaches Lokal mit typischen Spezialitäten Formenteras.

Bar Verdera

Joan Catelló Guasch, ℂ 971 328157

Einfache Dorfkneipe mit den besten *Tapas* der Insel.

Las Ranas

Carrer Tarragona, ℂ 971 328195, Di-So 20-24 Uhr

Stilvolles Restaurant fürs abendliche Dinner. Prima Italienisch-internationale Küche; gehobenes Preisniveau. **Sehenswert!**

Unterkunft

Hostal Fonda
Pepe* €€

Carrer Major 68,
ℂ 971 328033,
geöffnet Mai bis Oktober

Das *Hostal* liegt gegenüber der legendären Hippie-Bar *Fonda Pepe*. »Kultigste« Unterkunft auf Formentera. 40 einfache, aber recht gepflegte Zimmer (teilweise mit Balkon), Pool.

Hostal Illes
Pitiüses**
€€

Avinguda Joan Castelló Guasch an der Kreuzung der Inselhauptstraße und der Abzweigung nach Es Pujols,
ℂ 971 328189,
ganzjährig geöffnet

25 große komfortable Zimmer mit TV und Klimaanlage, Balkon auf 3 Stockwerken. 5 Südzimmer im 1. Stock haben eine 50 m^2 große Gemeinschaftsterrasse. Eigenes, auch bei den Einheimischen beliebtes **Restaurant mit Grillgerichten**.

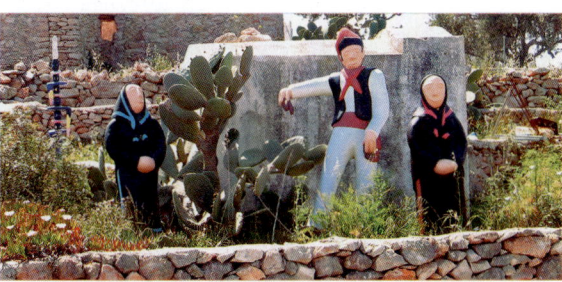

Schoppis Skulpturen (⇨ Seite 184) finden sich auch nach seinem Tod immer noch allerorten auf Formentera

Sant Francesc de Formentera (San Francisco)

Hauptstadt

Obwohl Sant Francesc die »Hauptstadt« Formenteras ist, geht es auch hier ziemlich ruhig zu. Mittelpunkt des Ortes ist die Plaça de sa Constitució. Dort liegt die 1726 errichtete, fensterlose Wehrkirche Església de Sant Francesc. An der Plaça beginnt die kleine Fußgängerzone der Carrer Jaume I.

Neben der Plaça läuft vormittags ein **Künstlermarkt**.

Museum

An der Ecke Carrer Santa Maria und Carrer Jaume I. steht das **Museu Etnològic**, das einen Einblick in den einstigen Alltag der Bauern und Fischer vermittelt. Mo-Sa 10-13 und 17-21 Uhr.

**»Schoppis«
Atelier**

An der Straße in Richtung La Savina passiert man etwas außerhalb das Atelier des deutschen Künstlers *Karl-Heinz Loß* († 2007; das Atelier– siehe Karte rechts – ist seither geschlossen) mit Spitznamen **»Schoppi«**. Seine bunt bemalten, teilweise überlebensgroßen Skulpturen sind immer noch auf der ganzen Insel zu finden.

Essen & Trinken

**Café Estrella
Dorada**

Carrer Jaume I,
Mo-Sa von 8-23 Uhr geöffnet

Gute Tapas und einfache Gerichte zu günstigen Preisen. Man sitzt im urig gestalteten Lokal oder noch besser auf der schattigen Terrasse in der Fußgängerzone mit Blick auf die Plaça.

Fonda Platé

Plaça de sa Constitució
℡ 971 322313,
Mo-Sa 8-2 Uhr

Kneipe mit spanischer Küche. Viele Einheimische.

Die imposante Wehrkirche in Sant Francesc

**San Francisco/
Sant Francesc**

N

La Savina

Polizei

Schoppis
Atelier

Carretera de la

Supermarkt

P

Sant Antoni

Porto-Saler

Avenida 8 d'Agost

Optiker

Antoni Blanc

Apotheke

Blumen-
laden

Telefon-
zentrale

Santa Maria

Vedra

Marc Ferrer

Savina al Faro de la Mola

Hospital de
Formentera

Aviguda de Porto-Saler

Sant Joan

Museum

Zeitungen,
Zeitschriften

San Fernando,
Es Pujols, Es Caló
Nostra Senyora del Pilar

Jaume I

Alter
Friedhof

Plaça de
sa Constitució

Bürgermeisteramt

Ramon Llull

Migjorn

Hostal
Centro

Eivissa

Pla del Rei

Sant Joan

Isidor Macabich

Berenguer Renart

Sa Tanca Vella
(alte Kapelle)

Eivissa

Zahnarzt

Post

Cap de Barbaria

2

Matinal Café	Carrer de l'Arxiduc Lluís Salvador, ✆ 971 322547, Mo-Sa 8-15 Uhr
	Ab 8 Uhr morgens das beste Frühstück der Insel. Deswegen vormittags oft knallvoll.
Can Gavino	an der Straße in Richtung Pilar de la Mola bei Kilometer 1,3, ✆ 971 322421, Reservierung notwendig, täglich 19-24 Uhr
	Restaurant in einem ehemaligen Gutshof mit grünem Garten. Spanische und mediterrane Gerichte. Teuer.

Shopping

Nirgendwo auf Formentera gibt's mehr Läden.

Ferrer	Carrer Jaume I. Mo-Sa von 10-13 Uhr und 18-21Uhr
	Originelle Souvenirs auch für schmale Geldbeutel.
Ceràmica Mediterrànea	Carrer Jaume I., ✆ 971 320313, Mo-Sa 10-13 und 18-21Uhr
	Schöne Keramiken wie Teller, Tassen, Weinkrüge. Preiswert.

UC	Plaça de sa Constitució 11, Mo-Sa 10-13 Uhr und 18-21Uhr
	Textilien und Kleidung im Ibiza-Formentera-Stil.
Zapatos Artesanos	Avinguda Porto Saler 6, Mo-Sa 10-13 Uhr und 18-21Uhr
	Lederkunsthandwerk: Schuhe, Gürtel, Brieftaschen und Westen.

Service

Polizei	Carretera de Savina beim Hospital, ✆ 971 322087
Postamt	Carrer Pla del Rei Richtung Cap Barbaria, ✆ 971 322243, Mo-Fr 9-14 Uhr und Sa 9-13 Uhr
Erste Hilfe	Hospital an der Carretera La Savina Richtung Sant Ferran, ✆ 971 332357

Unterkunft

Can Rafal*	Carrer Isidor Macabich westlich der Plaça, ✆ 971 322205, ganzjährig
	16 große, saubere Zimmer, teilweise ohne Bad. Preiswert.

Cala Saona

Lage/ Anfahrt	Ca. 5 km südwestlich von Sant Francesc de Formentera liegt die *Cala Saona*. Man erreicht sie via Hauptstraße nach Süden in Richtung *Cap de Barbaria*, von der nach etwa 2,5 km eine Stichstraße nach Westen abzweigt.
	Der **breite Sandstrand** der Cala Saona ist von hohen Felsen eingefasst und deshalb auch bei Tauchern und Schnorchlern beliebt. Ein Strandkiosk vermietet Sonnenliegen und Schirme.
Frumentum	Südlich der Bucht liegt das kaum besiedelte agrarische Zentrum der Insel. *Frumentum* ist Lateinisch für »Getreide«, wovon sich die Bezeichnung für Formentera ableitet. Dort werden neben Weizen auch Gerste, Kartoffeln und Zwiebeln angebaut, Oliven- und Feigenbäume kennzeichnen die Landschaft.
Unterkunft	In Toplage, direkt oberhalb der Cala Saona, steht das *Hotel Cala Saona**** €€
	✆ 971 322030, geöffnet Mai bis Oktober

Cala
Saona

Ordentliche große Zimmer mit Klimaanlage und Satelliten-TV. Unbedingt Zimmer mit Meerblick buchen. Angenehme Atmosphäre, eher älteres Publikum. Pool, Tennisplätze. Fahrrad- und Motorrollervermietung im Haus.

Cap de Barbaria

Anfahrt

Den südlichsten Punkt Formenteras und damit der Balearen erreicht man nach einer Fahrt durch ein steiniges Gebiet voller Macchia-Bewuchs mit dem *Cap de Barbaria*, 9 km südlich von Sant Francesc. Früher einmal war dieses Gebiet dicht bewaldet und wird zur Zeit wieder aufgeforstet. Kurz vor dem Kap passiert man mehrere megalithische Ausgrabungsstellen.

Dieses Foto der Höhle wurde von der Öffnung in der Steilküste aufgenommen. Der Zugang erfolgt durch das bildmittig sichtbare Loch in der Oberfläche in der Größe eines Gullideckels

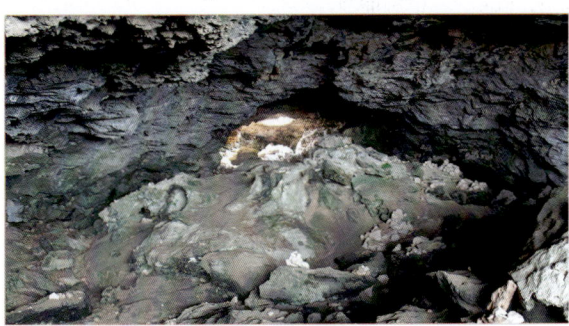

Höhle/ Wachtturm

Vom **Far de Barbaria** über der schroffen Küste kann man bei klarem Wetter in der Ferne die afrikanische Küste erahnen. Ganz in der Nähe des Leuchtturms befindet sich die Höhle **Cova des Cap**, ein paar hundert Meter nordöstlich der alte Wachtturm **Torre des Cap**. Zu beiden führen unverfehlbare Pfade. In die relativ kleine kreisförmige Höhlenöffnung kann man sich von oben hineinhangeln und dann unterirdisch bis zur weiten Öffnung unterhalb der Steilküste kraxeln.

Agro- tourismus

Wem diese Ecke der Insel gefällt, kann sich vielleicht ab 2012 wieder im nahe gelegenen **Landhotel Cap de Barbaria** einquartieren. Neben der exponierten Lage kennzeichneten ein Edelrestaurant und Wein aus eigenem Anbau dieses Haus. Wegen Renovierung war es 2011 geschlossen. ✆ 617 460629; www.capdebarbaria.com.

Leuchtturm Far de Barbaria

Platja de Migjorn

Kenn-
zeichnung

Entlang der Südküste Formenteras erstreckt sich über 7 km der **längste Strand Formenteras**, die *Platja de Migjorn*. Westlich beginnt er am *Torre Es Pi des Català* und endet im Bereich der östlichen Hotelballung (*La Mola, Mar y Land, Dunas Playa*), wo man ihn auch *Platja Arenals* nennt. Der Strand wird von Felsnasen in kleine und größere Sandbuchten unterteilt. Gleichzeitig gibt es in regelmäßigen Abständen **Strandbars**. Das Hinterland besteht aus spärlich bewachsenen Sanddünen.

Anfahrt

Man erreicht die *Platja Migjorn* über mehrere Stichstraßen und Schotterwege ab der Straße PM 820 La Savina–Pilar de la Mola. Die Hauptzufahrten führen jeweils am West- und Ostende an den Strand.

Strandbars

Von den diversen Strandbars sind nennenswert:

Blue Bar

℡ 971 187011, www.bluebarformentera.com, täglich 12-4 Uhr
Früher allgemeiner Treffpunkt, heute überwiegend Touribar.

Sa Platgeta

℡ 971 187614, täglich 12-24 Uhr
Frischer Fisch und spanische Spezialitäten zu moderaten Preisen, schattige Terrasse.

La Fragata

Platja de Migjorn bei km 11, ℡ 971 187595, täglich 9-24 Uhr
Spanische Spezialitäten wie Kaninchen in scharfer Sauce (*Conejo picante*). Mittleres Preisniveau.

Pirata Bus

℡ 971 328753, täglich 9-24 Uhr
Vielleicht Formenteras originellste Strandkneipe im Osten rund um einen ausrangierten, heute verschwundenen alten Bus, wo sich einst alle trafen, die »in« sein wollten, www.piratabus.de.

Unterkunft

Insotel Club Formentera Playa** €€€**

im östlichen Bereich der *Platja de Migjorn,*
✆ 971 328000, Fax 971 328035,
(Buchung z.B. auch bei Jahn, DER, Schauinsland, byebye, Alltours))

Baulich unattraktives Hauptgebäude mit 4 Etagen plus einige ebenerdige Häuser mit Studios. Aber komfortable 253 Zimmer und 104 Studios mit SAT-TV, Klimaanlagen und Kühlschränken bzw. Küchennische in den Studios.

Großes Angebot für sportliche Betätigung (Tennis, Fahrräder, Moutainbikes, Katamarane und Segelboote, Windsurfbretter, Kanus, Aerobic, Bogenschießen, Beach-Volleyball, Wasserball, Boccia u.a.m.), Animation und Abendunterhaltung. Miniclub für Kinder (2-12 Jahre). Pools, Hallenbad, Sauna und Whirlpool.

Apartamentos Can Marí** €€**

etwa 100 m abseits der *Platja de Migjorn,*
✆ 971 328180; Fax 971 328229,

Ruhige, gepflegte Anlage mit Supermarkt, gutem aber günstigen Restaurant und Autovermietung. Die Apartments befinden sich in Bungalows für 2 bis 6 Personen, alle mit Balkon oder Terrasse. Familiäre Atmosphäre und eher älteres Klientel.

Riu Club La Mola** €€€**

Platja Arenals am Ostende der *Platja Migjorn,*
✆/Fax 971 327000 (Buchung z.B. bei Discount Travel)

Älteres aber modernisiertes großzügig angelegtes Hotel mit 326 Zimmern in Strandlage. Gastronomie, Bars, großer Pool. Aber relativ teuer. Der dem Hotel vorgelagerte Strandabschnitt ist felsig durchsetzt und weniger kindgeeignet.

Insotel Club Mary Land***

✆ 971 327070; Fax 971 327145
(Buchung z.B. auch bei TUI, Schauinsland, ITS, DER, Alltours, Bucher)

Diese im mediterranen Stil erbaute Anlage mit 325 Bungalows liegt auf einem 110.000 m² großen Areal inmitten von Pinien unweit des Strandes. Breites Angebot an Sport und Unterhaltung. Mehrere Pools.

Gecko Beach Hotel** €€€**

im westlichen Abschnitt der *Platja de Migjorn,*
✆ 971 328024; www.geckobeachclub.com

Von der Familienpension zum edel umgestalteten Boutique-Hotel zwischen Palmen und Grün direkt am Strand.

Apartamentos Paraíso de los Pinos

Nähe *Torre Es Pi des Català* im westlichen Strandabschnitt,
✆ 971 322606, Fax 971 322613

Apartmenthotel mit 21 Wohneinheiten im Bungalow-Stil in ca. 500 m Strandentfernung, großer Pool.

Platja de Tramuntana und Es Caló

Lage

Entlang der Nordküste Formenteras erstreckt sich die *Platja de Tramuntana* mit unterschiedlich bezeichneten Teilabschnitten. Am östlichen Ende liegt der kleine, nur aus wenigen Häusern bestehende Fischerort **Es Caló de Sant Agusti**.

Castell Roma

Die Bucht von Es Caló de Sant Agustí soll von den **Römern** als Hafen bereits um 100 v. Chr. genutzt worden sein. Zum Schutz ihrer Salinen und Getreidekammern bauten die Invasoren westlich des Ortes eine Festung, das *Castell Romà de Can Blai* (oder: *Can Pins*). Davon erhalten blieben nur die Grundmauern von fünf soliden Wachttürmen (an der Hauptstraße PM 820).

Restaurants

Es Caló hat die beiden **besten Fischrestaurants der Insel**:

Restaurante Pascual

✆ 971 327014, täglich 13-16 Uhr und 19.30-23 Uhr

Fangfrischer Fisch, schattige Terrasse, moderate Preise.

Fonda Rafalet

✆ 971 327016, täglich 13-16 Uhr und 19.30-23 Uhr

Auch hier gibt es frischen Fisch und Meeresfrüchte, aber auch eine gute Paella. Die Preise liegen etwas höher.

Außerhalb

Gute Restaurants gibt es auch außerhalb von Es Caló:

Restaurante Acapulco

an der Straße Richtung La Mola,
✆ 971 327198, täglich 13-16 Uhr und 19.30-23 Uhr,

Pizza und Tex-Mex Spezialitäten zu günstigen Preisen.

El Mirador

an der Straße Richtung La Mola bei Kilometer 14,3,
✆ 971 327037, täglich 11-24 Uhr

Der Blick von der Terrasse des El *Mirador* über die Insel ist spektakulär. Von hier hat man einen Panoramablick über beide Küstenabschnitte. Einheimische Fischgerichte, mittlere Preise.

Römer und der Cami Romà

Ab 123 v. Chr. wurden die Balearen zur Kolonie des Römischen Reiches. Damit begann eine über 500 Jahre andauernde friedliche Epoche, viele Kolonisten wanderten aus ganz Italien ein. Ebusus – Eivissa – bekam ein eigenes Münzrecht, und der Salzhandel florierte. Formentera diente den Römern u.a. als Getreidelieferant, woher sich auch der Name der Insel ableitet (*frumentum* ist Lateinisch für Getreide). Auf Formentera ist neben dem *Castell Romà Can Pins* der **Camí Romà** erhalten geblieben. Letzterer führt ab Es Caló (*Hostal entre Pinos*) auf die Höhe der östlichen Hochebene La Mola. Durch das Hinweisschild *Camí de sa Pujada* sollte man sich nicht irritieren lassen, sondern an dieser Stelle links abbiegen. Der Weg läuft zunächst an der Küste entlang und bietet im Verlauf immer wieder Ausblicke über die Insel und das Meer. Fast am Ende passiert man die **Cova de la Mano**, eine dunkle Grotte, und erreicht nach ca. 1,5 km die PM 820 ca. 3 km vor Pilar de la Mola, ↻ folgende Seite.

Unterkunft

In Es Caló de Sant Agustí und an der *Platja de Tramuntana* gibt es nach Ansicht der Autoren nur wenige Quartiere mit gutem Preis-/Leistungsverhältnis, so das

Hostal entre Pinos *** €€

✆ 971 327017, Fax 971 327018 (Buchung z.B. auch bei Alltours)

Diese 200 m vom Ortszentrum entfernte etwas ältere Pension hat 51 Zimmer und einen schön angelegten Pool. Die Tarife sind moderat, der Strand ist ca. 600 m entfernt.

La Mola

Geographie   Die Hochebene La Mola thront 200 m über den Wogen des Mittelmeers. Sie ist kaum bewohnt, hat auch Waldareale und wird teilweise landwirtschaftlich genutzt. Im Zentrum der fast kreisförmigen Halbinsel am Ostende Formenteras liegt die einzige Ortschaft, **Pilar de la Mola**. Sie besteht nur aus wenigen Häusern und – natürlich – einer Wehrkirche aus dem Jahr 1784.

Hippiemarkt   Mittwochs und sonntags findet auf dem mit Mosaiksteinen belegten Platz am Dorfeingang der – mittlerweile stark »touristifizierte« und in der Saison überlaufene – »Hippiemarkt« *Fira de la Mola* statt, auf dem die Künstler des Ortes und der Umgebung Bilder und kunsthandwerkliche Arbeiten verkaufen.

Souvenirs   Edlen, jedoch nicht ganz billigen Gold- und Silberschmuck gibt's an allen Tagen bei **Majoral** an der Ortseinfahrt, täglich 10-14 Uhr und 16-21 Uhr

Leuchtturm   Am östlichen Ende der Insel (ab Pilar de la Mola 2 km auf der PM 820) steht der Leuchtturm *Es Far de la Mola* hoch über den Klippen der Steilküste

Jules Verne   Dort erinnert ein Gedenkstein an den französischen Autor *Jules Verne*, dessen Roman »Reise durch das Sonnensystem« teilweise auf Formentera spielt.

Restaurants

Ein Handvoll Lokale wartet auf Gäste, u.a.:

Bar Can Toni
Plaça de s'Església, ✆ 971 327022,
Treffpunkt von Besuchern, Künstlern und Einheimischen. Gute Atmosphäre, einfache Speisen.

El Pilar
an der Hauptstraße bei Kilometer 17, Di-So 12-1 Uhr
Urige spanische **Tapas-Bar** mit preiswerten Gerichten.

Pequeña Isla an der Hauptstraße,
✆ 971 327068, täglich 13-15.30 und 19-23.30 Uhr
Preiswerte einheimische Küche. Spezialität ist der *Arròs Negre*, die schwarze Paella mit Tintenfisch.

Unterkunft

Pension   Wer auf La Mola übernachten möchte, findet in der **Casa Huéspedes Pequeña Isla** (✆ 971 327013) beim Ortseingang einfache, saubere Zimmer.

CALLE
SAN JOSE

3
Thematische
Übersichten

TEIL 3   THEMATISCHE ÜBERSICHTEN

3.1   Strände und Buchten

Bei der Wahl Ibizas und erst recht Formenteras als Urlaubsziel
spielen die Strände der Inseln eine wesentliche Rolle.

**Kenn-
zeichnung**

Allein auf **Ibiza** gibt es 68 offiziell ausgewiesene Badestrände vom
ausgedehnten Szene-Treff mit Musik und Trubel bis zu kaum frequentierten kleinen Sandflächen an einsamen Buchten der Steilküsten. Besonders lange, weiße Sandstrände mit einer karibisch
anmutenden türkisfarbenen Wasserqualität hat **Formenteras**.

**(Fast) alle
Strände Ibizas**

0   N   10 km

**Erreich-
barkeit
der Strände**

Auf beiden Inseln sind mit einem Mietfahrzeug alle Strände per
Tagesausflug anzusteuern, egal von wo aus man startet. Die
bekannteren und stärker besuchten können auch mit Linienbussen und -booten erreicht werden. Auf Formentera gelangt
man ab Fährhafen La Savina sogar mit Fahrrad in 30-60 min an
die schönsten Strände der Insel.

Folgende Strände und Buchten sind unter den verschiedensten
Gesichtspunkten besonders hervorhebenswert:

**Platjas de
ses Salines
(28) und d'en
Bossa (26)**

Wer einsame Strände öde findet, sollte sich zur *Platja de ses Salines* oder *Platja d'en Bossa* begeben. An der *Platja de ses Salines* (auch *Platja Mitjorn* genannt, ⇨ Seite 157) an der Südspitze
der Insel trifft sich die **Schickeria**. Die 2 km lange *Platja d'en
Bossa* (⇨ Seite 62) ist wegen ihres Clubs »*Space*« und der Nähe
zu Eivissa der Strand der Discofans und Nachtschwärmer. Tagsüber liegen dort in der Saison die Besucher dicht an dicht.

Platja d'es Cavallet (27)

Obwohl nicht weit entfernt von Trubel- und Massenstränden, ist es an der langen *Platja d'es Cavallet* (⇨ Seite 156) mit Ausnahme des nördlichen Zufahrtbereichs relativ ruhig. Auf diesem offiziell akzeptierten FKK-Strand findet jeder sein Plätzchen. Der Strand ist speziell in der Schwulenszene, aber durchaus auch bei anderen Besuchern beliebt.

Platja de s'Aigua Blanca (4)

Der zweite offizielle Nacktbadestrand Ibizas ist die *Platja de s'Aigua Blanca* (⇨ Seite 113) bei Cala de Sant Vicent. Manche halten ihn für den schönsten Strand der Insel. Er ist auch bei Familien mit Kindern populär.

Cala (40) Comte

Die nach Westen hin weit offene *Cala Comte* unweit Sant Antoni (⇨ Seite 122) wird wegen der Wassertransparenz in dieser Inselecke gerne von Tauchern und Schnorchlern besucht. Mehrere kleine Sandflächen befinden sich zwischen flachen Felsen.

Cala d'Hort (34)

Der Strand der weit offenen *Cala d'Hort* (⇨ Seite 151) am südwestlichen Zipfel liegt überwiegend unterhalb der Steilküste. Die beiden Felseilande Es Vedrá und Vedranell befinden sich im Blickfeld der Strand- wie Restaurantbesucher. Das macht die Bucht besonders zur Zeit des Sonnenuntergangs beliebt.

Cala Jondal (31)

Einen Hauch Karibik bietet die *Cala Jondal* (oder »Jundal«, ⇨ Seite 161) an der Südküste mit mehreren Strandlokalen. Sie füllen sich vor allem Sonntag abends; dann wird dort Salsa getanzt.

Cala de Benirràs (50)

In erster Linie jüngeres Publikum zieht es an die malerische *Cala de Benirràs* (⇨ Seite 102) nördlich von Sant Miquel. Dort wird sonntags und nachts bei Vollmond noch das alte Hippieimage der Insel mit Trommelkonzerten gepflegt.

Einsame Buchten

Wer vom Alleinsein in einer einsamen Bucht träumt, könnte die etwas versteckte **Cala Olivera** (20) hinter der Wohnanlage von *Roca Llisa* besuchen oder einen der einsamen Strände der Nordküste, die teilweise nur zu Fuß zu erreichen sind, wie etwa die **Cala Portixol** (⇨ Seite 97) oder die **Cala d'Aubarca** (⇨ Seite 135), beide westlich von Port Sant Miquel.

Weitere einsame Buchten sind die **Cala d'en Serra** (1) und die **Platja de s'Illot d'es Renclí** (52) im Nordosten.

An der Cala d'en Serra (1) mit der Besonderheit einer Hotelruine (⇨ Seite 105)

Formentera

Die schönsten weißen Sandstrände mit und ohne Dünenstreifen findet man auf Formentera. Die mehrere Kilometer lange *Platges de Llevant* (1) und *de ses Illetes* (6) bilden die nördliche Landzunge der Insel (⇨ Seite 176). Die *Platja de Migjorn* (4) dagegen bietet viele individuelle Plätzchen in sandigen Felsbuchten.

Die besten Strände auf Formentera

S'Espardell

S'Espalmador

N   0   10 km

6 Platja de ses Illetes

1 Platja de Llevant

P

La Savina

Estany des Peix

Estany Pudent

2 Platja des Pujols

Es Pujols

Ca'n Maianset

Porto Saler

Ca'n Fita

Sant Ferran

Sant Francesc

5 Cala Saona

Cala Saona

3 Platja de Tramuntana

Es Caló

Es Monastir

Platja Migjorn

Ca'n Petit

4 Platja de Migjorn

Maryland

El Pilar de la Mola

Ca'n Mestre

Cap de Barbaria

Formentera besteht nicht rundum aus Sandstränden, sondern felsige Abschnitte und – auf der östlichen Halbinsel Sa Mola – sogar Steilküste überwiegen.

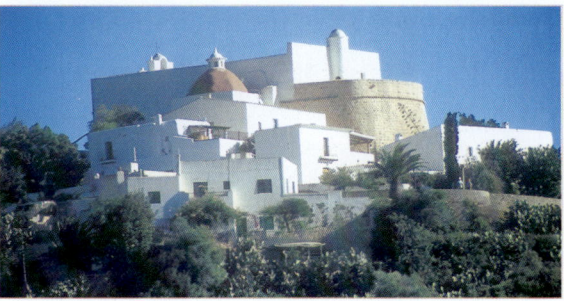

Església de Puig de Missa bei Santa Eulària. Von weitem erkennt man gut den Festungscharakter des Komplexes

3.2   Kirchen, Festungen, Museen und Höhlen

Tropfstein-höhlen

Als eine der ältesten geologischen Strukturen auf den Pityusen gilt die etwa drei Millionen Jahre alte Tropfsteinhöhle *Cova d'en Xeroni* auf Formentera (⇨ Seite 182). Nicht weniger eindrucksvoll ist die »nur« 100.000 Jahre alte *Cova de Can Marça* (⇨ Seite 100) östlich von Port de Sant Miquel auf Ibiza, die zeitweise Schmugglern als Unterschlupf diente.

Megalithische Grabstätten

Die ältesten Spuren menschlicher Besiedelung der Pityusen befinden sich ebenfalls auf Formentera: die 4000 Jahre alten Megalithgräber von *Ca Na Costa* und *Cap de Barbaria* (⇨ Seite 187). Informationen zur megalithischen Epoche gibt es außerdem im *Museu Arqueològic d'Eivissa* (⇨ Seite 40).

Phönizische Spuren

Die erste phönizische Siedlung Ibizas wurde im 7. Jahrhundert vor Christus bei *Sa Caleta* (⇨ Seite 159) gegründet. Dort gibt es noch Überreste des Dorfes *Ebysos* (z.Zt. nicht zugänglich). Kurz darauf bauten die aus dem heutigen Libanon stammenden Phönizier *Ibosim* – das heutige *Eivissa* –, wo man die Reste einer gigantischen Nekropole auf dem Hügel *Puig des Molins* besichtigen kann. Das *Museu Monográfico del Puig des Molins* (⇨ Seite 42) hat auf Ibiza gefundene Exponate phönizischer Kultur. Sehenswert sind u.a. die Terrakottafiguren der phönizischen Muttergöttin *Tanit*. Einige davon stammen aus der Opferhöhle *Cova d'es Culleram* (⇨ Seite 112) bei *Cala de Sant Vicent*.

Römische Ruinen

Von der nachfolgenden Römerzeit zeugen u.a. die Grundmauern einer römischen Siedlung in *Ses Païses* (⇨ Seite 150) südlich von Cala Vadella. Auf Formentera stehen die Reste der römischen Festung *Castell Romà de Can Blai* (⇨ Seite 191), die einst dem Schutz des Salzhandels diente. Unweit davon existiert noch die Pflasterung der von den Römern angelegten Straße *Camí Romà*.

Moscheen

Zeugnisse der maurisch-islamischen Kultur wurden im Zuge der Re-Christianisierung auf Ibiza radikal zerstört. Man weiß heute nur noch, dass einige Wehrkirchen auf den Fundamenten von Moscheen stehen, so die *Església de Puig de Missa* in Santa Eulària (⇨ Seite 72) und die **Wehrkirche von** *Sant Antoni*.

*Stadtmauer
mit
Torwappen
und
Turm der
Kathedrale
bei Nacht*

Eivissa

Nach der Rückeroberung Ibizas entstanden zwar bereits im 13. Jahrhundert eine Reihe von Kirchen und auch manches Bauwerk in der Oberen Altstadt Eivissas, aber erst ab 1555 wurde die Stadt durch eine **Stadtmauer** vor den Raubüberfällen der immer wieder aufkreuzenden Seeräuber geschützt.

Der Bau der **Kathedrale** von Eivissa wurde 1592 vollendet.

Wachttürme

Ab dem 15. Jahrhundert errichtete man befestigte Wachttürme als Beobachtungsposten und gleichzeitig Verteidigungsanlagen an exponierten Punkten der beiden Inseln. Einige davon sind zu besichtigen, so beispielsweise der *Torre de Portinatx*, der *Torre d'en Valls* bei Pou des Lléo (↪ Seite 90), der *Torre de la Sal Rossa* oder der *Torre de ses Portes* (↪ Seite 155).

Wehrkirchen

In der Nähe des Dorfes Sant Llorenç liegt die **Wehranlage** *Balàfia* (↪ Seite 109) mit Türmen, die auch als Getreidespeicher dienten. Außerdem baute man **Wehrkirchen**, die der Dorfbevölkerung bei Piratenangriffen Schutz geben konnten. Typische Gotteshäuser dieser Art gibt es in **Sant Miquel** (↪ Seite 95) und in **Sant Carles** (↪ Seite 91).

Kirchen

Weitere schöne Kirchen – wenn auch keine ausgesprochenen Wehrkirchen – findet man in **Jesús** (↪ Seite 68), **Sant Joan** (↪ Seite 106) und **Santa Agnès** (↪ Seite 133). Auf Formentera sind nur die Gotteshäuser in **Sant Francesc** (↪ Seite 184) und **Sant Ferran** (↪ Seite 182) erwähnenswert.

Kirche in Sant Miquel

3.3 Besonders empfehlenswerte Restaurants und Kneipen

Auch kulinarisch sind die Pityusen eine Reise wert. Die Auswahl an Restaurants und Bars ist immens, wie man an den vielen Empfehlungen unter den Ortsbeschreibungen ablesen kann.

3.3.1 Restaurants

Ob man einheimische Fischgerichte, *Tapas* oder exotische Speisen aus aller Welt möchte, es ist fast alles vorhanden, die Auswahl fällt schwer. Daher hier noch einmal in Zusammenfassung und nach Küchen geordnet einige hervorhebenswerte Adressen. **Die Nummern in Klammern beziehen sich auf die Übersichtskarten auf den Seiten 200 bzw 202 (Formentera).**

Regionale Küche

Einfache Restaurants mit guter einheimischer Küche sind das **Can Costa** (1) in Eivissa und das **Es Rebost de Can Prats** (4) in Sant Antoni, wo man unbedingt die Schlachtplatte **arròs de matances** probieren sollte.

Wem nach soliden Gerichte wie Lammkoteletts und *Pollo Pagès* (Brathähnchen) der Sinn steht, ist entweder im Restaurant **Ca'n Caus** (9), etwa 1 km südlich von Santa Gertrudis, oder im **Juanito** (10) und **Ca'na Pepeta** (10) – beide an der C-733 – gut aufgehoben.

Schwarzer Reis auf Formentera

Den ausgesprochen landestypischen »Schwarzen Reis« (*Arròs Negre*) probiert am am besten auf **Formentera** im *Pequeña Isla* (2) in El Pilar de Mola oder an der Platja de Llevant im **Tanga** (1). Ein urwüchsiges Bauernlokal mit herzhaften Speisen ist das **Casa Catalina** (2) in El Pilar de Mola (↪ Karte Seite 202).

Fischgerichte

Eine besonders schöne Aussicht zu ibizenkischen Fischgerichten bietet das **El Boldado** (5) oberhalb der Cala d'Hort und das Restaurant **S'Espartar** (6) bei der *Cala Tarida*. Äußerst gediegen geht es in der **Sa Capella de Can Basora** (7) am letzten Kreisverkehr nördlich Sant Antoni zu (Straße nach Santa Agnès). Landweinfreunde mögen das **Camp Vell** (8) in Sant Mateu.

Spezialitäten

Im rustikalen Fischlokal **El Bigote** (11) auf den Uferfelsen der *Cala Mastella* garantiert nur Vorbestellung Beköstigung.

Vor allem für die Zubereitung von Meeresfrüchten ist das **Sa Caleta** (12) im gleichnamigen Ort bekannt. Einheimische schätzen die Restaurants **Tropicana** (13) an der *Cala Jundal*, das **Cas Mallorquí** (14) in Portinatx und das Restaurant **Pou des Lleó** (15) oberhalb der gleichnamigen Bucht. In den beiden letztgenannten ist **Paella mit Meeresfrüchten** ein besonders gute Wahl.

Im **Skuma** (16) am Yachthafen von Santa Eulària geht es mit Fischgerichten der *Nouvelle Cuisine* etwas feiner zu.

Auf **Formentera** munden bei **Juan y Andrea** (3) an der *Platja de ses Illetes* speziell die Langusten. Fangfrischen Fisch gibt's in den beiden Lokalen **Fonda Rafalet** und **Pascual** (4) an der *Platja de Tramuntana* zu vergleichsweise günstigen Preisen.

Besondere Restaurant-Empfehlungen

5 El Boldado
6 Restaurante S'Espartar
7 Sa Capella de Can Basora
8 Camp Vell
9 Can Caus
10 Juanito, Ca'na Pepeta
11 Restaurante El Bigote
12 Sa Caleta
13 Yemanjá, Tropicana
14 Cas Mallorqui
15 Pou des Lleó
16 Skuma,
   Rincón de Pepe,
   Andaluza,
17 Ama Lur
18 Es Canto, La Cornucópia
19 L'Éléphant, El Ayoun
20 Bambuddha Grove
21 El Chiringuito
22 Sol d'en Serra
23 Puesta del Sol

1 Can Costa,
   Zaguan,
   Restaurante Victoria,
   El Olivo, La Oliva,
   Il Giardinetto
2 Es Cami Vell
3 La Barraca, Il Bellini
4 Es Rebost de can Prats,
   Es Pi d'Or,
   Ristorante Vaticano,
   The Curry Club

Spanische Küche und Tapas

Die Übergänge zwischen der spanischen und pityusischen Küche sind fließend, beide haben viele Gemeinsamkeiten. Dennoch gibt es Restaurants, die ausdrücklich festlandspanische Gerichte servieren. In Sant Antoni gehört beispielsweise das **Es Pi d'Or** (4) mit Speisen aus dem spanischen Nordwesten dazu.

Baskische Spezialitäten bekommt man im **Ama Lur** (17), etwas südlich von Santa Gertrudis.

In Santa Eulària gibt es zwei besonders gute Adressen für **Tapas**, und zwar das **Rincón de Pepe** und das **Andaluza** (16; beide in der »Fressgasse«, ➩ Seite 75). Nordspanische Tapas serviert man im **Zaguán** (1) im Stadtteil Sa Penya/Eivissa.

Bekannt für preiswerte, dennoch gute Hausmannskost sind die **Bar Es Canto (18)** in Santa Gertrudis und das Restaurant **Comidas Bar San Juan** (1) in der Unteren Altstadt von Eivissa.

Auf **Formentera** sind die **Bar Verdera** (5) in Sant Ferran und das **Bon Temps** (6) in Sant Francesc die besten Tapas-Bars der Insel.

Französische/ mediterrane Küche

Gute französische Küche bieten das **El Olivo** (1) in der Oberen Altstadt Eivissas und das **L'Éléphant** (19) in Sant Rafel. Gleich neben dem *El Olivo* befindet sich das **La Oliva** (1), das neben französischen leichte mediterrane Gerichte auf der Karte hat.

Auf **Formentera** findet man mediterran-französische Kost zu gehobenen Preisen im **Can Gavinu** (6) in Sant Francesc.

Marokkos Küche

Ebenfalls in Sant Rafel kann man sich im **El Ayoun** (19) in einem Ambiente aus 1001 Nacht mit marokkanischen Leckerbissen verwöhnen lassen. Das **La Cornucópia** (18) in Santa Gertrudis serviert marokkanisch-provencalische Kreationen.

Italienische Küche	Auch die italienische Küche fehlt auf den Pityusen natürlich nicht. Knusprige Pizza und frisch zubereitete Pasta gibt's zu günstigen Preisen im Restaurante *Il Bellini* (3) in Jesús. Das *Ristorante Vaticano* (4) in Sant Antoni ist zwar teurer, aber die Qualität rechtfertigt den Preis. Pizzafreunde treffen sich im *Il Giardinetto* (1) am Yachthafen der *Marina Botafoch* in Eivissa.

Italienisch kocht man im Restaurant **Las Ranas** (5) in Sant Ferran (Formentera).

Exotische Küchen	In den letzten Jahren wuchs die Zahl exotischer, vor allem asiatischer Lokale auffällig. Im indischen Restaurant **The Curry Club** (4) in Sant Antoni gibt's scharfe Speisen aus den Töpfen der Maharadschas. Schon wegen seiner Einrichtung ist das **Bambuddha Grove** (20) mit Gerichten aus Thailand, Vietnam und Indonesien sehenswert. Das Restaurant steht unverfehlbar an der Straße C-733 nördlich von Eivissa.

Aus der Neuen Welt serviert das *Tijuana* (4) in San Antoni mexikanische Gerichte zu moderaten Preisen.

Strandlokale/ Aussicht	Speziell an lauen Sommerabenden geht nichts übers Dinnieren unter freiem Himmel und/oder auf Terrassen mit Blick über Strand und Meer. Die Auswahl ist auch dabei groß.

Es gibt kaum ein Strandlokal und ebenso manches Restaurant im Inselinneren, wo man nicht wunderbar draußen sitzen und die Aussicht genießen kann. Das gilt bereits für einige der oben erwähnten Restaurants, etwa fürs *El Bigote*. Wenn dann, wie dort, zusätzlich die Küche »stimmt«, umso besser, z.B. auch im Restaurant **El Chiringuito** (21) an der *Platja d'es Cavallet*, im *Yemanjá* (13) an der *Cala Jundal*, im *Sol d'en Serra* (22) an der gleichnamigen Bucht bei Cala Llonga und im *La Barraca* (3) am Strand von Talamanca.

Tapas

Bei den typisch spanischen *Tapas* handelt es sich um kleine Appetithäppchen, die man »zwischendurch« zu sich nimmt. Das muss sein in Spnien, denn »richtig« isst man erst ab 21 Uhr und später zu Abend. Das Wort »*tapa*« bedeutet eigentlich »Deckel«. Früher bedeckte man in Andalusien damit Getränkegläser, um Fliegen fernzuhalten. Im Lauf der Zeit wurde es Sitte, einen kleinen, kostenlosen Snack auf diese Deckel zu legen. Der Brauch verbreitete sich in ganz Spanien. Gratis sind die *Tapas* heute selbst in Andalusien zwar nur noch selten, dafür hat sich überall die Auswahl vergrößert.

Die folgenden *Tapas* sind weit verbreitet und neben sonstigen Spezialitäten meist (auch) verfügbar: Serrano-Schinken (*jamón Serrano*), Manchego-Käse (*queso Manchego*), Fleischbällchen (*albóndigas*), Sardinen (*boquerones*), kleine Tintenfische (*pulpitos*) und Kartoffeln mit Majonaise (*patatas con mayonesa*). Wer mehrere Sorten probieren möchte, bestellt *una ración* (Portion) *tapas variadas*; meist reicht die schon für den »kleinen Hunger«.

Formentera Auf **Formentera** bieten *Juan y Andrea* (3) und *Sa Sequi* (3) an der *Platja de ses Illetes* die ultimativen Strandterrassen und das Restaurant *Mirador* (7) den besten Blick über die Insel (an der Straße nach *La Mola* im Aufstieg). Weitere Empfehlungen auf der Formenterakarte unten.

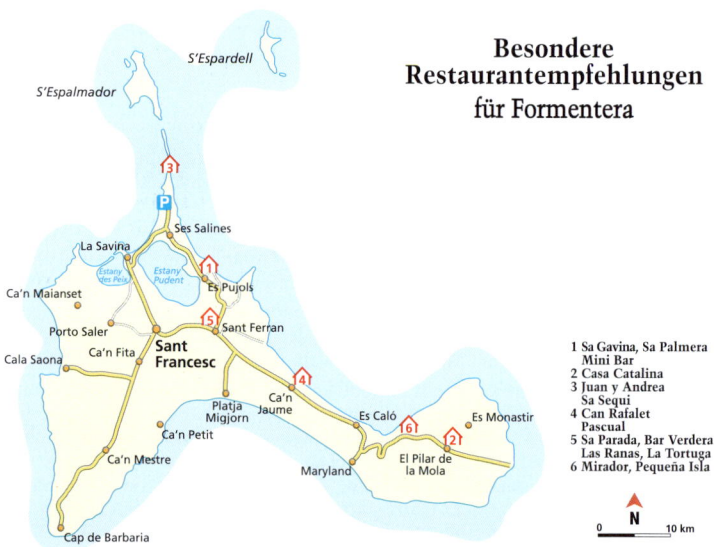

Besondere Restaurantempfehlungen für Formentera

1 Sa Gavina, Sa Palmera
  Mini Bar
2 Casa Catalina
3 Juan y Andrea
  Sa Sequi
4 Can Rafalet
  Pascual
5 Sa Parada, Bar Verdera
  Las Ranas, La Tortuga
6 Mirador, Pequeña Isla

3.3.2   Bars

Kenn-
zeichnung

Bars sind aus dem spanischen (vor allem Männer-) Leben nicht wegzudenken. Diese oft ziemlich ungemütlichen, dennoch gut besuchten Lokale haben neben Getränken durchweg auch kleine Speisen wie *Tapas*. Vor den meisten Bars stehen ein paar einfache Tische und Stühle auf der Straße. Von dort lassen die Gäste gerne das Leben und Treiben ringsum auf sich wirken.

Bekannte
Bars

Zu den bekanntesten Bars Ibizas zählen das **Bernat Vinya** in Sant Josep, die **Bar Cosmi** (berühmt für ihre *Tortilla Española*) in Santa Agnès und natürlich die **Bar Costa** in Santa Gertrudis, von deren Decke Serrano-Schinken hängen. Auf **Formentera** sind die Bars **Can Toni** und **El Pilar** in Pilar de la Mola beliebte Treffpunkte.

Hippie
Bars

Richtig »ibizenkisch« geht es auch in sog. **Hippie-Bar**s zu. Zu den beliebtesten dieser Art zählen **Vista Alegre** im Aussteigerdorf Sant Joan, **Anita's** in Sant Carles und das **Sulayetas** zwischen Sant Mateu und Sant Miquel.

Auf **Formentera** sind bekannteste Treffpunkte die **Fonda Pepe** in Sant Ferran und **Piratabus** und **Blue Bar** an der *Platja Migjorn*.

3.4   Nachtleben und Discos

Zu den Discos

Ein beachtlicher Teil vor allem junger Ibiza-Touristen unter 30 kommt in erster Linie wegen des Nachtlebens auf die Insel. Die Discos Ibizas zählen zu den besten und bekanntesten der Welt. DJs aus aller Herren Länder drehen dort die Plattenteller. In einigen werden die *Sounds* für die folgende Saison geboren.

In jeder Disco finden unter fantasievollen Bezeichnungen laufend wiederkehrend **»Parties«** statt (⇨ Seite 206); weitere Parties werden beispielsweise bei Vollmond, zum Monatsersten oder zu welchem Anlass auch immer arrangiert. Wer mitfeiern möchte, muss sich den Spaß einiges kosten lassen. Der Eintritt liegt je nach Programm und Tag pro Person zwischen €20 und €60.

Mit Ausnahme des *Pacha* und des *El Divino* sind die Tanztempel nur in der ziemlich kurzen **Hauptsaison** geöffnet (Mitte Juni bis Ende September).

Aktuelle Information

Infos über die Clubs und auch gleich die Eintrittskarten vorab gibt's im Internet unter www.clubtix.co.uk/ibiza/clubs.

3

Die besten Discos und Clubs

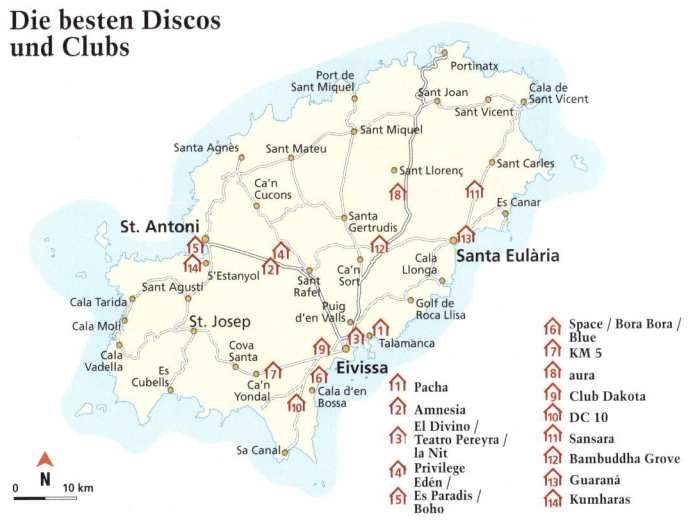

1 Pacha	**6** Space / Bora Bora / Blue
2 Amnesia	**7** KM 5
3 El Divino / Teatro Pereyra / la Nit	**8** aura
4 Privilege	**9** Club Dakota
5 Edén / Es Paradis / Boho	**10** DC 10
	11 Sansara
	12 Bambuddha Grove
	13 Guaraná
	14 Kumharas

0   **N**   10 km

dub

Das **Szenemagazin** (gratis) rund um Ibizas Nachtleben ist die dreisprachige Zeitschrift *dub* (Spanisch, Englisch, Deutsch), die an vielen Orten der Insel ausliegt. Das Magazin bietet Artikel von bekannten DJ's der Insel, Insidertipps zu Discos und Happenings sowie allgemeine Informationen für alle *Clubber*. Man kann das Magazin auch per Internet unter www.dubibiza.com bestellen.

3.4.1 _____ Zu den Discos im Einzelnen

Pacha (1)

Eivissa, Avinguda 8 de Agosto (hinter dem Spielkasino),
✆ 971 313600, ab 20 Uhr 971 310959, www.pacha.com

geöffnet Mitte Mai bis Ende November täglich 23-7 Uhr,
im Winter nur freitags und samstags

Das *Pacha* in Eivissa gilt als die »Mutter aller Discos«. Mit seinen fünf Sälen zieht das *Pacha* durchschnittlich pro Tag 3000
Besucher jeden Alters an, darunter viel Prominenz. Mittlerweile
gibt es über siebzig namensgleiche Ableger in aller Welt. Wer
sich vom Eintrittspreis nicht abschrecken lässt, sollte das *Pacha*
in der Hochsaison freitags zu **Pure Pacha** besuchen, denn dann
legen Star-DJ's aus aller Welt wie **Sander Kleinenberg** u.a. auf.

El Divino (3)

Eivissa, Puerto Ibiza Nueva,
✆ 971 318338, http://eldivino-ibiza.com, täglich 24-6 Uhr

Diese Discothek ist zwar klein, dafür aber aufwendig dekoriert.
Hier gibt es nur eine Tanzfläche mit nur einer Musikrichtung
(meist eine Mischung aus *Soul, Rhythm* & *Beat* und *House*).

Attraktiv sind die Terrasse am Meer und das Restaurant mit
Blick auf die Altstadt. Exklusives Flair. Eintritt €25-€30.

Amnesia (2)

Zwischen Eivissa und Sant Antoni bei Sant Rafel,
✆ 971 191041, www.amnesia.es,
geöffnet nur in der Saison, dann täglich 24-7 Uhr

Das riesige *Amnesia* ist zum internationalen Drehpunkt der DJs
aus Großbritannien geworden, und auch der Techno-Papst **Sven
Väth** legt hier montags bei der »*Cocoon-Party*« (⇨ rechts). Es
gibt zwei Tanzflächen, die größere reicht für 5000 Personen. Mit
auch schon mal unter €30 Eintritt ist das *Amnesia* eine der günstigeren Discos. Besonders beliebt sind die Samstags-Party der
Superlative »*People from Ibiza*« (bei der balearischer *Sound* mit
Techno vermischt wird) und der Mittwoch mit der berühmt-
berüchtigten **Made in Italy Night**.

Das *Amnesia* gilt in Bezug auf Sicherheit, Preis-Leistung und
Bewirtung/Service als die beste Großdisco und ist auch bei den
Einheimischen beliebt.

Cocoon, die Megaparty!

Auf keinen Fall dürfen echte *Clubber* den montäglichen *Cocoon Club* im *Amnesia* auslassen. Die Sommerresidenz des Frankfurter Star-DJ *Sven Väth* nimmt den Besucher mit auf die Reise in einen virtuellen Zirkus. Das Konzept, elektronische Musik mit Lichteffekten, Dia- und Videoprojektionen sowie Performance- und Aktionskunst zu verschmelzen, lässt die Besucher die Nacht mit allen Sinnen erleben. Infos unter www.cocoon.net.

Privilege (4)   Zwischen Eivissa und Sant Antoni unweit Amnesia, ✆ 971 198160, www.privilege.es, geöffnet nur in der Saison, dann täglich 23-7 Uhr

Das *Privilege* ist die **größte Disco** der Insel mit einer Fläche von 7000 m² und einer Kapazität für 10.000 Besucher. Sie rühmt sich **»The World's Biggest Club«** zu sein. Die gigantische Bühne der Anlage liegt inmitten eines Pools. Hauptattraktionen sind mittwochs **Meganite** und donnerstags ***Monza***.

Eintrittspreise zwischen €25 und €50 je nach Programm. Vorwiegend junges, meist britisches Publikum.

Space (6)   Platja d'en Bossa, ✆ 971 396793, www.space-ibiza.com, geöffnet nur in der Saison; unterschiedliche Zeiten.

Das *Space* wurde als die Disco »für den Morgen danach« bekannt. Es öffnete oft erst um sieben Uhr morgens und war der perfekte Treffpunkt für alle **Nachteulen** und **Schlafwandler**. Doch mittlerweile ist das *Space* – wegen des Verbots der »*After-Hour*« – ein normaler Club, indessen mit Tanzflächen im Innen- und Außenbereich. Das *Space* wurde immer wieder als **»Best Club of the World«** ausgezeichnet und dort legen die ganz großen DJs aus London und Miami immer noch auf – teilweise zu astronomisch hohen Gagen. Wer das *Ibiza-Dance-Feeling*

Cocoon Partywerbung am Strand mit Gogo Girls

wirklich erleben will, sollte zumindest ein Happening im *Space* erleben, z.B. dienstags *Carl Cox* und mittwochs *La Troya.* Eintrittspreise zwischen €25 und €50 je nach Programm.

Es Paradis (5)   Sant Antoni de Portmany, Avinguda Dr. Fleming,
℡ 971 346600, www.esparadis.com,
geöffnet nur in der Saison, dann täglich 24-7 Uhr

Der Glaspalast des »Es Paradis« existiert bereits seit Mitte der 1970er-Jahre. Bekannt wurde er wegen seiner Wasserparties im clubeigenen Pool. Eintritt zwischen €20 und €30.

Edén (5)   Sant Antoni de Portmany, Avinguda de Portmany,
℡ 971 340737, www.edenibiza.com, geöffnet täglich 23-7 Uhr

Das »*Edén*« ist eine neuere Disco. Auch dort gibt es die unvermeidliche Schaumparty. Zwölf Bars auf zwei Etagen ziehen vor allem britisches Publikum an. Besonders populär ist die sonntägliche **Judgement Sunday Party**, eine »konventionelle« *House* und *Techno Party.* Eintritt zwischen €20 und €45.

Sonstige   Neben den einzeln beschriebenen etablierten gibt es eine Vielzahl kleiner Clubs, in denen der Eintritt etwas niedriger (ab €15) ist. Unter ihnen verdient besonders das **DC 10** (10) – wegen der Ganztags- und Nachtsparty **Circo Loco** mit *Tania Vulcano* am Montag – an der Straße zwischen Sant Jordi und dem Strand *Es Cavallet* einen Hinweis.

Beliebt sind zum Chill-Out auch das **Sansara** (11) vor Sant Carles und das **Guaraná** (13) in Santa Eulària und – zum Feiern – das **Bora Bora** an der *Platja d'en Bossa* (6), das **Bambuddha Grove** (12) an der C733, **la Nit** oder **Grial** (3) in Eivissa, das **BoHo** (5) in Sant Antoni und das **Blue Marlin** an der *Cala Jundal.*

**Party-
wochenplan**   Zur groben Orientierung hier ein Partyfahrplan der großen Clubs für eine volle Sommerwoche. **Aber Achtung: Die Programme ändern sich häufig** (⇨ auf Seite 203 Hinweise auf aktuelle Infos). Man muss sich also vor Ort noch einmal vergewissern.

Montag: *Cocoon (***Amnesia***); Roger Sánchez (***Pacha***)*

Dienstag: *Carl Cox (***Space***); Salvación (***El Divino***); Armada (***Amnesia***)*

Mittwoch: *La Troya (***Space***); Made in Italy (***Amnesia***);
Meganite (***Privilege***); Subliminal (***Pacha*

Donnerstag: *Cream (***Amnesia***); Monza (***Privilege***);
Fiesta del Agua (***Es Paradis***)*

Freitag: *Pure Pacha (***Pacha***); Manumission (***Amnesia***);
Miss Moneypenny's (***El Divino***)*

Samstag: *La Comunidad (***Privilege***); DefMix (***Pacha***);
People of Ibiza (***Amnesia***)*

Sonntag: *Judgement Sunday (***Edén***); We love Space (***Space***);
Flower Power/Pacha Classics (***Pacha***)*

3.4.2 Und außer Discos?

Chill-out clubs

KM5
zwischen Eivissa und Sant Josep an der PM-803,
℡ 971 396349, www.barkm5.com, täglich 23-4 Uhr

Die *KM5 Bar* in einer umfunktionierten Finca mit einem marokkanisch gestalteten Garten samt Zelten ist ein bevorzugter Nachttreff. Zu *Chill-Out* Musik trifft man sich dort gerne vor dem Besuch einer der großen Discos.

Weitere gute *Chill-Out Clubs, Lounges* und *Warm-up Kneipen* befinden sich in **Eivissas »East End«**. Dieser Bereich erstreckt sich zwischen der Plaça de sa Tertúlia und der Carrer Barcelona.

Jazz und mehr

Als Alternative zu einer Nacht in der Disco bietet sich z.B. das **Teatro Pereyra** (3) in der Carrer Conde de Rosellón an, in dem oft Live-Konzerte unterschiedlichster Art stattfinden.

Der weniger bekannte **Jazzclub Siniva** (9) etwas außerhalb von Eivissa (⇨ Seite 60) kommt ebenfalls statt Disco in Frage.

Sonnenuntergang

Zum Sonnenuntergang pilgern Insider vorzugsweise zu den Klippen der Westküste, um dort das Naturschauspiel zu genießen. Wer dazu noch *Chill-out* Klänge hören und teure *Caipirinhas* oder *Mojitos* schlürfen möchte, begibt sich zur »Sonnenuntergangspromenade« in Sant Antoni ins **Café del Mar**, in den **Savannah Beach Club** oder ins **Mambo Café** (⇨ Seite 127).

Beliebt ist zur Dämmerung auch der Ethnotreff **Kumharas** (15) zwischen Sant Antoni und Port des Torrent an der *Cala Bou.*

Ein prima Platz, sowohl tagsüber als auch zum Sonnenuntergang, das »Puesta del Sol«
am Pont *de Baix hinter den Salinen im äußersten Süden*

3.5   Die Schwulenszene

In Eivissa existiert seit langem eine Schwulenszene mit »eigenen« Hotels, Restaurants, Kneipen und Clubs.

Strände

Tagsüber versammelt sich die Szene fast ausschließlich an einem einzigen Strand. Das **südliche Ende der** *Platja d'es Cavallet* (⟶ Seite 156) ist bevorzugter Treffpunkt für *Gays*. Strandlokal (*Chiringay*) und Cocktailbar mit Musik fehlen auch nicht.

Weniger bekannt ist ein Strand ganz in dessen Nähe: und zwar ist das die in keinen Karten verzeichnete **Cala Pluma** hinter dem Salzverladehafen von Sa Canal. Man erreicht sie entweder über Pfade am Wasser entlang oder über eine steile Abkürzung über die 80 m hohen Hügel der südlichen Landzunge.

Restaurants/ Kneipen

Die meisten Schwulenrestaurants und -bars befinden sich in der Unteren Altstadt Eivissas in der Carrer de la Verge in Sa Penya.

Angesagte **Restaurants** dort sind:

• **Rocky's**: Carrer de la Verge 6, ✆ 971 310107
• **Il Pavone**: Carrer de la Verge 27, ✆ 971 313555
• **Pomelo**: Carrer de la Verge 53, ✆ 971 313122

Von den **Kneipen und Bars** sind insbesondere *Corazón Negro, Indira, Galería, Velvet Cocktail Bar, Bar Zuca* und das *Teatro* beliebt. Die Fashion-Szene trifft sich im *Soap* beim Fischmarkt.

In Figueretes trifft sind zwischen 22 und 3 Uhr die Lokale in der Carrer Ramón Muntaner angesagt, so die *Monroe's Bar*, oder das *magnus* an der Strandpromenade.

Grafitti am Umspann- häuschen nahe der Punta Galera nördlich von Sant Antoni, einer auch bei Schwulen beliebten FKK-Bade- stelle

Clubs	In der Carrer Sa Carrossa 3 in der Nähe der Stadtmauer befindet sich mit *La Muralla* der älteste aller Schwulenclubs auf Ibiza, in dem es klar zur Sache geht: www.lamuralla-ibiza.com.
Travestie	Transvestitenshows gibt es im *Show Samsara* (*Sa Penya*, Carrer de la Verge 42) um 0.30 Uhr. Der Club macht aber schon früher auf; Reservierung empfohlen (℃ 971 191692). Eintritt ab ca. €20.

Oberhalb des Fischmarktes liegt das *Dôme* (Carrer Alfonso XII, www.dome.es), bekannt für seine *Dragqueen*-Shows. In derselben Straße bei *Angelo* kann man den einen oder anderen Cocktail schlürfen. Auch gibt es dort eine Tanzfläche.

Disco	Die einzige **Schwulendisco** ist das *Anfora* in der Carrer Sant Carles 7. Ab 1 Uhr nachts spielt man dort *Oldies* bis zu den *funky* 1980's. Eintritt €7-€12. Tanzfläche, Bars und *Darkroom*.

Auch die großen Discos haben den Trend längst erkannt, und veranstalten mittlerweile auf *Gays* abgestimmte Parties: z.B. im *Space* (➪ Seite 205) mittwochs die *La Troya-Party* und im *El Divino* die häufig stattfindenden **Ken-und-Scandal-Partys**. Im *Amnesia* ist freitags bei **Manumission** jede Menge schwules Publikum anwesend.

Unterkunft für Gays

Hotel Cenit***

Carrer Arxiduc Lluis Salvador, Figueretes
℃ 971 301404, www.hotelcenit.com

Gemütliches Hotel in einer ruhigen Wohngegend an den Hängen des *Puig des Molins*. Große Zimmer (alle mit Balkon), sowie Studios mit Kitchenette, beides relativ günstig (TV und Kühlschrank gegen Aufpreis). Vom Pool hat man Meerblick.

Hotel Marigna**

Carrer Al Sabini 18, Figueretes
℃ 971 304912, www.hotelmarigna.com

Das Hotel liegt ebenfalls am Hang des Puig des Molins. Rund 40 großzügige Zimmer mit Sat-TV und Ventilator, auch Deluxe-Zimmer mit Balkon, Kühlschrank, Klimaanlage etc. Kein Pool.

Casa Campo***

Sant Rafel, ℃ 971 198201

Von diesem ruhigen Hotel in der Nähe der Disco *Privilege* blickt man hinüber bis zur Altstadt von Eivissa. Gepflegter Pool.

Casa Alexio***

Barrio ses Torres 16, Jesús, ℃ 971 314249, www.alexio.com

Modernes Hotel unweit von Eivissa und Talamanca mit allem Komfort – Klimaanlage, geräumige Zimmer, Pool.

Navila***

Carrer Sant Lluis 1, Eivissa, ℃ 971 390573,
www.gayibiza.net/travel/navila.html

Kleines Haus in der oberen Altstadt mit hübschen Apartments.

3.6   Einkaufen

3.6.1   Typische Produkte und Souvenirs

Kunst-handwerk

Im Kunsthandwerk der Pityusen hinterließen alle Einwanderer ihre Spuren. Zwar produzierte man früher fast nur Gebrauchsgegenstände, aber deren Gestaltung ging meist über den reinen Nutzaspekt hinaus. Ein schönes Beispiel dafür sind die auf den Inseln hergestellten Möbel aus Holz und Korbgeflecht.

Keramik

Noch typischer ist die Keramik. Spätestens die Phönizier brachten die Töpferei auf die Inseln, und die Römer und Araber entwickelten diese Fertigkeit weiter. Eine ganze Reihe von Werkstätten produziert heute keramische Teller, Schalen, Vasen, Krüge mit Ibiza-typischen Mustern in der Lasur. Auch tönerne Nachbildungen der punischen Göttin *Tanit* und aus Terrakotta gefertigte Miniaturfincas findet man in den Keramik-Shops.

Korbflechter

Mehrere Töpfereien mit umfangreichem Sortiment passiert man südlich von Santa Eulària an der Hauptstraße nach Eivissa

Espardenyes/ Adlib

Auch im Flechten und Weben waren die Ibizenker seit jeher Meister. Besonders die **Espardenyes** (*Espandrillos* auf Spanisch), aus Agavenfasern geflochtene Sandalen, sind mittlerweile weltweit verbreitet. Es gibt auch geflochtene Taschen, Körbe, Matten, Hüte und sogar Möbel.

Ebenso aufwendig verarbeitet ist aus Wolle und Baumwolle gewebte Kleidung, die die **Adlib**-Mode stark beeinflusst hat.

Adlib-Mode

Die Adlib-Mode wurde ursprünglich von den Hippies kreiert. Vorbild waren die luftigen, bequemen Roben ibizenkischer Frauen, die man mit leichten Baumwollstoffen und anfangs in bunten, leuchtenden Farben kopierte. Es entstanden Kleider, Röcke, Blusen und orientalisch beeinflusste Pumphosen. Auch die aus Agavefasern geflochtenen *Espardenyes*-Schuhe gehörten zum Outfit.

Ende der 1960er-Jahre griff die auf Ibiza lebende rumänische Diplomatengattin *Smilja Mihailovich* den neuen Trend auf und begann ihn zu vermarkten. Gleich die erste Modeschau 1972 wurde ein voller Erfolg. Bis heute gibt es die jedes Jahr im Juni stattfindende **Semana de la Moda**, bei der die neuesten Kreationen – mittlerweile meist in weiß – vorgestellt werden. **Adlib** ist eine Kurzform des Lateinischen »*ad libitum*«, was soviel heißt wie »nach Belieben«.

Lederwaren	Typisch sind auch Lederprodukte. Ob Schuhe, Gürtel, Taschen oder Jacken, man findet in den Ledershops der Inseln alles, was sich aus Leder herstellen läßt. Für gute Qualität indessen zahlt man auch entsprechende Preise.
Schmuck	Schon immer wurde auf den Balearen Silber- und Goldschmuck produziert. In den letzten Jahren stieg sogar der Zahl der Silber- und Goldschmiede. Interessant sind dabei Kreationen, die alte phönizische, christliche wie asiatische Elemente mit modernen Formen vermischen. Besonders beliebt sind sowohl Anhänger der Göttin *Tanit* als auch maurisch anmutende Ringe und Armreife.
Kastagnetten	Die handgeschnitzten Kastagnetten – auf den Pityusen größer als sonst in Spanien – könnten als Geschenkidee für zu Hause ebenfalls gut ankommen.

Ringangebot

Hierbas, Salz	Allgemein geschätzt werden **Kräuterliköre** (*Hierbas* oder *Frígola*). Ähnlich typisch ist Salz aus den Salinen, das man in vielen Souvenirläden in kleinen Tütchen kaufen kann.
Schinken, Wurst und Käse/ Rotwein	Auch **Lebensmittel** wie *Serrano-Schinken*, *Manchego-Käse* oder die (auch zum Grillen geeigneten) Würste **Butifarra** (eine mit Fenchel, Zimt und Pinienkernen gewürzte Blutwurst) und **Sobrasada** (eine vor allem mit Paprika und Pfeffer gewürzte Wurst) eignen sich als Mitbringsel für die Küche zu Hause, ebenso ibizenkischer Rotwein der Winzer *Sa Cova* oder *Can Maymo*.
Musik/ Disco Sampler	Kaum ein Ort in Europa ist auf dem Musikmarkt so tonangebend wie Ibiza, und die Nachfrage nach den neuesten Sounds ist groß, seien es Disco Sampler oder *Chill-out* Klänge.

3.6.2   Galerien, Werkstätten und Shops

Die Urlaubsatmosphäre auf Ibiza und Formentera erleichtert das Geldausgeben. Die genannten Produkte und mehr gibt es u.a. in folgenden Galerien, Werkstätten und Shops. Dabei handelt es sich um eine Auswahl der jeweils interessantesten unter den Adressen, die überwiegend in den Ortsbeschreibungen Erwähnung fanden.

Kunstgalerien

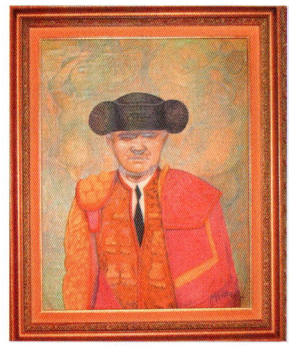

Auffällig sind die zahlreichen Kunstgalerien auf beiden Inseln, sehenswert u. a. die Ausstellungen in Dalt Vila, Eivissas Altstadt, wo sich immer auch Inselimpressionen einheimischer Künstler bewundern lassen.

Eine der erfolgreichsten Künstlerinnen der Insel ist die Italienerin **Simona Marziani**, deren Bilder man vielerorts auf Ibiza findet. Ein Eindruck liefert www.simonamarziani.net.

Im »Künstlerdorf« Santa Gertrudis gibt es die *Galería Can Daifa* mit Gemälden, Skulpturen und Keramiken. Die *Galería Es Molí* zwischen Sant Miquel und Santa Gertrudis zeigt gelegentlich sogar Werke großer spanischer Meister.

Keramik Sant Rafel

Zu Recht beliebt sind ibizenkische Keramiken. Speziell der Ort Sant Rafel ist bekannt für seine Keramikwerkstätten wie *Ceramica Can Kinoto*, wo man besonders originelle Entwürfe findet. Nicht weit davon hat sich *Carlos Icardi* in seinen **Ceramicas Icardi** auf schwarze Töpferware spezialisiert.

Sant Antoni

Schön gearbeitete Figuren aus Keramik bekommt man bei **Mari Prats** in Sant Antoni.

Formentera

In Sant Ferran auf **Formentera** führen die *Galería de Angel* und die *Souvenirs y Ceramica Hermanos Castelló* Keramiken und anderes Kunsthandwerk. In Sant Francesc ist *Ceràmica Mediterrànea* ein guter Anlaufpunkt.

Kunst-handwerk

Bei *art i fang* in **Sant Josep** findet man u.a. Glasprodukte, Keramiken, Gemälde und allerlei ausgefallene Kunstgegenstände mit ibizenkischen Motiven.

In **Santa Gertrudis** befindet sich die Werkstatt des italienischen Goldschmieds **Nino D'Agata**.

In **Santa Eulària** ist die bekannteste Adresse für ibizenkisches Kunsthandwerk das *Centre d'Art – Artesanía de Ibiza*.

Eine Fundgrube für Liebhaber schöner Möbel und Einrichtungsgegenstände ist das »Elefantenhaus«, *La Maison de l'Éléphant*, **westlich von Eivissa** an der Hauptstraße nach Sant Antoni.

Auf **Formentera** ist das *Ferrer* in Sant Francesc eine gute Adresse für originelle Souvenirs. Schön gearbeiteten **Schmuck** gibt es bei *Madrigal* in El Pilar de la Mola.

Adlib Mode

Durch das Aufkommen der **Adlib Mode** avancierte Ibiza zum Zentrum einer eigenständigen Couture. Boutiquen findet man in der Oberen Altstadt Eivissas. Adlib bekommt man in Eivissa bei *Ad Libitum*, *Gypsy One*, *Divina*, *Zoé* und *Cantonada*.

Sandalen

An der Plaça del Sol in Eivissa befindet sich *das* Geschäft für die typischen geflochtenen Sandalen: das *S'Espardenya*.

Kleidung/ Diverses

Im *Mapa Mundi* gibt es schön gearbeitete, balinesisch anmutende Baumwollgewänder. Bei *LEAH'S Ibiza* findet man extravagante Accessoires (Schmuck, Taschen, handgemachte Masken).

Die berühmten ibizenkischen Baumwollhemden kauft man bei *Victor* in der Unteren Altstadt. *Can Ric* ist bekannt für die typischen Bastschuhe, und in der *Sombrereria Bonet* werden Hüte und erstklassige Modeaccessoires angeboten.

Im Stadtteil *Botafoch* stellt die Designerin **Dora Herbst** in der gleichnamigen Boutique ihre Kollektion aus. Wer originelle Modeartikel sucht, wird bei *Frágil* am **Passeig Vara de Rey** fündig. Am *Port d'Esportiu* von **Santa Eulària** liegt der kleine Laden *Omen* ebenfalls mit Kleidung und Kunsthandwerk aus Asien.

Schuhe

Schuhe und andere Lederprodukte bekommt man in Eivissas **Dalt Vila** im *Sandal Shop*, in **Santa Gertrudis** bei *Te Cuero* oder in Sant Francesc auf **Formentera** bei *Zapatos Artesanos*. Ebenfalls in Sant Francesc lohnt ein Besuch bei *UC*, wo kunstvolle Textilien zu haben sind.

Mora

Wer ausgefallene Strick- und Häkelkreationen sucht, sollte sich an die »Hippiediva« *Mora* wenden – ℰ 686 026331, kein Ladengeschäft, www.djin-mora.com (⟿ Seite 216).

Second Hand

Secondhand-Artikel gibt's bei *Ojo* in **Santa Eulària** und im *Casi Todo* in **Santa Gertrudis**.

In Santa Gertrudis in der Inselmitte

Übersicht über das Gros der empfohlenen Shops etc.:

Name+Adresse	Branche/Artikel	Preisniveau
Sa Carrossa, Plaça de Sa Carrossa 19, Eivissa	Adlib Mode & Acc.	Mittel
Divina, Plaça de Vila, Eivissa	Adlib Mode	Hoch
Zoé, Plaça de Sant Elm, Eivissa	Adlib Mode	Mittel
Ad Libitum, Bisbé Cardona 7, Eivissa	Adlib Mode	Hoch
Cantonada, Comte de Rosselló 10, Eivissa	Adlib Mode	Hoch
S'Espardenya, Plaça del Sol, Eivissa	geflochtene Schuhe	Niedrig
Mapa Mundi, Plaça de Vila 13, Eivissa	Baumwollgewänder	Hoch
LEAH'S Ibiza, Plaça de Vila 23, Eivissa	Schmuck, Taschen, Accessoires	Niedrig
Victor, Carrer d'Enmig 42, Eivissa	Baumwollhemden	Mittel
Can Ric, Carrer Conde de Rosellón 8, Eivissa	Bastschuhe	Niedrig
Sombrereria Bonet, Carrer Conde de Rosellón 6, Eivissa	Hüte und Accessoires	Hoch
Dora Herbst, Marina Botafoch, Eivissa	Designermode	Hoch
Frágil, Passeig Vara de Rey 17, Eivissa	Ibiza-Mode	Mittel
Omen, Port d'Esportiu, Sta. Eulària	Kleidung und Kunst	Mittel
Sandal Shop, Plaça de Vila 2, Eivissa	Lederwaren	Mittel
Te Cuero, Plaça de s'Església, Sta. Gertrudis	Lederwaren	Hoch
Zapatos Artesanos (Formentera), Avinguda Porto Saler 6, Sant Francesc	Schuhe/Lederwaren	Hoch
UC (Formentera), Plaça de sa Constitució 11, Sant Francesc	kunstvolle Textilien	Mittel
Ojo, Carrer Sant Josep 14, Sta. Eulària	Second Hand Mode	Niedrig
Galeria Cadillac (Formentera), Carrer Ramón Llull 11, Sant Francesc	Second Hand Mode	Niedrig
Reserva Natural, Carrer Annibal 8	Naturprodukte weltweit	Mittel

Kastagnetten   Zu den bekanntesten Musikinstrumenten Ibizas zählen – wie gesagt – Kastagnetten; es gibt sie bei *Xico Buff* in **Puig d'en Valls**.

Musik   Als erste Adresse für Sampler der Discos, soweit man sie nicht in den Discos selbst kauft, bietet sich die Kette *Mega Music* mit Filialen in Eivissa und Sant Antoni an. Dort bekommt man auch *Ibiza Chill-out* Klänge. Die kann man aber auch im eigenen Shop des *Café del Mar* in Sant Antoni kaufen.

Sonstiges   Auf beiden Inseln findet man eine Menge Geschäfte, die Kunsthandwerk sowie Kleidung im Hippiestil anbieten. Sehenswert ist zum Beispiel das *CHA-CHA* in Dalt Vila, das auf Mode und Objekte aus Tibet und Nepal spezialisiert ist. In der Unteren Altstadt offeriert die *Reserva Natural* Originelles aus fünf Kontinenten. Und an der Plaça des Parc warten gleich drei Shops mit originellen Geschenk- und Souvenirideen.

Für Deutsch-
sprachige ist
Libro Azul
in Santa
Gertrudis
der beste
Buchladen
auf der Insel

Bücher   **Literatur** über die und aus den Pityusen gibt es auf Deutsch bei *Libro Azul* in Santa Gertrudis sowie die *Libreria Vara de Rey* auf der gleichnamigen Flaniermeile in Eivissa.

Lebensmittel,   Die **Markthallen** in **Eivissa**, **Santa Eulària** und **Sant Antoni** re-
generell   gen mit ihrem großen Angebot an frischen Lebensmitteln, Obst und Gemüse zum selber Kochen an. Dort findet man auch die balearentyischen Würste *Butifarra* und *Sobrasada*.

Ibizenkische Lebensmittel, frische Ziegenmilch und einheimische Weine bekommt man etwas **südlich von Santa Gertrudis** im Laden des Restaurants *Ca'n Caus* (⇨ Seite 139). Frisches Fleisch und fangfrischen Fisch, Wein und knuspriges Brot gibt's in hoher Qualität bei *Es Cucó* (⇨ Seite 147) zwischen Port des Torrent und Sant Agustí.

Ensaimadas   Wer die typischen *Ensaïmadas* mag, sollte bei *Can Juanits Pau*, in **Eivissa**, Carrer del Progrès 16, vorbeischauen.

Hierbas   Kräuterliköre (*Hierbas*) erhält man direkt vom Hersteller bei der *Aniseta Fábrica de Licores* und erfährt dort zugleich einiges über deren Produktion.

Ein guter Shop für *Hierbas, Frígola* und ibizenkische Rotweine ist u.a. die *Bodega Tagomago* in **Santa Eulària**.

3.7   Die Hippie-Szene

Treffpunkte

Auf Ibiza und Formentera gibt es mehrere Orte, wo sich einst die »Blumenkinder« trafen und nach wie vor treffen. Der wichtigste Strand z.B. ist die *Cala Benirràs* (➪ Seite 102), wo man sich zum Sonnenuntergang und jeden Sonntag sowieso zum gemeinsamen Trommeln versammelt.

Las Dalias:
Batik-Buddha

Zu den ebenfalls unter diesem Aspekt beliebten kleineren Buchten zählen die *Cala d'Aubarca* (➪ Seite 234), die *Cala Xarraca* (➪ Seite 239) und die *Racó de sa Galera*, die unterhalb der *Cala Salada* liegt, außerdem das ibizenkische *Atlantis* (➪ Seite 153) unter dem *Mirador del Savinar*.

Auf **Formentera** gilt die *Platja de Migjorn* als Hippietreffpunkt

Wohnorte

Die – bis heute als solche zu identifizierenden – Hauptwohnorte der (ehemaligen) *Hippies* auf Ibiza sind **Sant Carles** (➪ Seite 91) und **Sant Joan** (➪ Seite 106); eine wichtige Adresse ist dort die Café-/Shopkombination *Eco* (➪ Seite 107).

Bars

In den zahlreichen einstigen *Hippie Bars* verkehrt heute jedermann. Die Vergangenheit am besten erahnen lassen die *Bar Vista Alegre* in Sant Joan, die Bar *Anita's* in Sant Carles und das *Sulayetas* (➪ Seite 96) zwischen Sant Mateu und Sant Miquel.

Auf **Formentera** sind die bekanntesten Anlaufstellen der sich mittlerweile im Seniorenalter befindlichen *Hippies* und deren Nachahmer die *Bar Fonda Pepe* (➪ Seite 183) in Sant Ferran und vielleicht noch die *Blue Bar* (➪ Seite 188) an der *Platja de Migjorn*.

Mora & Djin

Das wohl ausgefallenste deutsche Pärchen auf Ibiza sind *Mora* und *Djin*. *Mora*, die seit über dreißig Jahren auf der Insel lebt, war früher die absolute Nightlife-Königin; ihre Fotos erschienen in zahlreichen Modemagazinen und Illustrierten. Die aus Lörrach stammende Lebenskünstlerin hat sich seit einigen Jahren auf das Stricken und Häkeln von extravaganten Modestücken verlegt. Sie nennt das *Maschen Couture* und häkelt – wiewohl nur auf Bestellung – die absolut tollsten Teile. Ihr Mann *Djin*, ein sympathischer Hüne, der in der eigenen Werkstatt Fantasy-Kunstwerke und Skulpturen anfertigt und ansonsten als fantasievoller Performance-Künstler auftritt, lebt auch schon seit über zwanzig Jahren auf Ibiza. Auf der »irren« Website www.djin-mora.de findet man mehr über Moras und Djins Aktivitäten.

Hippiemärkte Anfang der 1970er-Jahre begannen die Blumenkinder auf Ibiza, ihren Lebensunterhalt durch Handel zu finanzieren. Sie verkauften **Handarbeiten und importierte Kunst und Kleidung aus Asien**, und eigene »Hippiemärkte« entwickelten sich. Einige überlebten bis heute, wenngleich sie sich stark kommerzialisiert haben und dort mittlerweile alles Mögliche angeboten wird, was mit »Hippie« nichts zu tun hat. Auch die Preise sind teilweise überzogen.

Vor allem zwei Märkte lohnen den Besuch:

Punta Arabi Jeden Mittwoch (9.30-19 Uhr) findet 1 km südlich von **Es Canar** beim Gelände des *Club Punta Arabi* **der größte und schrillste Hippiemarkt** der Insel statt. An bis zu 400 Ständen und Buden gibt es ibizenkische *Pareos*, Baumwollhemden, T-Shirts, Strandoutfits und Abendkleider, Schmuck und Kunsthandwerk aus fünf Kontinenten. Natürlich fehlen auch Straßenmusiker, Porträtmaler, Wahrsager, Tattoo- und Piercingspezialisten nicht. Ibizenkisches wird dort aber kaum angeboten, und störend ist die zunehmende Präsenz von Ständen für billigen Schnickschnack.

Anfahrt Es Canar liegt 4 km nordöstlich von Santa Eularia. Zum Markt geht es durch den Ort an der Cala Caná vorbei einfach geradeaus. Man kann *Punta Arabi* nicht verfehlen. Parken kostet €3.

Von Eivissa, Sant Antoni und Santa Eulària gibt es direkte Busverbindungen zum Markt.

Las Dalias Der **Hippiemarkt (samstags 10-20 Uhr)** beim **Kulturzentrum** *Las Dalias* von Sant Carles ist vor allem für Schmuck, Stoffe, Kleidung, Keramik und Leder bekannt. Er ist kleiner als *Punta Arabi* und im allgemeinen nicht so voll, auch anspruchsvoller und teurer, insgesamt aber sehenswerter als der Markt von *Punta Arabi*. Im *Las Dalias* kann man nach einem Marktbummel den Tag gut mit einem Drink oder Essen abschließen.

Anfahrt Man erreicht den Hippiemarkt mit dem Auto auf der PM 801 von Santa Eulària nach Sant Carles (5 km). Das *Las Dalias* liegt bei Kilometer 12 auf der linken Seite (Parken €3). Alle Busse, die über Santa Eulària in Richtung Sant Carles fahren, halten dort.

Taschen auf dem Hippiemarkt Las Dalias in Sant Carles

4
Natur und
Wandern

4.   NATUR UND WANDERN

4.1   Flora und Fauna

4.1.1   Die Pflanzen und Früchte auf den Pityusen

Historische Entwicklung

Während der verschiedenen historischen Perioden gelangten unterschiedlichste Pflanzen auf die Inseln. Die Phönizier brachten **Granatapfel- und Johannisbrotbäume**, die Römer pflanzten **Ölbäume** (Oliven), und die Araber hinterließen **Datteln** und **Feigen**. **Agaven** und **Kakteen** kamen erst in spanischer Zeit hinzu, in jüngerer Zeit **Kakibäume** und **Aloë Vera**.

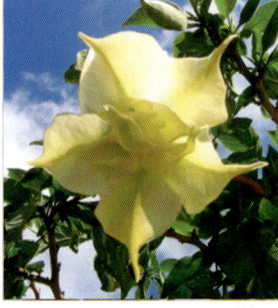

Daturablüte

Jahreszeiten

Bereits ab Februar beginnt auf den Pityusen der Vorfrühling, dann taucht die berühmte **Mandelblüte** vor allem den Nordwesten Ibizas in ein weißes Blütenmeer. Ab März folgt dann die **Pfirsichblüte**, anschließend die **Orangen-** und **Zitronenernte**. Zwischen Januar und Ende Mai wachsen allerorten die schönsten **Blumen**, u.a. über zwanzig **Orchideenarten**, und die Wiesen stehen dann in einem satten Grün. Mit dem Juni beginnt die Trockenheit, die Farbvielfalt verschwindet und das Braun und Rot der Erde dominiert.

Aber auch im Sommer blühen noch das wilde **Rosmarin** und **Thymian**. Erst ab Ende September kehrt durch den langsam einsetzenden Regen das Grün als vorherrschende Farbe zurück.

Küstenvegetation

In den Küstenregionen des Nordens von Ibiza und auf Formenteras Halbinsel La Mola stehen noch viele **Aleppokiefern**, aber insgesamt sind beide Inseln waldarm, denn im Laufe der Jahrhunderte wurden die Bäume für den Schiffsbau abgeholzt. Dafür bescheren nun **Heide**, **Mastix**, **Ginster** und wilder **Rosmarin** den Küstenabschnitten im Juni einen aromatischen Duft.

In mehreren Regionen gedeihen der typische **Zedern-Wacholder** und *Sabinas*, die auch »Phönizischer Wacholder« genannt werden. Auf Formentera nannte man sogar den Hafen nach ihnen.

In Küstennähe wachsen dornige **Kapernsträucher**, deren Knospen gerne in der ibizenkischen Küche verwendet werden. An den Sandbuchten findet man vor allem **Strandhafer** und **-flieder** sowie **Disteln**. Um die Salinen beider Inseln herum gedeihen nur **Schilf**, **Binsen** und so genannte *Halophyten*, Salz liebende Pflanzen.

In Feuchtgebieten finden sich oft leuchtend blühende und duftende **Oleandersträuche**. Aber Vorsicht, Oleander ist giftig!

Trockene und Bergregionen

Abseits der Küsten herrschen wilde **Oliven-** und **Johannisbrotbäume**, **Rosmarin** und **Heidekraut** vor. Etwas seltener kann man noch vereinzelte **Pinien** und die fürs Mittelmeer typischen immergrünen **Steineichen** finden. Vor allem im Nordwesten und Norden Ibizas liegen die **Mandelbaumplantagen**. Im hügeligen Südwesten und in der *Serra de la Mala Costa* sind **Aleppokiefern** weit verbreitet. In den Tälern bestimmt **Macchia** das Bild. Diese buschartige, durch die Einwirkung des Menschen und Ziegenfraß verkümmerte Vegetation kommt im gesamten Mittelmeerraum vor. Dort wachsen ganzjährig **Lavendel**, **Thymian**, **Rosmarin** und **Lorbeer**. Auf den felsigen Böden einiger Regionen im Inselinneren findet man *Garrigue*, eine heidekrautähnliche hartlaubige Strauchart, **Zwergsträucher** und **Polstergewächse**. Besonders typisch ist dort der **Ginster**, eine auf Ibiza dornige Art, die wie bei uns im Frühjahr gelb blüht. Interessant sind die kleinen, im Frühling rosafarben blühenden **Zistrosen**, die als Busch wachsen und unbestelltes Kulturland in kürzester Zeit in Beschlag nehmen.

Agaven

Die bis zu zwei Meter hohen **Agaven** erkennt man an dicken, fleischigen Blättern, die große Mengen an Wasser speichern. Interessant an diesen Pflanzen ist, dass sie im Laufe ihres etwa 20-jährigen Lebens nur einmal blühen. Die Blüte wächst dabei als ein bis zu zehn Meter hoher Stamm aus dem Pflanzeninneren heraus. Kurz nach der Blüte stirbt die Agave ab.

Früchte

Vor allem **Zitrusfrüchte**, aber auch ausgefallenere Arten wie **Kakis**, **Granatäpfel** oder die von den Arabern kultivierten **Feigen** wachsen auf Ibiza bzw. Formentera. Bei den Feigen gibt es bis zu drei Ernten jährlich. **Datteln** wachsen an einer eigenen Palmenart, die man oft an zentralen Plätzen der Städte und Dörfer findet.

Das **Johannesbrot** erkennt man an den langen schwarzen oder braunen **Schoten**, die deutlich sichtbar von den Bäumen hängen. Sie sind durchaus auch für menschlichen Verzehr geeignet, werden aber vor allem als Viehfutter verwendet.

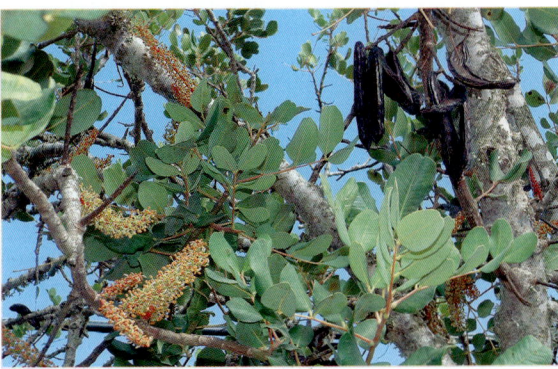

Johannisbrotbäume wachsen heute wild auf Ibiza. Die reife Frucht ist hier deutlich zu erkennen.

Ölbäume

Oliven wachsen bekanntlich auf den typischen knorrigen Öl-bäumen, aber nur ein Teil davon wird noch auf den Inseln abge-erntet; die meisten Oliven – auch auf den Märkten – sind heute importiert.

Wein

Vom Weinabbau vor allem auf den ebenen Feldern Nordwesten bei Sant Mateu war bereits mehrfach die Rede. Auf dem Weg zur Cala d'Albarca passiert man vernachlässigte Felder, die im Herbst dicke Trauben wohlschmeckender Wegzaehrung liefern.

Information

Mehr Informationen zur Flora der Pityusen (allerdings nur auf Spanisch) vermittelt die Universität der Balearen auf www.uib. es/depart/dba/botanica/herbari/index.html

4.1.2   Die Tierwelt der Pityusen

Vögel

Da die Balearen auf der Route der Zugvögel nach/von Afrika liegen, ist die Vogelwelt artenreich. Or-nithologen schätzen, dass bis zu 100 Zugvogelarten die Pityusen besuchen. Zur Vogelbeobachtung eignen sich insbesondere die **Sali-nen**, wo sich **Falken**, **Reiher**, **Fla-mingos**, **Kormorane**, **Wildenten** und **Löffler** ein Stelldichein ge-ben; zuweilen sieht man sogar die seltenen **Seeadler** und **Roten Mi-lane**. Naturgemäß sind die Chan-cen, viele dieser Arten zu sehen, im Herbst und Frühling am besten. Mit Glück sieht man dagegen im Sommer die seltenen **Eleonorenfalken**, die dann auf dem Weg zum Indischen Ozean sind. Hin und wieder trifft man auch auf den **Wiedehopf**.

An den Küsten – speziell im Südwesten und um das vorgelagerte Felseiland Es Vedrà – gibt es verschiedene Möwenarten, die in den Felsen nisten, darunter die seltene **Korallenmöwe**.

Eidechsen und Geckos

Auf beiden Inseln trifft man häufig auf die flinken **Eidechsen**. Es gibt über 30 verschiedene Arten in allen erdenklichen Farben, darunter auch endemische, d.h., weltweit nur auf den Pityusen vorkommende **Lacerta Eidechsen** (zu deutsch Halsbandeidechsen, die man an einer Querfalte an der Kehle erkennt).

Dabei hat jede Insel ihre eigenen Arten; die blauen Eidechsen beispielsweise kommen nur auf Es Vedrà vor. Ansonsten sieht man immer wieder die eher nachtaktiven **Geckos**. Sie sind kleiner als Eidechsen, meist weiß oder beige und haben abgeflachte Köpfe, kurze, dicke Schwänze und haben händchenartige Füße.

Sowohl Geckos als auch Eidechsen sind zutraulich und halten sich abends gerne im Licht auf. Geckos im Hotelzimmer sollte man begrüßen: Sie schaden Menschen nicht und fangen Insekten.

Bereits bei den Phöniziern waren die Inseln dafür bekannt, dass es **keine giftigen Schlangen** gibt.

Säugetiere

Abgesehen von **Haus- und Nutztieren** gibt es auf den Pityusen nur ein paar **Kleinsäuger** und **Hasen**. Am ehesten findet man verschiedene **Ratten- und Mäusearten** wie die Wanderratte, die Hausratte oder die Spitz-, Wald- und Hausmaus. Typisch sind weiterhin die hier aus Afrika stammenden **Wildkaninchen** sowie **Wanderigel**. Abends und nachts sieht man auch **Fledermäuse**.

Schafe in der nordwestlichen Hügelregion Ibizas

Der exotischste Säuger Ibizas ist die **Ginsterkatze**, die von den Karthagern noch als Haustier gehalten wurde. Sie hält sich tagsüber in Baumhöhlen und Astgabeln auf und geht erst nachts auf die Jagd. Da sie äußerst scheu ist, bekommt man sie selten zu Gesicht. Ginsterkatzen sind inklusive Schwanz etwa einen Meter lang, haben ein hellbraunes Fell mit schwarzen Streifen und ausgesprochen große Augen und Ohren.

Nur auf **Formentera** findet man noch vereinzelt **Gartenschläfer**. Diese Nagetiere haben eine rötlich graubraunes Ober- und ein weißes Unterfell, eine schwarze Gesichtsmaske sowie eine schwarzweiße Quaste am Schwanzende.

Podenco Ibicenco

Der *Podenco Ibicenco* wird nach wie vor auf Ibiza gezüchtet. Es handelt sich um eine alte ägyptische Hunderasse, die an die Papyrus- und Tempeldarstellungen des Totengottes *Anubis* erinnern. Angeblich reiste einst Kleopatra auf dem Weg nach Rom über Ibiza und schenkte ihren dortigen römischen Gastgebern einige dieser Hunde.

Insekten

Auf den Pityusen findet man den **Skarabäus-**, den **Nashorn-** und den schwarzen **Balearenkäfer**, der vor allem in den Dünen lebt. Im Sommer sieht man allerhand ausgefallene Arten von Schmetterlingen; u.a. flattern dort **Erdbeerbaumfalter** und **Schwalbenschwanz** durch die Lüfte.

Die **Gottesanbeterin** ist eine bis zu 8 cm lange grasgrüne, gut getarnte Schrecke, die sich von anderen Insekten ernährt, was so weit geht, dass die Männchen nach der Paarung von den Weibchen verspeist werden.

Lästig können bisweilen **Stechmücken** sein, die im wesentlichen aber nur im Umfeld der Salinen beider Inseln und am Flussbett des Riu de Santa Eulària vorkommen.

Nachts singen im Inselinneren die dort allgegenwärtigen **Grillen**.

Kaum zu entdeckende Libelle

Unter Wasser

Schnorchlern und Tauchern eröffnet sich um die Pityusen eine abwechslungsreiche Unterwasserwelt mit **Korallen, Muscheln, Seepferdchen und -sternen, Schnecken** und **Schildkröten**.

Vorsicht ist geboten bei den häufig anzutreffenden **Barrakudas, Muränen** und **Rochen**, sie können aggressiv reagieren.

Zahlreich sind auch **Tintenfische, Kraken** und **Quallen** in den Küstengewässern vertreten. Mit Glück sieht man **Delphine**, kleinere (ungefährliche) **Haie** oder sogar die – vom Aussterben bedrohten – **Mönchsrobben**.

4.2   Wandern auf Ibiza und Formentera

4.2.1   Generelle Situation

Ibiza

Beide Inseln sind für die meisten Urlauber keine Ziele, in denen Wanderungen im Vordergrund stehen, obwohl man auch auf Ibiza seit einigen Jahren durchaus organisierten Wanderurlaub buchen kann (⇨ Seite 27). Tatsächlich gibt es auf Ibiza eine – in Anbetracht ihrer geringen Größe – erstaunliche Zahl von reizvollen Wegen zu Zielen, die teilweise nur per pedes zu erreichen sind, aber auch sehr schöne Verbindungen zwischen bekannten Orten und Buchten abseits der Straßen. Die meisten dieser Wege weisen keinen besonderen Schwierigkeitsgrad auf. Einige davon – im allgemeinen kürzere Strecken – wurden bereits im Rahmen von Teil 2 dieses Buches beschrieben, ⇨ z.B. Seiten 97 oder 144. Wie eingangs erläutert (⇨ Seite 27), gibt es dazu in den Touristeninformationsbüros Karten- und Infomaterial. Daraus ist aber nur schwer zu entnehmen, welche Routen besonders lohnenswert sind und welche weniger.

Routen

Die im folgenden beschriebenen Wandervorschläge beziehen sich auf etwas längere ausgewählte Routen (3-6 Stunden retour) in den Küstenbereichen. Sie verlaufen alle auf öffentlichen Wegen oder über Grundstücke, deren Eigentümer gegen Wanderer nichts haben, sofern sie gewisse Regeln einhalten:

Verhalten

- **Tore,** durch die der Weg führt, immer so hinterlassen, wie man sie vorfindet: verschlossen oder geöffnet, ggf. mit einem Stein zur Sicherung (zum Durchgang für freilaufende Tiere).
- **Obst am Wege** nicht pflücken, es sei denn, mit ausdrücklicher Erlaubnis des zufällig angetroffenen Grundbesitzers.
- **Abfälle** nicht achtlos wegwerfen oder irgendwo eingraben, sondern aufbewahren und mit zurücknehmen.
- Die **Natur belassen** wie sie ist, auch die hübscheste Blume. Viele Pflanzen stehen unter Naturschutz.
- **Schilder** wie *Prohibido el Paso* oder *Camino Particular* (Durchgang verboten - Privatweg) respektieren.

Dieses häufige Schild weist nicht etwa auf einen Privatweg hin. Es bedeutet »Privates Jagdgebiet«, in dem nur der Grundbesitzer ein Jagdrecht besitzt.

Läuft die Wanderung durch ein geschlossenes Gatter, muss es nach dem Passieren wieder in den ursprünglichen Zustand versetzt werden

Mit diesen paar Regeln im Sinn kann nicht mehr viel passieren, was die Wanderfreude trübt, wenn auch die Vorbereitung stimmt:

Wege und Schuhwerk

Die Karrenwege und Wanderpfade Ibizas sind oft sehr **steinig** und geröllhaltig. Mit leichten **Wanderschuhen**, so vorhanden, läuft es sich auf ihnen am besten. Ausreichenden Halt geben aber auch **feste Sportschuhe** mit Profilsohle. Auf keinen Fall sollte man Sandalen oder anderes zu leichtes Schuhwerk wählen.

Kompass

Auf einer kleinen Insel wie Ibiza, sollte man meinen, gibt es keine nennenswerten Orientierungsprobleme. Aber speziell an bewölkten Tagen, wenn der Sonnenstand keine Hilfstellung leistet, können durchaus Situationen auftreten, bei denen zum Beispiel die Entscheidung »welchen der drei Pfade nehmen?« schwer fällt. Ein Kompass ist da manchmal hilfreich.

Sonnenschutz und Durst

Wer sich an heißen Sonnentagen auf den Weg macht, muß bedenken, dass die meisten Pfade zumindest abschnittsweise an Hängen entlang oder über freies Gelände ohne schattigen Baumbestand führen. Eine **Kopfbedeckung** als Sonnenschutz ist ab Mai bis September unverzichtbar, Sonnenöl mit einem hohen Lichtschutzfaktor empfehlenswert.

Genügend **zu trinken** sollte man ebenfalls im Wandergepäck haben und bedenken, dass nicht an jeder Bucht eine Strandbar wartet, zumal nicht von Oktober bis Mai.

Kleidung

In Frühjahr, Herbst und Winter sollte man neben einem warmen Pullover unbedingt einen **Regenschutz** dabeihaben; am besten geeignet sind Regencapes oder Windjacken aus wasserdichtem Goretex, Sympatex o.ä. Zur Not tut es auch ein Schirm. Selbst an Sonnentagen kann das Wetter rasch eintrüben.

Sollte unterwegs »weitab vom Schuss« Unvorhergesehenes passieren, ist ein (aufgeladenes) **Handy** nicht zu verachten: die Notfallrufnummer auch auf den Pityusen ist 112.

Formentera Selbst auf der Badeinsel Formentera gibt es als solche ausgewiesene und markierte Wanderwege; in Anbetracht ihrer Kürze und des überwiegend ebenen Verlaufs sind aber viele eher Spazierwege. Die Touristeninformation hat ein kostenloses Heftchen mit dem Titel *Circuitos Verdes* mit Routen und Kartenskizzen **für Fußgänger und Radfahrer** herausgegeben.

Sieht man ab vom schon beschriebenen historischen *Camí Romà* von Es Caló auf die Hochebene La Mola (ca. 1,5 km, ➪ Seite 192), sind die anderen Wege insgesamt weniger attraktiv mit vielleicht zwei Ausnahmen:

- Der *Camí des Estany* (ca. 2,7 km) führt ab Sant Francesc an den südlichen Teil des Naturschutzgebietes um den *Estany Pudent*. Dort gibt es seltene Pflanzen und zahlreiche Vogelarten.
- Der *Camí des Torrent Fondo* (ca. 2,5 km) beginnt in El Pilar de la Mola (kurz nach der Kirche rechts) und führt an die südliche Steilküste. Am Ende kann man zu den Fischerhütten von Estufador hinuntersteigen, von denen einige in den Felsen geschlagen wurden. Der größte Teil der Strecke ist bis auf einige hundert Meter am Ende auch mit Fahrzeug machbar.

4.2.2 Sechs Wanderrouten auf Ibiza

Von Talamanca zur Cala Llonga

Kennzeichnung Diese schöne Wanderroute läuft von Talamanca, unmittelbar östlich von Eivissa, zunächst an der Küste entlang, dann durch eine bewaldete Hügellandschaft landeinwärts nach Roca Llisa und weiter auf ebener Strecke durch Felder und Weiden – mit Abstecher zur Badebucht Cala Sol d'en Serra – bis Cala Llonga.

Entfernung: ca. 10 km

Dauer: ab 3 Stunden reine Laufzeit

Startpunkt: Promenade am Strand von Talamanca

Transport: Ab der Cala Llonga gibt es mehrfach täglich einen Bus nach Santa Eulària und von dort weiter zu anderen Zielen. Eine Fahrt über Roca Llisa zurück nach Talamanca bzw. Eivissa per Bus ist nicht möglich. Da kommt nur das Taxi in Frage.

Küstenverlauf an der Cala Talamanca Auf der Strandpromenade geht man an der Ostseite der Bucht von Talamanca bis zu deren Ende und dann auf dem anschließenden Schotterweg weiter an der Küste entlang. Kurz nach dem Passieren der letzten Bootsschuppen verliert sich der Weg und man folgt der Uferlinie auf ausgetretenen Pfaden. Nur wenig weiter liegt linkerhand eine größere Wohnanlage, an die sich ein kleiner Strand anschließt, den wir überqueren und weiter westlich in Richtung **Cap Martinet** gehen. Man kann fast bis zum Ende der weit ins Meer ragenden Landspitze und dann auf nördlicheren Pfaden wieder zurück laufen. Aber kürzer ist, nach

Von Talamanca zur Cala Llonga

Passieren einer weiteren kleinen Bucht gleich den ersten Weg links zu nehmen, der geradeaus hinüber zur breiten Cala Rossa führt (Achtung bei der ersten Weggabel nach ca. 40 m dem linken Weg folgen). Wir erreichen nach wenigen Minuten eine platzartige Wegverbreiterung und könnten einen Abstecher hinunter zur kleinen **Cala Rossa** (oder *Roja*) machen.

Weiter bis zur Cala d'Espart

Wir folgen der Uferlinie und suchen am Nordende dieser Bucht nach schräg rechts (nordöstlich) weiterlaufende Pfade an einer **Minibucht** vorbei und dann durch Buschwerk und Baumbestand zur nächsten kleinen Bucht (ca. 200 m). Von dort gelangen wir zwischen deren Steilufer und einer mauerumfassten Reitanlage auf Trampelpfaden Richtung Osten an die nächste Bucht und halten uns von da ab ufernah – immer ohne zum Wasser abzusteigen – eine halbe Stunde lang weiter nordöstlich.

Halbinsel Sa Cals

Nach insgesamt etwa einer guten Stunde reiner Gehzeit erreicht man kurz vor dem Ende der vierten Bucht (ab Minibucht) einen breiten Weg, dem wir ca. 100 m nach links folgen. Er mündet verengt in einen von Westen kommenden Schotterweg, der seinerseits nach ca. 100 m kurz vor der idyllischen *Cala d'Espart* endet. Von deren Nordseite kann man auf einer schmalen Landbrücke hinüberlaufen zur felsigen Halbinsel *Sa Cals*. Nördlich davon erstreckt sich die größere *Cala S'Estanyol*.

Cala d'Espart bis Roca Llisa

Von der Landbrücke zur *Punta de Sa Cals* wendet man sich nun westlich (links vom Wasser weg) und erreicht unverfehlbar nach ca. 150 m einen Fahrweg, dem man nun für ca. 1 km bis zu einem breiten Wegdreieck nach Norden folgen muss. Dort nimmt man die Schotterstraße nach rechts, die nach zunächst östlichem Verlauf fast exakt nördlich in Richtung Golfplatz Roca Llisa läuft (ca. weitere 2,5 km). **Achtung**: im mittleren Bereich dieser Route (ca. 1,2 km) gibt es eine Spitzkehre, die wir nicht mitmachen dürfen. Am äußersten Punkt der Kehre suchen wir uns den Weg durch die Bäume nach Norden, der sich nach ein paar hundert Metern bei einer kleinen Villensiedlung wieder zum Fahrweg verbreitert. Dieser stößt bald auf die asphaltierte rund um den Golfplatz laufende Straße Avenida de Golf, auf der es rechts in Richtung Club de Golf geht (auf keinen Fall sich gleich danach weiter rechts halten bzw. abzweigende Wege/Straßen nach rechts nehmen). Nach einigen hundert Metern auf der sich bald nördlich wendenden Straße passiert man den Clubkomplex. Kurz dahinter endet der Asphalt und es geht auf einem Schotterweg rechts ab in Richtung Cala Llonga und *Cala d'en Serra*. Bis zum Ziel sind es nun noch etwa 2 km.

Roca Llisa bis Cala Sol d'en Serra & Cala Llonga

Dieser Weg macht nach ca. 1 km einen scharfen Schlenker nach rechts in Richtung der Bucht Sol d'en Serra. Wer nicht an den Strand dort bzw. zum Restaurant **Amante Beach Club** möchte, hält sich bei Abknick und gleichzeitiger Verzweigung des Weges links, läuft kurz parallel zum bisherigen Weg und dann weiter geradeaus ein paar hundert Meter durch Felder und Weiden. Dieser hier schmale Weg stößt auf die direkte, breite Straße *Cala Llonga-Cala Sol d'en Serra*. Nach weiteren ca. 300 m ist der Ort Cala Llonga erreicht.

Halbinsel zwischen den Buchten

Zwischen den beiden Buchten liegt die dicht bewaldete Halbinsel Torrent de sa Lluna mit dem 220 m hohen **Puig de ses Torretas**. Sie bildet die östliche Flanke der 350 m breiten Kieselbucht *Sol d'en Serra* und die südliche Seite der *Cala Longa*.

Rückfahrt per Boot

Ab Cala Llonga besteht ab ca. Mitte Mai bis Ende September mehrfach täglich die Möglichkeit, per Boot nach Eivissa zurück zu kehren oder auch nach Santa Eularia oder Es Canar zu fahren.

Ziel Cala Llonga

Abstecher zur Cala Sol d'en Serra	Oberhalb des Strandes von *Sol d'en Serra* gibt es im *Amante Beach Club* nach einer Wanderung von fast drei oder mehr Stunden (reine Laufzeit) ein schöneres Lokal zur Einkehr als die Bars und Cafés am Strand von Cala Llonga. Der Umweg dorthin beträgt gegenüber der direkten Route nur 400-500 m.

Von Sant Josep über den Sa Talaia zur Cala Tarida

Kennzeichnung	Dieser Weg führt zunächst auf den höchsten Berg Ibizas (mit der Möglichkeit, es dabei zu belassen und auf demselben Weg umzukehren) und weiter durch eine Hügellandschaft bis an die Küste zu einem der großen Sandstrände des Inselwestens.

Entfernung: ca. 15 km; Teilstrecke *Sa Talaia* retour ca. 5 km

Dauer: ab 4 Stunden reine Laufzeit;
Teilstrecke auf den *Sa Talaia* ca. 100 min

Startpunkt: Kirche in Sant Josep

Transport: Mit dem **Bus** ist Sant Josep von Eivissa oder Sant Antoni aus Mo-Sa 5 x täglich (So 2 x) zu erreichen. Wer mit dem **Auto** anfährt, hat kein Problem, in der Umgebung der Kirche einen Parkplatz zu finden.

Aufstieg	Gegenüber der Kirche in Sant Josep (⇨ Seite 143) führt eine Treppe zum ausgeschilderten Weg auf den mit 476 m höchsten Berg Ibizas, den *Sa Talaia* (⇨ auch Seite 232).

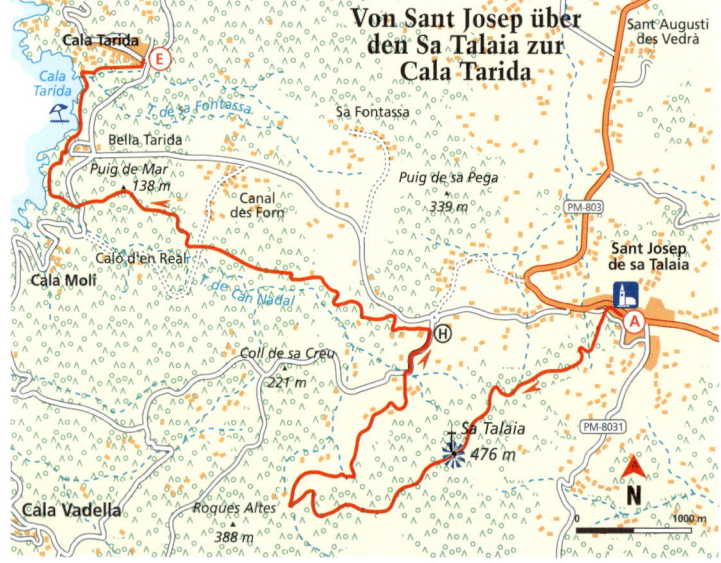

Nach einigen Wegwechseln – man läuft zunächst auf Asphalt – erreicht man nach ca. 15 min den blau markierten eigentlichen Pfad hinauf auf die Höhe. Zuerst geht es durch Felder – schön sind entlang der Strecke der wilde Thymian und die Olivenhaine – und weiter oben durch dichter werdenden Pinienwald.

Sa Talaia   Nach etwa 45 min Gehzeit erreichen wir die schon lange im Blickfeld liegenden Sendemasten und haben von dort eine optimale Aussicht hinüber nach Sant Antoni und Umgebung, sowie über die Buchten der Südküste. Viel besser als vom noch etwa 15 m höheren und (auf einer rauen Kammstraße) 400 m entfernten Gipfel im lichten Wald. Dort markiert ein kleines Monument den höchsten Punkt Ibizas.

Rückkehr   Insgesamt benötigt man bis zum Gipfel kaum mehr als eine Stunde. Wer es damit bewenden sein lassen möchte, steigt bei etwas weniger Zeitbedarf wieder denselben Weg ab.

Weiter zur Cala Tarida   Ab dem Gipfel folgt man weiter dem Fahrweg, der breit genug und ausreichend gepflegt auch für ein Befahren mit Kleinwagen ist. Etwa 600 m bergab passieren wir einen Aussichtspunkt, von dem man die gesamte West- und Südwestküste mitsamt den vorgelagerten Felsinseln (↷ Seite 153) im Blick hat und in der Ferne auch Formentera erkennen kann.

Abstieg vom Sa Talaia   Etwa 800 m vom Gipfel entfernt passiert man eine Schlucht, die linkerhand steil abfällt. Anschließend folgt man der Straße nach rechts, die sich nun weiter in Richtung Norden schlängelt. Auffallend sind in diesem Bereich die zahlreichen dicht belaubten Feigenbäume. Von den Abzweigungen lässt man sich nicht beirren. Nach etwa 30-45 min stößt die Zufahrt vom Sa Talaia auf die Autostraße nach Cala Vadella. Man folgt ihr ein kurzes Stück nach rechts in Richtung Osten (= Richtung Sant Josep) bis zu einer Bushaltestelle.

Rück- bzw. Weiterfahrt per Bus   Gegenüber der Haltestelle führen mehrere Fußpfade hinunter zu terrassenförmig angelegten Olivenfeldern. Viele dieser Pfade sind überwachsen, doch die Orientierung in Richtung West-Nordwest fällt leicht, da nur einige hundert Meter rechts die Straße nach *Cala Tarida* verläuft. Auch parallel verlaufende Strommasten zeigen, dass wir auf dem richtigen Weg sind.

Weiter nach Westen   Nach einem kurzen Stück durch die Felder erreicht man einen breiten Weg, dem man nun folgt, auch wenn er nach ca. 20 min Gehzeit in Richtung einer verfallenen Finca abknickt. Er stößt dann auf einen Fahrweg, der nach links bergab in ein Tal führt. Die grobe Richtung ist jetzt Nordwest, wobei uns links ein Waldstück und rechts Terrassen begleiten. Etwas später sehen wir Weinstöcke und Mandelbäume. Danach führt der Weg in einen Wald.

Vorbei am Puig de Mar (138 m)   Etwa 20 min ab der verfallenen Finca erreichen wir eine Kreuzung; dort hält man sich links und wandert an einem Wasserbecken vorbei durch ein kleines Tal. Etwas später gelangt man an einen Steinbruch, folgt dem Weg weiter in Richtung Norden und erreicht nach weiteren 10 min wieder eine Verzweigung. Dort biegt man links ab auf einen Schotterweg, der bergauf am Wasserwerk **Puig de Mar** vorbeiführt, und wandert dann weiter in Richtung Nordwesten. Nachdem wir ein Waldstück hinter uns gelassen haben, öffnet sich der Blick über Landschaft und Meer.

Enlang der Küste nach Cala Tarida

Es geht weiter in Richtung Südwesten bis zu einem asphaltierten Weg, dem wir nach links folgen. Man überquert die Straße nach Cala Molí, nehmen den Schotterweg in Richtung Meer und laufen rechts parallel zur Küste bis zu einer kleinen Bucht mit Bootsschuppen. Nördlich davon liegt schon der lange Strand der Cala Tarida mit dem gleichnamigen Ferienort (⮕ Seite 147).

Rückfahrt

Von Cala Tarida gibt es saisonabhängig nur 2-3 x täglich einen Bus nach Sant Antoni (ggf. Abfahrtzeiten vorher erkunden). Wer das Auto in Sant Josep stehen gelassen hat, kommt dorthin auf kurzem Weg nur per Taxi zurück.

Rundwanderung Sa Penya Esbarrada

Kennzeichnung

Diese kurze, aber recht anspruchsvolle Rundwanderung über »Stock und Stein« (ggf. mit Anmarsch ab Santa Agnès) führt zu einem der aufregendsten Küstenabschnitte Ibizas.

Entfernung: ca. 3 bzw. 5 km je nach Startpunkt

Dauer: ab 2 Stunden bzw. ab 2,5 Stunden reine Laufzeit

Startpunkt: Bar *Can Jordi*, ca. 1,2 km westlich des Dorfes oder ab Santa Agnès.

Transport: Wer per **Bus** nach Santa Agnes fährt (2-3 x täglich), muss zunächst ab dem Straßendreieck in diesem Minidorf 1,2 km bis zum eigentlichen Startpunkt auf der schattenlosen Asphaltstraße nach Westen und hinterher zurück laufen (*Cami des Pla de Corona*). Mit **Fahrzeug** fährt man entweder über Sant Antoni (von dort ca. 10 km) oder über Sant Miquel und Sant Mateu an (ab Sant Miquel 15 km).

Schon in Santa Agnes und bei *Can Jordi* weist ein Schild den Weg zu den Überresten eines Bauernhauses aus der maurischen Epoche. Der nur noch schwer zu erkennen Grundriss des Gebäudes, sowie einige Mauerreste sind bis dato das einzige architektonische Überbleibsel aus der Zeit der Araber.

Start Bar Can Jordi

Los geht's am Parkplatz bei der wunderbar hoch über dem Meer gelegenen **Bar *Can Jordi*** mit Aussichtsterrassen und Restaurantkarte. Sollte man das etwas von der Straße zurückliegende Lokal verfehlen, passiert man kurz danach das Schild **»*Penya Esbarrada*«** (das auf ein eingezäuntes Gelände mit Grundmauern alter arabischer Strukturen hinweist – nicht ergiebig). und weiß dann: man ist zu weit gefahren.

Erster Abstieg

Wir gehen vom Parkplatz östlich der Bar einen Fahrweg ca. 80 m genau nördlich bergab. Dort endet der Weg und verbreitert sich platzartig. Am Ende halblinks beginnt ein Pfad; er läuft zunächst ein wenig weiter bergab und schlängelt sich dann in Richtung Westen. (Vorsicht: nicht schon nach 50 m links den Pfad direkt unter der Abbruchkante nehmen. Er führt in ein felsiges »Nirwana« und zu entsorgten Waschmaschinen u.a.m.). Am besten berschafft man sich vor Beginn der Wanderung von oben (hinter dem Restaurant) einen Überblick. Man

Das Foto zeigt: dieser Weg ist streckenweise nicht »ohne«, festes Schuhwerk eine Notwendigkeit

erkennt von dort ganz gut, wo der Pfad aus dem Wald heraustritt und dessen weiteren Verlauf. Im Norden liegt ein paar hundert Meter vor der Küste das **Eiland *Ses Margalides*** im Blickfeld.

1. Aussichtspunkt

Der Pfad führt durch *Garigue* und lichten Wald, bis man auf eine verfallene Finca mit einem runden, gut erhaltenen Backofen stößt (bis hierher ca. 30 min). Dort sucht man die Fortsetzung des Pfades nach Nordwesten abwärts über Terrassen bis zu einem **Aussichtspunkt** (frühere Zisternen). Von hier sieht man die kleinen Felsinseln *S'Illot* und *Es Corrals* besser als von oben.

2. Aussichtspunkt

Nun gehen wir an den Terrassenmauern entlang in Richtung Westen. Nach dem Ende der Mauer durchqueren wir – streckenweise steil bergauf – felsig gerölliges, zugleich dicht bewachsenes Gelände, was die Wegfindung erschwert. Nach etwa 10 min erreichen wir einen weiteren **Aussichtsplatz** und überblicken nun die südwestlich verlaufende Küste in Richtung des ein paar Kilometer entfernten *Puig Nono* (255 m). Es empfiehlt sich hier – nebenbei – nicht, einen Pfad nach unten zu suchen.

Über den Hang

Oberhalb der Aussichtsfläche findet man einen Pfad, der zunächst ein Stück in Richtung Südwesten läuft. Er führt dann deutlich sichtbar auf ein steiniges ausgetrocknetes, südöstlich aufsteigendes Flussbett zu, in dem es im Zickzack recht steil bergauf geht. Der Weg wird auch hier großenteils eingerahmt von dichter Vegetation. Unterwegs stößt man auf die Reste eines ehemaligen Kalkbrennofens.

Rückweg

Je nach Kondition hat man nach ca. 15 min oder ein wenig mehr den Anstieg geschafft. Der Pfad verbreitert sich und läuft nun nur leicht bergauf über eine Kuppe und dann bergab durch lichten Kiefernwald. Nach weiteren etwa 20 min erreichen wir die Teerstraße ca. 500 m unterhalb (südlich) des Ausgangspunktes, die die naturbelassene Küstenzone von landwirtschaftlichen Flächen trennt, hier u.a. großen Feldern mit Rebstöcken.

Zu Aussichtspunkten über die Calas Davall es Alls und d'Aubarca

(ein Beitrag von Werner Schmidt/Ganderkesee)

Kennzeichnung

Wanderung durch eine einsame Gebirgsregion im Nordwesten der Insel zu hoch gelegenen herrlichen Aussichtspunkten über unberührten Buchten und Kapfelsen.

Entfernung: ca. 5-6 km (hin und zurück)

Dauer: ab 2 Stunden reine Laufzeit

Startpunkt: Camp Vell bei Sant Mateu

Transport: Anfahrt nur mit eigenem Fahrzeug. In Sant Mateu biegt man (von Süden kommend) an der hübschen weißen Kirche aus dem 18. Jahrhundert nach links ab. Nach ca. 2 km folgt man der Straße nach rechts, Ausschilderung »Cala d'Albarca«, ➪ Seite 135 (Achtung: ca. 800 m hinter Sant Mateu nicht versehentlich nach links über die Höhe Richtung Santa Agnès, sondern rechts fahren!). Nach einigen hundert Metern liegt links eine Häusergruppe, und an der Straße steht ein Schild »*Es Trull*«. Dort zweigt links ein Fahrweg ab. Vor dem etwas zurückliegenden (2008 geschlossenen) Lokal kann man gut parken.

Aufstieg

Wir folgen dem Fahrweg rechts am Gebäude vorbei und passieren mehrere Häuser. Nach ca. 15 min lassen wir das letzte Haus hinter uns und steigen – von Pinien beschattet – einen gerölligen Weg in Kehren weiter an. Wir verfolgen den Weg, bis links eine Mauer auftaucht und biegen dort rechts ab auf einen befestigten Weg (erste Abzweigung überhaupt von diesem Weg). Nach etwa 15 min überqueren wir eine Lichtung und halten uns hier an die anfängliche Markierung (grüne Streifen). Wir passieren eine bewachsene Mauer und ein Tal und treffen nach 20 min auf einen Querweg. Es geht nur noch ein kurzes Stück weiter geradeaus ins Grüne und wir stehen an einem Aussichtspunkt nach Westen. Von dort haben wir einen großartigen Blick auf die Bucht *Davall es Alls* mit der *Punta des ses Torretes* , dem »Kap der Türmchen«. Das Foto unten zeigt, woher sich diese Bezeichnung ableitet: Am Kap ragen turmartige Felsformationen empor ebenso wie auf dem vorgelagerten Felseiland.

Vom Aussichtspunkt gehen wir die paar Schritte zurück bis auf den Querweg, dann auf diesem in Richtung Nordosten.

Trockenmauern beidseitig des Weges begleiten uns. Nach wenigen hundert Metern passieren wir rechts ein verfallenes Haus und vor uns öffnet sich dahinter ein Felsplateau mit wieder grandiosem Blick, jetzt jedoch auf die *Cala d'Aubarca* östlich des Doppelkaps *Mossons* und *d'Aubarca*

Rückweg

Nach einer Rast nehmen wir denselben Weg zurück.

geradeaus — map: **Zu Aussichtspunkten über die Calas Davall es Als und d'Aubarca**

Punta de ses Torretes

Zum Leuchtturm La Guardiola und weiter zur Cala d'en Serra

(↪ Foto Seite 195, ein Beitrag von Werner Schmidt/Ganderkesee)

Kenn-zeichnung

Diese Rundwanderung führt zunächst an der Steilküste entlang bis ans nördlichste Kap Ibizas und dann weiter an die besonders schöne und meist wenig besuchte Badebucht *Cala d'en Serra*.

Entfernung: ca. 6-8 km je nach Wegwahl

Dauer: ab 2 Stunden reine Laufzeit

Startpunkt: Parkplatz am Strand der Cala Es Port

Transport: Wer mit dem **Auto** anfährt, parkt am besten direkt an der Cala Es Port, der »Hafenbucht«, am Ortsende. Mit dem **Bus** ist Portinatx von Eivissa aus 5 x täglich (2 x Sa und So) und 2 x täglich von Santa. Eularia aus zu erreichen. Die Bushaltestelle befindet sich beim Hauptstrand gegenüber dem Restaurant *Rincón Verde*. Von dort folgt man einfach der Hauptstraße durch Portinatx bis zu deren Ende.

Cala Es Port bis La Guardiola

Die Wanderung beginnt hinter dem Strand der Cala Es Port. Kein Schild markiert hier den Pfadeinstieg, aber auch ohnedem ist die Richtung klar. Der weithin sichtbare Leuchtturm steht etwa 1,5 km vom Ausgangspunkt entfernt. Es gibt reichlich alternative Pfade teils unmittelbar an der Abbruchkante der Steilküste entlang, teils ca. 20-50 m landeinwärts durch Busch-werk und spärlichen Baumbestand. Man kann sich bei Bedarf auch an die hin und wieder zu findenden blauen Punkte halten.

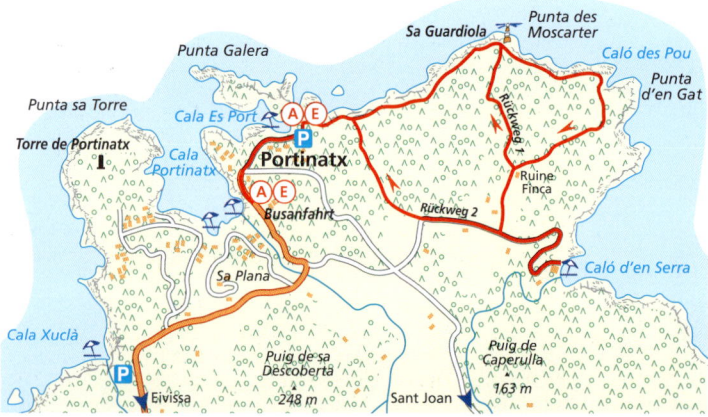

**Rundwanderung
ab Portinatx zur Caló d'en Serra
via Leuchtturm Sa Guardiola**

Nach kaum mehr als 30 min ist der imposante Leuchtturm am nördlichsten Punkt Ibizas, der *Punta de Moscarter*, erreicht. Eine Mauer mit Öffnungen umgibt das Areal um *La Guardiola*.

Vom Leuchtturm zur Cala d'en Serra

Nach kurzer Erkundung verlassen wir das Karree wieder am östlichen Mauerdurchbruch und wandern weiter durch das geröllige Gelände an der Abbruchkante. Nach kurzer Strecke entfernt sich der Pfad von der Küste und blaue Markierungen helfen uns, den Einstieg in ein Flusstrockenbett zu finden (15 min).

Wir laufen ein paar Schritte in Richtung Meer, bis uns blaue Pfeile an verführerisch glitzernden Bergkristallablagerungen vorbei aus dem kleinen »Canyon« wieder herausführen (15-20 min).

Etwa 150 m vom Meer (in Südrichtung) treffen wir auf einen Weg, der sich verbreitert und südwestlich landeinwärts läuft.

Wegabkürzung?

Wir könnten hier versuchen (ca. 200 m hinter dem Flussbett) links Richtung Küste einen Weg durch die Garigue zur Cala d`en Serra zu finden. Dafür wäre gutes Schuhwerk und möglichst feste Beinkleidung angebracht. Die stellenweise sehr dichte Vegetation kann aber auch dann noch das Vorankommen stark behindern. Immerhin fällt auf einer solchen Route »quer durch die Büsche« wegen der nahen Küste die Orientierung leicht.

Verlassene Finca auf dem Weg vom Leuchtturm zur Cala d'en Serra

Im Bogen zur Badebucht

Bequemer und Kräfte sparender ist es, dem breiten Weg Richtung Süden bis zu einer verlassenen Finca zu folgen. (ca. 15-20 min). Wir passieren die die alten Gebäude in südlicher Richtung und halten uns dann an den rechten des sich teilenden Wegs (auch links ist möglich). Nach wenigen Minuten versperrt ein Wäldchen den Weg, das wir links umgehen. Vor uns taucht nach kurzer Strecke ein wenig weiter rechts ein bewohntes Anwesen auf, das wir mit gebührendem Abstand auf einem nun wieder breiten Weg passieren. Jetzt sind es nur noch ca. 200 m bis zur Straße, die Portinatx mit der *Cala d'en Serra* verbindet, und ca. weitere 400 m bis zur Bucht.

Das letzte Stück

Mit dem Ende der Asphaltierung hoch über der Bucht beginnt eine breite, überaus raue Piste voller Schlaglöcher. Auf ihr geht es in langen Serpentinen hinunter zu Sanddünen hinter dem Strand. Zu Fuss ist man in 15-20 min unten (**Autofahrern** ohne 4WD ist von dieser Abfahrt abzuraten).

Cala d'en Serra

Eine Besonderheit der Cala d'en Serra ist die Ruine einer großen Hotelanlage auf der Südseite, die mangels Genehmigung nie zu Ende gebaut wurde. Dank teilweisen Bewuchses stört das Monstrum nur wenig. Eines Tages wird es ganz von der Natur zugedeckt sein. Einmal am Strand nimmt man es heute schon kaum noch wahr; ⇨ Foto Seite 195. Selbst an dieser schwer zugänglichen Bucht fehlen Liegenverleih und Strandkiosk nicht.

Zurück nach Portinatx via Leuchtturm

Zurück nehmen wir zunächst den identischen Weg bis zur verlassenen Finca und halten uns danach geradeaus in Richtung Leuchtturm. Der Weg verzweigt sich mehrfach, aber bei der Orientierung helfen eine in Richtung Leuchtturm laufende Mauer und eine Stromleitung, wenn man den Turm gelegentlich wegen der dichten Vegetation aus den Augen verliert.

Abkürzung

Ab der Finca benötigen wir ca. 30 min bis zum Leuchtturm. Von der Cala d'en Serra sind das auf dieser Route insgesamt um die 60 min. Abkürzen auf 40 min oder weniger lässt sich der Rückweg über ein Weiterlaufen auf der Straße in Richtung Portinatx bis zu deren 90°-Knick nach links. Dort nimmt man zunächst den Weg rechts, dann sofort wieder links und nach wenigen Metern den breiten Weg halbrechts. Dieser läuft erst westlich, dann aber im wesentlichen nördlich bis in Küstennähe. Ab der oberen Wegverengung ist es kein Problem mehr, sich die restlichen 300-400 m bis zur Cala Es Port »durchzuschlagen«.

Sonnenbader lieben die Felsflächen der Cala Rencli; das Wasser ist hier überdies glasklar und ruhig, ideal zum Schwimmen

Von Portinatx über die Cala Xucla zur Punta de Xarraca

Kenn-zeichnung

Diese Route setzt sich aus zwei Teilabschnitten zusammen, die jede für sich gelaufen oder kombiniert werden können. Das erste Teilstück ist eine reine Küsten-/Strandwanderung, das zweite eine kombinierte Küsten- und Waldstrecke mit einem einsamen exponierten Endpunkt.

Entfernung: ca. 12 km volle Strecke, Teilstrecken möglich

Dauer: ab 4 Stunden reine Laufzeit; kürzer bei Teilstrecken

Startpunkt: Parkplatz bzw. Strand S'Arenal Petit; bei Anfahrt mit eigenem Fahrzeug weitere Startpunkte möglich

Transport: Mit dem **Bus** ist Portinatx von Eivissa aus 5 x täglich (2 x Sa und So) und 2 x täglich von Santa. Eulària aus zu erreichen. Die Bushaltestelle befindet sich beim Hauptstrand gegenüber dem Restaurant *Rincón Verde*.

Verschiedene Startpunkte

Wer mit dem **Auto** anfährt, parkt entweder im Bereich der kleineren Bucht *Cala S'Arenal Petit* oder beginnt die Wanderung erst bei der *Cala Xuclà* (eventell parken dort, aber katastropale Abfahrt zum kleinen Parkplatz ganz unten, besser parkt man an der Zufahrt zum westlichen Ortsteil von Portinatx ein paar hundert Meter östlich der Cala Xuclà). Eine weitere Möglichkeit wäre, das Fahrzeug bereits an der *Cala Xarraca* abzustellen (von der C-733 deutlich ausgeschilderte Zufahrt an den Strand), und auf den ersten Teil der Wanderung zu verzichten.

An der C-733 über der *Cala Xarraca*, dem Endpunkt des ersten Teils der Wanderung, befindet sich auch eine **Bushaltestelle**. Wer die aktuellen Abfahrtszeiten erkundet, kann ggf. einplanen, dort aus- bzw. zuzusteigen. Leider sind die Busse oft nicht besonders pünktlich; und man man kann sich nicht einmal darauf verlassen, dass die Busse in jedem Fall anhalten.

S'Arenal Petit bis zur Cala Xuclà

Wer mit dem Bus anfährt, läuft vom größeren Strand über den Verbindungspfad auf dem Felsvorsprung zwischen beiden zunächst zur *Cala S'Arenal Petit*. Von dort geht es eine Treppe zur Straße hinauf, auf der man sich gleich südlich wendet. Man folgt ihr zwischen den Hotelkomplexen *Oasis Playa* und *Oasis* hindurch bis zur C-733 (ca. 500 m) und läuft auf ihr noch ca. 200 m rechts bis zur Kurve. Dort sucht man sich einen der Pfade durchs Buschwerk hinab zum Strand der *Cala Xucla* (ca. 50 m).

Cala Xuclà bis zur Cala Xarraca

Von der schmalen *Cala Xuclá* folgt man einem markierten Pfad in Richtung Westen entlang der felsigen Küste. Nach etwa 15 min erreicht man die **Cala s'Illot d'es Renclí** (⟶ Seite 105), die wegen ihres klaren Wassers bei Schnorchlern beliebt ist.

Von dort ist es leichter, sich oberhalb der Küste zu halten, am besten die breite Abkürzung durch das Buschwerk zu nehmen Richtung Restaurant ca. 200 m weiter westlich. Danach geht es weiter an der Küste entlang. Unterhalb der Abbruchkante hat man dort ein paar größere Felsen zu überwinden; besser kommt man oberhalb voran. Wenn der Gebäudekomplexes über der **Cala Xarraca** in Sichtweite kommt, macht es endgültig mehr Sinn, sich oberhalb der Kante zu orientieren (wobei man zum Schluß nah an die C-733 kommt) und dann einen Weg an den Gebäuden vorbei zur Bucht bzw. zum Strand zu suchen.

Unmittelbar am Ufer entlang ist es schwer, sich über Stock und Stein und einige halbzerstörte Treppen »durchzuschlagen«.

Cala bis Punta Xarraca

Von der *Cala* sind es bis zur *Punta de Xarraca* am Ende der an die Bucht anschließenden kleinen Halbinsel noch etwa 2-2,5 km je nach Wegwahl im oberen Bereich. Zunächst folgt man der **Strandlinie der Cala Xarraca** und dann weiter dem Küstenpfad. Nach ca. 400 m ist eine weitere Bucht erreicht. Man sucht von der Mitte der Bucht den in Richtung Süden ansteigenden Pfad, der steil bergauf – etwas Kraxelei ist hier unumgänglich – durch dichtes Nadelholz geht. Bald darauf wendet sich dieser nach Westen und nach wenigen hundert Metern stößt man auf einen breiten Fahrweg, dem wir nach rechts (Nordwesten) folgen. Nach wenigen Schritten (ca. 50 m) gelangt man an eine Art Kreuzung, die der Hauptweg nach links umgeht. Wir halten uns aber rechts, lassen die Mauer links liegen und folgen von nun an dem nach wie vor breiten Weg nach Norden durch Pinienwald und erreichen nach etwa 200 m die Landzunge der **Punta de Xarraca**, von wo man einen wunderbaren Blick auf die angrenzenden tief ins Land schneidenden Buchten hat. Bis zum Sommer 2010 war die Landzunge komplett bewaldet, doch seit einem verheerenden Waldbrand ist die Klippenküste weitestgehend kahl; die Orientierung fällt hier folglich nicht schwer.

Rückweg

Der Rückweg kann zunächst weiter westlich auf einem Weg angetreten werden, der uns ab der »Kreisverkehrverzweigung« auf (ab dort) identischer Route wieder zurück zur Cala Xarraca bringt.

5
Geologie,
Geschichte
und Kultur

5 GEOLOGIE, GESCHICHTE UND KULTUR

5.1 Der geologische Ursprung der Pityusen

Vor einer Darstellung der Geschichte der Pityusen hier zunächst ein kurzer Überblick über deren geologischen Ursprung:

Trias

Die ältesten Fossilien der Pityusen stammen aus dem Trias vor ca. 223 Mio. Jahren. Das Gebiet lag damals unter dem Meeresspiegel. Erst mit dem Beginn des Tertiärs vor etwa 65 Mio. Jahren und durch die Kollision der afrikanischen und europäischen Kontinentalplatten entstand die Betische Kordillere, die sich von der südlichen Atlantikküste Andalusiens über Formentera und Ibiza bis nach Mallorca zieht. Menorca dagegen erhob sich bereits viele Millionen Jahre früher aus dem Meer und bildet zwar eine kulturelle, aber weniger eine geologische Einheit mit den drei anderen Baleareninseln.

Tertiär

Im weiteren Verlauf des Tertiärs veränderte sich das Gebirge, und große Teile verschwanden wieder im Mesozoischen Meer, um danach erneut aufzutauchen. Riesige Felsbrocken brachen ab und stürzten ins Meer – so entstanden beispielsweise Es Vedrà oder Tagomago. Vor etwa 15 Mio. Jahren ragten die Balearen ähnlich wie heute aus dem Wasser. Nach weiteren 9 Mio. Jahren trocknete das Mittelmeer aus und es entstand eine karge Salzwüste. Die Pityusen lagen damals bis zu 4000 m hoch über dem ausgetrockneten Meeresboden. In dieser Zeit kamen die unterschiedlichsten Tier- und Pflanzenarten auf dem Landweg vom afrikanischen Kontinent.

Enstehung des Mittelmeers

Vor rund 5 Mio. Jahren brach die schmale Verbindung zwischen Europa und Afrika beim heutigen Gibraltar und die Salzwüste füllte sich erneut mit Wasser des Atlantiks. Die Pityusen wurden wieder zu Inseln.

*Der nördlichste Punkt Ibizas,
das felsige Kap de Moscarter,
liefert geologische Informationen
zum Ursprung der Pityusen*

5.2 Geschichte

Frühzeit

Über diese Epoche der Balearen ist wenig bekannt. Vorgeschichtler vermuten, dass die ersten Siedler aus dem Süden des heutigen Frankreich etwa im 6. Jahrtausend v. Chr. die Inseln erreichten. Diese Theorie wird von Höhlenmalereien gestützt sowie durch Funde von Säugetierknochen aus der Nähe von Santa Agnès, die angeblich aus dem Jahre 4860 vor Christus stammen. Was dafür spricht, dass die Siedler jener Zeit bereits Nutztiere hielten.

Megalith-epoche

Etwa 2000 Jahre v. Chr. beherrschte die sog. Megalithkultur die Pityusen (**Megalith = griechisch für »große Steine«**). Überreste aus dieser Zeit finden sich in fast allen Küstenregionen der Alten Welt von Palästina bis zu den Orkney-Inseln. Die ältesten und zugleich prachtvollsten liegen auf Malta, in der Bretagne, in Irland und in Südengland (*Stonehenge*). Auf Mallorca und Menorca blieben sog. *Talayots*, Grundmauern und einzelne Gebäude der Dörfer der Urbewohner der Frühzeit erhalten, aber auf **Ibiza** erinnert fast nichts mehr an die Megalith-Epoche. Nur auf **Formentera** gibt es mit den etwa 4000 Jahre alten Gräbern *Ca Na Costa* und *Cap de Barbaria* noch historische Zeugnisse aus der Zeit der »großen Steine«.

Talayot-kultur

Es folgte die Talayotkultur der Bronzezeit mit Bruchsteinbauten und den typischen Wachttürmen (auf Arabisch und Ibizenkisch ***Talaya***s), die noch bis zur Römerzeit die auf den Balearen und auch Pityusen vorherrschende Siedlungsform gewesen zu sein scheint. Das Konzept der Talayot lässt auf eine strukturierte Gesellschaft schließen. Die Ernährung der Sippe stand nicht mehr das ganze Jahr über im Vordergrund, sondern geordnete Land- und Viehwirtschaft. Dadurch und dank verbesserter Techniken der Vorratshaltung entstanden die zeitlichen Freiräume für die Errichtung derartiger Bauwerke.

Phönizier

Etwa 700 v. Chr. gründeten die Phönizier (von den Römern später **Punier** und wegen ihrer Besiedelung der nordafrikanischen Küste im Bereich des heutigen Tunesiens nach der dortigen Hauptstadt **Karthager** genannt), die um diese Zeit das westliche Mittelmeer dominierten, bei Sa Caleta mit ***Ebysos*** ihren ersten Stützpunkt auf Ibiza. 654 v. Chr. wurde die Stadt ***Ibosim*** zu Ehren des phönizischen Gottes ***Bes*** an der Stelle der heutigen *Dalt Vila* erbaut und damit der Grundstein für das heutige Eivissa gelegt. Neben dem eigentlich aus Ägypten stammenden ***Bes*** verehrten die damaligen Ibizenker die **Göttin *Tanit***. Sie steht für Fruchtbarkeit, Liebe, aber auch Tod.

Kurz nach der Gründung Ibosims begannen die Phönizier mit dem Ausbau der Salinen, was der Insel Reichtum bescherte. Auf dem **Hügel *Puig des Molins*** entstand eine Nekropole mit etwa 4000 Gräbern. Das *Museu Arqueológic del Puig des Molins* steht auf diesem Gräberfeld und besitzt eine wertvolle Sammlung an phönizischen Kunst- und Gebrauchsgegenständen.

Tatsächlich hat die etwa 500 Jahre dauernde phönizische Herrschaft Ibiza und Formentera weitaus stärker geprägt als manche anderen Gebiete des Mittelmeers.

Römerzeit

Mit dem Ende des zweiten Punischen Krieges zwischen Rom und Karthago 201 v. Chr. verloren die Phönizier ihre Kriegs- und Handelsflotte und damit auch ihren Einfluss auf ihre außerafrikanischen Kolonien. Dieses Machtvakuum nutzten die keiner Seite sonderlich verbundenen Bewohner der Balearen zu Seeräuberei und ließen auch römische Handelsschiffe nicht ungeschoren, was den Unwillen Roms erregte und letztlich – im Jahre 123 v. Chr. – zur Besetzung der Balearen mit Pityusen führte. **Ibiza** und die Stadt Ibosim, die mittlerweile **Ebusus** hieß, wurde aber 70 v. Chr. dem Römischen Reich als Kolonie einverleibt. Damit begann eine mehr als 500 Jahre dauernde friedliche Epoche unter römischer Verwaltung. Ebusus bekam ein eigenes Münzrecht, und der Handel mit Salz aus den weiter ausgebauten Salinen florierte. Die Insel **Formentera** wurde für ihre namensgebende Getreidewirtschaft bekannt (*Frumentum* = Getreide).

Architektonisch hinterließen die Römer ihre Spuren durch den Bau von Straßen und Brücken. Zeugnisse dieser Epoche finden sich im *Museu d'Arqueològic d'Eivissa*. In **Formentera** sind das *Castell Romà Can Blai* sowie die Römerstraße *Camí Romà* erhalten geblieben.

Christentum

In den ersten Jahrhunderten der neuen Zeitrechnung beginnt nicht nur in Rom, sondern auch in den römischen Besitzungen rund ums Mittelmeer die **Christianisierung**.

Auf die Römer zurückgehende Brücke bei Santa Eulària

Vandalen; Ostrom und Westgoten	Von 426 n. Chr. an begannen die Vandalen ihr Reich in Nordafrika und dem westlichen Mittelmeer auszubauen Bereits vier Jahre später verdrängten sie die Römer von den Balearen und herrschten dort etwa 100 Jahre, bis sie 535 von byzantinische Truppen geschlagen wurden und dadurch auch die Pityusen an das oströmische Reich fielen. Die knapp 180-jährige byzantinische Herrschaft war von ständigen Unruhen und Kämpfen mit den herannahenden Westgoten geprägt. In den darauffolgenden 200 Jahren befanden sich die Balearen in einem Machtvakuum, in dem abwechselnd Franken, Normannen, Byzantiner und Piraten versuchten, die Inseln zu beherrschen. Ab 711 tauchten die ersten arabischen Kriegsschiffe vor der Küste Ibizas auf.
Arabisch-Islamische Epoche	Im Jahre 902 gelang den Arabern bzw. Mauren (*Moros* auf Spanisch) unter dem Kalifen von Córdoba die Eroberung der Balearen. Ihre Herrschaft über mehr als 300 Jahre war von einem Ausbau der Landwirtschaft gekennzeichnet. Typisch waren neue Bewässerungsmethoden sowie Obst- und Gemüseterrassen, die sich bis heute erhalten haben. Der Islam wurde vorherrschende Religion, und zahlreiche muslimisch geprägte Bauwerke entstanden. *Ebusus* erhielt die Bezeichnung **Medinat Yasbiah**. Die Ortsnamen Albarca, Balàfia, Benifern, Benimussa und Benirràs gehen auf die arabische Zeit zurück.
Literatur	Wer sich speziell für die Zeit der Phönizier, der Römer und der Mauren interessiert, dem sei das von der Zeitung »Ibiza Heute« herausgegebene Buch »**Ibizas große Geschichte**« von *Emily Kaufman* empfohlen, das man in Buchläden Ibizas bekommt.
Katalanen	Mit Beginn des 13. Jahrhunderts begann die christliche **Reconquista** (Rückeroberung) des maurischen Spanien. Unter Jaume I. von Aragón eroberte nach der Besetzung Mallorcas bereits Ende 1229 ein christliches Heer unter Führung des Erzbischofs *Guillem de Montgrí* aus Tarragona im Jahre 1235 die Pityusen. Nach der Vertreibung des Großteils der arabischen Bevölkerung wurden die Inseln neu besiedelt und die Orte umbenannt. Sie erhielten die Namen christlicher Heiliger. Katalanisch avancierte zur Umgangssprache und als äußeres Symbol einer gründlichen Re-Christianisierung wurden in dieser Zeit so gut wie alle muslimischen Bauwerke zerstört.
Vom Königreich Mallorca nach Spanien	Nach dem Tod *Jaumes I.* im Jahr 1276 wurde das Königreich Aragón unter seinen beiden Söhnen *Pedro* und *Jaume* aufgeteilt. Pedro regierte das Festland, und der jüngere Bruder *Jaume* erhielt die Balearen. Er rief das Königreich Mallorca aus, das aber seinem machthungrigen Bruder und dessen Nachkommen ein Dorn im Auge war. **1299 gründete Jaume II. die »Universitat«**, eine Art von Mallorca unabhängige Regierungsverwaltung für die Pityusen. 1349 kam es zur Schlacht von Llucmajor (Mallorca), in der *Jaume III.* fiel und die Balearen wieder dem Königreich Aragón einverleibt wurden. Die 73-jährige Unabhängigkeit der Inseln war damit vorbei, eine Jahrhunderte lange Bevormundung vom

5

Festland aus stand bevor. Bereits in den ersten Jahren gab es Unruhen zwischen Inselbewohnern und aragonischen Steuereintreibern, und es kam zu mehreren Aufständen.

1469 heiratete *Isabella* von Kastilien *Ferdinand* von Aragón, was zur Vereinigung ihrer beiden Territorien führte. Die Balearen wurden Teil des neuen spanischen Königreiches.

Piraten und Schutztürme

Ab Ende des 15. Jahrhunderts verunsicherten türkische Piraten den westlichen Mittelmeerraum. Der Handel nahm ab, und man begann auf den Pityusen Wehrtürme und -kirchen zu errichten. Viele dieser Verteidigungsanlagen kann man heute noch besichtigen. So findet man z.B. den **Torre des Molar** bei Port de Sant Miquel, den **Torre de Portinatx**, den **Torre d'en Valls** bei Pou des Lléo oder im Süden den **Torre de la Sal Rossa** am Ende der *Platja d'en Bossa* sowie den **Torre de ses Portes** an der südlichsten Spitze Ibizas. Die Angriffe der Piraten eskalierten und fanden erst ein Ende, als in der **Seeschlacht von Lepanto** 1571 die türkische Flotte versenkt wurde.

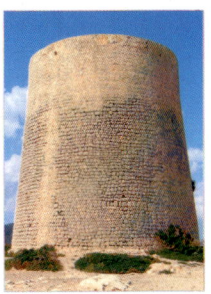

Torre des ses Portes am gleichnamigen Südkap Ibizas

Korsaren

Seit frühester Zeit wurden die Pityusen von Piraten angegriffen. Als Reaktion auf die ständigen Überfälle bildeten auch die Einwohner Ibizas Verteidigungsverbände. 1620 gründete man Korsarengruppen, die die abziehenden Piraten auf hoher See mit schnelleren Schiffen einholten, um ihnen die Beute wieder abzunehmen. Die Korsaren wurden rasch berühmt für ihre Kampfkraft und -taktik und bald (inoffiziell) in die spanische Kriegsflotte integriert. Der bekannteste ibizenkische Korsar **Antonio Riquer Arabí** (1773-1846) wird noch heute als Volksheld verehrt. Unter anderem besiegte er 1806 den berüchtigten Seeräuber *Miguel Novelli*. Vier Jahre später versenkte *Arabí* die britische Brigg »Felicity« im Hafen Eivissas. Sein Denkmal, **Obelisco a los Corsarios**, steht **auf der Plaça d'Antoni** an der Hafenmole. Erst 1908 wurde Spanien gezwungen, die Aktivitäten der Korsaren vor seinen Küsten zu unterbinden.

Mittelalter

Mit Beginn des 17. Jahrhunderts wurden die letzten maurischen Siedler aus den Pityusen ausgewiesen. Damit ging auch deren landwirtschaftliches Know-How verloren; die Landbevölkerung verarmte. Während im restlichen Europa Umwälzungen wie die Renaissance, der Buchdruck und die Reformation die Gesellschaft veränderten, blieb Ibiza von alldem unberührt. Das spanische Königshaus lenkte ohnehin sein politisches und wirtschaftliches Hauptinteresse auf den amerikanischen Kontinent; der Mittelmeerraum mit den Balearen wurde vernachlässigt.

Die Pest

1652 kam es zu einem verheerenden Ausbruch der **Beulenpest**, der fast die Hälfte der Bevölkerung Ibizas zum Opfer fiel. Der Schriftsteller und Historiker *Enrique Fajarés Tur* hat das damalige Geschehen dokumentiert. Das bereits seit einer früheren Pestepidemie 1348 unbewohnte **Formentera** wurde erst wieder ab 1697 neu besiedelt.

Bourbonen

Im spanischen Erbfolgekrieg (1701-1713) stellten sich die Balearen auf die Seite des Habsburger Königs Karl II., der vom bourbonischen Widersacher Philipp V. von Kastilien besiegt wurde. Menorca fiel an England, Mallorca und die Pityusen dagegen verblieben bei Spanien. Das Kastilische (*Castellano*) wurde zur Amtssprache der Balearen, und die Bourbonen beschlagnahmten die wichtigste Einnahmequelle der Pityusen, die Salinen. Die Bevormundung der Inseln durch die Zentralregierung nahm deutlich zu. Die 1299 gegründete ***Universitat* wurde abgeschafft** und durch einen zentralistischen Verwaltungsapparat ersetzt. Die Verarmung der Inseln wegen hoher Abgabenlast schritt danach weiter voran. In den folgenden 150 Jahren fand eine stetige Landflucht statt.

Luis Salvator

Im Jahre 1782 reformierte der erste ibizenkische Bischof *Manual Abad y Lassierra* die Landwirtschaft, indem er die Kooperation der Bauern organisieren ließ und dafür sorgte, dass neue Techniken Einzug hielten. Doch trotz aller Neuerungen blieb ein wirtschaftlicher Aufschwung aus, bis **1867** ein prominenter Besucher eine neue Entwicklung einleitete: Der habsburgische

5

Die Blütenpracht auf Ibiza beeindruckte schon vor 150 Jahren den Erzherzog Ludwig Salvator von Österreich

Erzherzog **Ludwig Salvator** (»*Luis Salvador*«) verbrachte als erster Tourist einige Zeit auf den Pityusen und verfasste eine genaue Beschreibung der Natur und von Land und Leuten in seinem mehrbändigen Werk »Die Balearen«; ⇨ auch Seite 253. Der Grundstein für eine touristische Ära war gelegt. Und schon 1878 wurde die erste regelmäßige Dampfschiffverbindung zwischen Ibiza und Barcelona eingerichtet.

20. Jahrhundert

Vom Ersten Weltkrieg blieben die Pityusen gänzlich unberührt. Später in den 1930er-Jahren fanden zeitweise Schriftsteller und Künstler wie *Raoul Hausmann* und (kurzfristig) *Walter Benjamin* auf Ibiza Zuflucht vor der Verfolgung durch den beginnenden Nationalsozialismus.

Bürgerkrieg in Spanien/ Franco-Zeit

Mit dem Ausbruch des Spanischen Bürgerkrieges fielen die Pityusen schon 1936 an die putschenden Faschisten. Mit Ende des Krieges 1939 installierte *General Franco* in Spanien ein totalitäres Regime, das in den folgenden 40 Jahren die Selbstständigkeit der Pityusen noch weiter einschränkte. Die zentralistisch geführte Diktatur Francos verbot den Insulanern den Gebrauch ihrer Sprache, des *Eivissenc*, und unterband alle regionalen Bestrebungen.

Moderner Tourismus

1958 wurde der Flughafen von Eivissa eröffnet. Bereits zwei Jahre später landeten die ersten deutschen Chartermaschinen, und bis Ende der 1960er-Jahre wurde Ibiza zu einem wichtigen Urlaubsziel. Gleichzeitig entdeckten »Hippies« die Insel als Refugium. Zug um Zug baute man die touristische Infrastruktur weiter aus, und die Zahl der ausländischen Besucher stieg jedes Jahr. Mit dem Eintritt Spaniens in die Europäische Gemeinschaft 1986 stieg die Investitionsbereitschaft von Ausländern auf den Inseln und intensive Bautätigkeit veränderte das Bild der Balearen einschließlich Pityusen erheblich. Gleichzeitig verdoppelte sich die Zahl der Touristen in den über 20 Jahren seither.

Tourist und Isidor Macabich, größter intellektueller Sohn der Insel, der dank seines Geschichtswerkes über Eivissa in jedem Ort als Namensgeber von Straßen im Gedächtnis aller haften bleibt

5.3   Institutionen und Wirtschaft der Pityusen

Demokratie und Autonomie

Nach dem Tod von *General Franco* 1975 erfolgte die Rückkehr zur konstitutionellen Monarchie unter *Juan Carlos I.* 1978 trat eine neue demokratische Verfassung in Kraft; und 1983 erklärte die neue Regierung die Balearen (Ibiza, Formentera, Mallorca und Menorca) zu einer autonomen Region mit eigenem Parlament (ähnlich wie im Fall deutscher Bundesländer). Seither kümmert sich eine von Madrid weitgehend unabhängige Administration um Schul-, Bildungs- und Gesundheitswesen, öffentliche Ordnung sowie um Steuern und Finanzen. Das Katalanische (*Catalán*) avancierte wieder zur offiziellen Amts- und Bildungssprache.

Parlament und Inselrat

Dem Balearenparlament in Palma de Mallorca unterstehen Inselräte, die **Consells Insulares**, die für die Administration auf lokaler Ebene zuständig sind. Für **Ibiza** und **Formentera** gibt es einen gemeinsamen Inselrat mit Sitz in Eivissa.

Fahnen

Die Fahne der **Balearen** zeigt vier rote Streifen auf gelbem Grund – die Farben des Königreiches von Aragón – und in der linken oberen Ecke ein weißes Schloss mit fünf Türmen auf violettem Grund. Die Fahne der **Pityusen** zeigt an jeder der vier Ecken der rot-gelben Fahne des Königreiches Aragón ein braunes Schloss.

Hymne

Die Hymne der Balearen heißt *La Balanguera*. Der Text wurde vom mallorquinischen Schriftsteller *Joan Alcover* Anfang des 20. Jahrhunderts gedichtet.

Wirtschaft

Bis zum Beginn des Fremdenverkehrs war die Salzgewinnung die Haupteinnahmequelle der Pityusen. Heute dagegen macht der Dienstleistungssektor, vor allem der Tourismus, über 80% der erwirtschafteten Einnahmen aus. An zweiter Stelle liegen die Industrie und das zum großen Teil vom Fremdenverkehr abhängige Baugewerbe mit knappen 15%. Die übrigen 5% teilen sich die Landwirtschaft inklusive Herstellung von Weinen und Likören, das Kunsthandwerk und die noch verbliebene Salzgewinnung. Die Gesamteinnahmen pro Kopf ihrer Einwohner machen die Pityusen zusammen mit Mallorca und Menorca zur reichsten Region Spaniens und darüber hinaus zu einer der wohlhabendsten in der EU. Bedenklich ist dabei die extreme Abhängigkeit der Inselwirtschaften vom Tourismus.

Die Landwirtschaft trägt nur noch minimal zum Sozialprodukt Ibizas bei

5.4 Kultur und Folklore

Kulturelles Erbe

Wegen der starken phönizischen und maurischen Einflüsse unterscheiden sich Kultur und Folklore der Pityusen grundlegend von denen des spanischen Festlands. In der ibizenkischen Volksmusik beispielsweise gibt es orientalische Klänge zu hören und auch die Tänze ähneln denen der nordafrikanischen Mittelmeerstaaten.

Tir amb Bassetja – Steinschleudern

Bereits unter den Karthagern waren die Ibizenker (und Mallorquiner) bekannt für die hohe Kunst des Steinschleuderns; speziell unter Hannibal verbreiteten sie als Legionäre im punischen Heer, aber gleichzeitig in römischen Legionen Angst und Schrecken unter den Gegnern. Noch heute gilt das *Tir amb Bassetja* als Volkssport der Balearen – 1992 wurde er während der Olympischen Spiele in Barcelona vorgestellt, wenngleich nicht als offizieller Wettkampfsport. Auf Mallorca, Ibiza und Formentera gibt es eigene Vereine, die die Schleuderkunst pflegen. Es ist erstaunlich, mit welcher Präzision Ziele selbst über weite Entfernung getroffen werden. Die eindrucksvollste Demonstration dieser Fertigkeit findet immer am 29. August beim Patronatsfest von Sant Joan statt (➪ Seite 106). Weitere Termine haben die Tourismusbüros.

Musik-instrumente

Das wichtigste der landestypischen Instrumente ist die *flaüta* (Flöte) aus Oleanderholz, die meist nur mit einer Hand gespielt wird. Mit der anderen Hand hält man eine kleine Trommel aus Pinienholz und schlägt zu der Melodie selbst den Takt. Daneben sieht man des Öfteren eine etwa 1,5 cm dicke und 15 cm lange, aus zwei Rohren bestehende Klarinette, die *reclam de xeremies*. Das Instrument ähnelt den altägyptischen *Mait*- und *Zoummarah*-Flöten, die im Nationalmuseum in Kairo ausgestellt sind. Musikethnologen nehmen an, dass die *reclam de xeremies* durch den Einfluss der Araber auch auf Ibiza in abgeänderter Form heimisch wurde. Quasi unvermeidlich in der traditionell ibizenkischen Musik sind schließlich die 15 cm langen *castanyoles*, die größten Kastagnetten Spaniens.

Tänze

Die ibizenkischen Tänze spiegeln die sozialen Strukturen der Gesellschaft wider. Ein Tanz wird von einem Mann und einer oder mehreren Frauen aufgeführt. Während die Frau – ähnlich wie eine Henne – zurückhaltend und schüchtern mit kleinen Schritten tippelt und versucht, den Blicken des Mannes auszuweichen, verkörpert dieser den stolzen Hahn, der in großen Sprüngen die Partnerin beeindrucken möchte. Das Paar bewegt sich zum Rhythmus der Kastagnetten. Die Tänze bestehen aus zwei Teilen. Sie beginnen mit **sa curta** (der kurzen), bei der die Frau kleine Kreise zieht und der Mann ihr folgt, ohne den Blick von ihr zu lassen.

Danach kommt **sa llarga** (der lange) bei der der Radius der Frau zunimmt und die Intensität des Tanzes beim Mann wächst, da die Sprünge weiter und höher werden müssen.

Der Tanz mit mehreren – meistens drei – Frauen nennt sich **sa filera**, wobei der Mann nur einer huldigt, während die anderen eine eher dekorative Rolle haben. Auf Hochzeiten besteht dieser Tanz aus insgesamt zwölf Runden und heißt auf Katalanisch dementsprechend **dotze rodades** (zwölf Runden).

Das Paar beendet den Tanz, wenn der Mann seinen Arm über den Kopf der Frau führt und sich danach tief vor ihr verbeugt. Der aufbrausende Hahn wird zu einem galanten »Gockel«.

Man kann diese Tänze bei folkloristischen Vorführungen (in Sant Miquel einmal wöchentlich; ⇨ Seite 95) oder auch auf Volksfesten erleben.

Poesie

Auf den Pityusen werden viele Gedichte und Lieder nach wie vor mündlich überliefert. Die Herkunft der Gesänge lässt sich zeitlich oft nicht mehr einordnen. Zum großen Teil wurden sie wohl aus provençalischen Dialekten des Mittelalters überliefert. Zu dieser Art der Poesie gehören **cançons d'infants** (Kinderlieder), **romanços** (Romanzen), **gloses** (sarkastische Glossen), **goigs** und **rondalles** (Erzählungen über bekannte Persönlichkeiten) sowie das **teatre pasqual** oder **nadalenc** mit Geschichten über Christus oder die Heiligen Drei Könige.

Gesänge

Auch eigene Lieder und Balladen – **cantades** oder **xacotes** – hat man auf den Pityusen. Diese Liedkultur unterliegt starkem nordafrikanischen Einfluss, und man kann sie vor allem bei Volksfesten hören. Neueren Datums sind die christlichen Weihnachtslieder – **caramelles** – oder die **porfedi**, bei denen in humoristischer Weise von der Beziehung zwischen den Geschlechtern gesungen wird. Interessant ist hier die Art der Darbietung, bei der ein Mann und eine Frau im Wechselgesang zu monotonen Trommelschlägen eine Art improvisierte Diskussion führen, ohne sich dabei anzusehen. Oft werden ihnen sogar die Augen verbunden. Angeblich wurden auf diese Art früher Probleme zwischen Ehepartnern »therapiert«.

Legenden

In der Folklore der Pityusen finden sich Aberglauben und Legenden, die zum Teil auf frühere reale Ereignisse zurückgehen. Wichtig sind diese Traditionen beispielsweise in der Volksmedizin, die neben Heilkräutern und -pflanzen auch Gebete und mystische Behandlungsmethoden kennt. Neben Hexen spielen hier Geister und Kobolde eine wichtige Rolle. Man erzählt sich Geschichten über die Nacht vor dem Fest zu Ehren des Heiligen Sant Joan, wo sich die Geister am Waffenhof von Dalt Vila oder an der alten Brücke von Santa Eulària treffen.

Aberglaube

Außerdem gibt es die **els pastorells** – Pastoren, die Namen der Heiligen schändeten, sich für immer unter den Lebenden bewegen müssen und sich nur von Katzen ernähren dürfen. Der wichtigste böse Geist der Insel ist **es barruguet**, ein kleiner, hässlicher Zwerg mit Vollbart, der allzeit bereit ist, die Menschen zu erschrecken, zu ängstigen und zu quälen. Wer sich **es barruguet** einfängt, wird keine ruhige Nacht mehr haben, lautet die Warnung. Er lebt angeblich am *Puig des Molins*, der alten karthagischen Nekropole.

Aber es gibt auch gute Geister wie beispielsweise **es famelià**, der vor allem zum Schutz von Häusern herbeigerufen wird, oder **es follet**, ein fliegender Geist, der Böses und Diabolisches bekämpfen soll.

Trachten der Frauen

Überwiegend in kleinen Dörfern kann man ab und zu ältere Frauen in der alten ibizenkischen Tracht sehen. Diese Gewänder werden in Handarbeit aus Leinen, Baumwolle, Wolle und Seide hergestellt und spielen als repräsentatives Kostüm bei Festen eine Rolle. Im Alltag tragen die Frauen ein schlichtes, schwarzes Kleid mit weit geöffneten Ärmeln, darüber eine weiße Schürze und über den Schultern ein Tuch. Das Ganze wird vervollständigt durch ein Kopftuch und den darauf gesetzten Strohhut.

Daneben gibt es die **gonella**, das Festkleid, das aus einer langen schwarzen Robe besteht, die mit goldenen Knöpfen besetzt ist. Darüber trägt man ein großes, buntes Seidentuch, das kunstvoll über die Schultern gelegt wird. Unter der Robe befinden sich oft bis zu 15 Unterröcke. Als Kopfschutz trägt die Frau entweder

Ibizenkische Trachten sind heute nur noch ausnahms- weise zu sehen

einen *cambuix*, ein besticktes buntes Seidentuch, oder ein einfaches weißes Tuch aus Baumwolle. Ab und zu findet man auch noch einen weiten Seidenumhang, die *mantellina*, oder ein breites Tuch, das über Schultern und Arme geschlagen wird und sich *abrigai* nennt. Zu all diesen Gewändern gehört **emprendrada**: Schmuck und Ketten aus Silber oder Gold mit oft christlichen Motiven sowie Ringe an allen Fingern außer den Daumen.

Trachten der Männer

Die Tracht des Mannes besteht aus einem weißen Hemd mit weitem Kragen, über den er meist ein Tuch bindet. Darüber trägt er eine schwarze Seidenjacke mit einer zweireihigen Knopfleiste. Dazu eine einfache, lange Hose oder eine *zaragüellos*, eine besonders geschnittene Pumphosenart, die ihre orientalische Herkunft nicht leugnen kann. Dazu gehört eine rote Zipfelmütze oder – seltener – ein Strohhut. Um die Hüfte schlägt man außerdem ein breites Tuch, in dem früher das Messer versteckt wurde. Als Schuhwerk werden immer die geflochtenen, vorne offenen *espardenyes* getragen.

Erzherzog Ludwig Salvator

Der habsburgische Erzherzog Ludwig Salvator (1837-1915) verbrachte zum ersten Mal 1867 einige Zeit auf den vier Inseln Mallorca, Menorca, Ibiza und Formentera und verfasste im Laufe weiterer Reisen eine genaue Beschreibung von Land und Leuten in seinem mehrbändigen Werk »Die Balearen«, das 1899 auf der Weltausstellung in Paris mit einer Goldmedaille ausgezeichnet wurde. Dem aus der Toskana stammenden Adeligen und Bonvivant gefiel es zwar auf Mallorca am besten (wo er sich später niederließ), aber auch die Pityusen besuchte er gerne und beschäftigte sich vornehmlich mit deren Flora und Fauna. Seine unkomplizierte Art und sein allzu menschliches Wesen – gemunkelt wurde oft über seine zahlreichen unehelichen Kinder – machten ihn zu einem beliebten Zeitgenossen. Er war es, der dem Tourismus auf den Inseln den Weg ebnete. Völlig unzeitgemäß legte er bereits im 19. Jahrhundert ein hohes Umweltbewusstsein an den Tag. Immer wieder trifft man auf den Balearen bei Straßennamen und Plätzen auf seinen Namen.

5.5   Katalanisch vor Spanisch

Katalanisch

Die Sprache der Pityusen ist – wie gesagt – das Katalanische (*Català*). Es ist heute offizielle Amtssprache und hat auch im Umgang der Ibizenker wie der Mallor- und Menorquiner untereinander die überregionale Amtssprache Spaniens – das *Español* bzw., was dasselbe ist, C*astellano* – verdrängt. Es gibt auf den Balearen heute nur noch katalanische Orts- und Straßenschilder. In Schulen ist das *Català* die dominierende Unterrichtssprache.

Verbreitung

Katalanisch wird heute von etwa 10 Mio. Menschen gesprochen. Es ist außer auf den Balearen Amtssprache auch in Katalonien, der **Region um Barcelona**, in der **Region Valencia** und im Kleinstaat **Andorra** (!). In Frankreich wird es im Bereich der **Stadt Perpignan** noch von vielen Menschen gesprochen. Selbst auf **Sardinien** leben katalanisch sprechende Minderheiten. Dabei gibt es keine einheitliche gesprochene Version, Dialekte unterscheiden sich teilweise erheblich. So haben die Bewohner Ibizas und Valencias gegenseitig Schwierigkeiten, sich zu verstehen. Das Katalanische weist sehr viele Parallelen zum Provençalischen und Französischen auf, hat aber weniger arabische Lehnwörter als Spanisch oder Portugiesisch. Im *Eivissenc* finden sich regionale Begriffe, die auf die maurische Besatzung zurückgehen (*Talayot* für die typischen Wachtürme und viele Ortsbezeichnungen).

Sprach-kenntnisse

Wer mit Ibizenkern in Kontakt kommen möchte, hat es mit ein paar Worten *Català* oder gar *Eivissenc* leichter. Alle Ibizenker sprechen und verstehen natürlich auch Spanisch, viele in Zeiten des Tourismus auch Englisch und Deutsch. Es ist aber immer hilfreich, ein bisschen Spanisch oder Katalanisch zu können.

Sprachführer

Wer sich näher mit der katalanischen Sprache beschäftigen möchte, sollte sich den Kauderwelsch-Band »**Katalanisch Wort für Wort**« von Hans-Ingo Radatz aus dem Reise Know-How Verlag besorgen. Der in derselben Reide erschienene Band »**Mallorquinisch Wort für Wort**« gibt dem Leser über die sprachlichen Aspekte hinaus eine Einführung in Mentalität und in Lebensstil auf den Balearen.

Mittlerweile hat sich das Katalanische auch offiziell durchgesetzt. Niemand muss mehr Wegweiser übermalen. Eher sehen heute viele Spanier Grund, gegen den übertriebenen Gebrauch von Catalán zu protestieren

5.6 Fest- und Feiertage

Neben den gesetzlichen spanischen Feiertagen gibt es auf Ibiza so genannte **Patronatsfeste**, bei denen die einzelnen Dörfer und Städte ihre Schutzheiligen ehren. Es gibt kaum eine bessere Gelegenheit, die dörfliche Kultur kennen zu lernen. Anlässlich dieser Feste versammelt sich die Bevölkerung in den Kirchen, um danach in rauschenden Feiern die Heiligen hochleben zu lassen. Bei allen Festen gibt es viel zu essen, und es werden traditionelle Tänze aufgeführt. In einigen Orten begleitet das Patronats- auch ein Brunnenfest, bei dem die ganze Dorfbevölkerung mittanzt.

Hier die **Festtage Ibizas und Formenteras** im Jahresablauf:

Januar	1. **Neujahr** (*Año Nuevo*)
	5. In den Häfen von Eivissa und Sant Antoni kommen die »Drei Heiligen Könige« (*Los Reyes Magos*)an und reiten auf Pferden durch die Stadt.
	6. Dreikönigstag: An diesem Tag erhalten vor allem die Kinder Geschenke, nicht etwa zu Weihnachten
	17. Patronatsfest von Sant Antoni
	21. Patronatsfest von Santa Agnès
Februar	**Karneval**: Besonders hoch her geht es am Sonntag und Dienstag.
	12. Patronatsfest von Santa Eulària
	13. Beginn des Frühlingsfestivals (*Festival de Primavera*), das ein paar Wochen dauert mit vielen kulturellen Veranstaltungen.
März/April	**Karwoche** (*semana santa*): Dieses höchste katholische Fest wird mit sehenswerten Prozessionen gefeiert. Am Gründonnerstag tragen in Kapuzenmänteln gekleidete Teilnehmer ein Kruzifix durch die Straßen von Sant Miquel. Am Karfreitag spielt sich das gleiche Ritual in der Altstadt von Eivissa ab.
	1. März Tag der Balearen
	19. März Patronatsfest von Sant Josep
	5. April Patronatsfest von Sant Vicent
	23. April Patronatsfest von Sant Jordi
Mai	1. Tag der Arbeit (*Día del Trabajo*)
	1. Sonntag des Monats: Blumenfest in Santa Eulària
	2. Sonntag des Monats: Blumenfest von Eivissa (*Eivissa en Flor*) auf dem *Mercat Vell*.
	30. Patronatsfest von Sant Ferran (Formentera)
Juni	21.-24. Feste **zu Ehren des heiligen Johannes** (*Festes de Sant Joan*). vor allem in Sant Joan, Eivissa und Santa Eulària. Am 23. Juni wird als Höhepunkt das Johannisfeuer entfacht, bei dem

überlebensgroße aus Stroh gefertigte Puppen verbrannt werden und man die kürzeste Nacht des Jahres feiert. Zusätzlich gibt es auf der ganzen Insel Feuerwerke. Man isst an diesem Tag traditionell ein in heißem Öl frittiertes Gebäck, das mit Schokolade bestrichen wird, die **Churros con Chocolate**. In dieser **Johannisnacht** wurden früher auch die Kräuter für den *Hierbas* gesammelt und anschließend ein Jahr lang in Anislikör eingelegt.

Am 24.Juni findet in Sant Joan und in El Pilar de la Mola (Formentera) dann abschließend das Fest des Namenstages aller *Juans* (spanisch) bzw. *Joans* (katalanisch) statt.

Juli

10. Patronatsfest von **Eivissa** (*Sant Cristòfol*)

16. Patronatsfest zu Ehren des Schutzpatronin der Fischer und Seefahrer *Nuestra Señora del Carmen* mit Bootsprozessionen vor Eivissa, Sant Antoni und Es Cubells.

25. Patronatsfest des heiligen Jakob, Schutzheiliger Formenteras; auch *Festa de Santiago* oder *Sant Jaume.*

August

5. Fest zu Ehren der Schutzpatronin der **Kathedrale von Eivissa** *(Festa Nostra Senyora de les Neus)* mit einem großen Feuerwerk über der Stadt.

6. Fest zu Ehren von Sant Salvador, Schutzheiliger des Hafens von Eivissa.

8. Fest zu Ehren des Schutzheiligen *Sant Ciriac* und zur Erinnerung an die Vertreibung der Mauren von der Insel.

10. Patronatsfest von Sant Llorenç

15. Mariä Himmelfahrt (*Asunción*) feiert man speziell in Santa Eulària und Cala Llonga.

24. Patronatsfest von Sant Antoni (*Sant Bartomeu*) wird um Mitternacht mit einem großen Feuerwerk begangen.

28. Patronatsfest von Sant Agustí

29. Patronatsfest von Sant Joan: Mit dem sportlichen Wettbewerb im *tir amb bassetja* (Steinschleudern).

Denkmal zu Ehren der Seefahrer und Fischer am Hafen von Eivissa

September	8. Patronatsfest von **Jesús**
	21. Patronatsfest von Sant Mateu
	29. Patronatsfest von Sant Miquel

Oktober

1. Sonntag des Monats: **Bauernfest von Sant Joan** (*Torrada des Botifarró*), zu Tänzen und Musik wird reichlich gegessen und getrunken.

An einem der beiden ersten Wochenenden: **Weinfest von Sant Mateu**, eine kaum kommerzialisierte Veranstaltung, auf der die lokalen Winzer ihre Rebensäfte anbieten. Dazu wird deftige Kost gereicht.

2. Sonntag des Monat: **Brunnenfest von Santa Gertrudis** etwas außerhalb des Dorfes am geographischen Mittelpunkt der Insel – mit Musik.

Bäuerinnendenkmal in Santa Eulària

12. Tag zur Erinnerung an die Entdeckung Amerikas (*Día de la Hispanidad*), spanischer Nationalfeiertag

24. Patronatsfest von Sant Rafel

November

1. Allerheiligen (*Todos los Santos*)

4. Patronatsfest von Sant Carles

16. Patronatsfest von Santa Gertrudis

Dezember

3. Patronatsfest in **Sant Francesc** (Formentera)

6. Tag der Verfassung (*Día de la Constitución*)

8. Mariä Empfängnis (*Inmaculada Concepción*)

25. Weihnachten (*Navidad*) auf Ibiza ohne Tannenbaum

Wenn ein Feiertag auf einen Donnerstag oder Dienstag fällt, sind in Spanien der Freitag danach bzw. der Montag davor arbeitsfrei.

Porrón

Das Trinken aus dem *Porrón* ist ein alter Brauch auf den Pityusen. Es handelt sich dabei um eine Bauchflasche mit einem langen, sehr dünnen Hals. Man gießt sich den Wein in den offenen Mund und bewegt dabei die Flasche möglichst weit vom Kopf weg: Die Chancen stehen gut, sich von oben bis unten vollzuschütten. Am besten probiert man es auf einem der Wein- und Volksfeste – mit etwas Übung hat man den »Bogen« bald 'raus.

5.7 Architektur

Aus den Jahren vor der *Reconquista* sind keine nennenswerten Bauten, gerade noch einige Grundmauern aus römischer und karthagischer Zeit erhalten. Im Gegensatz zu Mallorca und Menorca gibt es auch kaum Relikte der Talayot- und Megalithkultur. Arabische Bauten wurden mit der christlichen Rückeroberung mit geringfügigen Ausnahmen auf Mallorca auf den anderen Inseln komplett geschleift.

Dorfkirchen

Die ersten Dorfkirchen errichtete man bereits im 13. Jahrhundert auf den Fundamenten zerstörter Moscheen. Seitdem haben sich die architektonischen Grundelemente der Kirchen kaum

Pflastermuster auf dem Gelände der Església Es Puig de Missa in Santa Eulària

verändert. Der ibizenkische Schriftsteller und Historiker *Enrique Fajarés Tur* schreibt in seinem Buch »*Viaje a Ibiza*« (Reise nach Ibiza) über die Kirchen: »*Wie eindrucksvoll diese Dorfkirchen Ibizas sind! Sie sind andächtig, und doch verlieren sie sich nicht in ausgefallenen Formen und haben scheinbar kein Bedürfnis, wie Monumente zu wirken.*« *Sie sehen aus wie Bauernhäuser, und hätten sie nicht den Turm, so könnte man sie nicht von den umliegenden Bauten unterscheiden.*«

Gotik, Renaissance

Durch die einsetzenden baulichen Veränderungen auf dem spanischen Festland finden sich auch gotische Einflüsse bei den Kirchen von Sant Miquel und Jesús. Der Stil der Renaissance kommt an der **Església Es Puig de Missa** in Santa Eulària zum Ausdruck.

Auf noch vorhandenen Resten der Talayotkultur errichtete man in der Zeit der Piratenüberfälle Beobachtungs- und Wehrtürme, die bis heute die Jahrhunderte überdauerten ebenso wie die Wehrkirchen, die bei Angriffen der Dorfbevölkerung Schutz boten.

Zypisches Ziegeldach

Barock

Die Bildhauerfamilie *Churriguera* prägte ab dem 18. Jahrhundert den spanischen Barockstil, der sich auch auf den Pityusen durchsetzte. In diesem Stil errichtete Gutshöfe und Patrizierhäuser prägten zeitweise die Architektur der Inseln.

Kolonialstil

1898 wurde das **Teatro Pereira** in der Unteren Altstadt Eivissas in einem für Ibiza neuen Stil gebaut. In diese Zeit fiel der endgültige Verlust der meisten Überseekolonien Spaniens. Wie zur Erinnerung an diese Gebiete übernahm man Architekturideen von dort. Der bekannteste Architekt dieses so genannten Kolonialstils war da-

Eivissa Dalt Vila:
Barockes Balkonportal

mals *Juan Gómez Ripoll*, der für den Bau des Grand Hotels Montesol verantwortlich zeichnete und die gesamte Untere Altstadt samt der Flaniermeile Passeig de Vara de Rey neu gestaltete.

Modernismo

Der Kolonialstil hielt sich neben dem *Modernismo*, einer katalanischen Spielart des Jugendstils, noch bis in die späten 1930er-Jahre. Reine, im Stil des Modernismo errichtete Gebäude wie die des katalanischen Architekten *Antoni Gaudí*, gibt es auf den Pityusen nicht, aber an manchen Gebäuden auf dem Passeig de Vara de Rey erkennt man dessen Einflüsse.

Seit den 1930er-Jahren wurde der Straßenbau in Eivissa intensiviert. Gleichzeitig entstanden viele prachtvolle Stadthäuser. Dabei orientierte man sich an den Metropolen des europäischen Kontinents. In diese Zeit fällt auch ein beginnendes Interesse namhafter Architekten am ibizenkischen ländlichen Baustil.

Ibiza-Stil

Mit dem einsetzenden Tourismus und dem damit verbundenen wirtschaftlichen Aufschwung der Pityusen in den 1960er- und 1970er-Jahren entstanden zunächst viele Großhotels als hässliche Betonklötze; erst danach besann sich auch

bei den Hotelbauten auf den landschaftsangepaßten ibizenkischen Stil. Seit den in den 1990-er-Jahren versucht man zunehmend, die unterschiedlichen kulturellen Epochen der Inseln und deren Elemente in funktionale Bauwerke zu integrieren. Gute Beispiele für »postmoderne« Bauwerke dieser Art findet man überall auf Ibiza. Wer sich dafür interessiert, dem sei ein Besuch bei *Libro Azul* in Santa Gertrudis (➪ Seite 140) empfohlen. Dort führt man Foto-Bildbände auch zur Architektur auf Ibiza.

Bauernhäuser - Fincas

Das typische Bauernhaus Ibizas ist eine architektonische Mischung aus traditioneller Bauweise und relativ frei variierter Größe und Form. Auf der Insel findet man viele Häuser, die sowohl das Funktionale als auch die äußere Gestalt in perfekter Harmonie vereinen. Bei vielen lässt sich der maurische Einfluss nicht verleugnen und selbst phönizische Wurzeln sind oft erkennbar. Typisch für das ibizenkische Bauernhaus ist die *Porxada*, eine Art überdachte Terrasse, die auch an das Haus als Vorhof gebaut werden kann und dann als *Portico* bezeichnet wird. Der Kern dagegen ist die *Sala* oder *es Portxo*, ein Wohnraum, der meist direkt vom Vorhof aus betreten wird. Dahinter liegt die Küche mit dem wärmenden Ofen. Wegen der sommerlichen Hitze verzichtet man auf große Fenster, und die Eingangstür liegt meist in Richtung Süden, um die winterlichen Nordwinde nicht hineinzulassen.

Dieser traditionelle Baustil der Pityusen fand auch außerhalb der Inseln Gefallen. Zu den bedeutendsten Architekten, die sich mit ihm befassten, gehören *Walter Gropius, Le Corbusier, Josep Lluís Sert* sowie der Wiener *Raoul Hausmann*, der seit den 1930er-Jahren auf Ibiza lebte.

Wer sich ausführlicher mit der Architektur der Pityusen auseinandersetzen will, dem sei das Buch »**Ibiza – traumhafte Landhäuser**« von *Fritzi Northampton* und *Lluís Domènech* empfohlen.

Für die alten Bauernhäuser der Pityusen gilt auch der Begriff »**Finca**«. Die ursprüngliche Bedeutung dieses Wortes bezieht sich indessen auf ein unbebautes Grundstück auf dem Lande. Während die *Fincas* auf Ibiza meist Flachdächer haben und weiß gestrichen sind, zeichnen sie sich auf Formentera durch Schrägdächer und ganz typische blaue Tür- und Fensterrahmen aus. Zu einer richtigen *Finca* gehört ein kreisrunder Dreschplatz.

5.8   Die schönen Künste

5.8.1   Musikszene

Ibiza Inspiration

Neben der Pflege der traditionellen ibizenkischen Musik galt die Insel seit den frühen 1960er-Jahren auch für andere Stilrichtungen und Trends als »tonangebend«. Mit Beginn der Hippie-Ära verbrachten viele international bekannte Musiker einige Zeit auf den Pityusen und ließen sich dort inspirieren. *Bob Dylan, Jimi Hendrix, Lou Reed, Jim Morrison* oder *King Crimson* waren angeblich in den 1960er- und 70er-Jahren auf Ibiza und Formentera. Auch in den beiden folgenden Jahrzehnten prägten die Inseln Sänger und Musiker wie *Chris Rea, Michael Cretu*, die deutsche Sängerin *Sandra* oder *Mike Oldfield*, den der »Zauberfelsen« Es Vedrà angeblich zu seinem Album »*Tubular Bells*« inspiriert haben soll.

Proteste und Verbote halfen bislang nicht; an der Cala Benirràs wird getrommelt, wann immer es angezeigt scheint, hier z.B. aus Anlass des Weltfriedenstages

Hippie Revival

Dank der Renaissance der Hippiebewegung finden seit einigen Jahren wieder Musikfestivals der »Blumenkinder« auf den Pityusen statt. Bereits seit den frühen 1980er-Jahren gibt es **»Trommelsessions«** an der **Cala Benirràs** mit dem einmal pro Jahr abgehaltenen Weltfriedens-Trommeltag. Mittwochs auf der **Namaste**-Nacht im Las Dalias (↪ Seite 91) in Sant Carles werden neue Ethnosounds geboren, und im Eco (↪ Seite 107) in Sant Joan finden regelmäßig Konzerte mit bekannten Künstlern statt. Als große deutsche Interpretin der »Hippiemusik« gilt **Nina Hagen**.

Ibiza Sound

Die **Musiksampler** des *Café Del Mar* in Sant Antoni beeinflussen die internationale Szene jahrein jahraus. Mittlerweile sind eine Reihe von CDs mit sehr abwechslungsreichen, aber doch typischen Sounds herausgekommen, die vom Initiator *José Padilla* und anderen namhaften DJs zusammengestellt wurden. Aber auch die anderen Clubs wie das ***Kumharas, aura, Mambo Café, Savannah Beach Club, KM5*** oder andere bieten ausgefallene Musik-Events und eigene Sampler an.

Discosounds Ibiza ist auch beim Discosound tonangebend. Zu den beliebtesten Musikstilen zählen *House, Techno, Trance, Goa, Drum'n Beat, Breakbeats* und *Ambient-Experimental*, aber auch der Ibiza-Sound wird dort immer populärer. Die weltbesten *DJs* wie *Sven Väth, Paul van Dyk, David Morales, Roger Sánchez, Carl Cox* oder *Erick Morillo* organisieren jedes Jahr im Sommer in den großen Clubs **Happenings und Parties** (⇨ Seite 204). Dazu kommen zahlreiche unter bestimmten Themen organisierte **Open-Air Discos**, **Konzerte** oder der **DJ-Award**, bei dem die begehrten *Cryptonit*-Trophäen übergeben werden.

5.8.2   Malerei

Seit Anfang des 20. Jahrhunderts inspirierten die Pityusen viele einheimische und ausländische Maler.

Impressionismus In den ersten dreißig Jahren des 20. Jahrhunderts prägte der Impressionismus auch die Maler der Inseln. Der Ibizenker *Narcís Puget* zeigte mit vor allem das einfache Leben auf dem Lande. Unter **Narcís Puget Viñas** und seinem Sohn avancierte Eivissa zum Künstlertreffpunkt, wo

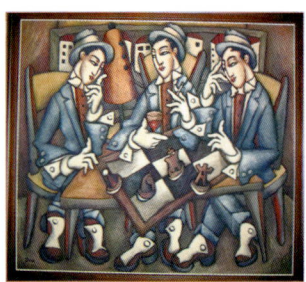

Gemälde in einer der Galerien von Santa Gertrudis

sich die ibizenkischen Impressionisten versammelten. Darunter waren *Vicent Ferrer Guasch, Antoni Ribas* und *Josep Tarrés*. Beeindruckt von deren Arbeiten besuchten die spanischen Maler *Joaquín Sorolla* und *Lauréa Barrau* Ibiza und ließen sich von Land und Leuten inspirieren. Mehr dazu im **Museu Puget**, Carrer de Sant Ciriac 18, Dalt Vila; www.museopuget.com.

Avantgarde Nach dem Zweiten Weltkriegs kamen immer mehr ausländische Künstler auf die Pityusen, darunter viele Deutsche und Österreicher. Die avantgardistische Kunst hielt mit *Erwin Bechthold, Erwin Broner, Will Faber, Hans Laabs, Eduard Micus, Egon Neubauer* und *Katja Meirowsky* Einzug. In den 1950er- und 1960 er-Jahren bildeten sich an vielen Orten der Inseln kleine Künstlerkolonien, und man traf sich in den alten Stadthäusern Eivissas. Namhafte Maler wie *Miró* und *Picasso* besuchten die Inseln und standen im Kontakt mit ihren hier lebenden Kollegen.

Zeitgenössische Kunst Bis heute leben viele Maler auf Ibiza, ihre Werke sind in zahlreichen Galerien ausgestellt (⇨ auch Seite 212). Bekannte einheimische Künstler sind *Tur Costa* und *Raco Romero*, aber auch *Leopoldo Irriguible* vom spanischen Festland, der Italiener *Emilio Vedova* sowie *Barry Flanagan* aus Wales prägen die zeitgenössische Kunst, die **arte contemporáneo**.

Fotografie   Auch manchem bekannten Fotografen war Ibiza eine Reise wert. Bereits seit den 1920er-Jahren bereisten *Adolf Mas, José Ortiz Echagú* und *Guillermo Bestard* die Pityusen. *Narcís Puget* lichtete seine Heimatinsel ab, und in den folgenden Jahren veröffentlichte er unzählige Fotoreportagen. Zu den bekanntesten zeitgenössischen Fotografen zählt **Heinz Mack** (*1931), der mit seinem Buch »**Ibiza – Insel des Licht**s« eine Liebeserklärung an die Insel abgab! Heinz Mack arbeitet auch als Maler und Bildhauer.

5.8.3   Die Pityusen in der Literatur

Während Mallorca immer schon Treffpunkt und Residenz vieler Schriftsteller und Poeten war, stehen die Pityusen im Schatten ihrer großen Schwester. Doch auch auf ihnen und über sie wurden beachtliche Werke veröffentlicht.

Die erste schriftliche Erwähnung der Pityusen stammt von *Diodorus Siculus* aus Timeus (etwa 340-250 v.Chr.):

Römische Erwähnung   *»Wir haben genug über Sardinien gesagt und wenden uns nun den Inseln zu, die gleich in der Nähe liegen. Neben der bereits genannten liegt die, man Pitiusa nennt und zwar nach den vielen Pinien, die hier wachsen. Sie befindet sich inmitten des Meeres und liegt drei Tage und ebenso viele Nächte von den Säulen des Herkules entfernt. Ein Tag und eine Nacht sind genug, um nach Libyen zu gelangen und Iberien ist eine Tagesreise entfernt. Ihre Ausdehnung ist die gleiche wie die Korfus und ihre Böden sind nur bedingt fruchtbar. Man findet einige Weinfelder, Oleander und Olivenbäume. Die hier hergestellte Wolle ist für ihre ausgesprochene Weichheit bekannt. Die Insel ist mit Wiesen und Hügeln übersät und auf ihr befindet sich eine Stadt namens Ebusus, die gleichzeitig eine Kolonie der Karthager ist. Die Insel hat auch nennenswerte Häfen, riesige Mauern und einige schön errichtete Häuser. Ebusus wird von Barbaren aller Arten bewohnt, von denen die meisten Phönizier sind. Die Besiedelung der Insel begann mehr als 170 Jahre nach der Gründung Karthagos.«*

(aus: Schulten, Fontes Hispaniae Antiquae II, Barcelona 1925)

15. Jh.   Das 15. Jahrhunderts mit den Piratenangriffen beschreibt der ibizenkische Dichter *Marià Villangómez*.

Pest 1652   Der ibizenkische Historiker *Enrique Fajarés Tur*, der das 17. Jahrhundert dokumentierte, hinterließ eine ausführliche Beschreibung der Beulenpest von 1652.

Luis Salvador   1867 verbrachte der habsburgische Erzherzog *Ludwig Salvator* als erster »Tourist« einige Zeit auf den Pityusen und beschrieb Land und Leute in seinem mehrbändigen Werk »Die Balearen«.

Jules Verne   Der Franzose *Jules Verne* (1828-1905), Erfinder der Science Fiction, war so sehr vom Leuchtturm *Es Far de la Mola* auf Formentera beeindruckt, dass er ihn in seinen Roman »Reise durch das Sonnensystem« einbezog.

Macabich

Der ibizenkische **Historiker** *Isidoro Macabich i Llobet* (1883-1973) verfasste das große Geschichtswerk »*Historia de Ibiza*« (Geschichte von Ibiza), in dem er sich außer der Geschichte auch der Kultur der Insel widmete.

Rafael Alberti u.a.

Seit den 1930er-Jahren kamen auch Schriftsteller von außerhalb nach Ibiza, so der Lyriker *Rafael Alberti*, dessen Werke man in »*Rafael Alberti en Ibiza*« von *Antonia Colinas* nachlesen kann, sowie die Dichterin *María Teresa León*, die zu Beginn des Spanischen Bürgerkriegs eine Zeit lang auf Ibiza lebte.

Walter Benjamin

Im April 1932 fuhr der deutsche Philosoph, Essayist und Kritiker *Walter Benjamin* (1892-1940) mit einem Frachter von Barcelona nach Ibiza und schrieb an seinen Freund *Gershom Scholem*: »Wäre ich mit den Berliner Dingen im reinen, so könnte ich in Muße erwägen, sehr lange hierzubleiben. Ich werde nicht so leicht sonstwo unter erträglichen Verhältnissen in herrlichster Landschaft für knappe 70 oder 80 Mark im Monat leben können. Auf der einen Seite sind meine Mittel sehr klein, auf der anderen steht das Gebot der Vernunft, die Eröffnungsfeierlichkeiten des Dritten Reiches durch Abwesenheit zu ehren.«

Albert Camus

Auch *Albert Camus* besuchte die Insel 1935 und war entzückt von deren Schönheit. Literarisch gibt es allerdings nur eine kurze Notiz seiner Reise in seinem Tagebuch.

Elliott Paul

Das schönste und wichtigste Buch über Ibiza ist ohne Zweifel »**Life and Death of a Spanish Village**« (1937) des amerikanischen Schriftstellers *Elliot Paul*, der während des Bürgerkriegs in Santa Eularia lebte, und dessen Auswirkung auf das soziale Gefüge in der (leicht verfremdeten) Kleinstadt beschreibt.

Heinz Hellfritz

Der schon erwähnte Komponist und Schriftsteller *Heinz Helfritz* hat Ibiza in seiner Autobiographie »Neugier trieb mich um die Welt« beschrieben.

Toni Mari, Mariano Planells

Zu den wichtigsten zeitgenössischen Literaten zählen der ibizenkische Philosoph *Toni Marí* und der 1952 in Sant Miquel geborene *Mariano Planells*. Zu seinen bekanntesten Werken gehören auf Spanisch »*Ibiza, la senda de los elefantes*« (Ibiza, der Pfad der Elefanten) und »*Tanit y las niñas de purpurina*« (Tanit und die Purpurmädchen). Ins Deutsche übersetzt wurden »Die Geheimnisse Ibizas von A bis Z« sowie »Der Zauber der Inseln - Ibiza und Formentera«.

Es Far de la Mola auf Formentera
(⇨ unter Jules Verne auf Seite 263 unten)

6
Essen auf Ibiza

6. ESSEN AUF IBIZA

6.1 Typisch ibizenkisch

Die unbekannte Küche

Bis vor wenigen Jahren war die ibizenkische Küche weitgehend unbekannt, und die Unterschiede zur spanischen kümmerten niemanden – zu Unrecht. Denn die ibizenkische Küche zeichnet sich durch eine beachtliche Improvisationskunst aus. Die Abgelegenheit der Inseln und der häufige Mangel an wesentlichen Grundsubstanzen zwangen die Bewohner zum Improvisieren.

Das Ergebnis sind **einfache, aber dennoch schmackhafte Gerichte**:

Vorspeisen

Die typischste Vorspeise der Inseln ist das **alioli** (Knoblauch und Öl), bei dem geschlagener Knoblauch nur mit Olivenöl und etwas Salz zubereitet und mit Weißbrot gegessen wird. Daneben gibt es das **pa amb oli** (Brot mit Öl), ein mit Olivenöl, Tomaten und Salz bestrichenes Brot, das zur Abwechslung auch mal mit Wurst, Schinken, Käse, Thunfisch oder einem Omelett belegt wird. In Sandwichform nennt man dies auf Spanisch *bocadillo* (➩ unten) – der ideale Snack für zwischendurch.

Suppen

Die Insulaner essen vor dem Hauptgang gern einen Teller Suppe. Der Begriff **sope** bezeichnet meist eine Suppe mit Brot und geschlagenem Ei darin. Oft findet man auch die **sope de menuts** (Suppe mit Fleisch und Gemüse), oder die Fischsuppe **sope de rape** (Suppe mit Seeteufel).

Reisgerichte

Beliebt sind Reisgerichte: zu den wichtigsten zählt der **arròs sec** (trockener Reis), der mit einer Fischbrühe, Hühner- und Kaninchenfleisch, Muscheln, Krabben und Gemüse serviert wird. Der Paella ähnlich ist der **arròs de pescador** (Reis nach Seemannsart), bei der zu Safranreis Fisch, Meeresfrüchte und Paprika gegessen werden. Der **arròs amb carabassa** (Reis mit Kürbis) ist ein vegetarisches Gericht; für dieses wird der Reis zusammen mit einem Stück Kürbis, Zimt und Rosinen gekocht. Der **arròs negre** (schwarzer Reis) bekommt seine Farbe durch die dunkle »Tinte« des Tintenfisches (*sepia*).

Eintopf

Die **olla fresca** (frischer Eintopf) ist ein Gemüsegericht, bei der Kartoffeln, Erbsen, Bohnen und kleine Birnen gekocht werden. Außerdem gibt es den berühmten **bullit**, einen Eintopf aus verschiedensten Fleischsorten, Würstchen und Gemüse.

Die **cassoleta de papates** (Kartoffeleintopf) besteht aus Kartoffeln und viel Gemüse und Gewürzen. Ein weiteres typisches Gericht ist **cuinat**, gekochte Saubohnen und Platterbsen in einer Gemüsesuppe.

Omeletts

Beliebt sind auch Eierspeisen, so die spanische *Tortilla* (*truita* auf *Eivissenc*). Da ist zuerst die **truita pagèsa** (Bauernomelett), bei der Kartoffeln, Tomaten und Paprika mitverarbeitet werden.

Als **truita amb sardines** (Omelett mit Sardinen) wird die *Tortilla* mit geräucherten Sardinen serviert.

In der Markthalle von Santa Eulària

Fleisch-gerichte

Mangels Viehzucht waren Fleischgerichte auf den Pityusen eine Seltenheit und kamen nur an Festtagen auf den Tisch. Besonders typisch sind Lamm-, Kaninchen- und Schweinefleischgerichte. Rindfleisch gibt es so gut wie gar nicht. Gerne wird **llom de porc**, gegrillte Schweinelende gegessen. Daneben gibt es **costelles de moltó** (Lammkoteletts), die mit Pilzen zubereitet werden, **conill amb pebrots vermells** (Kaninchen mit roter Paprika), **conill amb ceba** (Kaninchen mit Zwiebeln) und seltener das schmackhafte **perdiu amb col** (Rebhuhn mit Kohl).

Der beliebteste **Fleischeintopf** ist das Bauernragout **sofrit pagès**, bei dem Huhn-, Lamm- und Schweinefleisch gemeinsam mit ibizenkischen Würstchen, Kartoffeln und einer Menge Gewürzen gekocht werden. Gibt man jetzt noch Innereien und Pilze dazu, erhält man die Schlachtpfanne **frita de matances**. Bei der **frita pagèsa** werden Schweinekoteletts und Leber mit Pilzen gekocht und mit Pommes Frites serviert.

Fisch- und Meeresfrüchte

Das ibizenkische Gericht per se ist der **guisat de peix** (Fischeintopf). Dafür werden verschiedene Fischarten mit Knoblauch, Zwiebeln, Tomaten, Kartoffeln und vielen Gewürzen gekocht. Leicht von der französischen Bouillabaisse beeinflusst ist die **bullit de peix**. Ebenso beliebt ist Thunfisch, der mit Rosinen, einer Weißwein-Zitronensauce und Eiern zubereitet und **tonyina a la eivissenca** genannt wird. Weniger bekannt sind in Zitrone gebratener Rochen, **rajada frita**, oder gekochter Rochen in Mandelsauce, **burrida de rajada**.

Tintenfisch serviert man auf verschiedenste Art: als **pomps amb ceba** (mit Zwiebelgemüse), **frita de polp** (geschmort), **sèpia torrada** (gegrillt) oder **sèpia a la marinera** (auf Seemannsart) mit reichlich Zwiebel und Olivenöl. Eine wichtige Rolle innerhalb der ibizenkischen Küche spielt auch der Seeteufel, beispielsweise als **rape a la cassolana**, der mit Lorbeerblättern, Tomaten und Mehl zubereitet wird. Ebenso ausgefallen ist **mussola amb cebes**, Katzenhai mit Zwiebeln.

6

Die Königin der balearischen Küsten – zumindest auf dem Teller – ist die Languste, die man **a la eivissenca** mit einem Schuss Schnaps, Muscheln, Fisch und kleinen Tintenfischen serviert bekommt. Nicht zu verachten ist auch der **guisat de llangosta**, also Langusteneintopf, der mit einer großen Menge an Gewürzen, Mandeln, Weißwein und Lorbeerblättern zubereitet wird.

Hervorragend ist auch **llangosta amb alioli** (Languste mit Alioli), etwas weniger aufwendig, aber ebenso gut **llangosta amb pebrots** (Languste mit Paprika), zu der eine Weinsauce gehört.

Wurst und Käse

Besonders bei Wurst macht sich katalanischer Einfluss bemerkbar. Die beiden beliebtesten und überall zu findenden Würste sind die **sobrasada**, eine aus Schweinefleisch, Paprika und Pfeffer hergestellte rote, leicht scharfe Wurst, und die **butifarra**, eine schwärzliche Schweineblutwurst, die mit Fenchel, Zimt, Gewürznelken und Pinienkernen gewürzt ist.

Käse wird auf den Pityusen vor allem aus Schafmilch produziert. Sie ist zwar überall erhältlich, aber nicht für alle Geschmäcker überzeugend.

Bocadillos

Wer mittags Hunger hat, aber nichts Schweres essen möchte, bekommt in jeder Bar so genannte *bocadillos*, große belegte Brötchen. Es gibt *bocadillos de queso* (mit Käse), *de jamón* (mit Schinken), *de lomo* (mit gekochtem Schinken), *de chorizo* (mit einer würzigen Wurst), *de carne* (mit Fleisch) oder de *atún* (Thunfisch). Auf Katalanisch nennt man *bocadillos* auch *bocatas*.

Süße Desserts

Auf den Pityusen unterscheidet man zwischen süßen und salzigen Nachspeisen. Zu ersteren, die zahlreicher sind, gehören die sehr leckeren, aber auch schweren **bunyols**, in Öl gebackene Teigkringel. Auch gut schmecken die **oreietes** mit Anis oder die aus Formentera stammenden **pensats i fets** (Gedanken und Tatsachen) aus Milch, Mehl, Zimt und Zucker. Wichtig ist außerdem der **flaó**, eine Art Käsekuchen, der mit Anisschnaps zubereitet wird. Aus Mallorca importiert wurden die in Schmalz gebackenen **ensaïmadas**, Hefeschnecken, die man in »Einpersonengröße« oder auch in der pizzagroßen Familienversion bekommt. Sie wird vor allem, aber nicht nur zum Frühstück genossen.

Ibizenkischer dagegen ist die **greixonera**, eine Art Pudding, bei der Stücke der *ensaïmada* mit Milch, Eiern und Thymianlikör gebacken werden. Die berühmteste Milchspeise ist die **recuita**, lauwarme, geronnene Milch mit Zucker und Zimt.

Feiertage

An bestimmten Feiertagen gibt es besondere Süßspeisen. So isst man zum Beispiel am 24. Juni, dem Tag des heiligen Johannes, die **macarrones dulces** (süße Makkaroni). Es handelt sich um in Milch gekochte Nudeln, die mit Zucker, Zitrone und Zimt kalt auf den Tisch kommen. Noch etwas ausgefallener ist die **salsa de nadal** (Weihnachtssauce), bei der in einer fleischhaltigen Brühe Eier, Mandeln, Safran und viel Zucker vermengt werden.

Salziges Dessert

Von den salzigen Nachspeisen sei vor allem die **coca** erwähnt. Diese mit Gemüse, *sobrasada* oder mit anderen Sachen belegte Pizza eignet sich auch als kleiner Happen.

Weine und Likör

Die Weinproduktion der Pityusen ist nicht groß, aber von guter Qualität. Besonders die Rotweine **Sa Cova** und **Can Maymo** aus dem Anbaugebiet um Sant Mateu zeichnen sich durch fruchtigen, vollen Geschmack aus.

Bekannter sind die Pityusen indessen für die Herstellung von Kräuterlikören auf Anisbasis wie dem **hierbas**, dem **frigola** oder dem **rum aniseta**.

Hierbas

Auf Ibiza und Formentera trinkt man nach dem Essen ein Glas des Kräuterlikörs **Hierbas**. Er besteht aus Anisschnaps und weiteren Zutaten: Zitronenmelisse, Salbei, Rosmarin, Thymian, Zitronenschale, Apfelsinenschale und Majoran. Wer sich nicht nur für den Genuss, sondern auch für die Herstellung interessiert, sollte sich die *Fábrica de Licores Aniseta* (↪ Seite 53) in Eivissa von Meister *Fernando Ferrer Cardona* persönlich zeigen lassen. Eine Probe verschiedener *Hierbas* ist inbegriffen und natürlich kann man sie auch kaufen. In Lebensmittelläden (*Colmados*) und Supermärkten bekommt man meist nur den *Hierbas* der größten Destillerie der Insel, *Mari Mayans*.

Ebenfalls beliebt ist der **Frigola**, ein etwas süßlich schmeckender Thymianlikör auf Anisbasis, der als Magenbitter getrunken wird. Daneben findet man oft den **rum aniseta**, einen Likör, der aus Rum und Anis hergestellt wird.

6

Weinreben bei Santa Agnès

6.2 Essen wie die Einheimischen – Rezepte zum Appetitanregen und Nachkochen

Um dem Leser die ibizenkische Küche und ihre Eigenheiten noch etwas näher zu bringen, sind auf den folgenden Seiten **inseltypische Rezepte** wiedergegeben. Deren Durchsicht zeigt auch dem am Nachkochen weniger interessierten Leser, welches Gericht ihm eventell besonders schmecken könnte und wo er es ggf. auch im Restaurant bestellen kann.

Zu den Rezepten

Die Kochgeheimnisse Ibizas wurden lange Zeit nur mündlich von Küche zu Küche, von der Mutter zur Tochter, von Familie zu Familie weitergegeben. Daraus entstanden große Unterschiede und Variationen bei der Zubereitung einheimischer Gerichte unter gleicher Bezeichnung. Die hier jeweils gemachten Angaben entsprechen daher nur einer Rezeptur unter mehreren möglichen. Man darf ruhig experimentieren.

Alle Rezepte beziehen sich auf vier Portionen.

Wichtige Voraussetzung für »echten« ibizenkischen Geschmack der Speisen ist die Verwendung von kaltgepresstem **Olivenöl**. Der kleine Mehrpreis gegenüber anderen Pflanzenölarten lohnt sich.

Literatur

Wer mehr Informationen zur *Cuina Eivissenca* (ibizenkischen Küche) möchte, findet auf den Inseln das Buch »Die Küche von Ibiza und Formentera« (*La cuina d'Eivissa i Formentera*) erschienen in vier Sprachen beim Verlag Editorial Mediterrània, ISBN 84-87883-26-5 (diverse Autoren).

Bon profit! Guten Appetit!

Truita Pagèsa, Bauernomelette auf Ibiza

Übersicht über die im Folgenden beschriebenen Gerichte und Zubereitungen

Saucen und Picadas

Salsa de Tomate ....Tomatensauce
Picada Coenta ....Scharfe Picada
Picada amb All i Llimon Picada aus Knoblauch u. Zitrone
Alioli ....Knoblauch und Öl

Gemüsegerichte

Cuinat ....Gemüseeintopf
Olla Fresca ....Frischer Eintopf

Reisgerichte

Arròs Sec ....Trockener Reis
Arròs de Pescador..............Reis auf Seemannsart

Fleischgerichte

Sofrit Pagès ....Bauernragout
Frita de Matances ....Schlachtpfanne

Fischgerichte

Guisat de Peix ....Fischeintopf
Guisat de Llagosta ....Langusteneintopf
Guisat de Marisc ....Meeresfrüchteeintopf

Eierspeisen

Truita Pagèsa ....Bauernomelett
Truitada ....Eierspeise

Kuchen und Nachspeisen

Coca amb Formatge ....Käsekuchenart
Flaó ....Käsekuchen mit Anisschnaps
Bunyols ....Spritzkuchen
Greixonera ....Brotpudding

6

Saucen und Picadas

Zu vielen Gerichten gehört auf den Pityusen eine Tomatensauce. Auch *Picadas*, würzige Mischungen aus verschiedenen Essenzen, bei denen Knoblauch meist eine wichtige Rolle spielt, kommen häufig auf den Tisch.

Salsa de Tomate – Tomatensauce

Zutaten

5 Tomaten
5-7 Esslöffel Olivenöl
1-3 Knoblauchzehen
1 Bund Petersilie
1 Lorbeerblatt
Salz

Zubereitung   Die gehäuteten Tomaten in kleine Stücke schneiden und in einer Pfanne mit Olivenöl anbraten. Dann alle weiteren Zutaten dazugeben und gemeinsam soweit verrühren und schmoren, bis sich die Tomaten »verflüssigt« haben.

Picada Coenta – Scharfe Picada

Zutaten

3 Knoblauchzehen
1 Bund Petersilie
2 Esslöffel Essig
1 Esslöffel Mehl
1 Gewürznelke
2 Lorbeerblätter
1 Teelöffel rotes Paprikapulver
1 Tasse Wasser
Salz und Pfeffer

Zubereitung   Zuerst Knoblauch mit Petersilie und einer Prise Salz im Mörser zerstoßen. Essig dazu und alles in einer Pfanne erhitzen. Kurz darauf folgen Gewürznelke, Lorbeerblätter, Paprika und Mehl. Das Ganze wird zum Kochen gebracht. Nun wird alles so lange mit Wasser verrührt, bis eine sämige Flüssigkeit entsteht.

Diese *Picada* passt sehr gut zu Fischgerichten.

Picada amb All i Llimon – Picada aus Knoblauch und Zitrone

Zutaten

3 Knoblauchzehen
1 Bund Petersilie
2 Esslöffel Olivenöl
1 Prise rotes Paprikapulver
1/2 Tasse Gemüsebrühe
2 Esslöffel Zitronensaft

Zubereitung   Petersilie und Knoblauch kleinhacken, weitere Zutaten zufügen und alles zu einer Sauce vermischen.

Alioli – Knoblauch und Öl

Das wahre Alioli herzustellen, ist eine Kunst, bei der eine ibizenkische Hausfrau nur Knoblauch, Olivenöl und eine Prise Salz in einem Topf so lange schlägt, bis eine weiche Creme entsteht. Wir geben noch eine gekochte Kartoffel dazu.

Zutaten

4-5 Knoblauchzehen
1 gekochte Kartoffel (kalt)
1-2 Esslöffel Olivenöl
Salz

Zubereitung   Knoblauch zusammen mit der Kartoffel und Salz in einem Mörser zerstoßen. Danach das Olivenöl dazu und so lange in einer Richtung rühren, bis eine weiche, luftige Creme entsteht.

Zu *Alioli* passen Weißbrot und eingelegte Oliven.

Bauernbrot, Alioli und ein paar Oliven reichen als Zwischen- mahlzeit

Empfehlenswerte Restaurants

Gutes Alioli gibt es unter anderem im *Es Pins* an der C-733 (Strecke Eivissa-Portinatx) etwa bei Kilometer 14,8 oder im *Ca'n Caus* in Santa Gertrudis.

Gemüsegerichte

Gemüseeintöpfe werden vor allem auf dem Land in den Familien gegessen. Restaurants bieten sie nur selten an.

Cuinat – Gemüseeintopf

Der bekannteste Gemüseeintopf der Pityusen war früher ein Gericht der Bauern, die sich nur selten Fleisch oder Fisch leisten konnten. Statt des hier verwendeten Blattspinats nimmt man auf Ibiza meistens Erdrauch (*Verdura* auf *Eivissenc*).

Zutaten

200 g getrocknete Erbsen oder Platterbsen
200 g getrocknete Saubohnen
1 Handvoll Blattspinat
1 Handvoll Mangold
5 Knoblauchzehen
4 Zwiebeln (weiß oder rot)
5 Blätter Minze
1 Pfeffer- oder Chilischote
Olivenöl
1 Prise Paprikapulver
Salz und Pfeffer

Zubereitung

Etwa 12 Stunden vor Zubereitung der *Cuinat* muss man die Saubohnen und Erbsen in Wasser einweichen.

Mangold, Erbsen und Spinat in Wasser kochen, bis es zu sprudeln beginnt. Das Wasser nun abgießen und neues mit den Bohnen dazugeben und für etwa zehn Minuten auf hoher Flamme kochen lassen. Nun kommen Knoblauch, gewürfelte Zwiebeln, Minze und die gehackte Pfefferschote hinzu, außerdem noch ein Schuss Olivenöl, Salz, Pfeffer und Paprika. Die *Cuinat* ist fertig, wenn der Spinat gar ist.

Olla Fresca – frischer Eintopf

Die *Olla Fresca* ist, ähnlich wie *Cuinat*, ein Gemüseeintopf – allerdings mit mehr Gewürzen und ein paar Kochbirnen.

Zutaten

100 g getrocknete Bohnen
100 g getrocknete Saubohnen
250 g grüne Bohnen
4-5 Kartoffeln
5-10 Birnen
(die Birnen auf Ibiza sind wesentlich kleiner als im deutschsprachigen Raum)
1 Tomate
1 Zwiebel
3 Knoblauchzehen
Olivenöl
Salz, Pfeffer, Safran und Zimt

Zubereitung

Etwa 12 Stunden vor Zubereitung der *Olla Fresca* Saubohnen in Wasser einweichen (grüne Bohnen nie einweichen!). Die Kartoffeln weich kochen. Kleingehackte Zwiebeln und Knoblauch zusammen mit den in Achtel geschnittenen Tomaten in Olivenöl andünsten. Anschließend kommen die Bohnen und Saubohnen mit reichlich Wasser hinzu. Wenn es kocht, gibt man die grünen Bohnen, die geviertelten Birnen und die kleingeschnittenen Kartoffeln hinein, köchelt das Ganze für etwa zehn Minuten bei mittlerer Hitze und würzt anschließend mit Salz, Pfeffer, Safran und Zimt.

Reisgerichte

Das Nationalgericht Spaniens ist die aus trockenem Reis bestehende *Paella*, die jede Region des Landes auf spezielle Weise zubereitet. Auch auf den Pityusen gibt es leckere Reis-Variationen wie »Trockener Reis« oder »Reis auf Seemannsart«.

Arròs Sec – Trockener Reis

Zutaten

4 Tassen Reis
3 Knoblauchzehen
1 Bund Petersilie
2 rote Paprika- oder Chilischoten
2 Zitronen
1 Zwiebel
1 Tomate
4 Tassen Fischbrühe (oder Gemüsebrühe
mit klein gehackten Sardinen aus der Dose)

Olivenöl
Salz, Pfeffer, rotes Paprika- oder Chilipulver
1 Pfund Hühnerfleisch
1 Tintenfisch
12 Garnelen oder 200-300 g Shrimps oder Flusskrebsschwänze
12 Muscheln

Wichtig: Tintenfisch, Garnelen und Muscheln bekommt man bei uns meist tiefgefroren. Sie müssen unbedingt aufgetaut sein, bevor man sie verwendet.

Zubereitung   Die gehackten Zwiebeln, Tomaten und den in kleine Teile geschnittenen Tintenfisch in einem großen Topf in etwas Olivenöl anbraten. Dann kommen das kleingeschnittene Hühnerfleisch, Salz, gehackte Petersilie und Knoblauch, Pfeffer und eine Prise Paprika hinzu. Wenn alles gut angebraten ist, Fischbrühe dazugeben und auf mittlerer Temperatur für ca. zwei Minuten aufkochen. Hinzu kommt nun der Reis plus die doppelte Menge Wasser, das auf hoher Flamme gekocht wird. Nach etwa fünf bis zehn Minuten folgen Muscheln und Garnelen. Wenn der Reis die gesamte Flüssigkeit aufgesogen hat, garniert man das Gericht abschließend mit Paprika- und Zitronenscheiben.

Arròs de Pescador – Reis auf Seemannsart

Den *Arròs de Pescador* nahmen die Fischer bei ihren Fahrten aufs Meer mit. Er ist einfach zuzubereiten, gut bekömmlich und sättigt. Hier wird eine vor allem durch viele zusätzliche Gewürze aufwändigere Variante dieses Gerichtes vorgestellt.

Zutaten   250-350 g Fisch, z.B. Kabeljau
(auf Ibiza verwendet man meist Klippfisch)
4 Artischockenherzen
100-200 g Erbsen (nicht getrocknet)
100-200 g Saubohnen (nicht getrocknet)
1 Bund Petersilie

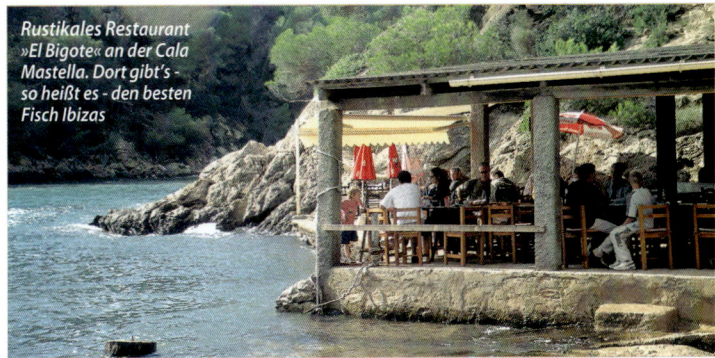

Rustikales Restaurant »El Bigote« an der Cala Mastella. Dort gibt's - so heißt es - den besten Fisch Ibizas

2 Knoblauchzehen
1 rote Paprika- oder Chilischote
1 Tomate
4 Tassen Reis
Olivenöl, Salz, Pfeffer, Paprikapulver und eine Prise Safran

Zubereitung Auf Ibiza gekaufter Fisch sollte eine Weile gewässert werden, damit er den salzigen Geschmack verliert.

Zuerst den in Stücke geschnittenen Fisch zusammen mit der gehackten Tomate, Petersilie und Paprika in Olivenöl anbraten und dann mit Salz, Pfeffer, Paprikapulver und Safran würzen. Etwa drei Minuten später kommen Erbsen und Saubohnen, die kleingeschnittenen Artischockenherzen sowie der Reis dazu. Wenn letzterer glasig geworden ist, gießt man acht Tassen Wasser auf und köchelt alles bei mittlerer Hitze. Das Gericht ist fertig, wenn der Reis das gesamte Wasser aufgenommen hat.

Empfehlenswerte Restaurants

Gute *Paella*-Lokale sind in Eivissa das *Can Luis* und das **El Faro** in Sa Penya, das **Es Torrent** am gleichnamigen Strand bei Port Roig, das **El Boldado** an der Cala d'Hort, das **Cas Mallorquí** in Portinatx und das **Pou des Lleò** oberhalb der gleichnamigen Bucht. Auf Formentera findet man gute Reisgerichte an der *Platja de Levant* im **Tanga** und im **Pascual** an der *Platja de Tramuntana*.

Fleischgerichte

Fleisch war immer teuer auf den Pityusen und kam deswegen bei den Bauern nur selten auf den Tisch. Wichtige Zutaten der beiden hier vorgestellten »Schlachtplatten« sind die ibizenkischen Würste *Sobrasada* und *Butifarra* (⊏> oben). Die Sobrasada könnte man durch eine grobe Mettwurst ersetzen, die Butifarra durch eine grobe Blutwurst plus die entsprechenden Gewürze Fenchel, Zimt, Gewürznelken und Pinienkerne.

Sofrit Pagès – Bauernragout

Der bekannteste Fleischeintopf der Pityusen ist deftig und köstlich. Wer ihn in einem ibizenkischen Haus vorgesetzt bekommt, genießt hohe Gastfreundschaft.

Zutaten 300-400 g Hühnerfleisch
250 g Schweinefleisch
250 g Lammfleisch
1 Stück Speck
1 kleine Sobrasada
1 kleine Butifarra
4-6 gekochte Kartoffeln
2 Zwiebeln
4 Knoblauchzehen

1 Bund Petersilie
Olivenöl
1 Esslöffel Schweineschmalz
2 Gewürznelken
Safran und Zimt
Salz, Pfeffer und Paprikapulver

Zubereitung Hühner-, Lamm- und Schweinefleisch in etwas Wasser gar kochen. Anschließend das Fleisch herausnehmen und die entstandene Fleischbrühe aufheben.

Nun das Schweineschmalz, den gewürfelten Speck, die in Stücke geschnittene *Sobrasada* und die *Butifarra* mit klein gehackten Zwiebeln und Knoblauchzehen, der Petersilie und Kartoffeln in einen großen Top tun und mit Olivenöl anbraten. Ist das geschehen, folgen das gekochte und in Stücke geschnittene Fleisch und etwa zwei bis drei Tassen der Fleischbrühe. Nun kommen noch Gewürznelken, Safran, Salz, Zimt, Pfeffer und das Paprikapulver hinzu und das Ganze köchelt bei mittlerer Temperatur, bis alle Flüssigkeit verdampft ist.

Empfehlenswerte Restaurants

Auf den Pityusen gibt es mehrere Lokale, die *Sofrit Pagès* anbieten. Dazu zählen z.B. das **Ca'na Pepeta** oder das **Es Pins**, beide an der C-733 bei Kilometer 14,8 der Strecke Eivissa-Portinatx.

Frita de Matances – Schlachtpfanne

Die *Frita de Mantances* ist ein Festmahl, das es in Restaurants kaum gibt. Man findet sie eher auf Dorffesten ( die Feiertage ab Seite 255) oder anläßlich privater Einladungen.

Zutaten 200 g Schweinefleisch
250 g Schweineleber
250 g Schweinerippchen
1 Stück Speck
4-6 große Kartoffeln
200 g Pilze
2 Paprikaschoten
2 Lorbeerblätter
4 Knoblauchzehen
Olivenöl
1 Esslöffel Schweineschmalz
Salz, Pfeffer u. Paprikapulver

6

Zubereitung In einer Pfanne die gekochten Kartoffeln mit etwas Salz und Pfeffer anbraten. In kleine Stücke geschnitten kommen dann Fleisch und Leber zum Braten in einen großen Topf mit Olivenöl und Schweineschmalz. Sobald das Fleisch gar ist, folgen klein-geschnittene Paprika, Pilze und zerdrückter Knoblauch. Nach einigen Minuten erneut einen kräftigen Schuss Olivenöl dazu-geben sowie Lorbeerblätter und die Bratkartoffeln. Mit Salz, Pfeffer und Paprikapulver würzen. Die *Frita de Matances* bei mittlerer Hitze weiter garen, bis alles gut durchgezogen ist.

Fischgerichte

Die pityusische Küche ist ohne Fischgerichte gar nicht denkbar. Ganz besonders beliebt ist der Fischeintopf.

Guisat de Peix – Fischeintopf

Zutaten

1 kg Fisch
(Seespinne, Kabeljau, Seezunge, Zander oder Steinbutt – auf den Pityusen verwendet man meist Felsfische)
1 Tomate
1 Bund Petersilie
2 Lorbeerblätter
1 kg Kartoffeln
1 rote Paprikaschote
1 grüne Paprikaschote
6 Knoblauchzehen
1 Zwiebel
ein paar Mandeln
Olivenöl
Salz, Pfeffer und Safran

Zubereitung

Zuerst Kartoffeln gar kochen und kleinschneiden. Dann den Fisch ausnehmen, salzen und in große Stücke teilen. Nun die Kartoffeln zusammen mit zwei gehackten Knoblauchzehen, der zerschnittenen roten Paprikaschote und Tomate, Salz, Pfeffer, Safran und Lorbeerblättern in einer Pfanne mit Olivenöl für einige Minuten bei mittlerer Hitze anbraten.

Währenddessen Zwiebeln, zwei weitere Knoblauchzehen, das halbe Bund Petersilie und die grüne Paprikaschote klein hacken und in die Pfanne tun. Das Ganze mit zwei bis drei großen Glä-sern Wasser übergießen, so dass alles bedeckt ist und nun etwa zehn Minuten köchelt. Dann die Fischstücke hinzufügen und den Eintopf bei mittlerer Temperatur kochen, bis alles gar ist.

Parallel dazu eine **Picada** herstellen aus der Handvoll Mandeln, zwei Knoblauchzehen und der restlichen Petersilie: in einem Mörser zerstampfen und kurz vor dem Servieren mit der *Guisat de Peix* vermischen. Dazu gibt's *Alioli*.

Statt Fisch kann man auch zwei **Langusten** nehmen und noch etwas Weißwein dazu gießen und erhält so die *Guisat de Llagosta* (Langusteneintopf). Oder aber man richtet sie mit Meeresfrüch-ten an, dann heißt sie **Guisat de Marisc** (Meeresfrüchteeintopf).

Einer der Fischstände im Es Mercat in Eivissa

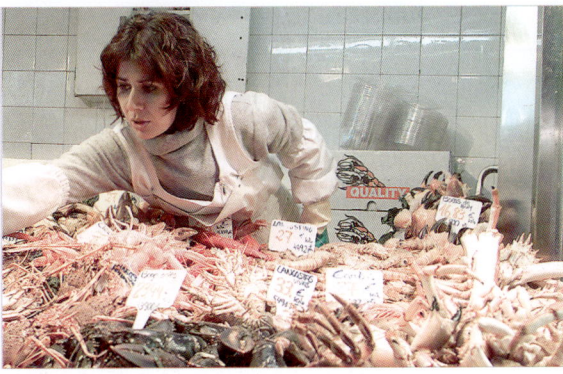

Empfehlenswerte Restaurants

Eine besonders gute *Guisat de Peix* bekommt man im *Sa Caleta* im gleichnamigen Ort, im *Tropicana* an der *Cala Jondal* oder im *Cas Mallorquí* in Portinatx. Ebenso lecker schmeckt sie im Restaurant *Pou des Lleò* oberhalb der Bucht mit demselben Namen, im *El Boldado* am äußersten Ende der Cala d'Hort und im Restaurant *S'Espartar* bei der *Cala Tarida*.

Auf **Formentera** lohnt ferner das *Juan y Andrea* an der *Platja de ses Illetes* und das *Fonda Rafalet* und das Restaurant *Pascual* an der *Platja de Tramuntana* .

Eierspeisen

Neben diesen Hauptgerichten findet man auf den Pityusen verschiedene kleine Snacks für zwischendurch. Die bekanntesten sind das Bauernomelett und die *Truitada*.

Truita Pagèsa – Bauernomelett

Auf Ibiza und Formentera gibt es abgewandelte Varianten der typisch spanischen Tortilla, zum Beispiel die *Truita Pagèsa*.

Zutaten
4-6 Eier
2-3 Tomaten
1 Zwiebel
3 Knoblauchzehen
2 gekochte Kartoffeln
2 Paprikaschoten
Olivenöl, Salz und Pfeffer

Zubereitung
Zwiebeln, Knoblauch, Tomaten, Paprika und die Kartoffeln werden in kleine Stücke geschnitten und in einer Pfanne in etwas Olivenöl angebraten. Wenn alles gar ist, schlägt man die Eier darüber und brät das Omelett auf beiden Seiten bis zur leichten Bräunung.

Truitada – Eierspeise mit Speck und Paprikawurst (Sobrasada)

Die *Truitada* ist eine Eierspeise, bei der auch Speck und ein Stück *Sobrasada* verwendet werden.

Zutaten
4-6 Eier
2-3 gekochte Kartoffeln
ein Stück Sobrasada
ein Stück Schweinespeck
Olivenöl, Salz

Zubereitung
Die in Stücke geschnittenen Kartoffeln werden zusammen mit dem gewürfelten Speck und der *Sobrasada* in einer Pfanne in Olivenöl angebraten. Sobald alles leicht gebräunt ist, schlägt man die Eier darüber und verrührt alles zu einem dicken Omelett.

Bar Anita in Sant Carles; am liebsten sitzt man an der Straße, egal wie dicht Verkehr und Abgase auch sein mögen

Empfehlenswerte Restaurants

Die *Truita* ist in der **Bar Cosmi** in Santa Agnès sowie in der Bar **Anita's** in Sant Carles nahezu konkurrenzlos gut.

Kuchen und Nachspeisen

Auch an Nachspeisen haben die Pityusen einiges zu bieten. Meist bekommt man sie nicht in Restaurants, sondern auf Märkten oder den Volksfesten.

Coca amb Formatge – Käsekuchen

Zutaten
500 g Mehl
1 kleine Tasse neutrales Pflanzenöl
1 kleine Tasse Milch
1 Orange
250 g Zucker
Frischkäse
Anis und Zimt

Zubereitung	Schale der Orange abreiben und den Saft ausdrücken. Zusammen mit Mehl, Öl, Milch, Zucker, Anis und etwas Wasser einen festen Teig kneten. Den Teig in eine eingefettete Form geben, mit dem Frischkäse bestreichen, Zucker und Zimt darüberstreuen und im Ofen backen, bis er goldbraun ist.

Ähnlich beliebt ist auch der *Flaó* eine andere Art Käsekuchen.

Flaó - Käsekuchen mit Anislikör

Zutaten	500 g Mehl 1 kleine Tasse neutrales Pflanzenöl 4 Eier 500 g Frischkäse 1 Glas Anislikör (*Hierbas*, griechischer *Ouzo* oder auch französischer *Pastis*) Minzeblätter Puderzucker Anis
Zubereitung	Aus Mehl, Anis und einer Flüssigkeit aus je gleichen Teilen Pflanzenöl, Wasser und Anislikör (bzw. einer ähnlichen Essenz wie angegeben), wird ein Teig geknetet. Er muss fest sein, bevor er in eine Backform kommt. Eier, Frischkäse, Zucker und Minzeblätter zu einer Glasur gut vermischen. Diese über den Teig geben und bis zu einer goldbraunen Färbung backen.

Herstellung von Hierbas in einer Anlage wie zu Großmutters Zeiten in Eivissa (↪ Seite 53)

Bunyols – Spritzkuchen

Ein Gebäck für Feste auf den Pityusen.

Zutaten	1 kg Mehl 3 Eier 250 g Zucker 1 Zitrone Anis Pflanzenöl

Zubereitung   Der Teig besteht aus Mehl, den geschlagenen Eiern, Zucker, ein wenig Öl, der geriebenen Zitronenschale, Anis und etwas warmem Wasser. Nach gutem Durchkneten muss er für einige Zeit ruhen. Dann werden kleine Teigteile in heißem Öl frittiert, bis sie goldgelb sind, und danach in Zucker getunkt.

Greixonera – Brotpudding

Ein sehr populärer Nachtisch auf Ibiza.

Zutaten

4 Ensaïmadas (oder Croissants)
8 Eier
400 g Zucker
1 Liter Milch
1 Glas Frígola-Likör (oder Rum)
1 Zitrone
Zimt

Zubereitung   Zuerst etwas Zucker in einer Pfanne karamellisieren lassen und den Boden einer Backform damit einstreichen. Dann die Ensaïmadas in kleine Stücke teilen und in der Milch einweichen. Dazu kommen acht Eigelb und vier Eiweiß, außerdem Zucker, Zimt, Likör und die geriebene Zitronenschale. Alles wird dann zu einer dicken Flüssigkei vermischt, in eine Form gegeben und im Ofen gebacken, bis eine feste Masse entsteht.

**7
Reise-
praktische
Informa-
tionen**

7.   REISEPRAKTISCHE INFORMATIONEN

7.1   Reiseplanung und Vorbereitung

7.1.1   Die Wahl der richtigen Unterkunft

Qualitätsstandards und »Sternchen«

In Spanien überwacht das Tourismus-Ministerium Qualität und Leistungen des Hotelgewerbes u.a. durch deren Zuordnung zu bestimmte Unterbringungsarten und die Vergabe von Sternchen.

Unterbringungsarten

Dabei unterscheidet man folgende auf Ibiza wesentliche Arten der Unterbringung: Hotels (**H**), *Hotel Apartamentos* (**HA**) sowie *Apartamentos Turísticos* (**AT** oder **RA**) und die *Hostales* (**Hs**). Während die Bedeutung der erstgenannten Begriffe klar oder unschwer zu interpretieren ist, lässt sich das *Hostal* nur schwerer definieren. Es entspricht so etwa unserem Gasthof, wird aber von Reiseveranstaltern auch mit »Pension« übersetzt. *Hostales* sind immer kleinere bis – in Ausnahmefällen – mittelgroße Betriebe; es gibt sie in drei Qualitätsabstufungen, während als Hotels deklarierte Häuser bis zu fünf Sterne aufweisen.

Typische *** Hotels und ****Hotels am Strand von Cala de Sant Vincent

Kategorien

Die Anzahl der Sternchen gibt einigermaßen Aufschluss über den zu erwartenden Standard. Die offizielle Kennzeichnung ist indessen nicht immer hilfreich, da die Sterne nach formalen Kriterien vergeben werden. Verfügt also ein Hotel über bestimmte Einrichtungen – von der Größe der Empfangshalle über die Zimmerausstattung und Barkapazität bis hin zur Poolgröße – gibt es eben die entsprechenden Sterne relativ unabhängig vom vielleicht negativ oder auch positiv abweichenden Eindruck, das ein Haus bei Besuchern hinterlassen mag. Beobachtungen auf den Balearen zeigen für die unterschiedlichen Kategorien in etwa folgendes Bild:

★   **in jeder Beziehung sehr einfach ausgestattete Häuser**, nur bei bewusstem Verzicht auf Komfort zu empfehlen. Dann und bei günstiger Lage sind indessen gut geführte *Hostals gar nicht schlecht, wenn es im Sommer auf ein schönes Zimmer weniger ankommt als auf die Schonung des Geldbeutels.

★ ★   **einfach bis mittel ausgestattete Häuser**, wobei der Übergang zur nächsten ***Qualitätsstufe fließend ist. Mit einigen **Hotels kann man »leben«, speziell, wenn es sich um kleinere Anlagen handelt. Größere, in den letzten Jahren weniger werdende **Häuser sind meist wenig einladend.

★ ★ ★   **die »alte« Mittelklasse mit einem breiten Qualitätsspektrum**. Es gibt hier neben durchaus guten Häusern einige eher dürftig ausgestattete, meist ältere Hotels. In jüngster Zeit wurde manches der ***Hotels renoviert und dann oft auf vier Sterne gebracht. Mindestens gutes 3-Stern oder aufgewertetes 4-Stern-Niveau benötigt, wer sich in der Vor- oder Nachsaison an Schlechtwettertagen auch `mal ins Zimmer zurückziehen möchte und auf angenehme Speisesäle und Aufenthaltsräume Wert legt.

★ ★ ★ ★   **die gehobene Klasse** mit durchweg komfortabel ausgestatteten Zimmern und Klimaanlage. Indessen ist in manchen ganz neuen und »hochrenovierten« Anlagen das in dieser Kategorie erwartete Niveau nicht immer klar ersichtlich. Die Kostendifferenzen innerhalb der Gruppe der ****Hotels (⇨ Veranstalterkataloge/-portale) spiegeln die Qualitätsunterschiede weitgehend wider. Daher Vorsicht bei besonders preisgünstigen vier Sternen!

★ ★ ★ ★ ★   **die Luxusherberge** (Hotel *Na Xamena* in toller Alleinlage bei Port Sant Miquel, das *Ibiza Gran Hotel* in Botafoch und das *Fenicia Prestige* in Santa Eularia, Ortsteil Siesta). Sie kostet bei Individualbuchung mindestens €250/Nacht fürs DZ/Frühstück.

*Luxuriöses *****Resort Na Xamena hoch über der gleichnamigen Bucht bei Port de Sant Miquel*

7

Aparthotels

Den Sternchen im Hotelwesen entsprechen die Schlüssel bei den Apartments, soweit es sich um reine Apartmentanlagen handelt, die nicht mit einer Art Hotelbetrieb – etwa mit Option auf das tägliche Frühstücksbüfett oder sogar Halbpension – direkt verbunden sind. In diesem Fall gelten wiederum Sternchen.

Schlüssel

Die Vergabe der Schlüssel richtet sich – soweit ersichtlich – mehr nach äußeren Gegebenheit als nach der »inneren« Apartmentqualität wie Geräumigkeit, Möblierung oder Terrassengröße.

Die Angebote der Reiseveranstalter

Prüfung vor Ort

Die Verfasser haben sich das Gros aller Häuser in deutschsprachigen Katalogen angesehen. Dabei wurde kein Urlaubsort ausgelassen. Die Hinweise und Empfehlungen im Kapitel 2 und im Sonderkapitel »*Agroturismo*« (↪ Seite 165) beruhen auf persönlicher Besichtigung. Sie beziehen sich auch auf eine ganze Reihe von Hotels, *Hostales* und *Fincas*, die bei Veranstaltern nicht zu finden sind. Die generellen Erkenntnisse der Recherche sind in den folgenden Absätzen zusammengefaßt.

Kennzeichnung

Vergleicht man die Beschreibungen der Veranstalter mit der Realität vor Ort, lässt sich feststellen, dass die Texte im Prinzip klar und fair sind. Dabei erhält ein besseres ***Haus auch schon mal wohlmeinende vier Bewertungspunkte, und spanische vier Sterne werden zum *****Luxus.

Realität und Prospekt

Trotz der zugestandenen, weitgehend korrekten Beschreibung, die auch negative Umstände nicht verschweigt oder zumindest durch sehr nüchterne Wortwahl andeutet, klaffen Prospekteindruck und Wirklichkeit nicht selten erheblich auseinander. Und zwar sowohl im positiven als auch im negativen Sinne; freudige Überraschung über das unerwartet gute ***Haus wie auch Ernüchterung über die Mängel eines ****Hotels sind drin.

Ohne eigene Vorerfahrung oder die Empfehlung anderer lässt sich bei ausschließlicher Buchung nach Prospekt bzw. im Internet das Risiko, nicht »das Richtige« zu erwischen, kaum aus-

Hotelballung an der Cala Figueretes

schließen. Die wenigsten Reisebüros können in diesem Punkt ernsthaft helfen; auch der/die beste Mitarbeiter/in kennt persönlich nur einen Bruchteil der Häuser, die auf den Balearen und `zig anderen Urlaubszielen zu buchen sind. Insofern sind die Beurteilungen anderer Urlauber oft aufschlußreich, wie sie sich heute im Internet z.B. unter www.tripadvisor.com u.a. finden.

Ob solche Quartiere das »Richtige« sind?

Qualitäts-unterschiede

Es ist ganz klar, dass den Reiseunternehmungen viele der aus den Katalogtexten und Internetbeschreibungen nicht zu entnehmenden Qualitätsunterschiede zwischen mehreren »gleichwertigen« Häusern bekannt sind. Eindeutige Hinweise darauf kann man indessen nicht erwarten. Wichtig zu wissen ist, dass Preisunterschiede innerhalb einer Stern-Kategorie nicht notwendigerweise auch Qualitätsunterschiede signalisieren.

Angebots-vergleich

Beim Vergleich der Angebote mehrerer Veranstalter stößt man bisweilen auf erstaunliche Differenzen für gleichartige, manchmal sogar identische Häuser. Die zu durchschauen ist nicht ganz einfach, denn waren schon die Preistabellen mit ihren Nebenbedingungen, Saison- und Sonderregelungen alles andere als transparent, sind die heute oft kurzfristig neu angepassten Tarife erst recht nicht mehr für objektive Vergleiche geeignet. Außerdem muss man ja erst einmal herausfinden, dass sich z.B. Hotel XYZ sowohl bei *Thomas Cook* als auch bei *TUI* oder *Club Blau* buchen läßt. Für die in diesem Buch empfohlenen Quartiere wurden die Veranstalter 2011 genannt, soweit vorhanden.

Die individuelle Hotelbuchung

Aspekte

Eine – allerdings abnehmende – Mehrheit der Urlauber bucht Ibiza als **Pauschalarrangement**: Flug, Unterkunft und Mahlzeiten vom Nur-Frühstück bis »all inclusive«. Das ist bequem und erprobt in der Abwicklung. Dazu oft preisgünstiger als getrennte Buchung von Flug und Unterkunft in Eigeninitiative. Das muss aber nicht so sein. Außerdem gibt es positive Aspekte individueller Buchung, die zusätzliche Mühe wert sein können.

7

Tatsächlich sind Hotelauswahl mit Verfügbarkeitsabfrage, Reservierung und koordinierte separate Flugbuchung im Individualverfahren vergleichsweise aufwendig. Auch die Anfahrt vom Airport zur Unterkunft muss man dann selbst arrangieren.

Internet

Die meisten in Katalogen zu findenden Quartiere kann man auch separat buchen, wobei sich heute Individualbucher am besten gleich an die **Internetpräsenzen** der Veranstalter halten:

Veranstalter	www.adresse 2011
1-2-fly	www.1-2-fly.de
Airmarin	www.airmarin.de
Alltours	www.alltours.de
Club Blau	www.club-blaues-meer.de
DER Tour	www.dertour.de
FTI	www.fti.de
Gulet/Austria	www.gulet.at
ITS	www.its.de
Jahn	www.jahnreisen.de
Neckermann	www.neckermann-reisen.de
Olimar	www.olimar.de
Phoenix	www.phoenixreisen.de
Schauinsland	www.schauinsland-reisen.de
Thomas Cook	www.thomascook-reisen.de
Tjaereborg	www.tjaereborg.de
TUI	www.tui.com/de
Universal/CH	www.universalreisen.ch

Für beliebige Quartiere einen Gesamtüberblick bieten Websites, die die Angebote aus (fast allen) gängigen Veranstalterkatalogen listen. Das erspart den mühsamen eigenen Preisvergleich und man findet für manches Haus so den günstigsten Veranstalter: www.info-reisepreisvergleich.de oder www.reisen-flug-pauschal.de.

Buchungs-masken & Email

Internetanfragen und -Direktbuchungen via Reservierungsmaske sind mittlerweile erste Wahl, sie haben das Fax inzwischen so gut wie verdrängt. Denn mittlerweile verfügen nicht nur Hotelketten, sondern auch die meisten unabhängigen Häuser – vor allem im gehobenen Preissegment – über eigene Internetauftritte.

Vorteile der Separat-buchung

Eine **vom** Flugticket getrennte Hotelbuchung vom Heimatland aus sollte ins Auge fassen, wer die damit verbundenen Vorteile als wesentlich empfindet, als da sind:

• Unterkommen in einem bestimmten Hotel, das im Pauschalangebot nicht zu finden ist oder nur mit unerwünschter Verpflegungsregelung. In Privatinitiative lässt sich fast jedes Hotel auch nur mit Frühstück oder ganz ohne Mahlzeiten buchen.

• Flexibilität bei der Anzahl der Urlaubstage und variable Abkürzung/Verlängerung je nach Wetter und Laune.

- Unproblematischer Hotelwechsel bei Unzufriedenheit.
- An- und Abflug an selbst bestimmten Wochentagen und Auswahl der Flugzeit zumindest an großen Airports mit höherer (wöchentlicher) Frequenz der Abflüge nach Ibiza.

Hotelsuche vor Ort?

Wer ganz auf die Klärung der Unterkunftsfrage verzichtet und das erst nach Ankunft regeln will, hat zwar den Vorteil, dass er direkt sieht, was er bucht und dadurch keine negativen Überraschungen erlebt. Aber mindestens im Zeitraum Juni bis Mitte September ist das für Ibiza riskant und nicht zu empfehlen bei Urlaubszeiten von bis zu 14 Tagen; dann nämlich können Suche und Verhandlung zeitlich zu sehr ins Gewicht fallen. Mindestens die ersten beiden Nächte sollten immer vorgebucht sein, damit nicht schon gleich nach Ankunft der Frust beginnt.

Ein Problem der Suche vor Ort kann auch sein, dass sich nicht dieselben günstigen Preise wie bei Buchung im Internet realisieren lassen. Das gilt kaum in der Periode Oktober bis April, aber dann sind viele Unterkünfte schon/noch geschlossen.

Ferienwohnungen, Ferienhäuser und Fincas

Pauschal- und Individual- buchung

Hotel-Apartments sind, obwohl in vielen Fällen eher eng als geräumig, selten billig. Die um die Flugkosten bereinigten effektiven Mietkosten (pro Woche) in Apartmentanlagen lassen sich leicht aus den Preisen für zwei und drei Wochen Aufenthalt ableiten, wenn man die Differenz mit der zugrundeliegenden Belegungszahl multipliziert. Außerhalb der Monate Juni bis September verlangen an Reiseveranstalter nicht gebundene Vermieter für identische Zeiträume oft deutlich weniger. Dabei stehen die für den Pauschaltourismus typischen Ein- und Zweiraumapartments (in größeren Anlagen) auf dem individuellen Markt kaum zur Verfügung; viele derartige Wohnungen sind geräumiger und von der Ausstattung her oft ansprechender.

Casa Datscha bei Sant Antoni, ⇨ Seite 132; deutlich erkennt man die Terrassen der Apartments an den Balustraden. Sie sind alle recht groß, nach Westen ausgerichtet und haben überwiegend Meerblick

**Einzelob-
jekte durch
Veranstalter**

Einige **Reiseveranstalter** bieten durchaus auch eine nennenswerte Zahl von Einzelobjekten und Wohnungen in kleineren Komplexen an. Viele davon beziehen sich auf Fincas auf dem Land, die zu Ferienhäusern umgebaut wurden. U.a. findet man bei *TUI, Dertour, Thomas Cook* oder *Jahn-Reisen* von Jahr zu Jahr mehr derartige Angebote.

Vermittler

Im Internet finden sich zahlreiche Adressen von Vermittlern von Ferienapartments und -fincas auf Ibiza. Besonders viele Anbieter haben sich dabei auf das Luxussegment gestürzt mit Wochenpreisen ab € 3000 für eine Wohneinheit. Viele brauchbare bis sehr gute Angebote finden sich z.B. unter

www.ibiza-spotlight.de

www.ibiza-haus-vermietung.de

oder (auf Englisch) www.ibiza4all.org

**Direkt-
kontakt**

Es gibt auch Wohnungen und Häuser, die sich nur über **Direktkontakt beim Eigentümer** selbst buchen. Immer mehr von ihnen legen sich für ihre Wohnungen und Häuser eine eigene Homepage zu. Das Problem ist nur, die zu finden bzw. aus der Vielzahl der Einträge bei Suchmaschinen ein geeignetes Objekt herauszufiltern.

**Problem
Voraus-
zahlung**

Speziell bei Internetangeboten von privat sollte man mit **Vorauszahlungen vorsichtig** sein. Es werden auch schon mal unter der angegebenen Adresse gar nicht existierende Wohnungen und Fincas mit schönen Fotos ins Netz gestellt. Das macht erheblich weniger Mühe als ein – auch möglicher – Betrug mit gedruckten Unterlagen.

**Buchung
nach
Ankunft**

Wer nicht gerade in der Hauptsaison nach Ibiza reist, könnte auch erst vor Ort ein geeignetes Quartier suchen. Das hat den Vorteil, dass man in Frage kommende Objekte persönlich in Augenschein nehmen kann. Besonders einfach ist es zwischen Mitte Oktober und Ende April außer rund um Ostern.

Cala Carbo an der Westküste. Hinter dieser Bucht gibt es keine Hotelanlagen, sondern nur Privatvillen und -apartments. Überfüllung ist dort seltener ein Problem

Camping auf Ibiza und Formentera

Die Zeiten, in denen man auf Ibiza und Formentera frei campen durfte, sind vorbei. Auf Formentera ist kein Camping möglich, Ibiza dagegen verfügt über fünf offizielle Campingplätze:

Camping-plätze

- *Camping Es Caná* an der Straße von Santa Eulària nach Es Canar etwa 300 m vom Strand entfernt, ✆ 971 332117; www.campingescana.com
- *Camping Cala Nova Platja* nordöstlich von Es Canar in Strandnähe. Kleiner, enger Zeltplatz; Preis-Leistungsverhältnis könnte dort besser sein, ✆ 971 331774, www.campingcalanova.com/
- *Camping La Playa Cala Martina* südlich von Es Canar am Strand, neu; ✆ 971 338525, www.camping-laplaya-ibiza.com
- *Camping Cala Bassa* an der *Cala Bassa* bei Sant Antoni, ✆ 971 344599, Fax 971 347469, www.campingsonline.com/calabassa
- *Camping Sant Antoni* an der Straße zwischen Eivissa und Sant Antoni bei Kilometer 14, ✆ 971 340536 oder ✆ 971 345145; www.campingsonline.com/sanantonio

Die Campingplätze sind nur **von Mai bis September geöffnet**. Vor allem während der Hochsaison können sie komplett voll sein. Vorheriges Reservieren ist unbedingt zu empfehlen.

Kosten

Im Vergleich zu den meisten Hotels sind die Campingplätze günstig. Derzeit zahlt man. €2-€4 (Kinder)und €3-€7 pro erwachsener Person und Tag. Dazu kommen die Zelt- und ggf. Autogebühren. Die Unterbringung einer Familie mit zwei Kindern bis zwölf Jahren und einem Familienzelt samt Auto kostet je nach Platz, Größe des Zelts und Saison €20-€40 pro Tag.

Alle Plätze verfügen über **Familienbungalows**, faktisch Holzhütten mit einfacher Einrichtung zu moderaten Preisen.

7.1.2 Reisedokumente, Versicherungen und Finanzen

Personalausweis oder Pass und Führerschein

Einreise/ Personal-ausweis

Die Kontrolle der Personalpapiere ist zwar innerhalb der sog. »Schengen-Staaten« der EU prinzipiell entfallen, aber dies bedeutet nicht, dass man den Personalausweis (bzw. ersatzweise einen Reisepass) nicht mehr mitführen müßte. Faktisch ist er bei allen Flugreisenden, speziell bei denen, die **ticketlos** fliegen, bereits beim Einchecken nötig, denn ohne *personal identity* geht nichts mehr im Flugverkehr.

Im übrigen kann immer noch aus irgendeinem Grund bei der Ankunft kontrolliert werden; und auch in Spanien muss man sich ggf. ausweisen können. Im Hotel erfolgt die Anmeldung - üblicherweise anhand der Personaldokumente. Ein Blick auf das **Ablaufdatum des Personalausweises** oder Passes früh genug vor der Abreise kann daher nicht schaden. Er sollte noch mindestens drei Monate gültig sein.

Auch für einen Besuch im Spielkasino und ggf. für Bargeldbeschaffung per Kreditkarte am Bankschalter (wenn man den Pincode nicht dabei hat) benötigt man den Personalausweis.

Führerschein Wer ein Fahrzeug zu mieten beabsichtigt, muß neben dem Führerschein in der Regel ebenfalls seinen **Personalausweis** oder Reisepass vorlegen. Die nationale Version des Führerscheins genügt, ein internationaler Führerschein ist nicht nötig. Umgekehrt reicht ein internationaler Führerschein allein nicht aus.

Kopien der Original-papiere Ganz sinnvoll ist es, sich schon zu Hause **Fotokopien des Führerscheins und Personalausweises** (Reisepasses) anzufertigen und diese für den »Fall des Falles« sicher zu verwahren. Der früher oft gegebene Rat, etwa auf Autoausflügen nur die Kopien mitzunehmen, ist nicht mehr gültig. Bei Unfall oder Verkehrskontrollen möchte die spanische Polizei die Originale sehen.

Versicherungen

Reiserücktritt Die Pauschalreisepreise einiger Veranstalter verstehen sich mitunter inklusive einer **Reiserücktrittskosten-Versicherung.** Alle anderen offerieren sie ihren Kunden separat, Eine **pauschale Rücktrittskosteversicherung** für alle Reisen eines Jahres zu einem moderaten Jahrestarif bietet der **ADAC.** Da immer unvorherzusehende Ereignisse den Reiseantritt in letzter Minute noch unmöglich machen können, sollte man das Angebot wahrnehmen. Bei individuellem Vorgehen – Flugbuchung und Unterkunft getrennt in Eigeninitiative – kann man sich entsprechend der bei Nichtantritt anfallenden Rücktrittskosten separat versichern lassen. Die Airlines bieten diese Versicherung in der Regel bei Buchung gleich mit an. Inhaber bestimmter vergoldeter Kreditkarten verfügen über eine »automatische« Reiserücktrittskostenversicherung unabhängig vom Einsatz der Karte.

Gesetzliche Kranken-versicherung Der für gesetzlich Versicherte in einigen Ländern nach wie vor notwendige Auslandskrankenschein wurde für einen Teil der EU-Länder, darunter Spanien, abgeschafft und durch die **Europäische Krankenversicherungskarte** ersetzt (**EHIC** = *European Health Insurance Card*), die mittlerweile von allen gesetzlichen Krankenversicherungsgesellschaften ausgestellt werden oder sogar online angefordert werden kann. Man erhält sie nicht automatisch, sondern muss sie bei seiner Kasse – Geschäftsstelle oder im Internet (Website der eigenen Kasse) – beantragen. Wenn die Karte nicht akzeptiert wird, also bei ärztlicher Behandlung oder in privaten Krankenhäusern Rechnungen bezahlt werden müssen, ersetzen die Kassen die Kosten nun immerhin gemäß deutschen Vorgaben (dazu gibt es ein Merkblatt). Darüber hinaus gehende Kosten trägt die/der Versicherte selbst.

Behandlung

Mit der **EHIC** kann man in Spanien ohne Kostenrisiko die staatlichen Krankenhäuser und die *Centres de Salut* (Ambulatorien; Adressen ⇨ Seite 314), aufsuchen, die die Karten von Ausländern akzeptieren (sollten). Anderswo anfallende Behandlungskosten – etwa in einer der Praxen der auch auf Ibiza heute vertretenen deutschen Ärzte (⇨ Seite 310) – erfordern nach wie vor Vorkasse.

Private Auslandskrankenversicherung

Es bleibt auf jeden Fall bei der dringenden Empfehlung an alle gesetzlich Versicherten, eine zusätzliche Auslands-Reisekrankenversicherung abzuschließen. Zum Glück ist das nicht teuer. Fast alle großen Versicherer bieten Auslandspolicen. Besonders günstige Tarife hat u.a. die HUK-Coburg (www.huk24.de).

Privat Krankenversicherte interessiert die Frage meist nicht, da die Kosten einer Behandlung im europäischen Ausland in der Regel voll ersetzt werden, solange die Reise eine bestimmte maximale Dauer nicht überschreitet.

Finanzen

Euro

Seit Einführung des Euro haben sich für Deutsche und Österreicher die Fragen zum Geldumtausch erledigt. Man befindet sich finanztechnisch im Inland. Schweizer Bürger dagegen müssen Ihre Franken noch umtauschen. Um das zu vermeiden, empfiehlt sich auch für Schweizer, Bargeld aus Automaten zu ziehen.

Geldautomaten und Kreditkarten

Für die Mehrheit der Reisenden bedurfte es auch schon vor der Umstellung auf den Euro keiner besonderen Vorbereitung: man steckt Bargeld nach persönlicher Präferenz ein, die **EC-Geldkarte** dazu und fertig. Damit kann man auf den Balearen wie bei uns Bares aus den zahlreich vorhandenen Geldautomaten ziehen.

Geldautomaten (*Telebanco* und *Servired*) findet man in allen nennenswerten Orten. Sie lassen sich ausser mit Geldkarte auch mit Kreditkarten »füttern«. Nur ist das meist teurer als Abhebung per Kontokarte.

Apropos **Kreditkarten**: Sie werden wie überall in Hotels, Restaurants, Autovermietungen etc. ohne weiteres akzeptiert.

Wenn Karten verloren gehen, sollte der Verlust umgehend gemeldet und (bei längeren Aufenthalten) ggf. Ersatz beschafft werden. Die Telefonnummern sind:

American Express	✆ 902 375637
Euro-/Mastercard und Visa	✆ 915 192 100
EC-Geldkarte (Deutschland):	✆ 0049 1805 021021

7.1.3   Die Anreise

Üblicherweise fliegt man mit dem Flugzeug nach Ibiza. Mit dem Auto auf den Landweg und weiter per Schiff kommt nur für sehr wenige Langzeiturlauber in Frage.

Mit dem Flugzeug nach Ibiza

Generelle Situation

Die meisten Besucher buchen einen sog. Charterflug, der sich heute vom Linienflug faktisch kaum noch unterscheidet, entweder mit oder ohne Pauschalarrangement. Im Gegensatz zu früher, als Flüge bei kurzfristiger Buchung am billigsten waren, ist es heute in aller Regel günstiger, lange vor dem Abreisetermin zu buchen. Sondergepäck muss mit einer gewissen Frist angemeldet werden, geht also nicht *last minute* mit.

Sondergepäck

Vor allem für Sportler ist die Frage interessant, welches Gerät im Flugzeug mitgenommen werden kann und zu welchem Aufpreis. Bestimmte Ausrüstungen wie Golftaschen, Tennisschläger und leere Tauchflaschen sind üblicherweise kostenlos und werden nicht beim Gepäckgewicht mitgerechnet. Sperrige Ausrüstungsgegenstände wie Campingzelte, Flugdrachen und Gleitschirme, Fahrräder, Surfbretter samt Segel und Rigg, Kanus sowie Kajaks dagegen kosten meist zwischen €30 und €60 pro Einheit. Inhaber von Bonuskarten von Fluggesellschaften wie Condor oder Air Berlin können solche Geräte ggf. kostenlos mitnehmen.

Sommer

Im Sommer gibt es mindestens zwei Mal wöchentlich direkte Flüge non-stop nach Ibiza von diversen deutschen Flughäfen, (nur) von Düsseldorf sogar täglich (**Air Berlin**). Mehrfach täglich ergeben sich von dort und einigen weiteren Airports Umsteigverbindungen. Recht gut sind während der Saison auch die Verbindungen von österreichischen und Schweizer Airports.

Winter

Ganz anders ist die Situation ab Oktober bis April. Da es auf Formentera und Ibiza keinen nennenswerten Wintertourismus gibt, werden während dieser Zeit die Flugverbindungen gekappt. Am einfachsten haben es im Winter noch Urlauber aus Nordrhein-Westfalen, denn **Air Berlin** fliegt auch (nach der Übernahme von LTU und Übernahme des LTU-Streckennetzes) dann noch zwei Mal die Woche – freitags und sonntags – von Düsseldorf non-stop nach Ibiza. An anderen Tagen und aus anderen Städten generell sind dann nur noch Flüge mit Zwischenlandung in Palma de Mallorca verfügbar.

Buchung

Auch Flüge nach Ibiza ohne Hotelbuchung lassen sich genau wie die Pauschalreisen in jedem **Reisebüro** buchen. Alternativ geht das direkt bei den Fluggesellschaften im **Internet**:

- **www.tuifly.de**
  seit 2009 Kooperation mit Air Berlin; daher wie oben rechts

- **www.airberlin.com**
  von allen großen und vielen kleineren Flughäfen in
  Deutschland und Österreich, von Basel und Zürich

- **www.germanwings.com**
  von insgesamt dreizehn Flughäfen in Deutschland
  sowie von Salzburg und Wien

- **www.condor.de**
  von Berlin, Dresden, Düsseldorf, Frankfurt, Hannover, Köln,
  Leipzig München, Stuttgart sowie von Salzburg und Wien

Internet

Die Feststellung der Verfügbarkeit von Plätzen und Reservieren
auf den Internetseiten ist recht einfach, letzteres aber nur möglich per Kreditkarte oder Kontoabbuchung. Man wird rasch feststellen, dass im Winter (November-Februar) – wie gesagt bis auf
Air Berlin ab Düsseldorf – keine Direktflüge mehr nach Ibiza
starten. Erst ab März verstärkt sich der Flugverkehr wieder langsam, aber auch dann überwiegend via Palma de Mallorca. Erst
ab April (teilweise auch erst ab Mai) bis September gibt es wieder Non-stop-Flüge der genannten Gesellschaften. Im Oktober
vermindert sich die Flugfrequenz bereits deutlich.

Tarife

Flüge ab Deutschland nach Ibiza und retour kosteten bei Internetbuchung **2011** je nach Airport, Saison und Wochentag ab ca.
€120 (mit *Germanwings* bei sehr geschickter Tageszusammen-
stellung) bis über €600, jeweils inkl. Gebühren. **Billigflüge** nach
Ibiza gibt es deutlich weniger als für andere innereuropäische
Ziele. Nur für ein paar ausgewählte Termine fanden sich 2011
noch Angebote **bis/unter €60 pro Strecke**. Im Tarifbreich €70-
€100 pro Strecke wird man schon eher fündig, aber ein paar Tage
früher oder später kann der gleiche Flug oder zurück schon über
€200 kosten. Das Schnäppchen macht nur, wer durch die Portale
der Anbieter surft und entschlossen bucht. Entscheidungshilfe
bieten Websites wie www.fly.de, www.swoodoo.com oder www.
flug.idealo.de, weil sie die Angebote gleich mehrerer Fluglinien
vergleichen. Zum ausgewiesenen Tarif addieren sich immer die
Sicherheits- und Airportgebühren in unterschiedlicher Höhe.

*Mit der spanischen der Liniengesellschaft »Iberia« geht es von Ibiza
nur noch nach Palma de Mallorca, aufs spanische Festland und
dann weiter nach Deutschland, England usw. Direktverbindungen
mit dem Ausland laufen fast nur noch über Ferienflieger wie Air
Berlin, Condor oder German Wings.*

7

Reisebüro Wer sich die Mühe des Surfens im Internet nicht antun möchte und auch die Nummer der eigenen Kreditkarte oder seines Kontos ungern ins Internet einspeist, lässt ein **Reisebüro** die Sache abwickeln. Ist man dort als Kunde bekannt, kostet das einen kurzen Anruf plus eine relativ geringe Servicegebühr. Dazu geht es häufig fixer als das Buchen im Internet. Außerdem drohen dabei weder Absturz noch Zeitverlust bei nicht 100%ig ausgefüllter Buchungsmaske noch sonstige elektronische Probleme.

Rückflug Vor dem Rückflug sollte man sich informieren, ob der gebuchte Flug auch zur fixierten Zeit startet. Ein Anruf bei der Fluggesellschaft gibt Sicherheit. Wer seinen Rückflug ändern möchte, kann dies je nach Ticket kostenlos oder gegen einen Aufpreis tun. Nur in seltenen Fällen ist eine Umbuchung nicht möglich.

Rückbestätigung Die Telefonnummern der für deutschsprachige Urlauber wichtigsten Fluggesellschaften sind:

Air Berlin ✆ 971 308614

Condor ✆ 971 809174

German Wings ✆ 916 259704

Iberia ✆ 971 302052 (Ibiza),
✆ 902 400500 (ganz Spanien)

Air Europa ✆ 971 401501

Spanair ✆ 971 131415

*Air Berlin Jet
über den Alpen*

Auf dem Land- und Seeweg nach Ibiza

Situation

Mit dem Auto nach **Barcelona**, **Dénia** oder **Valencia** zu fahren, um von dort per Fähre nach Ibiza/Formentera überzusetzen, ist zeitlich wie finanziell ziemlich aufwendig. Die Schiffe ab/nach Valencia oder gar Dénia sind genaugenommen nur für Spanier interessant und für Leute, die im Rahmen einer Rundfahrt durch Spanien auch Ibiza miteinbeziehen möchten. Dénia liegt noch um einiges südlicher als Valencia und damit näher an Ibiza.

Konventionelle Fähren und Katamarane

Neben der »normalen« Fähre – 9 Stunden ab Barcelona, 7 Std. ab Valencia und ca. 4,5 Std ab Denia – sind auf allen Routen auch **Schnellfähren**, sehr schnelle Katamarane, unterwegs: 4,5 Stunden ab Barcelona, 3 Std. ab Valencia und ab 2 Std. ab Denia.

Konventionelle Fähre der Balearia bei der Einfahrt in den Hafen von Eivissa

Internet Info

Die jeweils aktuellen, saisonal in kurzen Abständen mehr oder weniger wechselnden Abfahrtszeiten, Tarife etc. gibt`s für die Linie **Acciona *Trasmediterranea*** unter: www.trasmediterranea.es

Zeiten und Tarife der **Balearia** ab Dénia (Bus ab/nach Valencia) nach Ibiza und Formentera auch unter www.balearia.com

Desgleichen von **Iscomar** ab Denia: www.iscomar.com

In allen Fällen nicht auf Deutsch, sondern Spanisch+Englisch bei den Reedereien *Acciona+Balearia*, Katalanisch+Englisch+Französisch bei *Iscomar*.

Zum **Tarif- und Abfahrtszeitenvergleich** sind die Portale www.directferries.de/ibiza_faehre.htm und www.aferry.de hilfreicher als die originären Websites. Von *directferries* klickt man ggf. weiter auf die Reedereien.

Kostenvergleich

Wer die Fahrt mit dem eigenen Wagen erwägt, sollte ausrechnen, ob sich die lange Reise unter Berücksichtigung der Automiettarife auf Ibiza eigentlich lohnt. Aus dem norddeutschen Raum

Kosten per Fähre mit Auto gegen Flugkosten und Mietwagen

etwa dauert die Anfahrt kaum unter 2 Tagen, was eine Übernachtung unterwegs erforderlich macht. Die Ausgaben dafür eingeschlossen kommt man mit Benzin plus Autobahngebühren in Frankreich und Spanien beim billigsten Kabinenplatz bzw. per Schnellfähre mit zwei Personen – je nach Saison und Verzehr unterwegs – leicht auf Kosten von €800-€1000 **für die Hin- und Rückfahrt**. Vier Tage Urlaub gehen unter Fahrstreß verloren. Für €1000 können 2 Personen bei günstiger Flugbuchung ebensogut fliegen und 4 Wochen einen Kleinwagen mieten. Ab Deutschlands Südwesten oder aus der Schweiz kommt man natürlich mit weniger Zeit und geringeren Kosten aus.

Ohne Fahrzeug

Nun muss ja nicht unbedingt ein Auto auf die Insel schaffen wollen, wer den kombinierten Land- und Seeweg benutzt. Die zeitraubende Anfahrt mit Eisenbahn oder Bus ist plus Schiffspassage jedoch so teuer, dass man besser fliegt, es sei denn, Flugangst verbietet dies. Nur wer trampt oder als junger Mensch unter 26 Jahren ein preiswertes *InterRail-Ticket* besitzt und über jede Menge Zeit verfügt, erreicht Ibiza per Schiff vielleicht zu akzeptablen Kosten.

Fähren auf Ibiza:

Kontakt der Fährgesellschaften auf den Balearen für Fahrplanauskünfte und Reservierungen:

Eivissa

Acciona Trasmediterránea: ✆ 902 454645

Balearia: ✆ 971 314005

Iscomar: ✆ 902 119 128

Die Büros befinden sich alle am Hafen von Eivissa.

Sant Antoni

Ab Barcelona und Denia kann man mit *Balearia*-Fähren auch nach **Sant Antoni** übersetzen. Die Fährschiffe machen an der das Hafenbecken begrenzenden Mole am Westende fest (hinter dem Yachthafen, ➪ Karte Seite 119).

Ankunft auf Ibiza

Airport Ibizas Flughafen wurde zwar seit seiner Eröffnung 1958 mehrfach ausgebaut, ist aber nach wie vor recht übersichtlich. Zollkontrollen finden nur sporadisch statt. Auf dem Flughafen gibt es eine Tourismusinformation, Büros der wichtigsten Reiseveranstalter und Airlines sowie die Schalter diverser Autovermieter, eine Post und natürlich Geldautomaten.

Transfer Der Transfer vom Flughafen zum Urlaubsort hängt von der Art der Buchung ab. Feriengäste der **Reiseveranstalter** werden von Mitarbeitern der Unternehmen hinter der Gepäckausgabe erwartet und auf bereitstehende Busse geleitet.

Automiete **Individualreisende** müssen ihren Transport selber organisieren. Wer sowieso für einen Teil seines Aufenthaltes ein Auto mietet, sollte das ab Airport regeln und damit das Problem lösen.

Andere sind auf Taxi oder Bus angewiesen. Taxistand und Bushaltestelle befinden sich direkt vor dem Terminal.

Taxi am Airport von Eivissa

Öffentliche Busse Die **Busse** fahren vom Flughafen in die Stadt/zum Hafen von Eivissa stündlich ab 7.30 Uhr bis 22.30 Uhr, Dauer wegen vieler Stopps rund 30 min. Tarif €1,50. Wer ein Quartier auf Formentera gebucht hat, kann dort umsteigen auf die Fähren, ⇨ Seite 170. Der Weitertransport zu anderen Orten auf Ibiza ist zwar dank des prinzipiell dichten Netzes durchaus per Bus möglich, gestaltet sich aber wegen der geringen Frequenz in vielen Fällen als schwierig, ⇨ auch Busnetz auf Seite 305.

Taxi Bleibt das Taxi; es kostet für den Weg Airport-Innenstadt von Eivissa rund €15, zu anderen Zielen entsprechend mehr.

Hafen Die Fähren von/zum Festland legen an der Hafenpromenade unterhalb der Altstadt von Eivissa bzw. in Sant Antoni an, ⇨ Karten Seiten 38 und 119. Taxis stehen dort immer zur Verfügung.

7

7.2   Unterwegs auf Ibiza *)

7.2.1   Mit dem Auto

Auf Ibiza selber fahren?

Mancher mag angesichts der rabiaten Fahrweise mancher Ibizenker wie auch Urlauber, fehlender passiver Sicherheit vieler Straßen, einer unerfreulichen Unfallstatistik und fehlender Ortskenntnisse Bedenken haben, sich auf Ibiza ans Steuer eines Mietautos zu setzen. Alles in allem aber ist Autofahren dort nicht sonderlich problematisch; zu den Hauptverkehrszeiten muß man sich ja nicht unbedingt mitten durch Eivissa quälen. Die **Verkehrsregeln** entsprechen den heute europaweiten Normen (➪ Seite 303). Die wenigen andersartigen Zeichen versteht man ohne weiteres.

Autotypen

In allen Urlaubsorten, spziell auch in den Hotellobbies stößt man auf **Autoverleiher**. Das Angebot konzentriert sich in Anbetracht der vielen engen, kurvenreichen Strecken, der Parkproblematik in Eivissa und manchen Ortszentren sowie der geringen Entfernungen auf **Kleinwagen** (Citroen C2/3, *Fiat Panda, Renault Modus, Opel Corsa, VW-Polo, Ford* Fiesta etc.). Solange man nicht vier Erwachsene unterbringen muss, sind diese den größeren Typen vorzuziehen. Selbst die preisgünstigeren Verleiher haben heute selten mehr als zwei Jahre alte, teils nagelneue Wagen mit Airbags und Klimaanlage. Ältere Fahrzeuge, die es auch noch gibt, sollte man daher nicht in Betracht ziehen, schon gar nicht ohne Airbags. Apropos **Klimaanlage**: zwischen Mai und Oktober sollte man Fahrzeuge ohne Klima nicht mieten.

Der Renault Modus mit Sonnendach ist ideal für Ibiza. Er bietet eine erhöhte Sitzposition und damit mehr Übersicht als der normale Pkw; zugleich ist er relativ schmal und passt auch durch enge zugeparkte Gassen

*) Zur Fahrzeugmiete auf Formentera ➪ Seite 172f.

Autos mit Sonnendach	Ideale Autos auf Ibiza sind außerhalb der heißen Monate die Typen mit großen Sonnendächern (z.B. bei *Renault Modus* oder *Twingo, Citroën Pluriel* etc., die aber leider meist nur lokal, nicht ab Airport zur Verfügung stehen). Offen gefahren fühlt man sich fast wie im Cabrio, und man kann sie rasch halb oder ganz schließen, wenn es kühler, regnerisch oder in der Sonne zu heiß wird. Dabei kosten sie nicht oder nur unwesentlich mehr als identische, geschlossene Typen. Für »richtige« Cabrios oder offene Jeeps bezahlt man doppelt bis dreimal soviel.
Kosten-vergleich	Vor jeder Automiete sollte man die Tarife mehrerer Firmen vergleichen. Die Unterschiede sind erstaunlich, sowohl bei Miete erst vor Ort als auch bei im Vorwege zu reservierenden Fahrzeugen, sei es im Internet in eigener Initiative oder als Angebot des Reiseveranstalters durch das Reisebüro.
Automiete am Airport ohne Reservierung	Am **teuersten** mietet, wer **ohne Reservierung** einen der Airport-schalter aufsucht, gleich welchen Verleihers. Es besteht dabei das Risiko, dass alle noch halbwegs preiswerten Typen ausgebucht oder sogar keine Autos mehr verfügbar sind.
Inklusiv-Tarife/ ca.-Kosten	Das Gros der Vermieter bietet »**Alles-Inklusiv-Tarife**«, die unbegrenzte Kilometer, Haft- und Vollkaskoversicherung ohne Selbstbeteiligung und MWSt. (IVA) bereits beinhalten. In der kleinsten Kleinwagenklasse (Fiat Panda, Citroen C2 o.ä.) sind €35 bei Eintagesmiete, €25/Tag ab 3-4 Tagen und ab **€130 für eine Woche in etwa die Untergrenze der Tarife von Ostern bis September**. Etwas geräumigere Kleinwagen mit Klimaanlage (*Fiat Punto, Renault Clio, Ford Fiesta, VW-Polo, Peugeot 206*) kosten um €30/Woche mehr. Je nach Konkurrenzsituation und Nachfrage variieren diese Zahlen. Im Winter und bei schlechter Nachfrage fallen die Preise auch schon mal auf die Hälfte (€65-€80/Woche), so z.B. 2011 bei *EconomyCarRentals* (➪ Folgeseite).
Tarif-vergleich	Ein Vergleich vor Ort oder im **Internet** (Suchmaschine, Stichwort z.B. »Automiete/ Fahrzeugmiete Ibiza«) klärt die aktuelle Tarifsituation.

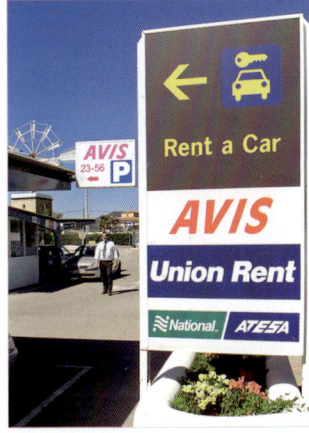

Hinweis: Die vorstehenden Angaben beziehen sich auf die Tarifsituation der Saison 2011 und Neuwagen. Ältere Autos mit etlichen Kilometern auf dem Tacho gibt es bei lokalen Vermietern auch noch. Sie sind meist nicht wesentlich bis gar nicht billiger als Neuwagen und daher oft keine sonderlich gute Idee für den Kunden.

7

Mietauto beim Veranstalter

Ein Wort auch zur **Fahrzeugbuchung über Reiseveranstalter**, die in vielen Katalogen bzw. Websites gleich mitofferiert wird. Sparfüchse warten besser ab und vergleichen Preise vor Ort, ggf. schon im Vorfeld im Internet. Einige Veranstalter machen gute Angebote, andere dagegen sind recht teuer. Es genügt, erst am Urlaubsziel die örtliche Reiseleitung anzusprechen, sofern – nach einem Blick auf die Angebote lokaler Verleiher – die Konditionen des eigenen Veranstalters mithalten.

Internet

Wer im voraus die Automiete für seinen Aufenthalt auf Ibiza festmachen will, hat die besten Karten, sprich: niedrigsten Kosten bei individueller Suche/Reservierung im Internet, ➪ oben.

Bei uns nicht sehr populär ist der Citroen C3, ein prima Kompromiss zwischen Kosten und Nutzen. Man sitzt erhöht, hat relativ viel Platz und ist gleichzeitig wendig auf den engen Parkplätzen. Bei vielen Vermietern in der Flotte

Vermittler und Vermieter

Erste Anhaltspunkte über aktuelle Tarife gibt es bei Vermittlern wie www.EconomyCarRentals.com. Einen Überblick verschafft sich ebenfalls, wer bei www.ibiza.de/mietwagen-ibiza, www.doyouspain.com oder www.mietwagenmarkt.de vorbeischaut. Von dort kann man dann gleich weiterklicken. Die einzelnen Vermieter haben unterschiedliche Geschäftspraktiken. Besonders kundenfreundliche Erfahrungen machten die Autoren bei Atesa/National (nach Internetbuchung über Vermittler).

Flughafenservice

Wer auf Ibiza ab Airport mieten möchte, kann dies nicht nur bei den Vermietern mit Airportschalter. Auch Firmen ohne Airportvertretung (z.B. www.hiperrentacar.com oder www.centauro.net) bieten Flughafenservice für im voraus telefonisch oder im Internet reservierte Fahrzeuge (aber meist nur ab mindestens einer Woche Mietdauer). Der Vertreter der Firma wartet dann auf seine Kunden (auch bei Verspätung, weil zur Reservierung die Angabe der Flugnummer gehört) beim Treffpunkt im Ankunftsbereich oder im Firmenfahrzeug auf dem Parkplatz..

Papiere/ Credit Card

Man beachte, dass bei allen Vermietern entweder eine **Kaution** hinterlegt oder eine **Kreditkarte** vorgewiesen werden muss. Auch der **Personalausweis** ist neben dem **Führerschein** notwendig. **Mindestalter** für Mieter ist **21 Jahre**, manchmal 25 Jahre.

Straßen-karte
Bevor es losgeht, braucht man eine Straßenkarte. Die diesem Buch beigefügte Ibizakarte leistet bereits gute Dienste. Gratiskarten der Touristeninformation/Vermieter reichen abseits der Hauptstraßen selten aus. Gesonderte Ortskarten benötigt man kaum; die Stadtpläne in diesem Buch sind ausreichend.

Straßen-qualität
Gewöhnen muss man sich auf Ibiza an die **Schotterstraßen** und **Sandwege** zu Buchten und Stränden – einige davon sind kilometerlang – aber auch zu manchen abseits gelegenen Siedlungen und Landhotels. Offiziell ist mit Mietwagen nur das Befahren asphaltierter Straßen gestattet, aber niemand hält sich an dieses Gebot.

Verkehrs-regeln
Die spanischen Verkehrsregeln unterscheiden sich kaum von denen anderer westeuropäischer Länder.

Parkautomat am Flughafen; die ersten 15 min sind gratis

Auf Ibiza gibt es relativ oft routinemäßige **Verkehrskontrollen** samt saftigen **Bußgeldern** z.B. fürs **Nicht-Anschnallen** oder **Handybenutzung am Steuer**. Nachts finden häufig Alkoholkontrollen statt; die **Promillegrenze** liegt auch in Spanien bei **0,5**.

Parkregeln
Falschparker werden rasch abgeschleppt. Grundsätzlich darf man an blauen Bordsteinen parken und an blau-weißen halten; rot bedeutet absolutes Halteverbot. Ebenfalls nicht parken darf man an Stellen, die mit »VAP« gekennzeichnet sind.

Aktuelle Tempolimits
Autobahn: 120 km/h
Landstraße: 90 km/h
Innerörtlich: 50 km/h
Verkehrsberuhigte Straße: 20 km/h

7.2.2   Mit Mofa, Motorroller oder Motorrad

Situation   Wer statt mit dem Auto lieber auf zwei Rädern unterwegs ist, hat u.a. den Vorteil geringerer Parkprobleme. Die meisten Fahrzeugverleiher auf Ibiza haben neben Autos auch Mofas, Motorroller und Motorräder. Die Kosten für Letztere liegen inkl. Steuern und Versicherungen kaum unter, sogar über denen für Kleinwagen. Die generellen Bedingungen sind gleich (Führerschein alte Klasse 2, Mindestalter 21 Jahre, Kreditkarte). Ein Moped dagegen bekommt man ab 16 Jahren. Prinzipiell existiert auch in Spanien Helmpflicht, nur wird sie oft nicht beachtet.

Bikerwochen   Im September finden auf Ibiza Bikerwochen statt, zu denen Fans aus aller Welt mit ihren Maschinen kommen (mehr dazu unter www.ibiza-bike-week.de). Wer standesgemäß daran teilnehmen möchte, sollte sich eine *Harley-Davidson* ausleihen bei:

BROUM, Eivissa, Avinguda Ignasi Wallis 31, ✆ 971 318080

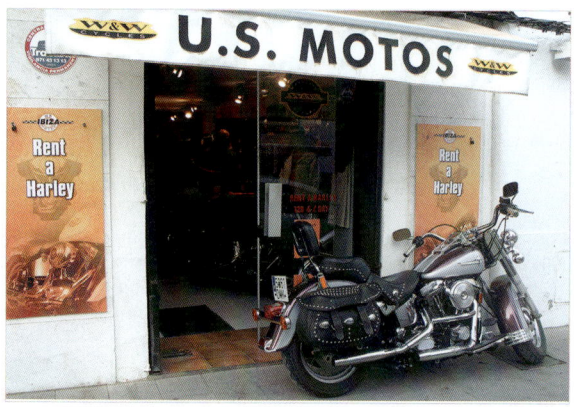

7.2.3   Mit dem Fahrrad

Zur Geographie   Auf Ibiza muss man ein geübter Radler sein, um alle Ecken und Winkel mit dem Drahtesel zu erkunden. Vor allem in den hügeligen Regionen des Nordens und Westens kann es anstrengend werden. Die Touristeninformationen (➪ Seite 312) haben aktuelle Karten zu den auf Ibiza offiziell ausgewiesenen Mountainbike-Routen (*Rutas en Mountainbike,* ➪ Seite 25.

Fahrrad-miete   Fahrräder sind auf den Pityusen oft genau das Richtige zum Kennenlernen von Orten und deren Umgebung. Nicht zuletzt deshalb bot die Tourist Information in Sant Antoni (am Hafen) zeitweise Leihfahrräder gratis an. Leider blieb es nicht dabei.

Speziell auf **Formentera** bieten sich Fahrräder als Transportmittel an, denn die Insel ist bei nur geringen Distanzen – mit Ausnahme der Hochebene La Mola – flach.

Kosten	Zahlreiche Mietstationen und viele Hotels verleihen Fahrräder. Die Kosten liegen bei €5-€10 pro Tag. Für Mountainbikes zahlt man mehr. Bei Miete über mehrere Tage oder Wochen reduziert sich der Tagessatz erheblich. Zu Formentera ⇨ Seite 172.
Kinder	Bei den meisten Verleihfirmen gibt es auch Kinderfahrräder, Kindersitze für die Kleinsten und die passenden Sturzhelme.
Eigenes Fahrrad	Wer sein eigenes Fahrrad im Flugzeug mitnehmen will, muss es beim Ticketkauf anmelden, ⇨ Seite 294.

7.2.4   Buslinien auf Ibiza und Formentera

Ibiza besitzt ein dichtes Busnetz. Kleinere Ortschaften werden indessen in vielen Fällen nur ein- bis zweimal pro Tag angefahren. Die meisten Buslinien führen von Eivissa aus sternförmig zu allen wichtigen Orten der Insel.

Ibiza-Buslinienplan

1. St. Antoni - Cala Gració
2. St. Antoni - Port d'Es Torrent
3. St. Antoni - Cala Comte
4. St. Antoni - Cala Tarida
5. St. Antoni - Port d'Es Torrent
6. St. Antoni - Cala Bassa
7. St. Antoni - St. Josep - Eivissa
8. Eivissa - Sant Jordi - Aeroport
9. Eivissa - Sant Jordi - Salinas
10. Eivissa - Cap Martinet
11. Eivissa - Platja d'En Bossa
12. Eivissa - Cala Llonga - Santa Eulària
13. Eivissa - Cala Vadella
14. Eivissa - St. Agnès St. Antoni - St. Agnès
15. Microcentro Eivissa
16. Eivissa - Cala Tarida
17. Cas Serres
18. Santa Eulària - Cala Llonga
19. Eivissa - Cala Vadella
20. Vara de Rey - Can Misses - Cas Serres
21. Santa Eulària - Cala Llenya
22. Santa Eulària - Es Canar
23. Santa Eulària - St. Antoni
24. Eivissa - Portinatx
25. Santa Eulària - Portinatx
26. Santa Eulària - Cala de Sant Vicent
27. Eivissa - Santa Eulària
28. St. Antoni - Puerto Sant Miquel
29. Eivissa - Santa Gertrudis - Sant Miquel
30. Circuito Sant Miquel
31. Sant Miquel - Es Canar
32. St. Antoni - Sant Rafel - Eivissa

Busunternehmen
- Voramar el Gaucho
- Lucas Costa
- Empresas H.F. Vilas
- San Antonio

Die **Bushaltestellen in den drei Städten Ibizas** sind:

Eivissa:
- Avinguda Isidor Macabich 24 für alle Linien außer zum Flughafen und zu den Salinen; ⇨ Klappenkarte hinten
- Avinguda Isidor Macabich 44 zu Flughafen und den Salinen

Santa Eulària: Parkplatz bei der Markthalle, ⇨ Karte Seite 71

Sant Antoni:
Busbahnhof 300 m nordöstlich des Hafens, ⇨ Karte Seite 119

Die Abfahrtszeiten der Busse ändern sich oft. Die Tageszeitung *Diario de Ibiza* druckt den aktuellen Fahrplan ab. Die folgende Liste dient zur Orientierung vorab. Es gibt zwar noch einige weitere, aber nur eingeschränkt bediente Buslinien auf Ibiza.

Aktualisierte Information gibt es im Zweifel nur vor Ort.

Eivissa-Can Misses-Cas Serres-Figueretes-Talamanca:
Mo-Sa 8 x täglich 8.45-19 Uhr; So 4x täglich 10-19 Uhr

Eivissa-Sant Rafel-Sant Antoni: Mo-Sa viertel- bis halbstündlich 7.30-24 Uhr; So halbstündlich 8-24 Uhr; zurück: Mo-Sa viertel- bis halbstündlich 7-23.30 Uhr; So halbstündlich 7.30-23.30 Uhr

Eivissa-Sant Jordi-Flughafen: täglich etwa stündlich 7-22 Uhr; zurück: täglich etwa stündlich 7.30-22.30 Uhr

Eivissa-Platja d'en Bossa-Sant Jordi-Ses Salines: stündlich 9.30-19.30 Uhr; **zurück**: stündlich 10-20 Uhr

Eivissa-Sant Josep-Sant Antoni:
Mo-Fr 5 x täglich 9-18.30 Uhr; Sa-So ca. 13 und 19.45 Uhr; **zurück**: Mo-Fr 5 x täglich 8-17 Uhr; Sa-So ca. 9.30 und. 16.15 Uhr

Eivissa-Santa Eulària:
Mo-Fr viertel- bis halbstündlich 7.30-23 Uhr; Sa-So stündlich 8.30-23.30 Uhr; **zurück**: Mo-Fr viertel- bis halbstündlich 7.30-23 Uhr; Sa-So stündlich 8-23 Uhr

Eivissa-Jesús-Cala Llonga:
Mo-Sa 9 x täglich 9-19.30 Uhr; So 4 x täglich 10-19.30 Uhr; **zurück**: Mo-Sa 9 x tägl. 9.15-20 Uhr; So 4 x täglich 9.15-19 Uhr

Eivissa-Santa Agnès:
Mo-Fr 9.20, 13.10 u. 19.10 Uhr; **zurück**: Mo-Fr 8.40, 9.50 und 16.15 Uhr

Eivissa-Santa Gertrudis-Sant Miquel-Port de Sant Miquel:
Mo-Sa 4 x täglich 10.15-19 Uhr; **zurück**: Mo-Sa 4 x täglich 9.30-18 Uhr

Eivissa-Sant Miquel-Sant Mateu:
Mo-Fr 12 Uhr; **zurück**: Mo-Fr 8 Uhr

Eivissa-Sant Joan-Cala Sant Vicent:
täglich 12.15 und 19.45 Uhr; **zurück**: täglich 8.35 und 15.30 Uhr; außerdem ab Sant Joan 9 und 15.45 Uhr

Eivissa-Sant Llorenç-Portinatx:
Mo-Fr 5 x täglich 10.15-19.30 Uhr; Sa-So 10.15 und 16.30 Uhr;
zurück:
Mo-Fr 5 x täglich 9.15-17.30 Uhr, Sa-So 11.15+17.30 Uhr

Eivissa-Puig d'en Valls-Santa Agnès:
Mo-Fr 13 Uhr; **zurück**: Mo-Fr 8 Uhr

Santa Eulària-Sant Antoni:
Mo-Sa 4 x täglich 9.30-18 Uhr;
zurück: Mo-Sa 4 x täglich 10.15-18.45 Uhr

Santa Eulària-Sant Carles:
täglich 13 und 20 Uhr;
zurück: Mo-Fr 8 und 16 Uhr; Sa-So 9.10 und 16 Uhr

Santa Eulària-Es Canar:
Mo-Fr halbstündlich 8.15-23 Uhr; Sa-So stündlich
8.30-22.15 Uhr; **zurück**: Mo-Fr halbstündlich 8.30-23.15 Uhr;
Sa-So stündlich 8.45-22.30 Uhr

Nachtbuslinien

Vom 15. Juni bis zum 30. September verkehren Nachtbusse auf
der »Discomeile« **Eivissa-Sant Rafel-Sant Antoni** und zurück:
Täglich zur halben Stunde zwischen 0.30 und 6.30 Uhr.

Zeitweise gibt es auch die Nachtbuslinien **Eivissa-Platja d'en
Bossa** und **Eivissa-Santa Eulària-Es Canar**, ggf. auch zu und
zwischen weiteren Orten.

Zusätzlich bieten alle großen Discos Shuttlebusse zwischen
Eivissa bzw. Sant Antoni und den Clubs an. Auskünfte bei den
Tourismusinformationen.

Formentera

Auch auf **Formentera** erreicht man fast alle
wichtigen Orte per Bus:

**La Savina-Sant Francesc-Sant Ferran-
El Pilar de la Mola**:
4 x täglich 8.30-19.15 Uhr;
zurück: täglich 7.30, 9.30 und 15 Uhr

La Savina-Sant Francesc-Sant Ferran:
täglich ca. halbstündlich 8.30-19.15 Uhr;
zurück: täglich ca. halbstündlich 7.45-18.30 Uhr

Sant Francesc-Sant Ferran-**Es Pujols/Ses Salines**:
9 x täglich 8.35-19.20 Uhr;
zurück: 9 x täglich 7.40-18.20 Uhr

Im Sommer gibt es außerdem sonntags eine Busverbindung zwischen **La Savina** und dem »Hippiemarkt«
in **El Pilar de la Mola**.

8
Alles
Weitere
von A-Z

8.   ALLES WEITERE VON A-Z

Apotheken

Farmácias, erkennbar am grünen Kreuz, gibt es in jedem größeren Ort. Man bekommt dort alle gängigen Medikamente und das oft billiger als in Deutschland, Österreich oder der Schweiz. Apotheken sind montags bis freitags von 9-13 und 17-20 Uhr und samstags von 9-13 Uhr geöffnet. Apotheken mit Nacht- und Wochenenddienst entnimmt man der Tageszeitung *Diario de Ibiza* oder den Schildern an geschlossenen Apotheken.

Wer auf besondere Medikamente angewiesen ist, sollte diese von zuhause mitnehmen, da sie in Spanien möglicherweise unter anderem Namen verkauft werden.

Ärzte und Zahnärzte

Deutsche Ärzte

Deutschsprachige Ärzte findet man mittlerweile in mehreren Orten der Inseln, u.a.:

Dr. Tilo Reinholz (✆ 971 341137) Cala Comte (Spezialist für Tauchbeschwerden)

Dr. Klaus Diller (✆ 971 330670) Santa Eulària

Centro Médico Siesta (✆ 971 332646) Siesta/Santa Eulària

Dr. Annegret Halben (971 317535) Jesús

Dr. Renate Paelz (✆ 971 335107) Sant Carles

Euro Clinic Ibiza (✆ 667 984488) Sant Carles

Dr. Robert Winkler (✆ 971 198833) Eivissa (Kinderarzt)

Dr. Stephan Pietzeker (✆ 971 191053) Eivissa (Urologe)

Dr. Ulrich Blume (✆ 971 190364) Jesús (Internist)

Deutsche Zahnärzte

Dr. Frank Schaefer (✆ 971 346946) Sant Josep

Dr. Michael Linneweber (✆ 971 191647) Eivissa

Diplomatische Vertretungen

Spanische Botschaften im deutschsprachigen Raum:

Deutschland: Lichtensteinallee 1, 10787 Berlin,
✆ 030/2540070,

Österreich: Argentinierstr. 34, 1040 Wien, ✆ 01/5055788

Schweiz: Kalcheggweg 24, 3000 Bern, ✆ 031/3505252

Auf Ibiza gibt es ein deutsches **Konsulat**. Österreicher müssen sich nach Palma de Mallorca und Schweizer nach Barcelona wenden.

Deutsche Botschaft:
Calle de Fortuny 8, 28010 Madrid, ✆ 91 5579000, Fax 91 3102104

Deutsches Konsulat: Eivissa, Carrer d'Antoni Jaume 2,
✆/Fax 971 315763

Österreichische Botschaft:
Paseo de la Castellana 91, 28046 Madrid,
✆ 91 5565315, Fax 91 5973579

Österreichisches Konsulat,
Av. A. Rosselló 40, 07002 Palma de Mallorca, ✆ 971 274711

Schweizer Botschaft,
Calle Nuñez de Balboa 35, 28001 Madrid,
✆ 91 4363960, Fax 91 4363980

Schweizer Konsulat,
Gran Vía Carlos III 94, 08028 Barcelona,
✆ 93 4090650, Fax 93 4906598

Fotografieren

Zwar gibt es die heute noch einigermaßen gängigen Filmsorten, speziell Kodak, Videokassetten und Batterien auch auf Ibiza, aber die Preise liegen – besonders in Urlaubsorten – deutlich über den deutschen.

Speicherkarten für Digitalkameras findet man auf Ibiza ebenfalls viel teurer als bei uns (Eivissa, Sant Antoni, Santa Eularia). In kleineren Orten sieht es damit schlecht aus.

Informationen (touristische)

Im deutschsprachigen Raum erhält man Auskünfte und Informationen zu Ibiza und Formentera über die Spanischen Fremdenverkehrsämter:

Deutschland
- Kurfürstendamm 63, 5. OG, 10707 Berlin, ✆ 030/8826543
- Grafenberger Allee 100, 40237 Düsseldorf, ✆ 0211/6803980-81
- Myliusstr. 14, 60323 Frankfurt/Main, ✆ 069/725033, 725038
- Schubertstr. 10, 80336 München, ✆ 089/5307460

Österreich   Walfischgasse 8/14, 1010 Wien, ☎ 01/5129580

Schweiz   Seefeldstr. 19, 8008 Zürich, ☎ 01/2527930

Auf Ibiza   **Tourismusinformationen auf Ibiza** – www.tourspain.es
(katalanisch: *Oficina d'Informació i Turisme*))

Eivissa, Carrer Antoni Riquer 2, ☎ 971 301900,
geöffnet Mo-Fr 9.30-13.30 und 17-19 Uhr
(im Winter 8.30-14.30 Uhr), Sa 10.30-13 Uhr

Eivissa, Passeig de Vara de Rey 13, ☎ 971 30190

Santa Eulària des Riu, Calle Mariano Riquer Wallis 4,
☎ 971 33 07 28, geöffnet Mo-Fr 9.30-13.30 und 17-19.30 Uhr,
Sa 9.30-13.30 Uhr

Sant Antoni de Portmany, Passeig de ses Fonts, ☎ 971 343363,
geöffnet Mo-Fr 9.30-14.30 und 15-20.30 Uhr, Sa 9-13 Uhr,
So 9.30-13.30 Uhr, im Winter Mo-Sa 9.30-14 Uhr

Es gibt auch ein **Infotelefon** mit
deutschsprachiger Auskunft: ☎ 901 300600.

Info-
häuschen

Internet

In den größeren Ort gibt es **Internet-Cafés**, aber ihre Zahl ist
nach kurzer Blüte schon wieder im Sinken begriffen, nachdem
mehr und mehr Hotels Computerplätze für ihre Gäste einrich-
teten und viele ihre Smartphones und Laptops auch in den Ferien
dabei haben. Wer ein Internet Café sucht, findet es im Urlaubsort leicht; www.eivissaweb.com/verzeichnis/digital/internet/
internet-cafes listet einigermaßen up-to-date verbliebene Cafés.

Eivissa   **Chill Bar:** Via Púnica 49; ☎ 971 399736, chillibiza@yahoo.com,
Mo-Fr 10-24 Uhr, Sa-So 12-24 Uhr

The Mana: In der Nähe der El Divino Apartments –
an der Strasse in Richtung Pacha; ☎ 971 313900

Internet Cafe: Carrer Pais Vasco, 12 Ses Figueretes,
Mo-So 10-2 Uhr

Cibermatic: Cayetano Soler, 3; ☎ 971 303382,
Mo-Fr 9.30-13.30 und 17-23 Uhr; Sa 9.30-13.30 und 18-23 Uhr

CIE (Centro Internet Eivissa): Avinguda Ignacio Wallis 39, ✆ 971 318161, cie@centrointerneteivissa.com, Mo-Sa 9-22 Uhr

Copy Print: Avinguda Isidoro Macabich 72, ✆ 971 192809; Mo-Fr 9-22 Uhr, Sa ab 10, So ab 17 Uhr

Underlan: Carrer Aragón, 4, ✆ 971 399455, comercial@underlan.com, Mo-Fr 10.30-14 und 16-22.30 Uhr, Sa-So 17-23 Uhr

Sant Antoni

Solnet Ibiza: Avinguda Dr. Fleming, ✆ 971 348712

E-station: Avinguda Dr Fleming, 1, ✆ 971 348712, info@e-biza.nct, täglich 10-24 Uhr

The Ship Inn: Carrer Bartolomé Vicente Ramón, ✆ 971 343432, theshipinnibiza@hotmail.com

Locutoria: Carrer de Sta. Agnès, Mo-Sa 12-1 Uhr

Cafe Ebop Ibiza: Carrer Sant Antoni, 15, ✆ 971 803187, nur im Sommer 12-24 Uhr

Santa Eulària

Internet @ Prensa: Carrer de Sant Jaume 38, direkt bei der BP-Tankstelle an der Hauptstraße, ✆ 971 338709; ganzjährig Mo-Sa 9-14 und 17-21 Uhr

Mark & Dani: Carrer Des Mar, 12, ✆ 971 338079, markydani@ctv.es; ganzjährig Mo-Sa 9-14 und 15-22 Uhr

Copy Print: hinter dem Hotel San Marino, ✆ 971 319297, Mo-Sa 9-13.30 und 16-20 Uhr

Queen Vic: Carrer Sant Joan, 27, ✆ 971 336835, www.ibizaqueenvictoria.com

Mirage: Puerto Deportivo, ✆ 971 332922

Außerdem gibt es die Möglichkeit, im *Pacha* sowie im *Kumharas* an der Cala Bou seine Mails gegen Gebühr abzurufen.

WLAN/Wifi

Drahtlose Internetverbindungen für Laptop- und Smartphonebesitzer setzten sich mittlerweile auch auf Ibiza durch. Viele Hotels, Hostales und Apartmentanlagen, aber auch Bars, Cafés und Restaurants bieten ihren Gästen heute zumindest im öffentlichen Bereich, manchmal auch in den Zimmern **WLAN** (meist als »**Wifi**« bezeichnet: »*wireless fidelity*«), mal mit, mal ohne Gebühren. Vor allem teure Hotels berechnen hohe Tagessätze.

Kriminalität

Auf Ibiza und Formentera gibt es so gut wie keine Schwerkriminalität. Taschen- und Gepäckdiebstahl sind auch nicht an der Tagesordnung, aber kommen vor. Deshalb sollte man beim Stadtbummel und am Strand achtsam sein. Wertgegenstände und nicht benötigte Dokument wie Pass, Flugticket oder Kreditkarten sind am besten im **Hotelsafe** aufgehoben.

Wer bestohlen wird, sollte den Vorfall schon aus Versicherungs-
gründen bei der nächsten Polizeidienststelle melden und sich
ein Protokoll ausstellen lassen. Telefonische Diebstahlmeldung
unter 092 oder 062.

Krankenstationen und -häuser

Ibiza hat nur ein staatliches Krankenhaus, in dem auch die Ver-
sicherungskarten (IEHC) anderer EU-Länder akzeptiert werden:
Hospital Can Misses (✆ 971 397000 oder ✆ 971 301212)

Notfallstationen, die ebenfalls IEHC akzeptieren gibt es wie folgt:

Centro Médico (✆ 971 301909) **Eivissa**
Centro Médico (✆ 971 332300) **Santa Eulària**
Centro Médico (✆ 971 345252) **Sant Antoni**
Hospital de Formentera (✆ 971 321212)

Naturschutz

⇨ Kasten nebenstehend

Notruf

Die Notrufnummer für
Polizei, Feuerwehr oder
Ambulanz: ✆ **112**.

Bei Einbruch, Diebstahl
oder Raub:
Policía Nacional ✆ 091

Bei Verkehrsunfällen:
Policía Municipal ✆ 092

Für alles andere:
Guardia Civil ✆ 062

Öffnungszeiten

Auf Ibiza und Formentera gelten für Läden aller Art grundsätzlich folgende Öffnungszeiten: Mo-Sa 9.30-13 und 17-20 Uhr.

In Touristengebieten sind Läden oft bis spät in die Nacht und
selbst am Sonntag geöffnet.

Banken: Mo-Fr 8.30-14 Uhr.
Ämter: Mo-Fr 8.30-13 Uhr.
Museen: unterschiedlich, aber immer Mo geschlossen.
Postämter: Mo-Fr 9-14 Uhr, Sa 9-12 Uhr

Siesta   Der Tagesablauf auf Ibiza ist anders als bei uns. Von 14 bis 17
Uhr wird großenteils Mittagsruhe (*Siesta*) gehalten. Geschäfte
und Büros sind in dieser Zeit geschlossen! Selbst im Winter.

Ökologie ⇨ Kasten nebenstehend

Natur- und Umweltschutz auf Ibiza und Formentera

Die Balearen verfolgen eine im Vergleich mit den Provinzen des spanischen Festlands recht beachtliche Umweltpolitik. Bereits seit 1991 gibt es Auflagen für Bauvorhaben, und seit einigen Jahren einen Ordnungsplan für neue Projekte. So gilt der eigentlich selbstverständliche, aber auf den Balearen früher nicht unbedingt eingehaltene, aber nun verfolgte Grundsatz, dass in Naturschutzgebieten die Landschaft nicht verändert werden darf. Auf Ibiza gibt es heute 14, auf Formentera 9 **Reservas Naturales**, von denen sich mehrere mit einer Gesamtfläche von 11000 ha auf die **Salinen** beider Inseln beziehen, die seit 1999 zum Weltnaturerbe (UNESCO) gehören. Vor allem im Winter sieht man dort zahlreiche Vogelarten (⇨ Seite 155). Das größte Naturschutzgebiet ist die **Reserva Natural dels Amunts** im Norden Ibizas mit weiten Tälern, hohen Hügeln und steilen Klippen.

Erfolge einer ökologischer orientierten Politik machen sich zwar bislang mehr auf Mallorca bemerkbar, aber auch auf Ibiza und Formentera sind sie mittlerweile sichtbar. In jüngster Zeit wurden sogar bereits erteilte **Baugenehmigungen widerrufen** und die Planung eines zweiten Golfplatzes (in Cala d'Hort) und eine weitere Bebauung der Nordküste gestoppt. Neubauten müssen nun in Grünzonen eingebettet werden und zwischen (neu zu errichtenden) Gebäuden und Küste muss mindestens 100 m freies Land liegen. Leider halfen Gesetze (und Proteste) nicht gegen den Autobahn-Ausbau Eivissa–Sant Antoni.

Auch die Gemeinden haben sich seit einigen Jahren den Umweltschutz auf die Fahnen geschrieben. Sie erkannten, dass nur dadurch die Attraktivität der Inseln für die Zukunft gesichert werden kann. U.a. versucht man, mit Containern zur **Mülltrennung** eines der ökologischen Hauptprobleme zu lösen. Eine **Müllverbrennungsanlage** wurde in Betrieb genommen. Die in der Landschaft verstreuten Müllkippen konnten damit geschlossen werden.

Aus steigenden Einwohner- und Besucherzahlen erwuchsen erhebliche **Wasserprobleme**, die man zunächst durch immer tiefere Bohrungen zur Erschließung unterirdischer Kavernen zu lösen versuchte. Mittlerweile sorgen **Meerwasserentsalzungsanlagen** für Entlastung. Theoretisch reicht seither die Kapazität der Wasserwerke auch bei Spitzenverbrauch aus, aber undichte Versorgungsleitungen lassen 20%-40% des Wassers im Boden versickern. Um den Bedarf zu decken, mischt man aus Tiefbohrungen gewonnenes Grundwasser bei, das aber wegen eingesickerten Meerwassers leicht salzhaltig ist und stärker chemisch behandelt wird als dem Geschmack guttut, ⇨ auch das Stichwort »Trinkwasser«.

8

Post

In Spanien sind die Postämter Mo-Fr 9-14 Uhr, Sa 9-12 Uhr geöffnet, ➪ vorstehend. **Briefe** (*cartas*) bis 20 g und **Postkarten** (*postales*) **ins europäische Ausland kosten €0,65**. Die Laufzeit beträgt innerhalb der EU etwa eine Woche, mit etwas Glück auch weniger.

Wer einen Brief von Deutschland nach Ibiza schickt, sollte sich auf eine Auslieferungsdauer von bis zu zwei Wochen einstellen.

Briefmarken   Das Hauptpostamt (*Correos y Telégrafos*) von Eivissa befindet sich an der Avinguda Isidor Macabich, ➪ Klappenkarte hinten. **Briefmarken** (*sellos*) bekommt man auch in den Tabak- und Zeitschriftenläden (sog. *Estancos* mit der üblichen Aufschrift »*Tabacos*«) und an mancher Hotelrezeption.

Postkarten gibt's überall jede Menge

Rauchen auf den Balearen   ➪ Seite 14

Rundfunk und Fernsehen

Die meisten Rundfunkstationen auf den Pityusen senden auf Katalanisch oder Spanisch. Die **Deutsche Welle** empfängt man auf KW 6075 mHz. Das *Radio Popular de Ibiza* hat auf 89,1 FM montags bis freitags zwischen 20 und 21 Uhr ein deutschsprachiges Programm; ebenso das *Radio Diario de Ibiza* auf 102,6 FM zwischen 19 und 20 Uhr.

In fast allen Hotels mit **Fernsehen** auf den Zimmern, sind zumindest einige Kanäle für deutschsprachige Programme reserviert. Üblicherweise werden auf Ibiza außerdem englische und französische und – speziell auf Formentera – auch noch italienische Sender berücksichtigt.

Stromspannung

Wie in Mitteleuropa beträgt die Stromspannung in Spanien 220 Volt. Die Steckdosen entsprechen überwiegend der deutschen Norm (Schukostecker und -dosen).

Telefon

Das spanische **Telefonsystem** funktioniert für In- und Auslandsgespräche problemlos. Von allen öffentlichen Fernsprechern, die allerdings in abnehmender Zahl vorhanden sind, kann man sowohl mit Münzen als auch per Telefonkarte (*tarjeta telefónica*) telefonieren. Alle Apparate sind für beide Zahlweisen eingerichtet. Eine Restgeldanzeige sorgt für Klarheit. **Telefonkarten** erhält man u.a. in Tabak-/Zeitschriftenläden (*Estancos*) für €6 und €12. Die Kosten für Gespräche ins europäische Ausland liegen tagsüber bei €0,30/min + €0,12 Fixgebühr.

Für inselinterne Gespräche tippt man die Apparatnummer mitsamt der Vorwahl ein (normalerweise 971, eine andere nur im Fall von Mobiltelefonen). Auch für Auslandsgespräche wählt man einfach »durch«:

➡ **00** für die Auslandsleitung und

➡ die Landesvorwahl:
Deutschland **49**,
Schweiz **41**,
Österreich **43**,

➡ danach die Vorwahl ohne Null,

➡ danach die Rufnummer.

Internationale Telefonkarten/ Hoteltelefone

Für Gespräche in die Heimat eignen sich ebenfalls **internationale Telefonkarten** der deutschen Telekom und anderer Anbieter. Mit ihnen kann man auch von vielen Hoteltelefonen aus – unter Umgehung der dort oft happigen Tarife – anrufen. Ab ✶✶✶/✶Hotel sind im allgemeinen Gespräche in Direktwahl vom Zimmer aus möglich. Der Computer belastet automatisch die Rechnung des Gastes. Die Gebühren dafür sind unterschiedlich, jedoch ausnahmslos erheblich höher als bei Benutzung eines öffentlichen Münz-/Kartentelefons.

Telefonauskunft

Telefonauskunft in Spanien national: 1003; international: 025

Wer eine Nummer auf den Pityusen sucht, findet sie auch im Internet über die spanische Telefónica: www.paginasblancas.es; gelbe Seiten: www.paginasamarillas.es

Mobilfunk

Wer das **eigene Handy** einsetzt, wird erfreut feststellen, dass das problemlos funktioniert, da sich das Gerät automatisch in das Netz eines kooperierenden spanischen Providers einwählt (vorausgesetzt, es ist für internationales *Roaming* freigeschaltet).

8

Handy

Der Spaß ist indessen meist teurer als Telefonate von einem öffentlichen Telefon aus. Immerhin beträgt seit »Deckelung« der Handy-Auslandstarife der Minutensatz für Gespräche innerhalb der EU maximal €0,48. Eingehende Anrufe kosten maximal €0,24/min beim Empfänger.

Wer viel telefonieren möchte bzw. erreichbar sein muss, daher nicht allein auf öffentliche Telefone angewiesen sein kann und nicht nur einige Tage bleibt, löst das Kostenproblem elegant mit einer spanischen **SIM Card** (von *Orange*, *Airtel* oder *Movistar* in Telefonläden in Eivissa, Sant Antoni und Santa Eulària), die man in sein Handy einsetzt. Sie kostet €30, davon €6 für die Karte und den Rest als Gebührenguthaben. Man telefoniert damit zu innerspanischen Gebühren (€0,15-€0,80/Minute) und empfängt als »Inländer«. Damit ist (vorübergehend) eine neue Nummer verbunden, die man zunächst einmal den Lieben daheim und weiteren potenziellen Anrufern mitteilen muß.

Aber Achtung: Die spanischen Karten funktionieren nicht mit allen Handys – deshalb beim Kauf das eigene Handy mitnehmen.

Tiere

Wer sein Haustier mitbringen will, benötigt einen Impfpass mit aktueller Tollwutimpfung: Sie darf nicht länger als 12 Monate zurück liegen. Zu beachten ist aber, dass in vielen Hotels, Restaurants und am Strand Vierbeiner verboten sind.

Tiere *aus* Ibiza wie z.B. eine der vielen freilaufenden Katzen sollte man auf keinen Fall mitnehmen, denn die meisten dieser Tiere sind krank. Sie dürfen nicht nach Deutschland eingeführt werden.

Trinkgeld

Ähnlich wie in Deutschland, Österreich oder der Schweiz gibt man in Spanien im Restaurant etwa 10 % des Rechnungsbetrages als Trinkgeld. Für Dienstleistungen ist ein Betrag von €0,50-€1 angebracht. Üblicherweise bekommt man das Wechselgeld in Spanien auf einem Tellerchen zurück und lässt dann ein paar Münzen liegen. Das typisch deutsche »Stimmt so!« wäre ungewöhnlich.

Trink- und Kochwasser für Selbstversorger

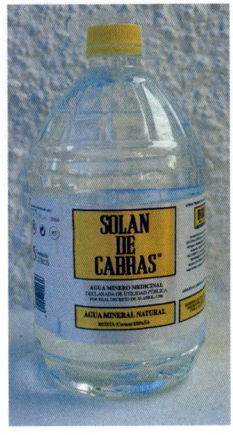

Wer auf den Pityusen ein Apartment oder ein Haus mietet, kocht Kaffee, Tee und das Essen überwiegend selbst. Zuhause würde man dafür Leitungswasser nehmen, aber auf Ibiza und Formentera ist es oft ungenießbar. Gesundheitlich ist es zwar unbedenklich und zum Zähneputzen durchaus in Ordnung. Aber es schmeckt meist leicht salzig und enthält viel Kalk und ggf. aufbereitende Chemikalien (⇨ Kasten Seite 315).

In Supermärkten bekommt man Quellwasser in Plastikcontainern (5 l oder 10 l). Der dadurch verursachte massenhafte Verpackungsmüll ist eine unschöne Begleiterscheinung dieser Notwendigkeit.

Wireless LAN ⇨ unter »Internet« auf Seite 313.

Zahnärzte ⇨ unter Ärzte

Zeit

Auf Ibiza und Formentera gilt genau wie in Deutschland, Österreich und der Schweiz die Mitteleuropäische (auch Sommer-) Zeit.

Zeitungen

Auf beiden Inseln bekommt man allerorten alle namhaften deutschsprachigen Tageszeitungen und Zeitschriften am selben Ausgabetag wie bei uns. Auf Ibiza selbst erscheinen monatlich drei Magazine auf Deutsch: *Ibiza Heute* und *Ibiza life* berichten über alles, was gerade »los« ist mit lückenlosen Übersichten über das aktuelle Programm auf den Inseln.

Zoll

Beschränkungen für Ein- und Ausfuhr von Tabak, Alkohol usw. gibt es seit der Gründung des Binnenmarktes innerhalb der EU nicht mehr. Wer aus der Schweiz kommt, sollte sich vor Abflug über die Zollbestimmungen Spaniens erkundigen. Grundsätzlich gilt, dass alle Mengen erlaubt sind, die nicht über den »persönlichen Bedarf« hinausgehen.

8

Fotonachweis

Finca Can Pujols, Ibiza: Seite 167

Cornelia Hammer, Ingolstadt: Seiten 177+188

Hotel Na Xamena, Ibiza: Seiten 97 und 285 beide

Edith Kölzer, Bielefeld: Seiten 3, 15, 16, 22, 39, 44, 48, 57, 70, 74, 75, 90, 91, 93, 104, 114, 143, 153, 154, 156, 163, 169, 171, 172, 173, 174, 176, 183, 184, 193, 196, 209, 211, 212, 216, 217, 220, 222 unten, 226, 244, 246, 252, 256, 257, 258 unten, 259 oben, 260 beide, 262, 265, 270, 273, 284, 287, 296, 298, 303, 307, 310, 312, 315, 317, 318, 319 oben, 334

Niklaus Schmid, Duisburg: Seite 179

Werner Schmidt, Ganderkesee: Seiten 51, 52, 80, 116, 138, 152, 154, 198 oben, 207, 221, 224, 229, 233, 235, 237, 242, 247, 258 oben, 269 unten, 283

Markus Wache, Wien: Seiten 13, 20, 24, 28, 41, 78, 111, 113, 141, 191, 110, 161, 178, 190, 213, 222 oben, 223, 225, 249, 259 unten, 267, 269 oben, 279, 280, 293, 295, 297, 299, 301, 303, 306, 308, 314

Frank Weyrauther, phrank.net: Seiten 204 und 205

Hans-R. Grundmann, Westerstede: Coverfoto und Seiten 17, 21, 25 unten, 27, 30, 31, 32, 35, 36, 42, 46, 53, 55, 59,60, 61, 62, 63, 65, 67, 72, 73, 79, 82, 83, 84, 85, 86, 87, 89, 92, 96, 97, 98, 100, 102, 103, 107, 109, 120, 121, 122, 123, 124, 126, 127, 128, 131, 132,133, 134, 135, 139, 140, 144, 147, 148, 149, 151, 158, 159, 160, 168, 186, 187, 195, 197, 198 unten, 208, 210 unten, 215, 239, 241, 275, 282, 286, 289, 290, 300, 302, 304, 312

Daniel Krasa, Frankfurt: alle anderen Fotos

Die Reiseführer von Reise

Reisehandbücher
Urlaubshandbücher
Reisesachbücher
Europa

Know-How auf einen Blick

Reisehandbücher
Urlaubshandbücher
Reisesachbücher
Fernziele

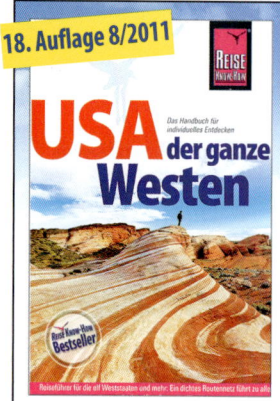

Hans-R. Grundmann

USA der ganze Westen

Seit Erscheinen hat sich dieses Buch zu einem Standard-
werk für alle entwickelt, die den US-Westen auf eigene
Faust kennenlernen wollen. Die Kapitel zu Reiseplanung
und -vorbereitung und zum »touristischen Alltag« unterwegs lassen keine Frage offen.

Der Reiseteil führt über ein dichtes Routennetz zu allen
populären Zielen und unzähligen, auch weniger bekannten Kleinoden in allen elf Weststaaten.

Reise Know-How Bestseller jährlich neu

824 Seiten, 82 Karten, über 300 Farbfotos
Separate Straßenkarte Weststaaten der USA
mit 18 Detailkarten der wichtigsten Nationalparks
18. Aufl. 2011 · ISBN 978-3-89662-259-4 · €25,00

P. Thomas, E. Berghahn, H.-R. Grundmann

Kanada Osten / USA Nordosten

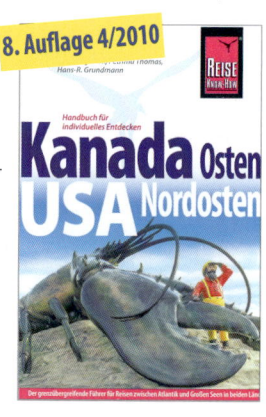

Dieser grenzüberschreitende Reiseführer behandelt über
ein dichtes Routennetz auf kanadischer Seite Ontario, Qué-
bec, New Brunswick, Nova Scotia und Newfoundland,
in den USA die Neu-England-Staaten mit Boston und
New York City und State sowie Michigan mit Chicago und
Detroit. Ideal für Reisen auf eigene Faust per Pkw mit
Motel-/Hotel- oder Zeltübernachtung oder mit Campmobil.
Zahlreiche Unterkunftsempfehlungen und Hunderte von
Hinweisen auf die schönsten Campgrounds am Wege.

720 Seiten, 56 Karten, vierfarbig. Mit sep. Karte der
Gesamtregion und New York City Extra (48 Seiten).
ISBN 978-3-89662-260-0 · €25,00

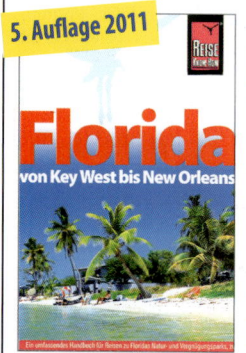

Hans-R. Grundmann

Florida Von Key West bis New Orleans

Nicht nur Strände, High-Life, Disney- und Amusementparks,
sondern auch Natur satt mit exotischer Flora und Fauna in
Mangrovensümpfen, an glasklaren Quellflüssen und am sagen-
umwobenen Suwanee River. Dazu alte Historie, Multikulti,
Architektur- und Musentempel. Als Kontrapunkt Weltraum-
und Militärtechnik hautnah.

Landeskunde und ausführlicher Serviceteil mit jeder Menge
Unterkunfts-, Camping- und Restauranttipps; dazu Hunderte
von Webadressen für weiterführende Informationen.

440 Seiten, 38 Karten, über 240 Farbfotos;
mit separater Florida-Karte; 5. Auflage 1/2011,
ISBN 978-3-89662-262-4 €19,90

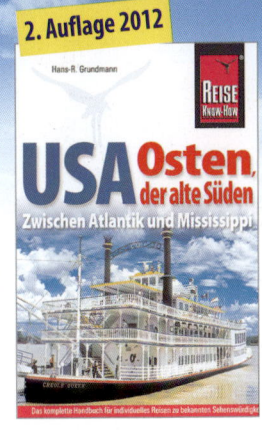
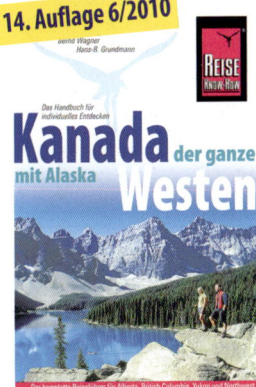

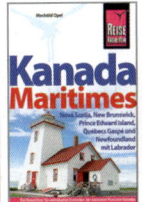

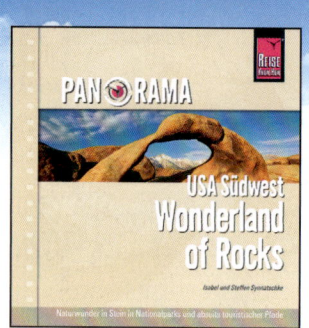

Isabel und Steffen Synnatschke

Wonderland of Rocks
USA Südwesten

Naturwunder in Stein in Nationalparks und abseits touristischer Pfade

144 Farbseiten, 18 x 18 cm, Hardcover mit Fadenheftung, mehr als 150 erstklassige Fotografien auf Kunstdruckpapier.

ISBN 978-3-89662-242-6 €14,90 (D)

»Wonderland of Rocks« entführt den Leser auf einer fotografischen Reise in einige der spektakulärsten Nationalparks, vor allem aber in wilde, einsame Gegenden weit abseits ausgetretener Pfade des Tourismus.

Es geht mitten hinein in faszinierende Felslandschaften im Bereich des Colorado Plateau, einem der schönsten Naturräume unserer Erde.

Wind, Wasser und Eis schufen dort eine skurrile, farbenprächtige Welt aus Sandstein, die ihresgleichen sucht: pittoreske Slot Canyons und tiefe dunkle Schluchten, zu Stein erstarrte Meereswellen, bunt gestreifte Badlands, steinerne Pilze, lustige Gnomen, schlanke Felsnadeln und immer wieder imposante Steinbögen. Diese Meisterwerke der Natur – großenteils kaum bekannt – wurden von den Autoren nicht weniger meisterhaft fotografisch festgehalten, außerdem indianische Felsmalereien und Relikte aus der Zeit der Dinosaurier. Kleine Exkurse erläutern den geologischen Hintergrund der Felsformationen, -skulpturen und -bögen.

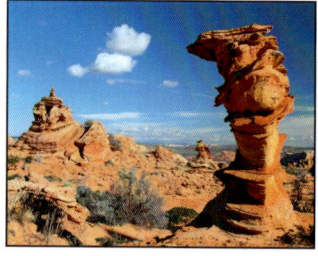

Im Anhang befindet sich eine kompakte Beschreibung der hier gewählten Route durchs »Wunderland der Felsen« mit Karte und Tipps für die eigene Reiseplanung.

Dieser Bildband ist sowohl ein »Appetitanreger« für den nächsten USA-Urlaub als auch ein Erinnerungsstück oder Geschenk für alle, die bereits den US-Südwesten bereist haben und das eine oder andere Motiv aus eigenem Erleben kennen.

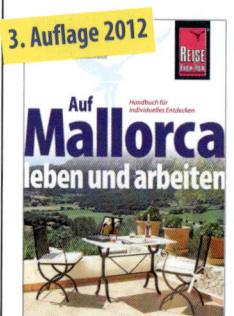

Eyke Berghahn, Petrima Thomas, Hans-R. Grundmann

Teneriffa

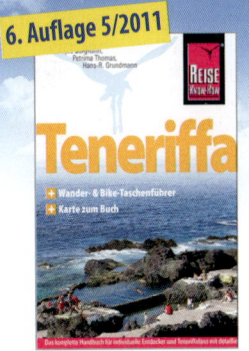

6. Auflage 5/2011

Der richtige Begleiter für alle, die ihre Reise individuell gestalten und Teneriffa auf eigene Faust entdecken wollen:

- Ausführlichste Ortsbeschreibungen & Ausflugsrouten
- 80 Themenkästen und Essays zu allen Wissensbereichen
- Die schönsten Wanderungen, Picknick- und Zeltplätze
- Alles zu Vulkanismus und Vegetation mit Fachglossaren.
- Vokabular »Essen&Trinken« und »Kanarisches Spanisch«
- Die besten Unterkünfte für jeden Geldbeutel
- Zahlreiche Internetadressen

6. Auflage 2011; 620 Seiten 4-farbig, 320 Fotos, 47 Karten und Grafiken **+ Inselkarte + Wanderführer (48 Seiten)** **ISBN 978-3-89662-263-1 · €23,50**

Niklaus Schmid

Formentera
Insellesebuch & etwas anderer Reiseführer

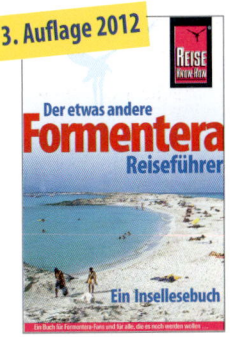

3. Auflage 2012

- Alle Infos zu Ibizas kleiner Schwesterinsel
- Landschaft, Flora und Fauna, Geschichte und Kultur in unterhaltsamen, kurzweilig geschriebenen Essays
- Anekdoten und wundersame Geschichten über die Insel und ihre Bewohner; Klatsch und Tratsch; Promis auf Formentera
- Folklore und Formentera Sound
- Endlose Strände, urige Strandbars, karibische Wasserqualität
- Auf nicht einmal 100 km^2 mobil ohne Auto: Wanderwege und Routen für Radfahrer

3. Auflage 7/2011, 312 Seiten vierfarbig mit Formentera-Karte und Ortsplänen in der Umschlagklappe.
ISBN 978-3-89662-270-9 · €14,90

F. Ostermair, S. Roters, P. Neumann, H.-R. Grundmann

Menorca,
die unentdeckte Baleareninsel

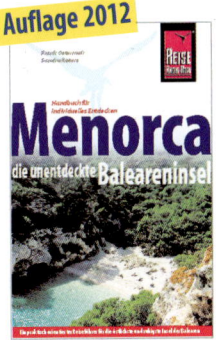

2. Auflage 2012

Mallorcas kleine Schwester Menorca führt als Reiseziel deutschsprachiger Urlauber ein erstaunliches Schattendasein. Dabei verfügt Menorca über viele wunderbare und selten volle Strände unterschiedlichster Charakteristik, über zwei veritable Hafenstädte, Fischerdörfer und Orte im Inselinneren mit eigenem Gepräge, landschaftliche und kulturelle Kleinode. Menorcas touristische Infrastruktur ist ausgezeichnet, ebenso die kulinarische Qualität wie Ambiente vieler Restaurants.

288 Seiten 4-farbig, ca. 180 Fotos, 31 Karten und Ortspläne.
2. Auflage Ende 2011 · ISBN 3-89662-248-8 · €17,50

Alphabetisches Register - Index

Im Register finden sich alle Ortsnamen, Sehenswürdigkeiten und geographischen Bezeichnungen ebenso wie alle wichtigen Sachbegriffe. Egal, wonach man sucht, alles ist unterschiedslos alphabetisch eingeordnet.

Ibizas Regionen

Formentera Gesantübersicht

Ortspläne

Thematische Übersichtskarten

Wanderkarten

Karten in den Umschlagklappen